Expert IT

Business Intelligence avec Python

Créez vos outils BI de A à Z

En téléchargement

code source

Gaël PENESSOT

ISBN : 978-2-409-04804-3
Imprimé en France

Editions ENI

ZAC du Moulin Neuf
Rue Benjamin Franklin
44800 St HERBLAIN

Tél. 02.51.80.15.15
Fax 02.51.80.15.16

e-mail : editions@eni.fr
http://www.editions-eni.com

Auteur : Gaël PENESSOT
Collection **Expert IT** dirigée par Emilie VILLETORTE

Les éléments à télécharger sont disponibles à l'adresse suivante :
http://www.editions-eni.fr
Saisissez la référence ENI de l'ouvrage **EIBIPYT** dans la zone de recherche et validez. Cliquez sur le titre du livre puis sur le bouton de téléchargement.

Chapitre 2
Extraire vos données depuis n'importe quelle source

Chapitre 3
Préparer vos données pour en exploiter le potentiel

Chapitre 4
Analyser et comprendre vos données

Chapitre 5
Créer un Data Warehouse

Chapitre 6
Automatiser votre pipeline

Chapitre 7
Visualiser vos données

Chapitre 8
Tableaux de bord et rapports

Chapitre 9
Éthique, sécurité et RGPD

Avant-propos

1. Introduction

Business Intelligence avec Python - Créez vos outils BI de A à Z est né d'une conviction simple : la puissance et la flexibilité de Python peuvent transformer la manière dont nous abordons la Business Intelligence. Ce livre est le fruit de plusieurs années d'expérience dans le domaine de l'analyse de données, et il représente tout ce que j'aurais aimé savoir lorsque j'ai fait mes premiers pas dans cet univers fascinant.

2. À qui s'adresse ce livre?

Ce livre s'adresse principalement aux professionnels de la data, aux analystes business, et aux étudiants qui ont déjà de bonnes connaissances de Python et de SQL. Si vous travaillez actuellement avec des outils comme Power BI, Tableau ou QlikSense, et que vous aspirez à développer vos propres solutions entièrement basées sur Python, ce livre est fait pour vous. Les Data Engineers et les Analytics Engineers y trouveront également une mine d'informations précieuses pour enrichir leur boîte à outils.

3. Objectifs et approche

L'objectif principal de cet ouvrage est de vous guider pas à pas dans la création d'un processus BI complet, de la collecte des données sources jusqu'à la création de tableaux de bord interactifs, en utilisant exclusivement Python et des bibliothèques open source.

Ce qui distingue ce livre, c'est son approche globale et pratique. Nous explorerons les possibilités quasiment illimitées qu'offre Python en matière de conception d'outils BI, ainsi que sa flexibilité incomparable. À travers des cas pratiques concrets, vous découvrirez comment Python peut vous libérer des contraintes des outils BI traditionnels, telles que la rigidité des formats de données pris en charge, les limitations dans la personnalisation des visualisations, ou encore la difficulté à automatiser certains traitements complexes. Avec Python, vous pourrez notamment :

- traiter tout type de sources de données, structurées ou non ;
- créer des visualisations entièrement personnalisées ;
- mettre en place des pipelines de données automatisés ;
- intégrer des analyses statistiques et du Machine Learning avancés ;
- développer des solutions sur mesure adaptées à vos besoins spécifiques.

4. Ce que n'est pas Business Intelligence avec Python

Il est important de clarifier ce que ce livre n'est pas. Ce n'est pas un ouvrage sur la gestion de projet ou l'organisation d'un projet BI. Nous nous concentrerons sur les aspects techniques et pratiques de la mise en œuvre de solutions BI avec Python, plutôt que sur les aspects managériaux ou organisationnels.

De plus, ce livre n'a pas pour but de promouvoir une solution par rapport à une autre. L'objectif est de vous présenter un large éventail d'outils Python pour la BI, afin que vous puissiez choisir et intégrer ceux qui correspondent le mieux à vos contraintes, à votre architecture data existante, et à vos besoins spécifiques. Nous vous donnerons les clés pour faire des choix éclairés en fonction de votre contexte unique.

5. Structure et progression

Le livre suit une progression logique, calquée sur le processus BI typique :

- introduction à la BI et à l'environnement Python;
- collecte et intégration des données;
- nettoyage et préparation des données;
- analyse statistique;
- conception de Data Warehouses;
- automatisation des pipelines de données;
- visualisation des données;
- création de tableaux de bord et rapports;
- considérations éthiques, sécurité et conformité RGPD.

Chaque chapitre est enrichi d'exemples concrets et de cas pratiques, vous permettant de mettre immédiatement en application les concepts appris. Vous aurez l'occasion de travailler sur des projets réels, de la collecte de données à la visualisation, en passant par l'orchestration avec des outils comme Airflow et Luigi.

6. Ce que vous apprendrez

À la fin de ce livre, vous maîtriserez les fondamentaux techniques pour développer vos propres solutions BI avec Python. Vous aurez acquis les compétences nécessaires pour créer vos propres outils d'analyse, de visualisation et de reporting, vous permettant ainsi de vous affranchir progressivement des solutions propriétaires comme Power BI ou Tableau.

Vous découvrirez les bibliothèques Python essentielles pour la BI et apprendrez les bases de l'automatisation des flux de travail. À travers des exemples pratiques, vous vous familiariserez avec les bonnes pratiques en matière de conception de solutions BI. Plus important encore, vous acquerrez les connaissances nécessaires pour comprendre et commencer à utiliser les outils Python les plus adaptés à votre environnement et à vos besoins spécifiques.

7. En conclusion

Business Intelligence avec Python est plus qu'un simple manuel technique. C'est un guide complet qui vous donnera les clés pour transformer votre approche de la BI. Que vous soyez un professionnel chevronné cherchant à élargir vos compétences ou un analyste en herbe désireux de maîtriser les outils les plus puissants du marché, ce livre vous accompagnera dans votre voyage vers la maîtrise de la BI avec Python.

Préparez-vous à explorer un monde où la flexibilité de Python rencontre la puissance de la Business Intelligence. Vous découvrirez comment créer des solutions sur mesure, adaptées à vos besoins uniques, tout en bénéficiant de la richesse de l'écosystème Python. Bonne lecture et bon code !

Chapitre 1
Python comme principal outil de BI

1. Qu'est-ce que la Business Intelligence ?

1.1 Définition et évolution

La *Business Intelligence* (BI) englobe un ensemble d'outils, de systèmes et de processus qui permettent aux organisations de collecter, de stocker, d'accéder et d'analyser les données d'entreprise dans le but de faciliter la prise de décision. Cette discipline a connu une évolution significative, parallèlement au développement des systèmes d'information et à l'amélioration des capacités de stockage de données.

Dans les premières phases de son développement, la BI se concentrait principalement sur la simplification de l'accès à l'information et la génération de rapports basiques. Aujourd'hui, elle s'est considérablement élargie pour inclure un éventail plus vaste de fonctionnalités et de technologies avancées.

1.2 Composantes clés de la Business Intelligence

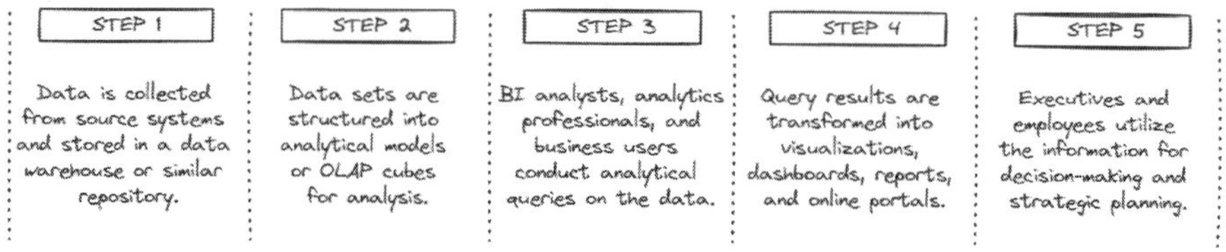

Le processus de Business Intelligence commence par la collecte de données provenant de diverses sources. Ces sources incluent les systèmes de gestion des relations clients (CRM), les systèmes de planification des ressources de l'entreprise (ERP), les fichiers plats (CSV, XLSX, etc.), les bases de données, les médias sociaux, et même les données issues de l'Internet des objets (IoT).

Une fois collectées, ces données sont stockées dans des structures adaptées. Les entrepôts de données, ou *Data Warehouses*, servent de repositories centralisés où les données sont intégrées et harmonisées pour faciliter leur analyse. Pour les volumes plus importants de données brutes, les lacs de données, ou *data lakes*, offrent une solution de stockage flexible et évolutive.

Avant d'être analysées, les données brutes doivent souvent être traitées et nettoyées. Cette étape, parfois appelée *data munging* ou *data wrangling*, est cruciale pour garantir la qualité et la fiabilité des analyses ultérieures. Elle implique la correction des erreurs, la gestion des valeurs manquantes, ainsi que le formatage et la transformation des données en un format exploitable.

L'analyse des données constitue le cœur de la Business Intelligence. Elle englobe un large éventail de méthodes, allant de l'exploration statistique simple au reporting complexe, en passant par les analyses prédictives et prescriptives. Ces dernières s'appuient souvent sur des techniques d'intelligence artificielle et d'apprentissage automatique pour fournir des *insights* plus profonds et anticipatifs.

La visualisation et le reporting jouent un rôle essentiel dans la communication des résultats d'analyse. Les données sont présentées sous forme de tableaux de bord interactifs, de graphiques dynamiques et de rapports détaillés. L'objectif est de rendre l'information facilement compréhensible et exploitable, même pour les utilisateurs non techniques.

Enfin, l'étape ultime de la BI est la prise de décision basée sur les insights obtenus. Ces décisions peuvent entraîner des changements stratégiques, opérationnels ou tactiques au sein de l'entreprise, contribuant ainsi à son amélioration continue et à sa compétitivité.

1.3 Avantages et évolution de la Business Intelligence

L'adoption d'une stratégie de BI offre de nombreux avantages aux organisations. Elle permet de prendre des décisions basées sur des données précises et actualisées, plutôt que sur des intuitions ou des suppositions. La BI fournit également une meilleure compréhension du marché et de la concurrence, ce qui est crucial dans un environnement économique en constante évolution.

De plus, la BI contribue à l'optimisation des opérations en identifiant les inefficacités dans les processus d'affaires et en révélant les opportunités d'amélioration des performances. Elle aide à réduire les coûts en offrant une visibilité accrue sur les dépenses et en identifiant les domaines où des économies peuvent être réalisées. La BI peut également stimuler l'augmentation des revenus en détectant de nouvelles opportunités de vente et des tendances de marché exploitables.

Un aspect important de l'évolution récente de la BI est l'émergence du self-service BI. Cette approche a démocratisé l'accès aux données en permettant aux utilisateurs non techniques de créer leurs propres rapports ainsi que d'obtenir des insights et elle ne nécessite pas d'intervention approfondie du département IT. Cette évolution a considérablement accéléré le processus de prise de décision dans de nombreuses organisations.

1.4 Approche programmatique de la BI

Parallèlement aux outils BI traditionnels, une approche programmatique utilisant des langages comme Python gagne en popularité. Cette méthode offre une grande flexibilité dans la manipulation et l'analyse des données, permettant des développements sur mesure adaptés aux besoins spécifiques de chaque entreprise. Elle offre également un contrôle plus granulaire sur le traitement des données.

Des bibliothèques Python telles que pandas et NumPy sont largement utilisées pour la manipulation de données, tandis que matplotlib, seaborn ou Plotly excellent dans la visualisation. D'autres comme Dash, Streamlit ou Taipy permettent de créer des visualisations interactives, des tableaux de bord dynamiques et des rapports personnalisés. Elles offrent également une flexibilité et une personnalisation accrues grâce à la puissance de Python. Bien que cette approche nécessite des compétences techniques plus poussées, elle offre une personnalisation et une précision souvent inégalées par les outils BI standardisés.

La Business Intelligence est un domaine dynamique et en constante évolution, influencé par les avancées technologiques et les besoins changeants des organisations modernes. Qu'il s'agisse d'utiliser des outils BI traditionnels ou des approches programmatiques plus avancées, la BI reste un pilier fondamental pour toute entreprise souhaitant baser ses décisions sur des données concrètes, indépendamment de sa taille ou de son secteur d'activité.

2. Pourquoi Python ?

2.1 Préambule

Python est un langage de programmation de haut niveau, polyvalent et accessible, lancé pour la première fois en 1991. Reconnu pour sa syntaxe claire et lisible, Python permet aux développeurs de se concentrer sur la résolution des problèmes plutôt que sur les subtilités du langage lui-même. Cela en fait un choix populaire tant pour les débutants que pour les professionnels expérimentés.

Son créateur, Guido van Rossum, est un informaticien néerlandais visionnaire qui a dirigé le développement du langage jusqu'en 2018. Il a initialement développé Python alors qu'il travaillait à l'Institut de recherche national néerlandais en mathématiques et informatique, avec l'objectif de créer un langage qui serait à la fois puissant et facile à apprendre. Fait intéressant, la première version de Python a été écrite pendant les vacances de Noël, alors qu'il cherchait à développer un successeur au langage ABC, en corrigeant ce qu'il considérait comme ses défauts tout en conservant ses innovations.

La simplicité de Python n'est pas synonyme de faiblesse. Il est doté d'une riche bibliothèque standard qui fournit des modules et des fonctions pour presque tous les besoins de développement, allant de la manipulation de chaînes de caractères à la gestion de bases de données, en passant par les réseaux et les interfaces utilisateur. De plus, sa capacité à intégrer des bibliothèques externes comme NumPy, pandas, TensorFlow et Django, entre autres, le rend particulièrement puissant pour les applications scientifiques, les analyses de données, l'intelligence artificielle, le développement web, et bien plus encore.

Python encourage également des paradigmes de programmation variés, y compris la programmation procédurale, orientée objet et fonctionnelle, offrant ainsi une grande flexibilité pour les développeurs dans la manière dont ils structurent leur code. Sa compatibilité avec divers systèmes d'exploitation et son interpréteur interactif facilitent le développement et le test rapides de nouvelles idées.

Un autre atout majeur de Python est sa communauté active et croissante. Cette communauté contribue non seulement à l'amélioration continue du langage et de ses bibliothèques, mais offre également un vaste réseau de support via des forums, des tutoriels en ligne, et des conférences dédiées.

Grâce à sa combinaison unique de simplicité, de puissance et de flexibilité, Python est devenu un outil incontournable dans le monde du développement logiciel et continue de gagner en popularité dans de nombreux domaines technologiques.

2.2 Tendances

On peut d'ailleurs mieux se rendre compte de l'intérêt toujours croissant des professionnels pour ce langage avec les trois classements suivants. On peut remarquer que Python, au-delà d'être le langage le plus utilisé dans l'analyse de donnée, conforte sa prédominance en écrasant la concurrence.

L'indice TIOBE est un classement mensuel reconnu qui évalue la popularité des langages de programmation dans le monde du développement logiciel. Sa méthodologie repose sur l'analyse des requêtes effectuées sur les principaux moteurs de recherche, incluant Google, Bing, Yahoo!, Wikipédia, Amazon, YouTube et Baidu. Ce système mesure la fréquence à laquelle chaque langage de programmation est recherché, couvrant environ une centaine de langages différents.

Il est important de noter que l'indice TIOBE ne reflète pas directement l'utilisation réelle des langages ou le volume de code produit, mais plutôt leur visibilité et leur popularité sur le Web. Cette approche permet de capturer les tendances et l'intérêt général pour chaque langage, offrant ainsi un aperçu des dynamiques du secteur.

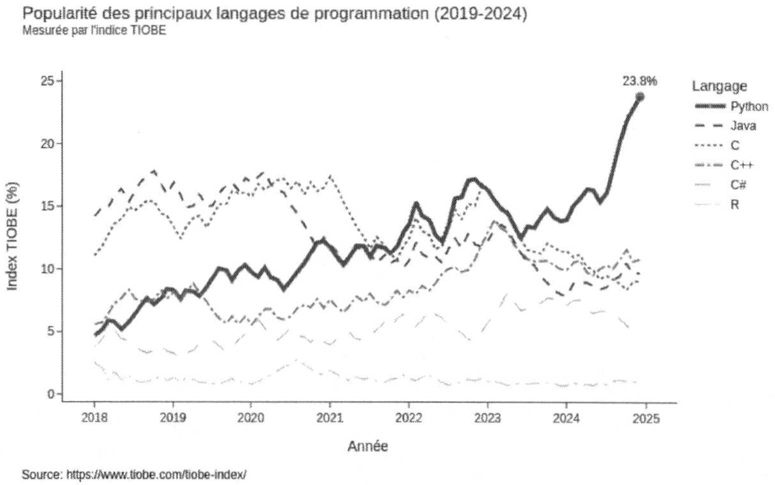

Le classement PYPL (*Popularity of Programming Language*) est une alternative à l'indice TIOBE pour évaluer la popularité des langages de programmation. Sa méthodologie se distingue par une approche centrée sur l'intérêt actuel des développeurs et des apprenants. Contrairement à TIOBE, qui se base sur le nombre de pages web consacrées à chaque langage, PYPL analyse la fréquence des recherches de tutoriels pour apprendre un langage de programmation spécifique.

Cette approche part du principe que plus un langage est recherché pour être appris, plus il est populaire et pertinent dans le paysage actuel du développement logiciel. PYPL utilise les données de Google Trends pour mesurer le volume de recherches liées à l'apprentissage de chaque langage, ce qui permet d'obtenir un aperçu plus dynamique et actualisé des tendances du marché.

Le classement PYPL 2024 offre ainsi une perspective différente, potentiellement plus représentative de l'intérêt réel et immédiat des développeurs pour certains langages. Cette méthode permet de capturer les tendances émergentes plus rapidement que des indicateurs basés sur le contenu web existant, qui peuvent refléter des informations plus anciennes ou statiques.

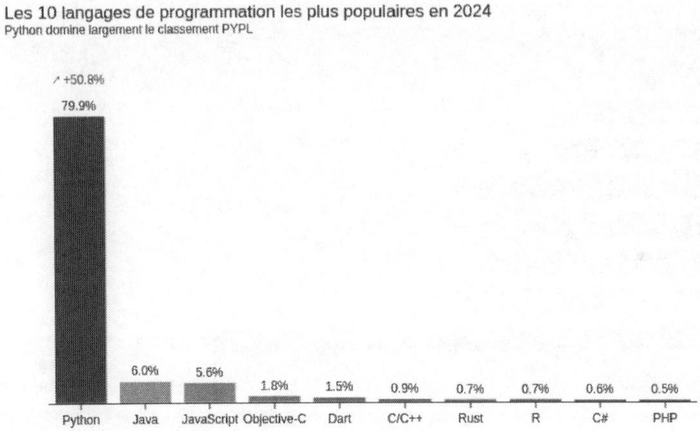

Source: https://pypl.github.io/PYPL.html?country=FR

Enfin, le classement IEEE Spectrum est une évaluation annuelle reconnue des langages de programmation, réalisée par l'*Institute of Electrical and Electronics Engineers* (IEEE). Cette classification se distingue par sa méthodologie exhaustive, combinant diverses sources de données pour offrir une vue d'ensemble de la popularité et de la pertinence des langages dans l'industrie du développement logiciel.

La méthodologie de l'IEEE Spectrum repose sur l'analyse de multiples indicateurs provenant de sources variées. Elle intègre des données issues de GitHub, Google, Stack Overflow, Twitter et IEEE Xplore, la bibliothèque numérique de l'IEEE contenant plus de 3,6 millions d'articles scientifiques et techniques.

La spécificité de IEEE Spectrum est sa prise en compte des publications scientifiques et des conférences liées à chaque langage, offrant ainsi une perspective unique sur leur importance dans le monde académique et de la recherche.

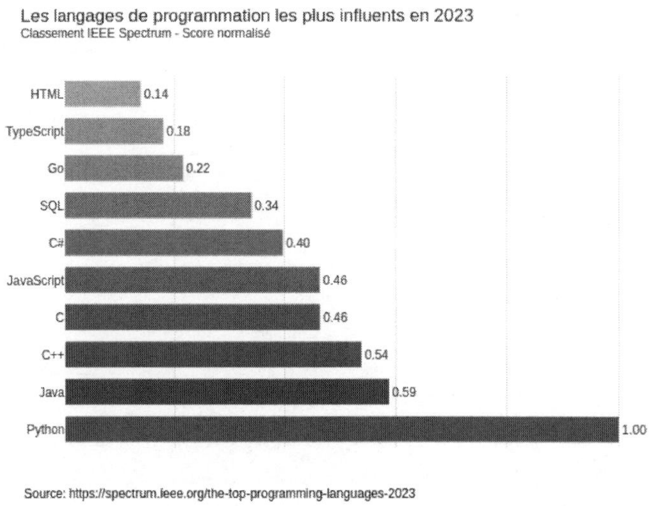

Maintenant, vous devriez être convaincu que vous avez fait le bon choix avec ce livre. Apprendre à se servir de Python est le meilleur investissement que vous puissiez faire.

3. Python pour la Business Intelligence

Python s'est imposé comme un outil de choix pour la Business Intelligence, offrant un écosystème riche de bibliothèques et d'outils spécialisés qui couvrent l'ensemble du cycle de vie de l'analyse de données. Dans cette section, nous allons découvrir les principales composantes de cet écosystème, essentielles pour tout professionnel de la BI.

Au cœur de l'analyse de données en Python se trouve pandas, une bibliothèque incontournable. Pandas offre des structures de données puissantes, en particulier les DataFrames, qui permettent de manipuler efficacement des ensembles de données tabulaires. Avec pandas, les analystes peuvent nettoyer les données, gérer les valeurs manquantes, effectuer des agrégations complexes et réaliser des analyses temporelles sophistiquées. Bien utilisé, sa flexibilité et sa performance en font un outil central pour la préparation et l'analyse des données.

Pour les calculs numériques plus avancés, NumPy complète parfaitement pandas. Bien que souvent associé au calcul scientifique, NumPy est précieux en BI pour les opérations matricielles et les calculs vectorisés, accélérant considérablement le traitement des données à grande échelle. En parallèle, SciPy étend ces capacités avec un ensemble d'outils pour l'analyse statistique, offrant une large gamme de tests statistiques essentiels pour valider les hypothèses et évaluer la significativité des résultats par exemple.

La visualisation des données, essentielle pour communiquer efficacement les insights, est prise en charge par plusieurs bibliothèques Python. La librairie matplotlib, la plus ancienne et la plus complète, offre un contrôle granulaire sur chaque aspect des graphiques. Pour ceux qui recherchent une approche plus simple avec des résultats esthétiques, seaborn, construit sur matplotlib, permet de créer rapidement des visualisations statistiques attrayantes. Pour des visualisations interactives, particulièrement utiles dans les tableaux de bord modernes, Plotly s'impose comme la référence, permettant de créer des graphiques dynamiques facilement intégrables dans des applications web.

L'intégration de données, quant à elle, est facilitée en Python grâce à des bibliothèques comme SQLAlchemy. Cette dernière permet aux analystes d'interagir aisément avec une variété de bases de données SQL. Pour les sources NoSQL, Python offre des connecteurs spécifiques pour la plupart des systèmes populaires. De plus, la capacité de Python à travailler avec des API REST permet d'enrichir les analyses avec des données provenant de sources externes diverses.

Enfin, pour le développement de tableaux de bord, Python propose plusieurs options en fonctions de vos besoins. Dash, développé par Plotly, permet de créer des applications web analytiques complètes avec des composants interactifs. Streamlit, une alternative plus récente, a gagné en popularité grâce à sa simplicité, permettant de transformer rapidement des scripts Python en applications web interactives. Un nouveau venu, Taipy, se positionne comme un challengeur prometteur, offrant une grande flexibilité pour créer des interfaces utilisateur réactives avec un minimum de code.

4. Quels avantages à utiliser Python pour la Business Intelligence ?

L'adoption de Python comme outil principal pour la Business Intelligence offre de nombreux avantages stratégiques et opérationnels aux organisations.

Un des atouts majeurs de Python est sa flexibilité et son adaptabilité. Dans un environnement BI où les sources de données sont souvent hétérogènes et en constante évolution, Python excelle dans sa capacité à s'adapter à différents types et formats de données. Cette flexibilité permet aux analystes de répondre rapidement aux changements dans les exigences des projets ou dans la nature des données à traiter.

L'automatisation des flux de travail BI est un autre domaine où Python brille particulièrement. Des outils comme Apache Airflow, développé en Python, permettent d'orchestrer des pipelines de données complexes. Cette capacité d'automatisation améliore non seulement l'efficacité opérationnelle, mais assure également la reproductibilité des analyses, un aspect crucial pour la fiabilité et la cohérence des insights en BI.

La scalabilité de Python en fait un choix judicieux pour les projets BI de toutes tailles. Pour les analyses impliquant des volumes de données modérés, les outils standard de Python suffisent généralement. Lorsque les volumes de données deviennent plus importants, des solutions comme Dask permettent d'étendre les capacités de pandas et NumPy à plusieurs cœurs ou même à des clusters de machines, sans nécessiter de changements majeurs dans le code existant.

Un avantage significatif de Python réside dans sa communauté active et son écosystème open source. Cette communauté contribue continuellement à l'amélioration des bibliothèques existantes et au développement de nouvelles solutions. Pour les professionnels de la BI, cela se traduit par un accès constant à des ressources actualisées, par une aide rapide en cas de besoin, et par une innovation continue dans les outils et les méthodologies disponibles.

D'un point de vue économique, Python offre un excellent rapport coût-efficacité. Étant open source, il permet aux entreprises de déployer des solutions BI robustes sans investir dans des licences coûteuses. De plus, l'utilisation de Python permet de réduire les coûts de formation et de mise en œuvre. De nombreux professionnels possèdent déjà des compétences en Python, ce qui simplifie l'adoption de ces outils au sein des équipes. Les entreprises peuvent ainsi maximiser l'utilisation de leurs ressources internes sans avoir à investir massivement dans des formations supplémentaires ou dans l'embauche de consultants spécialisés.

Bien que ce livre se concentre sur la BI traditionnelle, il est important de noter que Python offre une passerelle naturelle vers des domaines plus avancés comme l'analyse prédictive et l'apprentissage automatique. Cette continuité technologique permet une évolution progressive des capacités analytiques de l'entreprise, facilitant la transition vers des analyses plus sophistiquées lorsque le besoin s'en fait sentir.

Enfin, contrairement aux solutions BI propriétaires qui fonctionnent souvent comme des «boîtes noires», Python offre un contrôle total sur le processus analytique. Les analystes peuvent personnaliser chaque aspect de leurs analyses, des algorithmes de traitement des données aux méthodes de visualisation, garantissant ainsi que les solutions BI répondent précisément aux besoins spécifiques de l'entreprise.

Tous ces avantages font de Python un choix stratégique pour les organisations cherchant à tirer le meilleur parti de leurs données, quelles que soient la complexité ou l'envergure de leurs projets BI.

5. Installation de votre environnement

L'installation de l'environnement Python peut sembler plus complexe que l'installation d'un outil de BI traditionnel tel que Power BI. Alors que Power BI offre une installation guidée et une interface utilisateur intuitive, la mise en place de Python nécessite plusieurs étapes, incluant l'installation de l'interpréteur Python, la configuration des gestionnaires de paquets comme pip ou conda, et l'installation des bibliothèques nécessaires pour le développement de solutions BI. Dans les prochaines sections, nous allons voir en détail comment préparer votre machine pour que vous soyez prêt à développer !

5.1 Installation de Python

5.1.1 Quelle version de Python choisir?

Dans le domaine de la Business Intelligence, où la fiabilité des analyses et la stabilité des systèmes sont primordiales, le choix de la version de Python n'est pas négligeable.

D'expérience, il est souvent plus judicieux d'opter pour une version bien établie et supportée à long terme, plutôt que la toute dernière, en particulier pour des projets en production ou lorsque la compatibilité des bibliothèques est un enjeu majeur.

Par exemple, une mise à jour prématurée pourrait rendre incompatibles certaines bibliothèques essentielles comme pandas ou NumPy, perturbant ainsi vos pipelines d'analyse et potentiellement compromettant l'intégrité de vos rapports BI.

Cependant, il ne faut pas négliger l'intérêt des nouvelles versions. Elles apportent souvent des améliorations de performance et de nouvelles fonctionnalités qui peuvent bénéficier à vos projets.

Voici les principaux éléments à considérer pour choisir votre version de Python :

- Compatibilité des bibliothèques : vérifiez la compatibilité des bibliothèques essentielles à votre workflow BI (pandas, NumPy, matplotlib, etc.) avec la version de Python envisagée.

- Support à long terme (LTS) : les versions LTS sont maintenues plus longtemps avec des mises à jour de sécurité et des corrections de bugs, idéales pour les projets BI en production.
- Stabilité et maturité : pour des projets BI critiques, privilégiez une version ayant fait ses preuves en production.
- Nouvelles fonctionnalités : évaluez si les nouvelles fonctionnalités peuvent apporter une réelle valeur ajoutée à vos analyses BI.
- Gestion des versions : utilisez des outils comme pyenv ou conda pour gérer plusieurs versions de Python, permettant de basculer selon les besoins de vos projets.

Pour rester informé sur les différentes versions de Python et leur cycle de vie, consultez régulièrement https://devguide.python.org/versions/. Le graphique montre le cycle de vie des différentes versions de Python sur un axe temporel de 2008 à 2030, indiquant leur statut progressif depuis le développement jusqu'à la fin de vie (end-of-life).

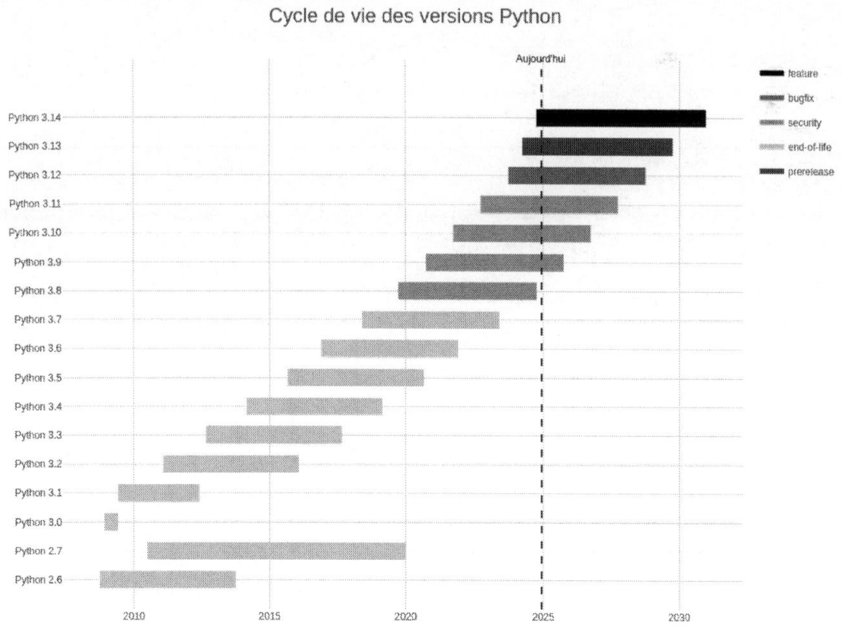

Maintenant que vous connaissez la version de Python (et avant de plonger dans le vif du sujet), il est essentiel de préparer votre environnement de travail. Heureusement, l'installation de Python est généralement un processus simple et bien documenté, quel que soit votre système d'exploitation. Dans les sections suivantes, vous serez guidé à travers les étapes essentielles pour configurer un environnement Python adapté à vos besoins.

5.1.2 Installation sous Ubuntu

- Ouvrez un terminal et vérifiez si Python est déjà installé.

```
python3 --version
```

- Si Python est déjà installé, vous verrez le numéro de version. Sinon, passez à l'étape suivante.
- Installez Python (3.9 dans cet exemple) à l'aide du gestionnaire de paquets APT.

```
sudo apt update
sudo apt install python3.9 python3-pip
```

pip est le gestionnaire de paquets, c'est cet outil qui nous servira par la suite à installer les différentes librairies que nous utiliserons.

5.1.3 Installation sous Windows 11

- Téléchargez le programme d'installation de Python depuis le site officiel : https://www.python.org/downloads/
- Exécutez le programme d'installation et suivez les instructions. Assurez-vous de cocher la case **Add Python to PATH** pour pouvoir utiliser Python depuis n'importe quel répertoire, cela vous évitera quelques erreurs par la suite.
- Vérifiez l'installation en ouvrant une invite de commande et en tapant :

```
python --version
pip --version
```

5.1.4 Installation Windows 11 sans droits administrateur

Dans de nombreuses organisations, les restrictions sur les droits d'utilisateur limitent souvent l'installation de nouveaux logiciels. Pour contourner cette contrainte, Python propose une version «portable» qui ne nécessite pas d'installation système.

Cette option vous permet de démarrer rapidement vos projets, en exécutant Python directement depuis un dossier ou une clé USB. C'est une solution pratique pour commencer à travailler sur vos analyses si votre compte est restreint ou bien en attendant une installation approuvée par votre service informatique.

Étape 1 : télécharger Python portable

- Rendez-vous sur le site officiel de Source Forge : https://sourceforge.net/projects/portable-python/
- Cliquez sur **Download**, le téléchargement commence (version 64 bits par défaut). Le fichier téléchargé aura le format Portable Python-3.X.X x64.exe.

Étape 2 : préparer Python

- Décompressez le fichier ZIP dans un dossier de votre choix. Ce dossier sera votre « installation » portable de Python.
- Assurez-vous d'ajouter, dans les variables d'environnement de votre compte, le chemin vers le répertoire contenant l'exécutable python.exe.

Cette version possède sa propre interface de ligne de commande. Par défaut, le gestionnaire de paquets pip est présent et permet d'installer directement les librairies.

5.2 Choix d'un IDE

Choisir l'environnement de développement approprié dépend souvent des outils utilisés déjà utilisés en entreprise. Nous allons parcourir dans cette sous-section les IDE les plus courants. De plus, nous distinguerons deux cas d'usage : l'exploration de données ou la réalisation de POC et l'écriture de code pour la production.

5.2.1 Exploration de données avec Jupyter Notebooks

Pour l'exploration de données, les notebooks Jupyter sont l'outil idéal. Ils permettent d'exécuter le code par blocs, facilitant le contrôle et la visualisation des résultats à chaque étape. De plus, leur capacité à intégrer de la documentation en Markdown ou HTML les rend parfaits pour créer des rapports interactifs et partageables, essentiels en BI.

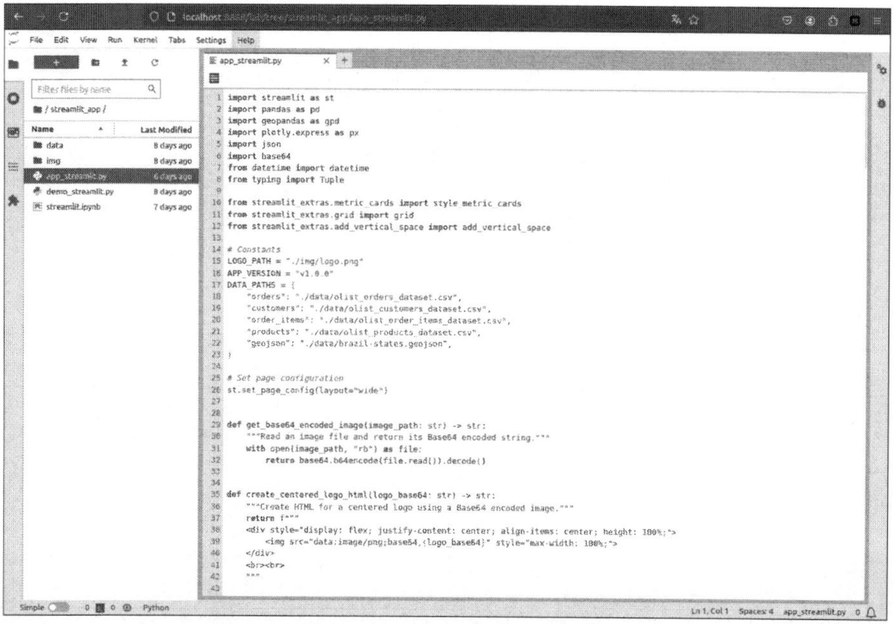

5.2.2 Environnements de développement intégré (IDE) pour la production

Pour le développement de code destiné à la production, deux IDE se démarquent : VS Code (Microsoft) et PyCharm (JetBrains). Bien qu'ils partagent de nombreuses fonctionnalités, ils ont des différences notables, particulièrement en ce qui concerne le support des notebooks Jupyter.

Comparaison entre PyCharm et VS Code

Caractéristique	PyCharm	VS Code
Type	Environnement de développement intégré (IDE) complet	Éditeur de code léger et extensible
Développement	JetBrains	Microsoft
Licence	Version communautaire gratuite, version professionnelle payante	Gratuit et open source
Prise en main	Courbe d'apprentissage plus prononcée, interface riche en fonctionnalités	Plus facile à prendre en main, interface minimaliste personnalisable
Performance	Plus gourmand en ressources, peut être lent sur des machines moins puissantes	Plus léger et rapide
Fonctions spécifiques pour Python	Excellente prise en charge de Python, outils de refactoring puissants, débogage avancé, navigation dans le code facilitée	Bonne prise en charge de Python avec l'extension officielle, fonctionnalités personnalisables grâce aux extensions
Fonctions pour la science des données	Intégration avec Jupyter Notebooks, outils de visualisation de données, prise en charge de bibliothèques scientifiques (NumPy, pandas, etc.)	Intégration avec Jupyter Notebooks (via extensions), visualisation de données possible avec extensions, prise en charge de bibliothèques scientifiques
Communauté	Grande communauté d'utilisateurs, principalement axée sur Python	Énorme communauté, active sur de nombreux langages et technologies

Caractéristique	PyCharm	VS Code
Personnalisation	Moins personnalisable que VS Code, mais de nombreux thèmes et plugins disponibles	Hautement personnalisable avec une vaste bibliothèque d'extensions

Le choix entre PyCharm et VS Code dépendra de vos besoins spécifiques :

- Si vous travaillez exclusivement sur des projets Python et que vous avez besoin d'outils de refactoring puissants, PyCharm pourrait être le meilleur choix.
- Si vous préférez un environnement plus léger et polyvalent, capable de gérer divers langages de programmation, VS Code serait plus approprié.
- Pour les projets de BI nécessitant une utilisation fréquente de notebooks Jupyter, VS Code offre un avantage avec son support natif, à moins que vous n'optiez pour la version professionnelle de PyCharm.

L'interface de VS Code :

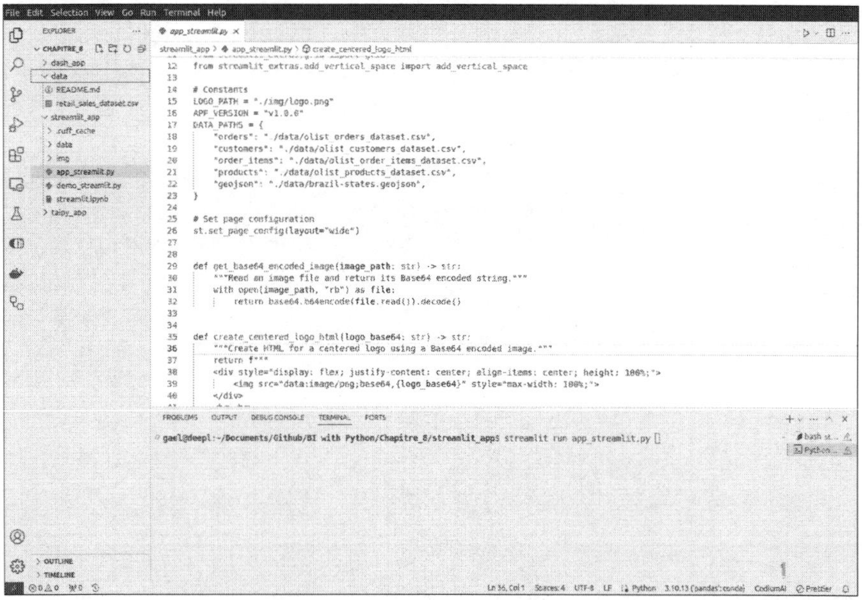

L'interface de PyCharm :

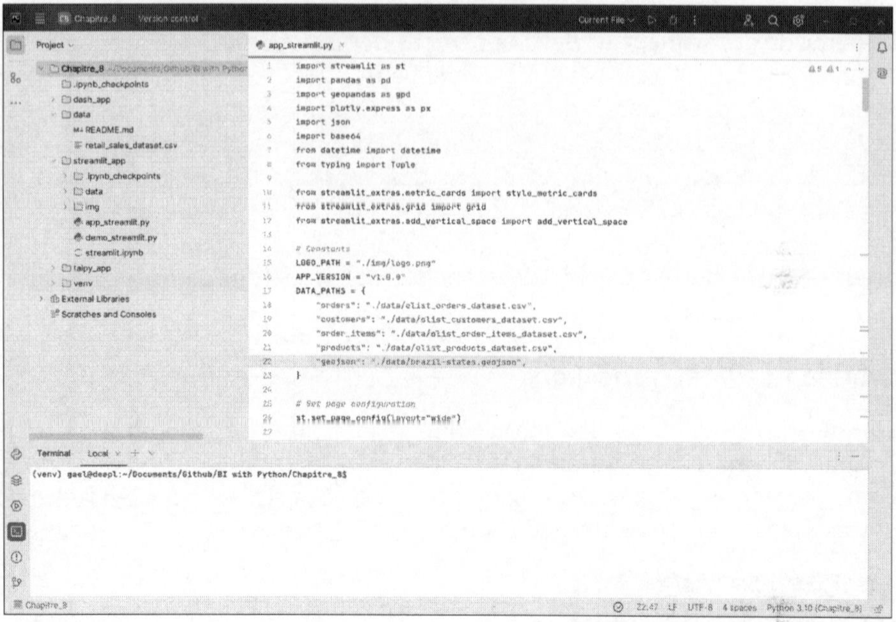

Quelle que soit votre décision, ces deux IDE offrent des fonctionnalités robustes pour le développement Python, le choix final dépendra souvent de vos préférences personnelles et des exigences spécifiques de votre projet.

6. Quelques bonnes pratiques avant de débuter

Les bonnes pratiques issues du monde de l'ingénierie logicielle tendent à s'imposer de plus en plus dans le monde de la data et c'est tant mieux. Passons en revue ces bonnes pratiques pour garder un code propre, efficient et maintenable.

6.1 Versionnage

Le point de départ de tout développement depuis quelques années est le versionnage du code. Cette pratique, devenue incontournable, permet de suivre l'évolution du code source, de gérer les modifications apportées par différents développeurs et de maintenir un historique complet des changements. Le versionnage facilite la collaboration au sein des équipes, améliore la traçabilité des bugs et des fonctionnalités, et permet de revenir à des versions antérieures en cas de besoin. Utiliser des systèmes de contrôle de version comme Git est désormais une norme dans le développement logiciel moderne, garantissant un développement plus structuré et sécurisé.

6.1.1 Création de votre repository

Le versionnage avec GitHub (ou toute autre alternative comme GitLab, GitKraken, etc.) est primordial dans le développement de tout projet Python. Pour commencer, vous devez créer un nouveau repository, qui servira de base pour stocker et gérer votre code source.

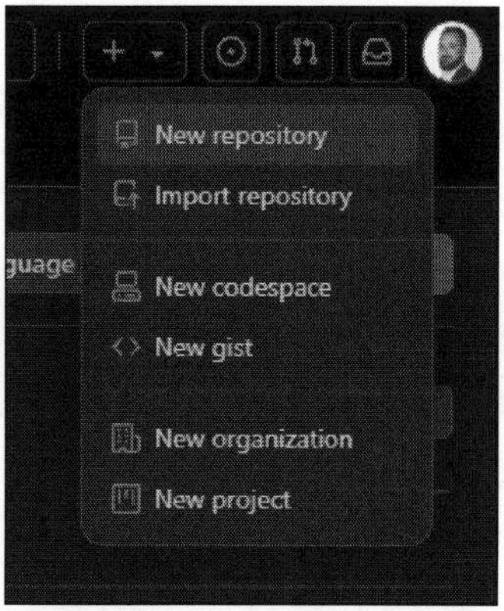

- Pour commencer, connectez-vous à votre compte GitHub.
- Cliquez sur le bouton **+** en haut à droite de la page d'accueil. Cela révèle l'option **New repository**.
- Sélectionnez cette option pour initier le processus de création de votre nouveau repository.

- Configurez ensuite les détails de votre repository. Le choix du nom de votre repository est important : il devra être descriptif et facilement identifiable. Par exemple, pour un projet de Business Intelligence en Python, vous pourriez choisir un nom comme **new_repo_for_bi_project**.

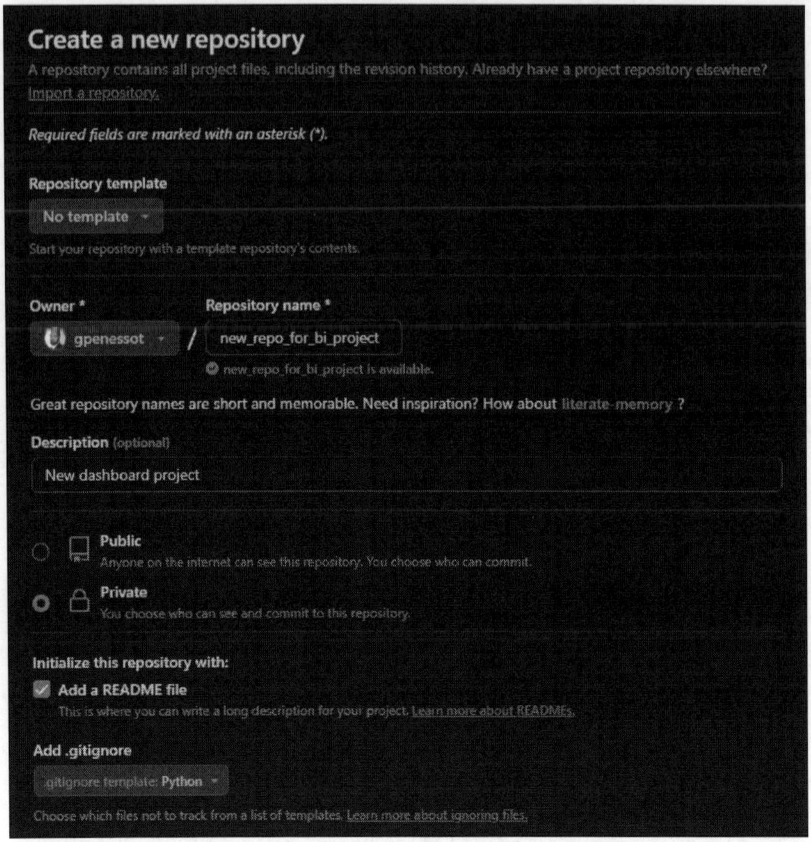

GitHub vous offre ensuite le choix entre rendre votre repository public ou privé. Un repository public sera visible par tous et permettra à d'autres développeurs de contribuer à votre projet. Un repository privé, en revanche, n'est accessible qu'à vous et aux collaborateurs que vous invitez explicitement. Votre choix dépendra de la nature de votre projet et de vos préférences en matière de confidentialité.

Une option importante à considérer est l'initialisation de votre repository avec un fichier README. Ce fichier sert de page d'accueil pour votre projet sur GitHub et est généralement utilisé pour fournir une description du projet, des instructions d'installation et d'utilisation, ainsi que toute autre information pertinente. Il est recommandé de cocher cette option pour faciliter le démarrage de votre projet.

▶ Une fois que vous avez configuré tous ces paramètres selon vos besoins, cliquez sur le bouton **Create repository** en bas de la page. GitHub créera alors votre nouveau repository, vous fournissant ainsi un espace dédié pour gérer et collaborer sur votre projet de Business Intelligence en Python.

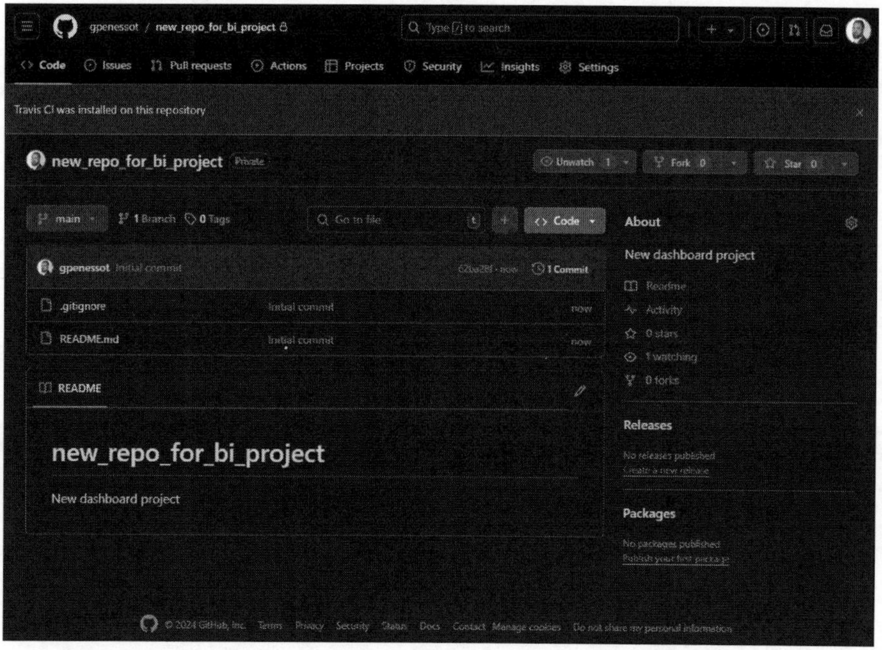

6.1.2 Clonage du repository

Ces commandes bash représentent les premières étapes pour travailler avec un projet hébergé sur GitHub. La première commande, `git clone`, est utilisée pour créer une copie locale du repository distant. Elle télécharge l'intégralité du projet, y compris tous les fichiers, l'historique des commits et les branches, depuis l'URL GitHub spécifiée. Une fois le clonage terminé, la commande `cd` (change directory) est utilisée pour naviguer dans le répertoire nouvellement créé du projet.

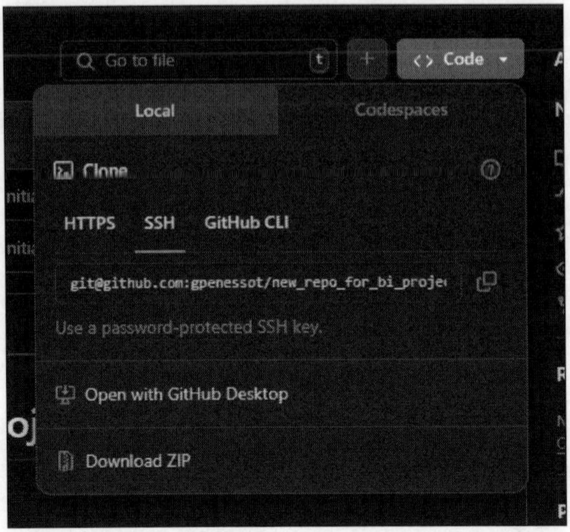

Cette séquence permet à un développeur de rapidement obtenir une copie de travail complète du projet sur sa machine locale, prête pour la consultation, la modification ou la contribution.

```
git clone git@github.com/your_username/
new_repo_for_bi_project.git
cd my_python_project
```

Remarque

Au préalable, il faut créer une clé SSH pour sécuriser les échanges. Suivez ce tutoriel Github pour avoir le détail :
https://docs.github.com/en/authentication/connecting-to-github-with-ssh

6.1.3 Ajout de fichiers et commit

Cette séquence de commandes Git représente le flux de travail typique pour enregistrer et partager des modifications dans un projet versionné. La commande `git add .` ajoute tous les fichiers modifiés ou nouveaux dans le répertoire courant à la zone de staging, préparant ces changements pour le commit. Ensuite, `git commit -m` crée un nouveau commit avec un message descriptif, dans ce cas indiquant qu'il s'agit du commit initial ajoutant les fichiers de base du projet.

Enfin, `git push origin main` envoie ces modifications locales vers le repository distant sur GitHub, les rendant ainsi visibles et accessibles aux autres collaborateurs du projet. Cette séquence est fondamentale dans le processus de développement collaboratif, permettant de sauvegarder et de partager les progrès réalisés sur le projet.

```
git add .
git commit -m "Initial commit: adding base file for project"
git push origin main
```

6.1.4 Création de branches

Cette séquence de commandes Git illustre le processus de création et de travail sur une nouvelle fonctionnalité dans un projet. La commande `git checkout -b feature/new_analysis` crée et bascule simultanément sur une nouvelle branche nommée `feature/new_analysis`, isolant ainsi le développement de cette nouvelle fonctionnalité du code principal. Ensuite, les modifications sont ajoutées à la zone de staging avec `git add .`, puis un commit est créé avec un message descriptif indiquant l'ajout d'une nouvelle fonction d'analyse de données.

Enfin, `git push origin feature/new_analysis` pousse cette nouvelle branche et ses modifications vers le repository distant sur GitHub, rendant la nouvelle fonctionnalité disponible pour revue et discussion avec l'équipe. Cette approche de développement par branches permet de travailler sur des fonctionnalités de manière isolée et organisée, facilitant la gestion du code et la collaboration au sein de l'équipe.

```
git checkout -b feature/new_analysis
git add .
git commit -m "Add a new function for data analysis"
git push origin feature/new_analysis
```

6.1.5 Pull requests

Les pull requests constituent un élément essentiel du flux de travail collaboratif sur GitHub, permettant d'intégrer de manière contrôlée les modifications de code dans le projet principal.

- Pour initier ce processus, commencez par vous rendre sur la page principale de votre repository GitHub.
- Vous y trouverez un onglet intitulé **Pull requests** dans la barre de navigation supérieure. Cliquez sur cet onglet pour accéder à la section dédiée aux pull requests de votre projet.

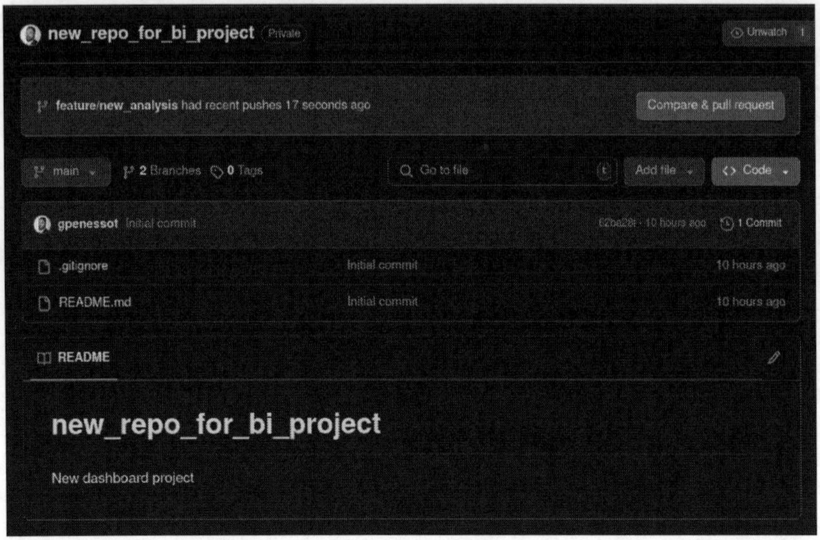

- Une fois dans cette section, vous verrez un bouton vert libellé **New pull request**. Ce bouton est votre point de départ pour proposer l'intégration de vos modifications. Cliquez dessus. GitHub vous présente une interface de comparaison des branches.

- Sélectionnez la branche feature sur laquelle vous avez travaillé. Cette sélection permet à GitHub de comparer votre branche feature avec la branche principale du projet, généralement nommée **main** ou **master**.

Après avoir sélectionné votre branche feature, vous arriverez à une page où vous pourrez examiner les différences entre votre branche et la branche principale.

- Ajoutez une description détaillée de votre pull request. Cette description est cruciale, car elle permet à vos collaborateurs de comprendre le contexte et l'objectif de vos modifications. Expliquez clairement ce que fait votre code, pourquoi ces changements sont nécessaires, et tout autre détail pertinent qui pourrait faciliter la revue de code.

Une fois que vous avez soigneusement rédigé votre description, vous pouvez finaliser le processus en cliquant sur le bouton **Create pull request**. Cette action soumettra officiellement votre pull request à l'équipe du projet pour revue. À partir de ce moment, vos collaborateurs pourront examiner vos modifications, laisser des commentaires, et suggérer des améliorations avant que votre code ne soit finalement fusionné dans la branche principale du projet.

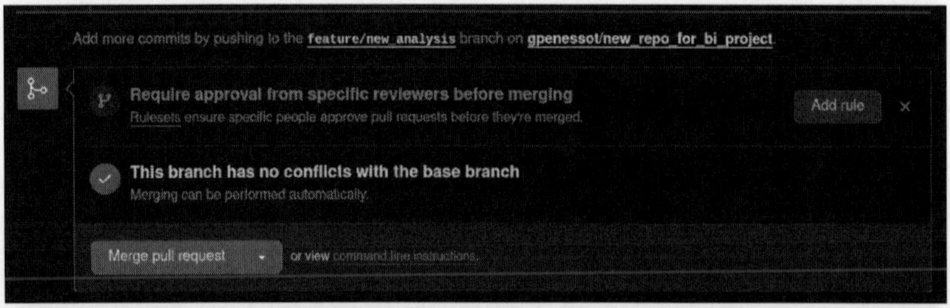

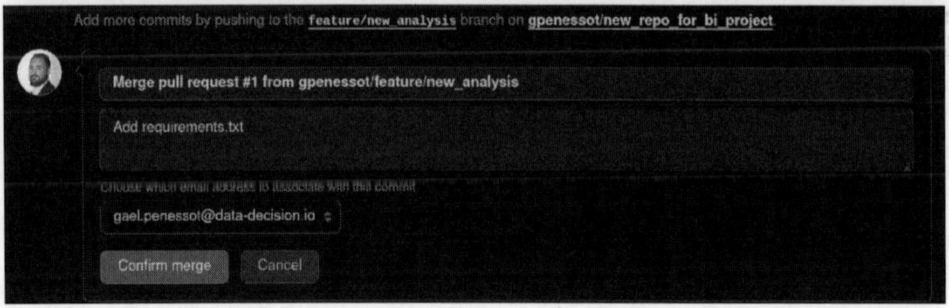

6.2 Structurer votre projet

Une structure de projet d'analyse de données bien pensée est essentielle pour plusieurs raisons, notamment la collaboration, la lisibilité, la maintenabilité, la reproductibilité et le partage efficace du projet. Pour faciliter la mise en place d'une telle structure, on peut utiliser un outil comme Cookiecutter.

Cookiecutter est un outil en ligne de commande qui permet de créer des projets à partir de templates prédéfinis. Il est particulièrement utile pour les projets d'analyse de données, car il permet de générer rapidement une structure de projet cohérente et standardisée.

L'intérêt de Cookiecutter réside dans plusieurs aspects :

- Gain de temps : au lieu de créer manuellement la structure du projet à chaque fois, Cookiecutter permet de générer instantanément une arborescence complète de dossiers et de fichiers.

- Standardisation : en utilisant un template commun, tous les projets de l'équipe ou de l'organisation suivent la même structure, ce qui facilite la collaboration et la compréhension mutuelle.
- Personnalisation : les templates Cookiecutter sont hautement personnalisables. On peut créer ses propres templates adaptés aux besoins spécifiques de l'équipe ou du projet.
- Bonnes pratiques intégrées : les templates Cookiecutter peuvent inclure des fichiers de configuration, des scripts d'initialisation et de la documentation, encourageant ainsi l'adoption de bonnes pratiques dès le début du projet.
- Évolutivité : il est facile de faire évoluer les templates Cookiecutter au fil du temps, permettant ainsi d'améliorer continuellement la structure des projets.

Pour utiliser Cookiecutter, on peut soit choisir parmi les nombreux templates disponibles dans la communauté, soit créer son propre template. Par exemple, il existe des templates spécifiques pour les projets d'analyse de données en Python, incluant des structures pour la gestion des données, des notebooks Jupyter, des tests unitaires, etc.

Voici un exemple de commande pour créer un nouveau projet à partir d'un template Cookiecutter :

```
cookiecutter https://github.com/mon_repo_cookicutter
```

Cette commande génère une structure de projet basée sur le template « mon_repo_cookicutter ». Voici, par exemple, un template d'arborescence (disponible sur le répertoire Github https://github.com/gpenessot/cookiecutter-business-intelligence) :

```
├── {{cookiecutter.project_slug}}
│   ├── airflow                  # Airflow configuration and DAGs
│   │   ├── dags                 # DAGs (Directed Acyclic Graphs)
│   │   ├── plugins              # Custom Airflow plugins
│   │   └── airflow.cfg          # Airflow configuration file
│   ├── bin                      # Executable scripts
│   ├── data                     # Raw and interim data
│   │   ├── cleaned              # Cleaned data, ready for analysis
│   │   └── raw                  # Original, immutable raw data
│   ├── docs                     # Project documentation
│   ├── src                      # Main project source code
│   │   ├── __init__.py
│   │   ├── settings.py
```

```
│   │   ├── etl                       # ETL module
│   │   │   ├── __init__.py
│   │   │   ├── extract.py
│   │   │   ├── transform.py
│   │   │   └── load.py
│   │   ├── models                    # Machine learning models module
│   │   │   ├── __init__.py
│   │   │   ├── train.py              # Model training
│   │   │   ├── predict.py            # Model prediction
│   │   │   └── evaluate.py           # Model evaluation
│   │   └── api                       # API module
│   │       ├── __init__.py
│   │       └── app.py                # API code (FastAPI, Flask, etc.)
│   ├── tests                         # Test scripts
│   ├── notebooks                     # Jupyter notebooks for analysis
│   ├── dashboard                     # Dashboard code (Streamlit/Dash)
│   ├── Dockerfile                    # Dockerfile
│   ├── .env                          # Environment variables for Docker
│   ├── .gitignore                    # Files and directories ignored by Git
│   ├── README.md                     # General project documentation
│   ├── requirements.txt              # Development dependencies
│   ├── setup.py
│   ├── Makefile                      # Make commands for project management
│   ├── docker-compose.yml            # Docker Compose for container management
│   ├── pytest.ini                    # Pytest configuration
│   ├── .flake8                       # Flake8 configuration
│   ├── .github
│   │   └── workflows
│   │       └── github_actions.yml # GitHub Actions workflow file
```

Le dossier **data/** est divisé en deux sous-dossiers : **raw/** pour les données brutes qui ne doivent jamais être modifiées et **cleaned/** pour les données qui ont été nettoyées et transformées, prêtes pour l'analyse.

Le dossier **notebooks/** contient tous vos Jupyter notebooks. C'est ici que vous ferez votre analyse exploratoire, vos visualisations interactives et vos prototypes rapides.

Le dossier **src/** contient tout le code source de votre projet. Il est divisé en sous-dossiers pour organiser les différentes parties de votre pipeline :

- **etl/** pour l'extraction, la transformation et le chargement des données ;
- **models/** pour les modèles de machine learning ou d'analyse ;
- **api/** pour le code de l'API du projet.

Le dossier **tests/** contient tous vos tests unitaires et d'intégration, essentiels pour garantir la fiabilité de votre code.

Le dossier **docs/** est l'endroit où vous stockerez toute la documentation détaillée de votre projet.

Le dossier **reports/** est destiné à contenir vos rapports finaux, visualisations et autres livrables.

Le dossier **airflow/** contient la configuration et les DAGs pour Apache Airflow, permettant l'orchestration et l'automatisation des tâches de votre pipeline.

Le dossier **dashboard/** contient le code pour votre tableau de bord interactif, probablement développé avec Streamlit ou Dash.

Le dossier **bin/** contient des scripts exécutables utilitaires pour diverses tâches du projet.

À la racine du projet, vous trouverez plusieurs fichiers de configuration importants :

- Dockerfile et docker-compose.yml pour la conteneurisation ;
- .env pour les variables d'environnement ;
- requirements.txt pour les dépendances Python ;
- setup.py pour l'installation du projet ;
- Makefile pour les commandes de gestion du projet ;
- .gitignore, pytest.ini, et flake8 pour la configuration des outils de développement.

Enfin, le dossier **.github/workflows/** contient la configuration pour l'intégration continue, avec le fichier github_actions.yml définissant le pipeline CI/CD sur GitHub Actions.

Remarque

Ce template Cookiecutter complète le contenu du livre en proposant des fonctionnalités additionnelles. Le répertoire models sert en effet à stocker le code nécessaire à la création de modèles de machine learning, par exemple pour prédire des indicateurs clés de performance (KPI). De plus, le répertoire api contient le code qui permet de déployer ces modèles via une API, rendant ainsi leurs prédictions accessibles à d'autres applications ou services.

6.3 Écrire du code propre et maintenable

6.3.1 Bonnes pratiques de formatage et de syntaxe

L'un des moyens les plus simples d'assurer la qualité du code est de suivre le guide de style PEP8 pour le formatage et la syntaxe Python. Un code formaté de manière cohérente est plus facile à lire, à comprendre, à maintenir, réduit les erreurs et facilite la collaboration. Cela implique de bonnes pratiques concernant les choix stylistiques tels que l'indentation, l'espacement des lignes, l'utilisation des espaces et les commentaires. Chaque aspect est détaillé dans les sous-sections suivantes pour partir sur de bonnes bases.

L'intégralité des recommandations est accessible sur cette page : https://peps.python.org/pep-0008/

Indentation

Python est un outil particulièrement sensible aux indentations. Il faudra compter quatre espaces pour chaque niveau d'indentation. Il est également précisé que les tabulations et les espaces ne doivent pas être mélangés (il faut utiliser des espaces, pas des tabulations), et que l'indentation doit être cohérente du début à la fin.

Espacement des lignes

Les directives d'espacement des lignes en Python recommandent d'utiliser les lignes vides avec parcimonie. Les fonctions et les définitions de classes de haut niveau doivent être séparées par deux lignes vides, tandis que les définitions de méthodes doivent être séparées par une seule.

Ces directives indiquent également que les lignes doivent être maintenues raisonnablement courtes, autour de 79 caractères (bien que certains codeurs préfèrent 99-119). Enfin, les sauts de ligne doivent être utilisés avec précaution et incorporer des éléments tels que des parenthèses, des crochets, des antislashs et des accolades pour décomposer les longues chaînes de code.

Utilisation des espaces

PEP 8 recommande d'éviter les espaces de fin sur toutes les lignes, sauf celles qui sont par ailleurs vides. Il est également conseillé d'utiliser des espaces autour des opérateurs binaires, tels que les signes égal, les crochets, etc. Vous devez également éviter les espaces supplémentaires, en veillant à ne pas les placer à l'intérieur des crochets ou avant les virgules.

Conventions de nommage

Les conventions de nommage jouent un rôle crucial dans la lisibilité et la maintenabilité du code Python. Elles permettent de créer un code cohérent et compréhensible par tous les membres d'une équipe de développement.

Pour les variables, il est recommandé d'utiliser des noms descriptifs en minuscules. Les mots dans les noms de variables doivent être séparés par des tirets bas (_). Il est préférable d'éviter les noms d'une seule lettre, sauf pour les compteurs de boucle où c'est une pratique courante. Voici quelques exemples de noms de variables bien formés :

```
number_of_students = 25
total_price = 19.99
```

Les noms de fonctions suivent des règles similaires à celles des variables. Ils doivent être descriptifs, en minuscules, avec des mots séparés par des tirets bas. Les noms de fonctions sont généralement des verbes ou des phrases verbales, reflétant l'action qu'elles effectuent. Par exemple :

```
def calculate_average(grades):
    # Calculate and return the average of grades
    pass

def display_result(result):
    # Display the result in a formatted way
    pass
```

Les constantes en Python sont conventionnellement écrites en lettres majuscules, avec des mots séparés par des tirets bas. Elles sont généralement définies au niveau du module, c'est-à-dire en dehors de toute fonction ou classe. Cette convention aide à les distinguer rapidement des variables normales. Voici des exemples de constantes :

```
THRESHOLD = 4000
VAT_RATE = 0.20
```

Pour les classes, la convention est d'utiliser la notation `CamelCase`, où la première lettre de chaque mot est en majuscule, sans séparateur entre les mots. Les noms de classes sont généralement des noms ou des groupes nominaux, représentant l'objet ou le concept que la classe modélise. Par exemple :

```
class, Car:
    # Represent a car with its properties and methods
    pass

class PremiumCustomer:
    # Represent a premium customer with special attributes
    pass
```

En suivant ces conventions de nommage, le code devient plus lisible et plus facile à comprendre, ce qui facilite la collaboration et la maintenance à long terme des projets Python.

Type hints

L'utilisation des type hints améliore la lisibilité du code et facilite la détection d'erreurs. Bien que Python soit un langage à typage dynamique, les type hints permettent de spécifier explicitement les types attendus pour les arguments des fonctions et leurs valeurs de retour.

```
from typing import List, Dict, Union

def process_sales_data(
    sales: List[float],
    customer_info: Dict[str, str]
) -> Union[float, None]:
    """
    Process sales data and customer information.

    Args:
        sales (List[float]): A list of sales amounts.
```

```
        customer_info (Dict[str, str]): A dictionary of customer
information.

    Returns:
       Union[float, None]: The total sales amount if data is
valid, None otherwise.
    """
    if not sales or not customer_info:
       return None

    total_sales = sum(sales)

    if customer_info.get('type') == 'premium':
        total_sales *= 0.9  # 10% discount for premium customers

    return total_sales
```

Dans cet exemple :

- `List[float]` indique que `sales` doit être une liste de nombres à virgule flottante.
- `Dict[str, str]` spécifie que `customer_info` est un dictionnaire avec des clés et des valeurs de type string.
- `Union[float, None]` signifie que la fonction peut retourner soit un `float`, soit `None`.

Les type hints sont particulièrement utiles dans les projets où vous manipulez souvent des données de différents types. Elles aident à prévenir les erreurs liées aux types de données et rendent le code plus autodocumenté.

Documentation et commentaires

Les commentaires sont une autre partie importante des bonnes pratiques Python, car ils fournissent des informations sur chaque morceau de code. Il est essentiel de maintenir les commentaires à jour, car des commentaires obsolètes peuvent être pires que l'absence de commentaires. Les commentaires doivent être utilisés pour expliquer pourquoi le code est tel qu'il est ou le problème qu'il résout, plutôt que de détailler ce qu'il fait.

```
#Example 1: single line comments
# When I wrote this, only God and I understood what I was doing
# Now, God only knows

#Example 2: mutliline comment
"""
Dear Maintainer

Once you are done trying to 'optimize' this routine,
and you have realized what a terrible mistake that was,
please increment the following counter as a warning
to the next guy.

total_hours_wasted_here = 73
"""
```

Une docstring est une chaîne de caractères placée juste après la définition d'une fonction, d'une classe ou d'un module. Elle doit être encadrée par de triples guillemets doubles (`"""`). La structure d'une docstring est souvent composée de :

- première ligne : une brève description concise de l'objet (fonction, classe, module) ;
- ligne vide : sépare la description concise du reste de la docstring ;
- description détaillée : explication plus approfondie du fonctionnement, des paramètres, des valeurs de retour, etc.

Sections optionnelles :

- `Args:` (ou `Parameters:`) : description des paramètres d'entrée et de leurs types ;
- `Returns:` (ou `Yields:`) : description de la valeur de retour ou des valeurs générées ;
- `Raises:` description des exceptions pouvant être levées ;
- `Example:` un exemple d'utilisation de la fonction et de la sortie associée.

```
def calculate_moving_average(data: List[float], window: int) ->
List[float]:
    """
    Calculate the moving average of a list of numbers.

    This function computes the simple moving average of a given
list of numbers
    using a specified window size. The moving average is
calculated for each
    point by taking the average of the 'window' number of points
before it.

    Args:
        data (List[float]): A list of numbers to calculate the
moving average from.
        window (int): The size of the moving window.

    Returns:
        List[float]: A list of moving averages, with length equal
to the input data.

    Raises:
        ValueError: If the window size is larger than the data
length or not positive.

    Example:
        >>> calculate_moving_average([1, 2, 3, 4, 5], 3)
        [1.0, 1.5, 2.0, 3.0, 4.0]
    """
    if window > len(data) or window <= 0:
        raise ValueError("Window size must be positive and not
larger than data length")

    result = []
    for i in range(len(data)):
        if i < window:
            result.append(sum(data[:i+1]) / (i+1))
        else:
            result.append(sum(data[i-window+1:i+1]) / window)
   return result
```

Les commentaires en ligne doivent être utilisés avec parcimonie et séparés par au moins deux espaces de l'instruction, en commençant par un hashtag et un seul espace et indentés au même niveau pour chaque ligne.

6.3.2 Documentation automatique

Maintenant que votre code est parfaitement documenté, Sphinx vous offre la possibilité de générer une documentation automatique. Initialement créé pour documenter Python lui-même, Sphinx s'est imposé comme le standard de facto pour la documentation des projets Python. Son principal atout réside dans sa capacité à extraire les docstrings de votre code pour créer une documentation structurée et cohérente, reflétant fidèlement l'état actuel de votre projet.

La polyvalence de Sphinx en fait un outil particulièrement intéressant. Il peut produire des documents dans divers formats (HTML, PDF, ePub), s'adapte à des besoins spécifiques grâce à son système d'extensions, et facilite l'intégration d'exemples de code directement dans la documentation.

De plus, son utilisation du langage reStructuredText et sa capacité à créer des références croisées améliorent considérablement la navigation et la compréhension globale du projet, transformant ainsi vos commentaires de code en une ressource précieuse pour les utilisateurs et les contributeurs.

▶ Commencez par l'installation à l'aide de pip :

```
pip install sphinx
```

▶ Pour un meilleur rendu, installez aussi le thème « Read the Docs » :

```
pip install sphinx_rtd_theme
```

Vous pouvez démarrer un nouveau projet de documentation :

```
mkdir docs
cd docs
sphinx-quickstart
```

▶ Répondez aux questions posées par l'assistant. Les options importantes incluent les éléments suivants :

- séparer les répertoires source et build (recommandé : oui) ;
- nom du projet ;
- nom de l'auteur ;
- version du projet.

Après l'initialisation, votre structure de projet ressemblera à ceci :

```
docs/
├── Makefile
├── build/
├── source/
│   ├── conf.py
│   ├── index.rst
│   └── _static/
└── make.bat
```

Le fichier conf.py est le cœur de la configuration de votre documentation. Voici quelques paramètres importants à considérer :

```
# Ajout d'extensions
extensions = [
    'sphinx.ext.autodoc',
    'sphinx.ext.napoleon',
    'sphinx.ext.viewcode',
]

# Thème
html_theme = 'sphinx_rtd_theme'

# Ajout du chemin vers vos modules Python
import os
import sys
sys.path.insert(0, os.path.abspath('../../'))
```

Quelques mots sur les extensions mentionnées dans ce fichier conf.py. Ce sont des modules qui étendent les fonctionnalités de base de Sphinx :

- `sphinx.ext.autodoc` : cette extension permet à Sphinx de générer automatiquement la documentation à partir des docstrings de votre code Python. Elle extrait les commentaires et les signatures de fonction directement depuis le code source.
- `sphinx.ext.napoleon` : Napoleon ajoute le support pour les docstrings de style Google et NumPy. Elle permet d'utiliser ces styles de docstring plus lisibles tout en générant une documentation Sphinx correctement formatée.

– `sphinx.ext.viewcode` : cette extension ajoute des liens dans la documentation générée vers le code source correspondant. Cela permet aux lecteurs de facilement consulter l'implémentation des fonctions et classes documentées.

▶ Pour utiliser l'extension autodoc, créez un fichier RST pour chaque module que vous voulez documenter.

```
Module d'Analyse des Ventes
==========================

 . automodule:: mon_projet.analyse_ventes
    :members:
    :undoc-members:
    :show-inheritance:
Copier
```

▶ Enfin, pour générer la documentation HTML, utilisez les commandes:

```
cd docs
make html
```

En suivant ces pratiques et en utilisant les fonctionnalités avancées de Sphinx, vous pouvez créer une documentation claire, navigable et maintenue automatiquement. Vos collaborateurs apprécieront.

6.3.3 Environnements virtuels

Lorsque l'on se lance dans le développement Python, on découvre rapidement l'importance des environnements virtuels. Imaginez-les comme des «bacs à sable» isolés pour vos différents projets. Pourquoi est-ce important ?

– Éviter les conflits de dépendances : chaque projet Python utilise des bibliothèques externes (packages) qui peuvent avoir des exigences spécifiques concernant leurs propres dépendances et la version de Python. Si vous installez tous ces packages globalement sur votre système, vous risquez de créer des conflits : un projet peut nécessiter une version spécifique d'un package, tandis qu'un autre projet peut nécessiter une version différente. Les environnements virtuels résolvent ce problème en créant des espaces isolés où chaque projet a ses propres packages et dépendances, sans interférer avec les autres.

- Faciliter la collaboration et le déploiement : en utilisant des environnements virtuels, vous pouvez spécifier précisément les dépendances de votre projet dans un fichier (comme requirements.txt). Cela permet à vos collaborateurs de recréer facilement le même environnement sur leur machine, garantissant ainsi que le projet fonctionne de la même manière pour tout le monde. De plus, lors du déploiement de votre application, vous pouvez être sûr que toutes les dépendances nécessaires sont présentes, évitant ainsi les mauvaises surprises en production.
- Tester différentes configurations : les environnements virtuels vous permettent d'expérimenter différentes versions de Python ou de packages sans affecter votre environnement global. Cela peut être utile pour tester la compatibilité de votre projet avec différentes configurations ou pour essayer de nouvelles bibliothèques sans risquer de perturber vos autres projets.

Les outils à votre disposition : Python offre plusieurs outils pour créer et gérer des environnements virtuels. Le module venv intégré à Python est un bon point de départ pour les projets simples. Pour des besoins plus avancés, conda (souvent utilisé en science des données) offre une gestion puissante des packages et des environnements, y compris pour d'autres langages que Python. Enfin, poetry est une solution complète et moderne qui simplifie la gestion des dépendances, des environnements virtuels et du packaging de vos projets Python.

Nous allons voir ensemble comment créer un environnement simple avec venv. La première étape consiste à créer un environnement vierge, puis d'y installer les différentes librairies Python spécifiées dans notre fichier requirements.txt.

▶ Créez un environnement virtuel.

```
python -m venv myenv
```

▶ Activez l'environnement.

Sur Unix ou MacOS :

```
source myenv/bin/activate
```

Sur Windows :

```
myenv\Scripts\activate
```

▶ Installez des dépendances.

```
pip install -r requirements.txt
```

▶ Désactivez l'environnement.

```
deactivate
```

Si le fichier requirements.txt n'existe pas, vous allez devoir le créer. Il existe plusieurs techniques comme l'utilisation de la commande `pip freeze > requirements.txt`.

Cependant, cette technique n'est pas parfaite car elle n'inclut que les librairies installées via pip. Si vous avez utilisé conda pour certains paquets ils n'apparaîtront pas. L'autre gros défaut de cette technique est que cela inclut dans requirements.txt toutes les dépendances de chaque librairie principale installée. Un outil plus efficace existe, il s'agit de pipreqs.

Une fois installé avec la commande `pip install pipreqs`, vous pouvez l'utiliser ainsi :

```
pipreqs repertoire_de_mon_projet
```

Le contenu du fichier requirements.txt devrait lister les librairies de votre projet de la façon suivante :

```
pandas==1.3.3
numpy==1.21.2
matplotlib==3.4.3
scikit-learn==0.24.2
```

6.3.4 Logging avec Python

Utiliser le logging en Python est extrêmement utile pour tracer et diagnostiquer l'exécution d'un programme. Les messages de log permettent de suivre le déroulement du code, d'identifier les erreurs, et de comprendre le flux d'exécution, ce qui facilite grandement le processus de débogage. Il existe une librairie Python par défaut qui est logging. Cependant, elle est assez complexe à utiliser et il est préférable de travailler avec Loguru qui est presque aussi simple qu'un print mais avec toutes les fonctionnalités de logging.

Dans l'exemple suivant, Loguru est configuré pour écrire les messages de niveau INFO et supérieurs dans un fichier `app.log`. Chaque fois que la fonction `divide()` est appelée, elle enregistre des informations sur la division effectuée et gère les erreurs potentielles de manière appropriée. Cette approche permet de suivre l'exécution du programme et de résoudre efficacement les problèmes qui surviennent.

```
from loguru import logger

# Configuring Loguru to write to a file
logger.add("app.log", rotation="500 MB", level="INFO")

# Example of using logs
def divide(x, y):
    try:
        result = x / y
        logger.info(f"Division of {x} by {y} = {result}")
        return result
    except ZeroDivisionError:
        logger.error("Division by zero!")
        return None

# Calling the function with parameters
divide(10, 2)
divide(10, 0)
```

La sortie :

```
2024-07-17 20:14:45.469 | INFO     | __main__:divide:10 -
Division of 10 by 2 = 5.0
2024-07-17 20:14:45.470 | ERROR    | __main__:divide:13 -
Division by zero!
Copier
```

6.3.5 Testez votre code

Les tests en Python sont un aspect fondamental du développement de logiciels robustes et fiables. Python offre un écosystème d'outils et de frameworks variés pour les tests, dont les plus populaires sont unittest (intégré à la bibliothèque standard), pytest, et nose.

Ces outils permettent de créer et d'exécuter divers types de tests : unitaires pour vérifier le comportement de fonctions ou méthodes individuelles, d'intégration pour tester l'interaction entre différentes parties du système, et fonctionnels pour valider le comportement global de l'application.

En général, les tests sont conçus pour couvrir :

- le comportement normal attendu;
- les cas limites ou particuliers;
- différents types d'entrées possibles.

Cette approche aide à s'assurer que les fonctions marchent correctement dans une variété de situations, augmentant ainsi la fiabilité du code.

Prenons quelques exemples simples pour illustrer la mise en œuvre des tests unitaires avec pytest. Commençons par l'installation de pytest .

```
pip install pytest
```

Nous allons maintenant tester la fonction `calculate_average()` qui calcule la moyenne des éléments d'une liste. Ce test est conçu pour vérifier trois scénarios :

- un cas normal avec une liste de nombres (attendu : la moyenne correcte) ;
- un cas limite avec une liste vide (attendu : 0) ;
- un cas limite avec un seul élément (attendu : cet élément).

Les tests couvrent ainsi le comportement normal et les cas limites.

```
def calculate_average(numbers):
    if not numbers:
        return 0
    return sum(numbers) / len(numbers)

# Test correspondant
def test_calculate_average():
    assert calculate_average([1, 2, 3, 4, 5]) == 3
    assert calculate_average([]) == 0
    assert calculate_average([1]) == 1
```

Les tests sont particulièrement importants pour valider les calculs complexes, la manipulation de données, et la génération de rapports. Ils aident à détecter précocement les erreurs, facilitent les refactorisations en toute confiance, et servent de documentation vivante du comportement attendu du code. L'utilisation de frameworks comme pandas et NumPy dans les tests permet de valider les opérations sur les données.

Prenons l'exemple d'un test pour une fonction utilisant la librairie pandas. Le test s'assure que la fonction agrège correctement les données par client et sélectionne les bons tops clients. Il est conçu pour :

- créer un DataFrame de test avec des données représentatives ;
- appeler la fonction avec ces données ;
- vérifier que les tops 3 clients sont correctement identifiés (par leur ID) ;
- vérifier que les montants totaux sont correctement calculés.

Remarque

Nous verrons le fonctionnement détaillé de pandas dans le chapitre Préparer vos données pour en exploiter le potentiel. C'est normal si le code vous paraît un peu obscur pour le moment.

```
import pandas as pd

def get_top_customers(df, n=5):
    return
df.groupby('customer_id')['total_spent'].sum().nlargest(n)

# Test correspondant
def test_get_top_customers():
    df = pd.DataFrame({
        'customer_id': [1, 1, 2, 2, 3, 3, 4],
        'total_spent': [100, 150, 200, 50, 300, 100, 75]
    })
    result = get_top_customers(df, n=3)
    assert list(result.index) == [3, 2, 1]
    assert list(result.values) == [400, 250, 250]
```

La mise en place d'une suite de tests complète, couplée à des outils d'intégration continue, permet d'assurer la qualité constante du code au fil des développements et des mises à jour vous garantissant ainsi des analyses fiables.

6.3.6 Débogage

Le développement de code Python s'accompagne inévitablement de défis tels que des erreurs, des bugs ou des comportements inattendus. Fort heureusement, Python offre un arsenal d'outils et de techniques pour identifier et résoudre efficacement ces problèmes. Cette section explore les méthodes principales de débogage, essentielles pour tout développeur Python.

La première étape cruciale du débogage consiste à analyser attentivement les messages d'erreur générés par l'interpréteur Python. Ces messages sont une mine d'informations précieuses. Par exemple, considérez le code suivant :

```
def divide_numbers(a, b):
    return a / b

result = divide_numbers(10, 0)
print(result)
```

L'exécution de ce code produira une erreur :

```
ZeroDivisionError: division by zero
```

Ce message indique clairement le type d'erreur (`ZeroDivisionError`) et sa cause (division par zéro), permettant une identification rapide du problème.

Une première approche pragmatique et efficace de débogage implique l'utilisation de logging. La bibliothèque Loguru simplifie grandement cette tâche.

Pour un débogage plus approfondi, nous pouvons utiliser PDB (Python Debugger). Il s'agit d'un module de débogage intégré à Python. Lorsque `pdb.set_trace()` est exécuté, il interrompt l'exécution du programme à cet endroit précis et ouvre une invite de commande interactive.

```
import pdb

def complex_function(x, y):
    result = x * y
    pdb.set_trace()  # The debugger will stop here
    for i in range(result):
        if i % 2 == 0:
            result += i
    return result

output = complex_function(3, 4)
print(output)
```

Ensuite, vous pouvez utiliser diverses commandes pour inspecter l'état du programme :

```
(Pdb) p result
12
(Pdb) n
> /path/to/script.py(7)complex_function()
-> for i in range(result):
(Pdb) p i
0
```

Cette approche méthodique permet d'identifier précisément l'origine des problèmes, même dans les cas les plus complexes.

Le débogage n'est pas seulement un outil de correction, mais aussi un moyen d'approfondir sa compréhension du fonctionnement interne des programmes. Il devient ainsi une compétence indispensable dans le processus de développement, permettant de créer des applications plus robustes.

6.3.7 Intégration continue avec GitHub Actions

Les GitHub Actions représentent une fonctionnalité puissante de la plateforme GitHub, permettant l'automatisation des workflows de développement logiciel directement au sein de votre repository. Cette intégration continue et déploiement continu (CI/CD) offre la possibilité de construire, de tester et de déployer votre code automatiquement à chaque push ou pull request. Les actions peuvent être configurées pour exécuter une série de tâches telles que l'exécution de tests unitaires, la vérification du style de code, la génération de documentation, ou même le déploiement de votre application sur différentes plateformes.

Au cœur de cette automatisation se trouve le fichier YAML, un format de sérialisation de données lisible par l'homme, utilisé pour définir la structure et le comportement de vos workflows GitHub Actions. Ce fichier, généralement nommé avec une extension .yml ou .yaml, est placé dans le répertoire .github/workflows de votre repository. Il décrit les événements déclencheurs, les jobs à exécuter, et les étapes spécifiques de chaque job. La syntaxe YAML utilise l'indentation pour définir la structure, ce qui rend le fichier facile à lire et à maintenir.

Chaque workflow peut contenir plusieurs jobs, qui s'exécutent en parallèle par défaut, et chaque job peut contenir plusieurs étapes, exécutées séquentiellement. Cette flexibilité permet de créer des pipelines de CI/CD complexes et personnalisés, adaptés aux besoins spécifiques de votre projet.

Configuration de base

Pour mettre en place l'intégration continue dans notre projet de Business Intelligence, nous allons créer un workflow simple mais efficace nommé CI (intégration continue). Ce workflow se déclenche automatiquement à chaque push sur le repository et lors de la création ou la mise à jour d'une pull request. Cette automatisation permet de vérifier en continu la qualité du code à chaque modification.

Le workflow contient un seul job nommé test qui s'exécute sur la dernière version d'Ubuntu. Ce job comporte plusieurs étapes séquentielles. Tout d'abord, il utilise l'action `checkout` pour récupérer le code source du repository. Ensuite, il met en place un environnement Python en utilisant l'action `setup-python@v2`, configurée pour utiliser la dernière version de Python 3. Enfin, le job installe les dépendances nécessaires au projet. Pour ce faire, il met à jour pip (le gestionnaire de paquets Python) à sa dernière version, puis installe toutes les dépendances listées dans le fichier requirements.txt du projet.

Cette configuration de base assure que le code peut être récupéré, que l'environnement Python est correctement configuré, et que toutes les dépendances nécessaires sont installées, préparant ainsi le terrain pour d'éventuels tests ou autres étapes de vérification du code.

```
name: CI

on: [push, pull_request]

jobs:
  test:
    runs-on: ubuntu-latest
    steps:
    - uses: actions/checkout@v2
    - name: Set up Python
      uses: actions/setup-python@v2
      with:
        python-version: '3.x'
```

```
    - name: Install dependencies
      run: |
        python -m pip install --upgrade pip
        pip install -r requirements.txt
```

Tests automatisés avec pytest

Cette étape du workflow GitHub Actions, nommée `Run tests`, est conçue pour exécuter les tests automatisés du projet. Elle utilise la commande `pytest`, un framework de test populaire pour Python, pour lancer tous les tests unitaires et d'intégration présents dans le projet.

En ajoutant cette étape après l'installation des dépendances, le workflow s'assure que le code est non seulement capable de s'exécuter, mais qu'il passe également tous les tests définis par les développeurs.

Cela permet de détecter rapidement toute régression ou bug introduit par les nouvelles modifications, contribuant ainsi à maintenir la qualité et la fiabilité du code tout au long du processus de développement.

```
    - name: Run tests
      run: pytest
```

Vérification de style de code avec ruff

Cette étape du workflow GitHub Actions, intitulée `Lint with ruff`, est dédiée à l'analyse statique du code source du projet. Elle commence par installer Ruff, un linter (outil d'analyse statique de code qui vérifie le style, la syntaxe et les potentielles erreurs de programmation) Python rapide et polyvalent, via la commande `pip`.

Ensuite, elle exécute la commande `ruff check .` pour analyser l'intégralité du code source du projet. Ruff examine le code à la recherche de problèmes potentiels, tels que des erreurs de syntaxe, des violations de style, ou des pratiques de codage non recommandées.

Cette étape est cruciale pour maintenir une qualité de code élevée et cohérente, en identifiant automatiquement les problèmes potentiels avant même que le code ne soit exécuté ou testé.

```
- name: Lint with ruff
      run: |
        pip install ruff
        ruff check .
```

Génération de documentation automatique

Cette section du workflow GitHub Actions automatise la génération et le déploiement de la documentation du projet. Elle commence par installer Sphinx, un outil de génération de documentation, ainsi que le thème Read the Docs. Ensuite, elle génère la documentation HTML en se déplaçant dans le répertoire `docs` et en exécutant la commande `make html`.

Une fois la documentation générée, l'étape suivante utilise l'action `peaceiris/actions-gh-pages` pour déployer automatiquement cette documentation sur GitHub Pages. Cette action utilise le token GitHub fourni par l'environnement d'exécution pour authentifier le déploiement et spécifie le répertoire contenant les fichiers HTML générés comme source de publication.

Ainsi, à chaque exécution du workflow, la documentation du projet est mise à jour et publiée, assurant que la documentation en ligne reste synchronisée avec le code source actuel.

```
- name: Generate documentation
      run: |
        pip install sphinx sphinx_rtd_theme
        cd docs
        make html
    - name: Deploy to GitHub Pages
      uses: peaceiris/actions-gh-pages@v3
      with:
        github_token: ${{ secrets.GITHUB_TOKEN }}
        publish_dir: docs/build/html
```

Ces quelques pratiques améliorent la qualité du code, facilitent la collaboration et automatisent de nombreux aspects du développement et du déploiement de votre projet. Nous n'avons pas couvert l'ensemble des pratiques, car cela mériterait un livre complet, mais nous avons désormais la boîte à outils pour construire du code de qualité.

Maintenant que votre poste de travail est prêt, nous pouvons commencer à entrer dans le vif du sujet et nous demander comment extraire nos premières données sources.

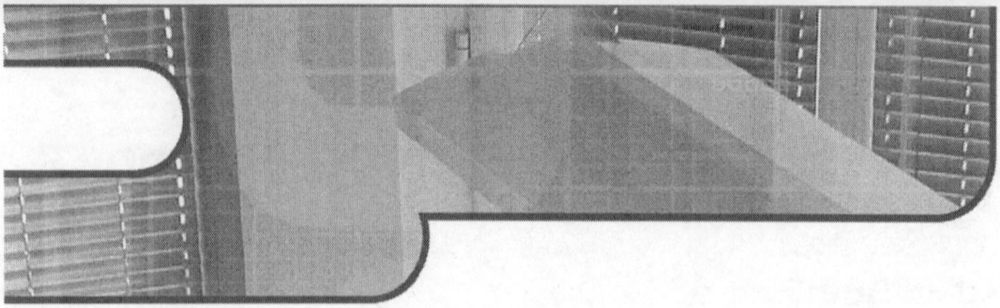

Chapitre 2
Extraire vos données depuis n'importe quelle source

1. Présentation de la librairie pandas

Pandas est un outil indispensable pour l'analyse de données, offrant une polyvalence et une puissance remarquables. Cette introduction vise à présenter ses principales fonctionnalités, en mettant l'accent sur l'élément clé : le DataFrame. Notre parcours débute par l'acquisition et l'extraction des données sous forme de DataFrame, avant d'aborder leur traitement dans le chapitre suivant.

Les DataFrames sont des structures de données bidimensionnelles flexibles, largement employées en Python pour manipuler et analyser des informations. Ce tutoriel explorera la nature des DataFrames, leur organisation, et leurs attributs fondamentaux. Cette approche permettra de comprendre comment transformer des données brutes en informations exploitables pour l'analyse.

1.1 Qu'est-ce qu'un DataFrame ?

Un DataFrame peut être considéré comme une table de base de données ou une feuille de calcul Excel, où les données sont organisées en lignes et en colonnes. C'est l'une des structures de données centrales fournies par la bibliothèque pandas, conçue pour gérer et manipuler des données de manière efficace.

1.2 Structure d'un DataFrame

Un DataFrame est composé de plusieurs éléments :

- Index : il représente la séquence d'entiers ou d'étiquettes utilisée pour identifier de manière unique chaque ligne du DataFrame. Il peut être automatiquement généré par Pandas ou spécifié manuellement.
- Colonnes : elles sont des objets Pandas qui représentent les variables ou les caractéristiques des données. Chaque colonne a un nom unique et peut être de différents types de données tels que entiers, flottants, chaînes de caractères, etc.
- Données : elles sont stockées dans une structure bidimensionnelle (tableau) où chaque colonne peut avoir un type de données différent. Les lignes représentent les enregistrements ou observations.

1.3 Principaux attributs d'un DataFrame

Les DataFrames ont certaines caractéristiques, nous allons détailler les principaux dans cette partie. Nous reviendrons sur ces éléments plus en détail dans le chapitre suivant.

1.3.1 Attribut shape

L'attribut shape renvoie un tuple représentant les dimensions du DataFrame (nombre de lignes, nombre de colonnes).

```
import pandas as pd

# Create a fictional DataFrame, will be used in next sections
data = {'Name': ['Alice', 'Bob', 'Charlie'],
        'Age': [25, 30, 35],
        'City': ['Paris', 'New York', 'London']}

df = pd.DataFrame(data)  # Display the shape of the DataFrame
print(df.shape)
```

La sortie correspondante :

```
(3, 3)
```

1.3.2 Attribut columns

L'attribut `columns` renvoie les noms des colonnes du DataFrame.

```
# Display the column names
print(df.columns)
```

La sortie sera :

```
Index(['Name', 'Age', 'City'], dtype='object')
```

1.3.3 Attribut index

L'attribut `index` renvoie les étiquettes des lignes du DataFrame.

```
# Display the row labels
print(df.index)
```

La sortie sera :

```
RangeIndex(start=0, stop=3, step=1)
```

1.3.4 Attribut dtypes

L'attribut `dtypes` renvoie les types de données de chaque colonne.

```
# Display the data types of the columns
print(df.dtypes)
```

La sortie sera :

```
Name    object
Age      int64
City    object
dtype: object
```

1.3.5 Méthodes head() et tail()

Les méthodes `head(n)` et `tail(n)` affichent respectivement les premières et les dernières lignes du DataFrame (par défaut, n = 5).

```
# Display the first few rows of the DataFrame
print(df.head())
```

La sortie sera :

```
      Name  Age      City
0    Alice   25     Paris
1      Bob   30  New York
2  Charlie   35    London
```

Comprendre la structure et les principaux attributs d'un DataFrame est essentiel pour tirer pleinement parti de cette bibliothèque dans le cadre de l'analyse de données avec Python. Il existe une multitude de méthodes que nous approfondirons dans le prochain chapitre. Nous ne pourrons malheureusement pas tout couvrir, car cela nécessiterait un livre à part entière. La documentation de pandas est accessible à l'adresse https://pandas.pydata.org/docs/.

2. Fichiers plats ou autres formats structurés

Dans cette partie du livre, nous allons voir comment extraire les données de différents types de fichiers, en les classant par difficulté croissante. Il est très simple de lire un fichier CSV, cela devient un peu compliqué lorsqu'il s'agit de traiter un PDF ou bien une image (même si c'est moins courant).

2.1 CSV, TXT et TSV

Le format CSV (*Comma-Separated Values*) est l'un des formats de fichiers plats les plus répandus pour le stockage de données. Moins contraignant qu'un fichier Excel, il permet de gérer des volumes de données considérables, ce qui en fait le format de prédilection pour les jeux de données partagés sur des plateformes spécialisées comme Kaggle.

La bibliothèque Pandas offre une méthode `read_csv()` capable de lire une grande variété de fichiers CSV. Bien que sa syntaxe de base soit simple, la maîtrise de ses nombreux arguments permet d'optimiser la lecture des données selon les besoins spécifiques de chaque projet.

Dans cette section, nous nous concentrerons sur les arguments les plus fréquemment utilisés. Avec environ cinquante arguments disponibles, il serait peu efficace de tous les mémoriser. Néanmoins, la documentation officielle reste une ressource précieuse pour des besoins plus spécifiques. Pour faciliter le débogage, nous aborderons également les messages d'erreur les plus courants et leurs solutions.

Le tableau ci-dessous présente les principaux arguments de la méthode `read_csv()`. Nous explorerons ensuite leur utilisation pratique à travers des exemples concrets, illustrant comment ces paramètres peuvent être ajustés pour répondre à différents scénarios de lecture de données.

Argument	Type	Définition
`sep`	str	indique le séparateur à prendre en compte
`encoding`	str	spécifie l'encodage du fichier CSV
`skiprows`	int	ne lie pas les n premières lignes
`skipfooter`	int	ne lie pas les n dernières lignes
`usecols`	`list`	sélectionne uniquement les colonnes à charger
`index_col`	`int`	spécifie la colonne d'index
`header`	`int`	indique la ligne contenant les libellés de colonnes
`dtype`	`dict`	spécifie le type de chaque colonne

La méthode `read_csv()` retourne un DataFrame. Le cas d'utilisation le plus fréquent est celui-là :

```
import pandas as pd

CSV_PATH = './data/raw/source.csv'

df = pd.read_csv(CSV_PATH,
                 sep=';',           # often used in France
                 encoding='utf-8') # optional

# We can then display a preview of the first few rows to ensure
everything is read correctly
df.head()
```

Les paramètres `dtype` et `usecols` sont particulièrement utiles lorsqu'on travaille avec des jeux de données massifs.

L'argument `usecols` permet une optimisation assez triviale : inutile de passer du temps à charger des informations qui seront effacées par la suite ! Ne sélectionnez que les colonnes qui seront utiles à votre traitement, vous gagnerez en temps et en mémoire.

Par défaut, pandas attribue le type `object` à toutes les colonnes, ce qui n'est pas toujours optimal en matière de consommation de RAM. Une définition précise des types de données peut réduire considérablement l'empreinte mémoire de votre DataFrame, souvent jusqu'à 50 %. Voici quelques recommandations pour optimiser les types de données :

- Utilisez le type `string` pour les données textuelles pures.
- Optez pour le type `category` lorsque la cardinalité est faible (moins de 50 % de valeurs uniques).
- Appliquez le type `datetime64[ns]` pour les champs de date et de temps.
- Pour les entiers, choisissez le type `int` approprié.
  Par exemple, `int8 (-128 à +127)` est suffisant pour des données comme l'âge d'une personne, évitant ainsi le surdimensionnement d'un `int64`.
- Concernant les nombres à virgule flottante, évaluez la possibilité d'utiliser `float32` au lieu de `float64`, en veillant à ce que cela n'affecte pas la précision requise pour vos calculs.

Ces deux arguments seront aussi présents dans les autres méthodes de la librairie Pandas (`read_excel`, etc.).

Enfin, il se peut, malgré ces optimisations, que le fichier à lire soit trop volumineux. Dans ce cas il est possible de découper le fichier en morceau de n lignes ('chunks' en anglais). On peut utiliser cette technique dans une boucle `for` classique ou via un itérateur.

Cas avec le fichier complet :

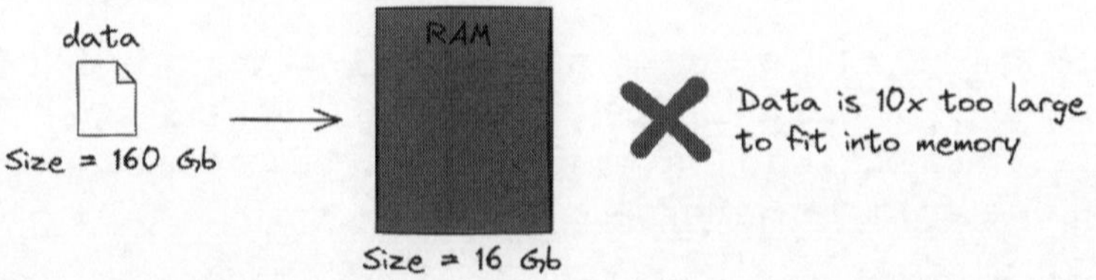

Cas avec le fichier découpé en morceaux :

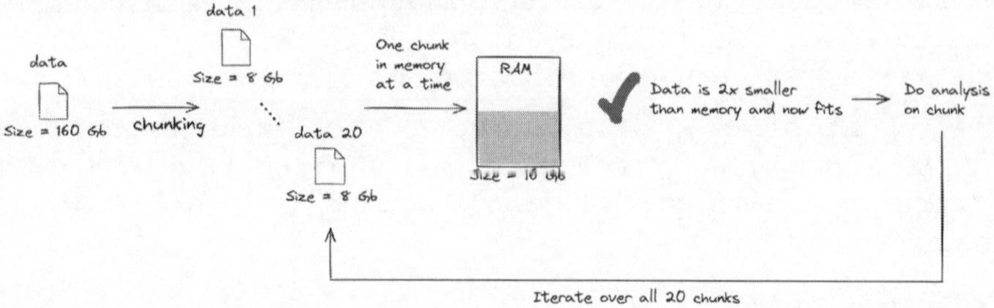

Il suffit d'appliquer les traitements (ici par exemple, l'exécution de `data_cleaning_function`) à chaque morceau pour éviter de surcharger la mémoire de votre machine.

```
import pandas as pd

chunk_size = 10000 # number of lines per chunk
csv_path = 'big_file.csv'

# Create an empty list to store modified chunks
modified_chunks = []

# Iterate over chunks
for i, chunk in enumerate(pd.read_csv(csv_path,
chunksize=chunk_size)):
    # Apply modifications to the chunk (example: add 1 to a
column named 'example_column')
    chunk_modifie = chunk.apply(data_cleaning_function)

    # Append the modified chunk to the list
    chunk_modifie.to_csv(
    f'./data/processed/chunk_modifie_{i}.csv')
```

2.2 XLS, XLSX

Star incontestée dans le monde professionnel depuis 1994, le fichier EXCEL est le nerf de la guerre. Le fonctionnement général et les arguments sont identiques à ceux de la méthode `read_csv()`. On note cependant quelques arguments spécifiques à la structure d'un fichier Excel :

- `sheet_name` : nom ou numéro de la feuille de calcul qui vous intéresse.
- `engine` : si le document ouvert est un fichier au format OpenDocument, pandas fera appel au moteur odf. Pour les fichiers Excel classique, tout dépendra du format, pandas pourra faire appel à xlrd, pyxlsb ou bien openpyxl. Le choix du moteur se fait automatiquement.
- `parse_dates` : permet de spécifier quelles colonnes doivent être traitées comme des dates. Peut être défini à `True` pour tenter une détection automatique, ou recevoir une liste des noms ou indices de colonnes à parser comme dates.

Exemple d'utilisation :

```
import pandas as pd

XLSX_PATH = './data/raw/results.xlsx'

df = pd.read_excel(XLSX_PATH,
                   sheet_name='Results',
                   usecols=[1,2,3,7,8,9])

df.head()
```

Remarque

Si l'affichage des caractères spéciaux est problématique, il faut vérifier le paramètre `encoding`.

2.3 JSON

Le format JSON est largement répandu, particulièrement dans le contexte des API. Bien que la lecture de fichiers JSON soit possible via la bibliothèque standard Python, l'utilisation de Pandas offre une approche plus directe pour l'analyse de données.

Voici une fonction optimisée pour lire des fichiers JSON avec Pandas, intégrant une gestion d'erreurs :

```
import pandas as pd

def load_json_with_pandas(file_path):
    try:
        dataframe = pd.read_json(file_path)
        return dataframe
    except FileNotFoundError:
        print(f'The file "{file_path}" was not found.')
        return None
    except pd.errors.JSONDecodeError as e:
        print(f'Error reading the JSON file with pandas: {e}')
        return None
```

Cette fonction illustre deux bonnes pratiques essentielles. Premièrement, elle utilise des blocs `try/except` pour gérer efficacement les erreurs potentielles lors de la lecture de fichiers JSON, assurant ainsi une exécution du programme même en cas de problèmes.

Deuxièmement, elle encourage la vérification des données après la lecture. Il est crucial d'inspecter les structures de données résultantes pour s'assurer qu'elles correspondent à vos attentes, garantissant ainsi l'intégrité et la cohérence des données pour la suite de l'analyse.

2.4 XML

Les fichiers XML sont une autre source de données courante, offrant une structure hiérarchique pour organiser l'information. Pour exploiter ces fichiers, deux approches principales s'offrent à nous : l'utilisation de la bibliothèque XML native de Python ou la méthode `read_xml` de Pandas. Examinons ces deux techniques pour apprécier la simplicité et l'efficacité de Pandas.

La méthode classique avec la bibliothèque XML de Python implique plusieurs étapes. D'abord, on importe le module `xml.etree.ElementTree`, puis on charge le fichier avec la méthode `parse()`. Ensuite, on parcourt les éléments de manière récursive. Voici un exemple de code illustrant cette approche :

```
import xml.etree.ElementTree as ET

def load_xml_file(file_path):
    try:
        tree = ET.parse(file_path)
        return tree.getroot()
    except ET.ParseError as e:
        print(f"Error reading the XML file: {e}")
        return None

def traverse_elements(parent_element):
    for child in parent_element:
        print(f"Tag: {child.tag}, Text: {child.text}")
        traverse_elements(child)

# Replace 'example.xml' with the path to your XML file
xml_file = 'example.xml'
root = load_xml_file(xml_file)

if root is not None:
    traverse_elements(root)
```

Cette méthode peut engendrer des erreurs courantes, telles que des balises non fermées, des problèmes avec les caractères spéciaux, ou une syntaxe XML incorrecte. Il est crucial de vérifier et de nettoyer les données XML avant le traitement.

En contraste, la méthode pandas simplifie grandement le processus :

```
import pandas as pd

def load_xml_with_pandas(file_path):
    try:
        # Using pandas' read_xml function to load the XML file
        dataframe = pd.read_xml(file_path)
        return dataframe
    except Exception as e:
        print(f"Error reading the XML file with pandas: {e}")
        return None

# Replace 'example.xml' with the path to your XML file
xml_file = 'example.xml'
xml_dataframe = load_xml_with_pandas(xml_file)

if xml_dataframe is not None:
    print(xml_dataframe)
```

Cette approche pandas offre une lecture plus directe et une manipulation plus aisée des données XML, les transformant immédiatement en un DataFrame prêt à l'analyse.

2.5 PDF

L'extraction de données à partir de fichiers PDF peut se faire selon deux scénarios principaux : l'extraction de contenu global pour identifier des informations spécifiques, et l'extraction ciblée de tables. Chaque cas nécessite une approche et des outils adaptés.

Pour l'extraction de contenu global, des bibliothèques comme PyPDF2, pdfminer ou pdfplumber sont efficaces. Elles permettent d'extraire le texte brut du PDF, qui peut ensuite être analysé à l'aide d'expressions régulières pour localiser des informations précises, telles que des montants ou des dates. Par exemple, PyPDF2 est particulièrement utile pour sa simplicité d'utilisation et sa capacité à traiter rapidement de grands volumes de documents.

L'extraction de tables, quant à elle, requiert des outils plus spécialisés. Bien que PyPDF2 puisse être utilisé, des bibliothèques comme tabula-py ou camelot-py sont généralement plus performantes pour cette tâche. Tabula-py, en particulier, excelle dans la reconnaissance et l'extraction précise de structures tabulaires, même dans des PDF complexes. Camelot-py peut offrir des résultats supérieurs dans certains cas, notamment pour des mises en page plus élaborées.

Il est important de noter que la qualité de l'extraction dépend grandement de la structure et de la qualité du PDF source. Les documents mal formatés ou scannés peuvent nécessiter des techniques plus avancées, comme l'OCR (reconnaissance optique de caractères), pour obtenir des résultats satisfaisants. Le choix de l'outil dépendra donc de la nature spécifique des PDF à traiter et de la complexité des données à extraire.

Lecture d'un PDF simple avec PyPDF2

Pour installer ce paquet, la commande est la suivante :

```
pip install PyPDF2
```

Pour extraire le texte brut d'un PDF, la démarche est la suivante :

- On crée un objet PDF en spécifiant le chemin.
- On crée ensuite un objet `PdfReader` pour accéder au contenu texte.
- On accède au fichier page par page.

Ci joint un exemple pour extraire l'introduction du Guide pratique Open Data de la CNIL, disponible à l'URL suivante :
https://www.cnil.fr/sites/cnil/files/atoms/files/guide-open-data.pdf

```
import PyPDF2

pdf_file = open('./data/source.pdf', 'rb')

pdf_reader = PyPDF2.PdfReader(pdf_file)

# For example, we can access the number of pages in a document
print(len(pdf_reader.pages))

# Now we create a page object
page_2 = pdf_reader.pages[2]
```

```
# We extract the text from this page using the extract_text()
method
page_2_content = page_2.extract_text()

print(page_2_content)
```

Voici, par exemple, ce que retourne notre print :

```
28
PRÉCISIONS LIMINAIRES
La mise à disposition du public d'un document administratif et
des données publiques qu'il contient découle de
deux types de règles :
• les règles relatives à la publication, comme une formalité
nécessaire pour l'entrée en vigueur d'un acte juridique
ou le déclenchement d'un délai. Ainsi, l'article 1er du Code
civil dispose que les lois et, lorsqu'ils sont publiés au
Journal officiel de la République française, les actes
administratifs entrent, en principe, en vigueur à la date qu'ils
fixent ou, à défaut, le lendemain de leur publication1.
• les règles relatives au droit d'accès aux documents
administratifs, qui comprend des obligations de communica-
tion et de diffusion publique pour les administrations,
impliquant notamment la mise en ligne des documents. En
effet, avec l'adoption de la loi pour une République numérique
du 7 octobre 2016, l'objectif de transparence, qui
a présidé à l'adoption de la loi du 17 juillet 1978, consacre
désormais le passage d'une logique de communication
ponctuelle des documents administratifs, à une logique
d'ouverture par défaut des informations détenues par les
administrations, afin d'en permettre l'exploitation et
la valorisation par les bénéficiaires du droit d'accès.
Le présent guide porte exclusivement sur les modalités de mise
en ligne et de réutilisation des documents adminis-
tratifs et données publiques relevant d'une logique de droit
d'accès.  Communément qualifiées sous l'appellation
générique anglaise d'« open data », ces modalités visent
des données librement accessibles, mises à disposition
dans un format ouvert et réutilisable par toute personne.
Depuis plusieurs années, de nombreux États se sont inscrits
dans un mouvement de diffusion en ligne des informa-
tions détenues par leurs administrations publiques. Ces
politiques d'ouverture des données publiques poursuivent
trois objectifs majeurs :
```

• renforcer la transparence de l'action administrative et de la vie démocratique ;
• identifier des leviers d'amélioration de l'organisation et de la gestion publiques ;
• susciter l'innovation économique par la création de nouveaux services.
En France, ce mouvement a d'abord été initié par les collectivités territoriales. L'État a engagé à compter des années 2010 une politique fortement incitative, qui s'est notamment traduite par la mise en ligne de la plate-forme « data.gouv.fr », où plusieurs milliers de jeux de données sont désormais disponibles, et la mise en place de nouvelles structures administratives (la direction interministérielle du numérique et du système d'information et de communication de l'État (DINSIC), la mission Etalab, l'administrateur général des données), dont le rôle est d'inciter les différents acteurs publics à mettre en ligne les informations qu'ils détiennent et de les accompagner dans la mise en œuvre de leurs projets. La France est aujourd'hui l'un des pays les plus en pointe en matière d'ouverture des données publiques.
Le cadre juridique de cette ouverture des données publiques est constitué de deux ensembles :
• les dispositions sur le droit d'accès aux documents administratifs, aujourd'hui codifiées au livre III du code des relations entre le public et l'administration (CRPA), auquel s'ajoutent de nombreuses législations spéciales ;
• les dispositions sur la protection des données personnelles (RGPD23 et loi « Informatique et Libertés »), qui sont applicables dès lors que la mise en ligne concerne des documents administratifs ou des données publiques comportant des informations relatives à des personnes identifiées ou susceptibles de l'être.
Le volet n°1 du présent guide présente les modalités d'articulation de ces deux ensembles complémentaires, étant précisé que l'entrée en vigueur du RGPD n'a pas impacté le cadre juridique préexistant du droit d'accès aux documents administratifs3. Ce document et les fiches pratiques qui l'accompagneront feront l'objet d'une actualisation régulière au fil des évolutions légales ou jurisprudentielles.
01 Voir également, par exemple, les dispositions des articles L. 2131-1, L. 3131-1 et L. 4141-1 du code général des collectivités territoriales (CGCT) au sujet du caractère exécutoires des actes des autorités communales, départementales

```
et régionales.
02  Règlement (UE) 2016/679 du Parlement européen et du Conseil
du 27 avril 2016 relatif à la protection des personnes physiques
à l'égard du traitement des données à
caractère personnel et à la libre circulation de ces données, et
abrogeant la directive 95/46/CE (règlement général sur la
protection des données).
03  L'article 86 du RGPD prévoit que « les données à caractère
personnel figurant dans des documents officiels détenus par une
autorité publique ou par un organisme public
ou un organisme privé pour l'exécution d'une mission d'intérêt
public peuvent être communiquées par ladite autorité ou ledit
organisme conformément au droit de l'Union
ou au droit de l'État membre auquel est soumis l'autorité
publique ou l'organisme public, afin de concilier le droit
d'accès du public aux documents officiels et le droit à la
protection des données à caractère personnel au titre du présent
règlement ».
3
```

Il est ensuite possible de post traiter le contenu comme une chaîne de caractères classique.

Extraction de tables avec tabula

Pour installer ce paquet, la commande est la suivante :

```
pip install tabula-py
```

D'expérience, lorsqu'il s'agit de données tabulaires, il y a des écarts notables entre librairies et dans ce cas il est préférable d'utiliser tabula.

On commence par appeler la méthode `read_pdf()` avec le chemin de notre fichier PDF en argument. Il est aussi possible de spécifier la page précise. Le résultat est une liste de tableaux.

```
import tabula

PDF_PATH = './data/source.pdf'

tables = tabula.read(PDF_PATH, pages=1)
first_table = tables[0]
```

Dans des cas plus complexes, il est possible de définir avec l'application tabula un template pour identifier précisément les zones d'intérêt. Dans ce cas, il faut utiliser une autre méthode : `read_csv_with_template()`.

Remarque

Cette librairie permet aussi de sauvegarder les tableaux au format CSV avec la méthode `convert_into()` en indiquant le chemin du fichier PDF puis le chemin du fichier CSV de sortie :

```
tabula.convert_into(PDF_PATH,
'./data/processed/table.csv')
```

2.6 Cas particulier des données tabulaires stockées sous forme d'images

Imaginons qu'on vous fournisse un tableau de résultats issus d'une impression d'écran ou d'une image scannée au format PNG ou JPEG. Ce cas d'utilisation reste ponctuelle mais il est intéressant de savoir que Python dispose de tous les librairies pour vous faire gagner un temps précieux en ne recopiant pas à la main ce genre de données.

Pour ce genre de tâches, on utilise typiquement une combinaison des librairies Open CV et PyTesseract. Cependant, une librairie développée récemment va encore nous faciliter le travail : img2table. Elle enveloppe les deux librairies et permet d'exploiter les images encore plus simplement.

On commence par instancier un objet OCR (`TesseractOCR` n'est qu'un parmi de nombreux autres). On instancie l'image avec la méthode `Image()`. Cet objet peut ensuite être exploité avec la méthode `extract_table()`. L'avantage de cette méthode, c'est qu'elle retourne un DataFrame pandas, simplifiant l'exploitation future de la table.

```
from img2table.ocr import TesseractOCR
from img2table.document import Image

# OCR Instantiation
ocr = TesseractOCR(n_threads=1, lang="en")

# Document Instantiation (image or PDF for example)
```

```
doc = Image(src)

# Table Extraction
table = doc.extract_tables(ocr=ocr,
                           implicit_rows=False,
                           borderless_tables=False,
                           min_confidence=50)
```

Un détail important, la méthode `Image()` peut détecter une rotation jusqu'à 45°, cela peut limiter le travail de prétraitement.

Remarque

Les images contenant plusieurs pages dans un fichier ne sont pas supportées.

3. Bases de données relationnelles

3.1 Qu'est-ce qu'une base de données relationnelle ?

Une base de données relationnelle est une base de données plus généraliste qui est utilisée pour une grande variété d'applications. Les bases de données relationnelles utilisent une structure appelée «modèle relationnel», dans laquelle les données sont stockées dans des tables (relations) qui sont définies par des colonnes (attributs) et des lignes (tuples). L'objectif principal d'une base de données relationnelle est pour le traitement des transactions en ligne (*Online Transaction Processing*, OLTP), qui implique les opérations quotidiennes d'une organisation telles que la saisie des commandes, les transactions financières et la gestion des clients.

Voici comment une base de données relationnelle diffère d'un entrepôt de données :

- Conçue pour les transactions : les bases de données relationnelles sont généralement optimisées pour les opérations d'écriture, les rendant idéales pour les systèmes transactionnels où les données sont fréquemment insérées, mises à jour ou supprimées.
- Structure normalisée : dans les bases de données relationnelles, les tables sont souvent normalisées, ce qui signifie que les données sont organisées pour réduire la redondance et améliorer l'intégrité des données.
- Opérations en temps réel : les bases de données relationnelles sont utilisées pour gérer des données opérationnelles en temps réel qui changent régulièrement.
- Contrôle de la concurrence : comme les bases de données relationnelles sont utilisées pour les opérations quotidiennes, elles sont conçues pour supporter de nombreux utilisateurs simultanément.

3.2 Quelles sont les bases les plus courantes ?

Cette section et la suivante présupposent une compréhension de base des concepts de bases de données relationnelles et du langage SQL.

Selon la dernière étude de Stack Overflow sur les technologies les plus populaires parmi les professionnels, le top 10 des bases de données inclut à la fois des systèmes SQL et NoSQL. Pour cette partie consacrée aux bases de données relationnelles, nous nous concentrerons sur les trois plus utilisées de chaque catégorie.

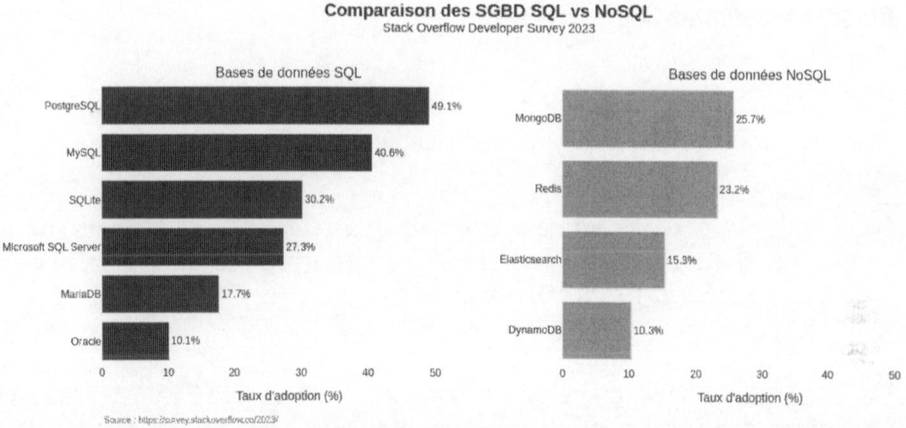

Il existe deux approches principales pour se connecter à une base de données en Python :

- utiliser une bibliothèque spécifique à la base de données;
- employer une bibliothèque compatible avec plusieurs types de bases de données.

Prenons l'exemple de PostgreSQL, un système de gestion de bases de données relationnelles open source, reconnu pour sa scalabilité et sa fiabilité dans le développement d'applications. Nous explorerons deux bibliothèques Python majeures pour interagir avec PostgreSQL : psycopg2 et SQLAlchemy. Chacune offre des fonctionnalités et des approches distinctes, permettant aux développeurs de choisir la solution la mieux adaptée à leurs besoins spécifiques.

Ces bibliothèques illustrent les deux méthodes de connexion mentionnées : psycopg2 est spécifique à PostgreSQL, tandis que SQLAlchemy est une solution ORM (*Object-Relational Mapping*) compatible avec plusieurs systèmes de bases de données.

3.3 Bases PostgreSQL

psycopg2

Pour se connecter, suivez la même démarche avec les différentes bibliothèques Python :

- Commencez par établir une connexion avec la base. Généralement, il faut cinq informations essentielles : l'adresse du serveur, le port, le nom de la base de données et les identifiants.
- Ensuite, instanciez un curseur.

Dans cette troisième étape, vous pouvez effectuer différentes opérations (injections, modifications, etc.), ou bien des requêtes.

Une fois les différentes tâches terminées, il faut fermer le curseur et la connexion.

Pour des questions de sécurité, il est préférable de stocker les informations de connexions dans des variables d'environnement. Il est possible de retrouver les variables en utilisant la librairie standard os et la méthode environ.

Nous allons commencer par créer une fonction pour nous connecter à notre base, cette fonctionne retournera la connexion active. S'il n'est pas possible de créer la connexion, notre fonction affichera un message d'erreur et terminera le programme :

```
import os
import sys
from loguru import logger
import psycopg2


def connect_to_pg_db():
    """Connect to our PostgreSQL database"""

    conn = None
    try:
        logger.info('Connecting')
        conn = psycopg2.connect(host=os.environ['DB_PATH'],
                                database=os.environ['DB_NAME'],
                                user=os.environ['DB_USERNAME'],
```

```
password=os.environ['DB_PASSWORD'])
    except (Exception, psycopg2.DatabaseError) as error:
        logger.error(error)
        sys.exit(1)

    logger.info('Connection successful!')

    return conn
```

Imaginons cette fois-ci que nos informations de connexion soient stockées dans un fichier de configuration local (.ini, .cfg). On peut créer une fonction qui va initialiser la connexion à la base :

```
from configparser import ConfigParser

def config(filename='database.ini', section='postgresql'):
    # Create a parser
    parser = ConfigParser()
    # Read the configuration file
    parser.read(filename)
    # Get the information from the postgresql section
    db = {}
    if parser.has_section(section):
        params = parser.items(section)
        for param in params:
            db[param[0]] = param[1]
    else:
        raise Exception('Section {0} not found in {1}'.format(sec-
tion, filename))

    return db
```

Notre connexion est établie, il est désormais possible d'effectuer des opérations classiques comme la création d'une table, l'insertion de données, ou bien faire des requêtes sur des tables existantes. Dans cette partie du livre, nous nous concentrerons sur l'extraction de données existante. Il est maintenant possible de définir une fonction qui va nous permettre d'exécuter une requête.

```
def execute_query(query):
    """ query data from the vendors table """
    conn = None
    try:
        params = config()
        conn = psycopg2.connect(**params)
        cur = conn.cursor()
        cur.execute(query)
        logger.info("The number of parts: ", cur.rowcount)
        row = cur.fetchone()
        while row is not None:
            logger.info(row)
            row = cur.fetchone()
            cur.close()
   except (Exception, psycopg2.DatabaseError) as error:
       logger.error(error)
       finally:
           if conn is not None:
               conn.close()
```

Cette fonction va afficher les informations résultant de notre requête. À la place du print, on peut écrire ligne à ligne dans un fichier TXT ou CSV. Il est préférable d'utiliser pandas pour produire directement un DataFrame.

```
import pandas as pd

def sql_to_dataframe(conn, query, column_names):
    """Import data from a PostgreSQL database using a SELECT
query"""
    cursor = conn.cursor()
    try:
        cursor.execute(query)
    except (Exception, psycopg2.DatabaseError) as error:
        print("Error: %s" % error)
        cursor.close()
        return 1   # The execute returns a list of tuples:
    tuples_list = cursor.fetchall()
    cursor.close()   # Now we need to transform the list into a
pandas DataFrame:
    df = pd.DataFrame(tuples_list, columns=column_names)
    return df
```

SQLAlchemy

Nous allons maintenant exploiter SQLAlchemy qui est une librairie largement utilisée. Dans cet exemple, nous allons définir une fonction `execute_query()` qui permet de se connecter à la base de données PostgreSQL et d'exécuter la requête SQL fournie.

On définit les paramètres de connexion de la base, comme précédemment (via nos variables d'environnement pas exemple). On initialise la connexion en fournissant à la méthode `create_engine()` la chaîne de connexion au format :

`postgresql://utilisateur:motdepasse@adress:port/nombdd`

La connexion est ensuite ouverte avec la méthode `connect()`. On exécute notre requête avec la méthode `query()`.

Le résultat est un DataFrame contenant les enregistrements récupérés. Notez que cette fonction ne fonctionnera que pour les requêtes `SELECT`, car ce sont celles qui renvoient des données. Si vous souhaitez exécuter d'autres types de commandes SQL (comme `INSERT`, `UPDATE` ou `CREATE`), vous devrez modifier cette fonction.

```
from sqlalchemy import create_engine
import pandas as pd

# Function to create an engine and perform the query
def execute_query(query):
  '''Create an engine and execute a query, with returned results
as a dataframe.'''

  # Building the connection string
  host = os.environ['DB_PATH']
  database = os.environ['DB_NAME']
  port = os.environ['DB_PORT']
  user = os.environ['DB_USER']
  password = os.environ['DB_PASSWORD']

  conn_str =
f'postgresql://{user}:{password}@{host}:{port}/{database}'

  # Creating the engine
  engine = create_engine(conn_str)
```

```
    # Opening a connection and executing the query
    with engine.connect() as connection:
        result = connection.execute(query)
        df = pd.DataFrame(result.fetchall(), columns=result.keys())

    # Return the dataframe
    return df

# Example of usage:
df_result = execute_query("SELECT * FROM matable")

print(df_result)
```

3.4 Bases MySQL

Nous passerons rapidement sur MySQL pour utiliser la librairie standard. On peut très facilement reprendre le code sqlalchemy précédent pour le convertir en MySQL.

Commençons par créer une fonction pour initialiser la connexion à la base.

```
import mysql.connector
from mysql.connector import errorcode


def query_mysql(db_user, db_password, db_host, db_database,
query):
    '''
    This function is for connecting to a MySQL database,
    executing a query, and returning the results in a pandas
DataFrame.
   '''

    try:
        cnx = mysql.connector.connect(user=db_user,
                                      password=db_password,
                                      host=db_host,
                                      database=db_database)
        cursor = cnx.cursor()

        # Query execution and fetching the result into result_set
```

```
        cursor.execute(query)
        result_set = cursor.fetchall()

        # Fetch the column names from the cursor description
        column_names = [column[0] for column in
cursor.description]

        # Closing the connection
        cursor.close()
        cnx.close()

        # Constructing the DataFrame
        return pd.DataFrame(result_set, columns=column_names)

    except mysql.connector.Error as err:
        if err.errno == errorcode.ER_ACCESS_DENIED_ERROR:
            print("Something is wrong with your user name or
password")
        elif err.errno == errorcode.ER_BAD_DB_ERROR:
            print("Database does not exist")
        else:
            print(err)
```

3.5 Bases SQLite

Comme précédemment, nous passerons rapidement sur la librairie standard et sqlalchemy.

```
import sqlite3
import pandas as pd

def query_sqlite(database, query):
    '''
    This function is for connecting to a SQLite database,
    executing a query, and returning the results in a pandas
DataFrame.
    '''

    try:
        # Start a connection with the SQLite database
        conn = sqlite3.connect(database)
```

```
        # Execute the query and fetch results into a DataFrame
        df = pd.read_sql_query(query, conn)

        # Close the connection
        conn.close()

        return df

    except sqlite3.Error as err:
        print(str(err))
        return None

# Example usage:
df = query_sqlite('mydatabase.db', 'SELECT * FROM mytable')
print(df)
```

4. Bases de données NoSQL

4.1 Qu'est-ce qu'une base de données NoSQL ?

Les bases de données NoSQL (*Not Only SQL*) représentent une alternative aux systèmes de gestion de bases de données relationnelles traditionnels. Elles sont conçues pour offrir une plus grande flexibilité, une meilleure scalabilité et des performances améliorées, particulièrement adaptées aux besoins du Big Data et des applications en temps réel.

Contrairement aux bases de données relationnelles avec leurs schémas fixes, les bases de données NoSQL peuvent stocker des données de manière non structurée ou semi-structurée. Elles se déclinent en plusieurs types, incluant les bases orientées document (MongoDB), clé-valeur (Redis), en colonnes (Cassandra), et graphiques (Neo4j).

Dans le contexte de la Business Intelligence, les bases de données NoSQL offrent plusieurs avantages significatifs :

- Elles excellent dans la gestion de données non structurées, permettant l'analyse de sources variées comme les réseaux sociaux ou les logs de serveurs.
- Certaines bases NoSQL sont optimisées pour l'analyse en temps réel de grands volumes de données, facilitant la création de tableaux de bord dynamiques.
- Elles servent efficacement de *data lakes* pour l'intégration de données multisources, offrant une grande flexibilité dans la gestion des schémas.
- Leur scalabilité horizontale les rend particulièrement adaptées aux projets BI impliquant de très grands volumes de données.
- Les bases de données graphiques NoSQL sont utiles pour des analyses complexes, comme l'étude des relations clients ou des réseaux sociaux.

Bien que les bases de données relationnelles restent essentielles en BI, les solutions NoSQL offrent des capacités complémentaires précieuses, permettant aux organisations de tirer pleinement parti de la diversité, du volume et de la vélocité de leurs données pour obtenir des insights précieux et prendre des décisions éclairées.

4.2 Connexion à une base MongoDB

MongoDB est une base de données NoSQL populaire, souvent utilisée dans les projets de Business Intelligence pour sa flexibilité et sa capacité à gérer de grandes quantités de données non structurées. Voici comment vous pouvez vous connecter à MongoDB et effectuer des opérations de base en utilisant Python.

Tout d'abord, assurez-vous d'avoir installé la bibliothèque PyMongo, qui est l'interface Python officielle pour MongoDB :

```
pip install pymongo
```

Ensuite, voici un exemple de code pour se connecter à MongoDB et effectuer quelques opérations de base :

```
from pymongo import MongoClient

# Establish a connection to MongoDB
client = MongoClient('mongodb://localhost:27017/')

# Select a database
db = client['business_intelligence_db']

# Select a collection (equivalent to a table in relational
databases)
collection = db['sales_data']

# Insert a document
new_sale = {
    "product": "Laptop",
    "quantity": 5,
    "price": 999.99,

    "date": "2023-06-15"
}
result = collection.insert_one(new_sale)
print(f"Inserted document ID: {result.inserted_id}")

# Query documents
query = {"product": "Laptop"}
results = collection.find(query)
for doc in results:
    print(f"Found document: {doc}")

# Update a document
update_query = {"product": "Laptop"}
new_values = {"$set": {"price": 1099.99}}
collection.update_one(update_query, new_values)

# Delete a document
delete_query = {"product": "Laptop"}
collection.delete_one(delete_query)

# Close the connection
client.close()
```

Dans ce code, nous commençons par établir une connexion à MongoDB en utilisant MongoClient. Nous spécifions l'URL de connexion, qui dans cet exemple pointe vers une instance MongoDB locale.

Ensuite, nous sélectionnons une base de données et une collection. Dans MongoDB, une collection est l'équivalent d'une table dans une base de données relationnelle.

Nous effectuons ensuite plusieurs opérations CRUD (*Create, Read, Update, Delete*) :

– insertion d'un nouveau document (équivalent à une ligne dans une base de données relationnelle) dans la collection ;

– recherche de documents correspondant à un critère spécifique ;

– mise à jour d'un document existant ;

– suppression d'un document ;

– enfin, fermeture de la connexion à la base de données.

Dans un contexte de Business Intelligence, vous pourriez utiliser ce type de code pour :

– collecter des données de ventes en temps réel ;

– stocker des données non structurées provenant de diverses sources ;

– effectuer des requêtes `ad hoc` pour l'analyse des données ;

– mettre à jour des informations client ou produit.

L'avantage de MongoDB dans un projet BI est sa flexibilité. Vous pouvez facilement ajouter de nouveaux champs à vos documents sans avoir à redéfinir le schéma de la base de données, ce qui est particulièrement utile lorsque vous travaillez avec des sources de données variées et changeantes.

5. Entrepôts de données

5.1 Qu'est-ce qu'un entrepôt de données ?

Un entrepôt de données (*Data Warehouse* en anglais) est un système de gestion de données spécialisé, conçu pour soutenir les activités d'intelligence d'affaires (BI) et d'analyse. Il se distingue des bases de données opérationnelles traditionnelles par sa capacité à consolider et à stocker de grandes quantités de données historiques provenant de sources hétérogènes.

L'objectif principal d'un entrepôt de données est de fournir une vue cohérente et à long terme des données de l'entreprise, permettant des analyses complexes sans impacter les systèmes opérationnels. Contrairement aux systèmes de traitement de transactions, les entrepôts de données sont optimisés pour les requêtes analytiques et le stockage de données historiques.

Les entrepôts de données se caractérisent par quatre aspects fondamentaux :

- Orientation sujet : les données sont organisées autour de sujets clés de l'entreprise, tels que les ventes, la finance ou le marketing. Cette structure facilite l'analyse des données du point de vue de l'entreprise, offrant une image cohérente à un moment donné.
- Intégration : un entrepôt de données consolide des informations provenant de diverses sources, comme des bases de données relationnelles, des fichiers plats et des enregistrements de transactions en ligne. Cette intégration assure une cohérence des données à travers l'organisation.
- Non-volatilité : une fois intégrées dans l'entrepôt, les données restent stables et ne sont généralement pas modifiées. Les mises à jour sont effectuées périodiquement à partir des systèmes opérationnels, mais les données existantes dans l'entrepôt ne sont ni mises à jour ni supprimées, préservant ainsi l'intégrité historique.
- Variance temporelle : contrairement aux systèmes opérationnels qui se concentrent sur les données les plus récentes, les entrepôts de données sont conçus pour analyser l'évolution des données dans le temps. Cette caractéristique permet d'identifier des tendances et de réaliser des analyses historiques approfondies.

5.2 Choix des solutions NoSQL

Dans le paysage des entrepôts de données modernes, Google BigQuery et Snowflake se distinguent comme des solutions cloud particulièrement puissantes et flexibles. Nous avons choisi de nous concentrer sur ces deux technologies en raison de leur popularité croissante et de leurs caractéristiques uniques qui les rendent particulièrement adaptées aux projets de Business Intelligence.

Google BigQuery est un entrepôt de données sans serveur entièrement géré par Google Cloud. Il se démarque par sa capacité à traiter de très grands volumes de données en un temps record, grâce à son architecture distribuée. BigQuery est particulièrement apprécié pour son modèle de tarification à l'utilisation et sa facilité d'intégration avec d'autres services Google Cloud.

Snowflake, quant à lui, est un entrepôt de données cloud multi-cloud, offrant une grande flexibilité en matière de déploiement et d'évolutivité. Sa capacité à séparer le stockage et le calcul permet une gestion des coûts plus fine et une adaptation rapide aux besoins changeants des entreprises. Snowflake est reconnu pour sa facilité d'utilisation et ses performances élevées, même avec des charges de travail complexes.

Bien que Amazon Redshift soit également une solution populaire d'entrepôt de données, nous ne l'aborderons pas en détail ici. En effet, la connexion à Redshift s'effectue de manière similaire à une base de données PostgreSQL standard, un sujet que nous avons déjà couvert dans les sections précédentes de ce livre. Néanmoins, il est important de noter que Redshift reste un choix solide, particulièrement pour les entreprises déjà investies dans l'écosystème AWS.

Le choix entre ces solutions dépendra de vos besoins spécifiques, de votre infrastructure existante et de vos préférences en matière d'écosystème cloud. Quelle que soit la solution choisie, ces entrepôts de données modernes offrent des capacités puissantes pour soutenir vos projets de Business Intelligence à grande échelle.

5.3 Connexion aux bases avec Python

5.3.1 BigQuery

Avant de commencer, nous devons installer la bibliothèque Google Cloud BigQuery.

▶ Ouvrez votre terminal et exécutez la commande suivante :

```
pip install google-cloud-bigquery
```

Cette commande installe la bibliothèque officielle de Google pour interagir avec BigQuery.

Maintenant, passons aux étapes pour se connecter et exécuter une requête avec BigQuery en Python :

- Initialisation du client : cette étape crée une instance du client BigQuery, qui sera utilisée pour interagir avec le service.
- Définition de la requête : ici, nous écrivons la requête SQL que nous voulons exécuter. Dans cet exemple, nous sélectionnons toutes les colonnes d'une table spécifique, limitées à dix lignes.
- Exécution de la requête : nous utilisons le client pour envoyer la requête à BigQuery. Cela retourne un objet de travail (job) que nous pouvons utiliser pour suivre l'état de la requête.
- Récupération des résultats : une fois la requête terminée, nous récupérons les résultats.
- Affichage des résultats : enfin, nous parcourons les résultats et les affichons.

Voici le code correspondant :

```
from google.cloud import bigquery

# Initialize the client
client = bigquery.Client()

# Define the query
query = """
    SELECT *
    FROM `your_project.your_dataset.your_table`
    LIMIT 10
```

```
"""

# Execute the query
query_job = client.query(query)

# Fetch the results
results = query_job.result()

# Display the results
for row in results:
    print(row)
```

Remarque

Assurez-vous d'avoir configuré l'authentification en définissant la variable d'environnement `GOOGLE_APPLICATION_CREDENTIALS` pointant vers votre fichier de clé JSON.

5.3.2 Snowflake

Pour Snowflake, nous devons d'abord installer le connecteur Python officiel. Dans votre terminal, exécutez la commande suivante :

```
pip install snowflake-connector-python
```

Cette commande installe le connecteur Snowflake pour Python, qui nous permettra d'interagir avec notre entrepôt de données Snowflake.

Voici maintenant les étapes pour se connecter et exécuter une requête avec Snowflake en Python :

- Établissement de la connexion : nous créons une connexion à Snowflake en fournissant les détails d'authentification et de configuration nécessaires.
- Création d'un curseur : le curseur est un objet qui nous permet d'exécuter des commandes SQL et de gérer les résultats.
- Exécution de la requête : nous utilisons le curseur pour exécuter notre requête SQL.
- Récupération des résultats : après l'exécution de la requête, nous récupérons tous les résultats.
- Affichage des résultats : nous parcourons les résultats et les affichons.

- Fermeture de la connexion : il est important de fermer le curseur et la connexion pour libérer les ressources.

Voici le code correspondant :

```
import snowflake.connector

# Establish the connection
conn = snowflake.connector.connect(
    account='your_account',
    user='your_username',
    password='your_password',
    warehouse='your_warehouse',
    database='your_database',
    schema='your_schema'
)

# Create a cursor
cur = conn.cursor()

# Execute a query
cur.execute("SELECT * FROM your_table LIMIT 10")

# Fetch the results
rows = cur.fetchall()

# Display the results
for row in rows:
    print(row)

# Close the connection
cur.close()
conn.close()
```

Pour les deux solutions, assurez-vous de remplacer les paramètres de connexion (nom de projet, nom d'utilisateur, mot de passe, etc.) par vos propres informations d'identification.

5.3.3 Bonnes pratiques

- Utilisez des variables d'environnement ou un fichier de configuration sécurisé pour stocker vos informations d'identification, plutôt que de les coder en dur dans vos scripts.
- Gérez correctement les exceptions pour traiter les erreurs de connexion ou d'exécution de requêtes.
- Utilisez des connexions poolées pour améliorer les performances lors de l'exécution de multiples requêtes.
- Pour Snowflake, assurez-vous toujours de fermer vos connexions et curseurs après utilisation pour libérer les ressources.

6. Serveurs FTP/SFTP

6.1 Qu'est-ce que le FTP ?

FTP (*File Transfer Protocol*) est un protocole réseau client/serveur utilisé pour transférer des fichiers sur Internet. Les clients FTP sont utilisés pour envoyer et récupérer des fichiers vers et depuis des serveurs qui stockent des fichiers et répondent aux demandes des clients.

Historiquement, FTP a été un moyen populaire de déplacer des fichiers volumineux entre les systèmes ou entre les ordinateurs de bureau et les systèmes. FTP est également un moyen courant de partager un fichier trop volumineux pour une pièce jointe à un e-mail en le téléchargeant dans un emplacement neutre pour y accéder par d'autres systèmes, logiciels ou individus. Le client professionnel WS_FTP de Progress a été développé en 1994 comme l'un des premiers clients FTP disponibles dans le commerce. Cependant, développé à une époque où les préoccupations de sécurité étaient moindres, le protocole FTP ne dispose pas des fonctionnalités de sécurité et de gestion des fichiers qui sont aujourd'hui indispensables pour l'échange de données commerciales.

6.2 Qu'est-ce que SSH?

Le FTP sécurisé est apparu pour répondre aux besoins de sécurité renforcée avec le tunneling. Il utilise Secure Shell 2 (SSH2), un protocole de tunneling sécurisé, pour émuler une connexion FTP et fournit un canal crypté et simple à utiliser pour les transferts de fichiers à l'aide du célèbre Port TCP 22. SSH offre une meilleure sécurité en chiffrant toute la session de transfert, tout en ne nécessitant qu'un seul port ouvert sur le pare-feu, contrairement au FTP/SSL qui en requiert deux.

En tant que fonctionnalité supplémentaire, Secure FTP compresse également toutes les données pendant la transmission, ce qui peut entraîner des transferts de fichiers plus rapides. En outre, il permet une normalisation informatique multiplateforme, ce qui garantit une application cohérente et solide des politiques de sécurité et d'administration simplifiée.

6.3 Connexion avec Python

Pour se connecter en SSH :

- On importe la bibliothèque Paramiko, qui fournit des fonctionnalités pour les protocoles SSH et SFTP en Python.
- On crée une instance du client SSH de Paramiko.
- On configure le client pour qu'il accepte automatiquement les clés SSH inconnues du serveur. Dans un environnement de production, il faudrait être plus prudent avec cette configuration.
- Les variables `host`, `port`, `username`, et `password` sont définies pour la connexion. Idéalement, ces informations devraient être stockées de manière sécurisée et non en dur dans le code.
- On tente de se connecter au serveur SSH en utilisant les informations fournies.
- On gère l'exception si l'authentification échoue (par exemple, en raison d'un nom d'utilisateur ou d'un mot de passe incorrect).

Enfin, si la connexion réussit, on ouvre une session SFTP, permettant le transfert de fichiers.

```
import paramiko

# Create an SSH client instance.
ssh = paramiko.SSHClient()

# Automatically add server's SSH key (without prompting the user).
ssh.set_missing_host_key_policy(paramiko.AutoAddPolicy())

# Replace with your configuration or read it from a config file.
host = "sftp.example.com"
port = 22
username = "myusername"
password = "mypassword"

# Connect to the server.
try:
    ssh.connect(host, port, username, password)
    print("Connected to the SFTP server")
except paramiko.AuthenticationException:
    print("Failed to connect to the SFTP server due to wrong
username or password.")


# Open an SFTP session.
sftp = ssh.open_sftp()
```

Une fois la connexion établie, nous pouvons naviguer vers le répertoire de destination avec la méthode `listdir()`.

```
path = '/path/to/remote/directory'
files = sftp.listdir(path)
for file in files:
    print(file)
```

Enfin, il est possible, par exemple, de télécharger le rapport ou le fichier qui nous intéresse.

```
remote_path = '/path/to/remote/file'
local_path = '/path/to/local/file'
sftp.get(remote_path, local_path)
```

7. Interface de programmation d'application (API)

7.1 Pourquoi utiliser une interface de programmation d'application ?

Dans cette partie, nous allons utiliser des interfaces de programmation d'applications (*Application Programming Interface* en anglais et plus connu sous le nom d'API) pour requêter des données. Les API sont des ensembles de définitions et de protocoles qui permettent à des applications de communiquer entre elles.

Dans le domaine de l'analyse de données, les API sont utilisées pour accéder à des données provenant de différentes sources, telles que des bases de données, des fichiers ou des services web (on peut notamment citer quelques-unes des plus connues : X, Facebook, Github, eBay, Notion, etc.). Elles permettent également de partager des données avec d'autres applications.

Les API sont particulièrement utiles, par exemple, dans les cas suivants :

- Lorsqu'il est nécessaire d'intégrer des données en temps réel provenant de sources multiples : les API permettent d'agréger des flux de données dynamiques issus de systèmes disparates, fournissant ainsi aux analystes la capacité à réaliser des analyses actualisées en continu.
- Quand on souhaite automatiser et optimiser les processus d'extraction de données : elles réduisent le besoin d'interventions manuelles et éliminent les erreurs humaines en permettant une extraction de données facilement programmable et adaptée aux mises à jour périodiques en BI.
- Lorsque vous souhaitez partager vos données avec d'autres : les API permettent de partager vos données avec d'autres applications, ce qui facilite la collaboration et la communication.

7.2 Quelques définitions et un peu de théorie

Commençons par donner une définition simple.

C'est un ensemble de protocoles et d'outils permettant à différents logiciels de communiquer entre eux. Les API facilitent l'intégration de services, l'échange de données et l'extension de fonctionnalités entre applications distinctes. Elles sont essentielles pour diverses utilisations telles que la synchronisation de données, l'automatisation marketing, les partenariats entre plateformes, l'incorporation de fonctionnalités externes et le partage de données ouvertes (open data). Les API jouent un rôle crucial dans l'interconnexion des systèmes numériques modernes.

Lorsque nous voulons recevoir des données d'une API, nous devons faire une requête. Les requêtes sont utilisées partout sur le Web. Par exemple, lorsque vous avez consulté votre messagerie, votre navigateur web a envoyé une requête au serveur web qui a répondu en affichant le contenu de votre dernier courriel.

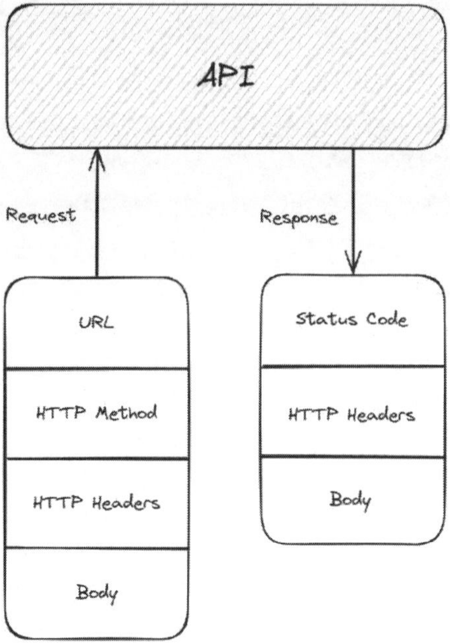

Ce schéma est un peu simpliste. Outre les données, le header et le code réponse, on peut aussi obtenir :

- un cookie ;
- un historique des redirections.

7.2.1 Les types de requêtes

Les méthodes HTTP les plus courantes pour les requêtes API sont les suivantes :

- `GET` : cette méthode est utilisée pour récupérer des données. Elle est souvent utilisée pour obtenir une liste de ressources ou pour obtenir des informations sur une ressource spécifique.
- `POST` : cette méthode est utilisée pour créer de nouvelles données. Elle est souvent utilisée pour ajouter un nouvel enregistrement à une base de données ou pour créer un nouveau message.
- `PUT` : cette méthode est utilisée pour mettre à jour des données existantes. Elle est souvent utilisée pour modifier un enregistrement dans une base de données ou pour mettre à jour le contenu d'une ressource.
- `DELETE` : cette méthode est utilisée pour supprimer des données existantes. Elle est souvent utilisée pour supprimer un enregistrement dans une base de données ou pour supprimer une ressource.

Dans ce chapitre, nous utiliserons uniquement la méthode `GET` et `POST` pour l'authentification.

7.2.2 Points de terminaison

Une API REST expose un ensemble d'URL publiques que les applications clientes utilisent pour accéder aux ressources d'un service web. Ces URL, dans le contexte d'une API, sont appelées points de terminaison (ou *endpoints* en anglais).

Pour vous aider à y voir plus clair, regardons en détail le tableau ci-dessous. Nous voyons les points de terminaison d'une API fictive pour un système de gestion de la relation client. Chacun des points de terminaison ci-dessus effectue une action différente en fonction de la méthode `HTTP` :

Méthode	Point de terminaison	Description
`GET`	`/clients`	Renvoie la liste des clients
`GET`	`/clients/<id_client>`	Renvoie un client en particulier
`POST`	`/clients`	Créer un nouveau client
`PUT`	`/clients/<id_client>`	Mise à jour du client
`DELETE`	`/clients/<id_client>`	Suppression du client

Exemple de points de terminaison sur une API fictive

Vous remarquerez que certains points de terminaison comportent `<id_client>` à la fin. Cette notation signifie que vous devez ajouter un numéro d'identification du client à l'URL pour indiquer à l'API REST avec quel client vous souhaitez travailler. Les points de terminaison énumérés ci-dessus ne représentent qu'une seule ressource du système. Les API REST en production comportent souvent des dizaines, voire des centaines de points de terminaison différents pour gérer les ressources du service web.

Pour ceux qui souhaiteraient tester une API simplement, il est possible de s'entraîner sur une API fictive à l'adresse suivante :
https://jsonplaceholder.typicode.com/

7.3 Les codes de réponse

Lorsque nous effectuons une requête auprès d'une API, le serveur retourne en plus des données un code de réponse qui indique l'état.

Ces codes d'état, qui commencent par 20x (par exemple 200), signifient que la demande du client a été acceptée et que le serveur a répondu à la demande ou est en train de le faire. Chaque code a sa propre signification et son propre cas d'utilisation dans le contexte de la communication HTTP.

Voici quelques-uns des principaux codes d'état HTTP de la catégorie 20x :

- `200 OK` : la demande a abouti et le serveur a renvoyé les données demandées.
- `201 Created` (créé) : la demande a abouti et une nouvelle ressource a été créée sur le serveur. Le serveur inclut généralement un en-tête Location avec l'URL de la ressource nouvellement créée.
- `202 Accepted` (accepté) : la demande a été acceptée pour traitement, mais le traitement n'est pas terminé. Ceci est souvent utilisé pour les opérations asynchrones.
- `204 No Content` (pas de contenu) : le serveur a traité la demande avec succès, mais il n'y a pas de contenu supplémentaire à envoyer dans la réponse. Cette option est souvent utilisée dans les situations où le client n'est intéressé que par l'état de réussite.
- `205 Reset Content` (réinitialiser le contenu) : indique au client de réinitialiser la vue du document, généralement après une requête `PUT`.
- `206 Partial Content` (contenu partiel) : le serveur ne fournit qu'une partie de la ressource en raison d'un en-tête de plage envoyé par le client.

Les codes d'erreur retournés par les requêtes API sont des codes HTTP qui indiquent le statut de la requête. Ces codes sont définis par le protocole HTTP et sont compris par tous les clients et serveurs HTTP.

Les codes d'erreur HTTP sont divisés en deux catégories :

- Les codes d'erreur du client (codes 4xx) indiquent que la requête est incorrecte ou non autorisée.
- Les codes d'erreur du serveur (codes 5xx) indiquent qu'une erreur s'est produite sur le serveur.

Voici les codes d'erreur HTTP les plus courants côté client :

- `401 Unauthorized` : l'utilisateur n'est pas autorisé à accéder à la ressource.
- `403 Forbidden` : l'utilisateur est autorisé à accéder à la ressource, mais la requête est refusée.
- `404 Not Found` : la ressource demandée n'existe pas.

Du côté serveur, les plus connus sont :

- `500 Internal Server Error` : une erreur s'est produite sur le serveur.
- `502 Bad Gateway` : le serveur a reçu une réponse non valide d'un serveur intermédiaire.
- `503 Service Unavailable` : le serveur est momentanément indisponible.
- `504 Gateway Timeout` : le serveur intermédiaire a pris trop de temps à répondre.

7.4 Le résultat de la requête

La librairie requests propose diverses méthodes pour accéder au contenu des réponses HTTP et le traiter. Ces méthodes sont conçues pour traiter différents types de contenu, ce qui permet d'extraire et d'interpréter les données de manière transparente.

7.4.1 Attribut text

L'attribut `text` fournit le contenu de la réponse sous la forme d'une chaîne Unicode. Cette méthode convient aux réponses textuelles, telles que les pages HTML ou les documents en texte brut. Elle décode automatiquement la réponse en utilisant le codage spécifié dans l'en-tête (*header*) ou le codage par défaut de la bibliothèque de requêtes.

7.4.2 Attribut raw

L'attribut `raw` renvoie le contenu de la réponse sous forme de flux d'octets. Cette méthode est utile pour les données binaires, telles que les images, les vidéos ou les fichiers exécutables. Elle conserve la représentation originale en octets de la réponse, en préservant tout encodage ou formatage.

7.4.3 Attribut content

L'attribut `content` se comporte de la même manière que l'attribut `raw`, mais permet d'accéder au contenu sous la forme d'un objet de type octet. Cet objet prend en charge des méthodes telles que `read()` et `readline()`, ce qui permet un traitement efficace des réponses volumineuses.

7.4.4 Méthode json

La méthode `json()` tente de décoder le contenu de la réponse en tant que données JSON (*JavaScript Object Notation*) et renvoie un dictionnaire Python. Cette méthode est spécialement conçue pour les réponses au format JSON, ce qui simplifie l'extraction et la manipulation des données. Dans la suite de cette partie du livre, nous utiliserons cette méthode particulièrement adaptée pour notre usage.

7.5 Les librairies requests et json

7.5.1 Présentation de la librairie requests

La librairie requests est particulièrement puissante et est largement utilisée pour effectuer des requêtes HTTP. Elle offre un moyen simple et élégant d'interagir avec les services web, en permettant aux développeurs d'envoyer des requêtes HTTP.

La bibliothèque fait abstraction des complexités de l'envoi de requêtes derrière une API cohérente, ce qui facilite l'envoi de requêtes HTTP et la gestion des réponses. En coulisses, la bibliothèque requests utilise la bibliothèque standard urllib pour gérer les détails de bas niveau des requêtes HTTP. Elle fait abstraction des complexités du HTTP, ce qui permet aux utilisateurs de cette librairie de se concentrer sur le code et la création d'applications plutôt que de s'occuper des subtilités de la communication réseau.

7.5.2 Présentation de la librairie json

Le JSON est un format d'échange de données léger qui est devenu une norme pour l'échange de données entre applications, en particulier lors de l'utilisation d'API. Plusieurs raisons rendent JSON utile dans le contexte de la communication API :

- Il est lisible par l'homme et léger : JSON est facile à lire et à écrire pour les humains, et il est relativement léger par rapport à d'autres formats d'échange de données comme XML. Sa simplicité et sa concision en font un choix pratique pour la transmission de données sur les réseaux.
- Indépendant du langage : JSON est indépendant du langage, ce qui signifie qu'il peut être utilisé avec pratiquement n'importe quel langage de programmation. Cette flexibilité est essentielle pour prendre en charge diverses piles technologiques et permettre l'interopérabilité entre différents systèmes.
- Facile à analyser : JSON peut être facilement analysé et généré par la plupart des langages de programmation. La plupart des langages de programmation modernes disposent d'un support intégré pour l'analyse et la création de JSON, ce qui simplifie le processus de développement.
- Structure de données simple : JSON prend en charge une structure de données simple et intuitive basée sur des paires clé-valeur. Cette simplicité le rend facile à comprendre, ce qui réduit la probabilité d'erreurs lors de l'utilisation des données.

7.5.3 Installation

Pour installer la librairie requests, nous utiliserons soit pip :

```
pip install requests
```

La librairie json, quant à elle, est une librairie standard de Python, elle est en théorie déjà présente sur votre poste de travail.

7.5.4 Utilisation d'API sans authentification

Envoyer une requête GET

Une des premières étapes pour récupérer des données d'une API est d'utiliser une requête GET :

```
# Importing the library
import requests

# Sending a GET request
response = requests.get('https://api.example.com/data')
```

Après avoir effectué une requête, il est crucial de vérifier l'objet de réponse pour le code de statut, les en-têtes et les données renvoyées.

Valider la réponse

Une requête GET réussie va retourner un code de statut 200. Il est important de vérifier cela pour s'assurer que l'appel API a été réussi :

```
if response.status_code == 200:
    data = response.json()
else:
    print(f'Failed to retrieve data: {response.status_code}')
```

Gérer les erreurs

Une gestion appropriée des erreurs est cruciale pour des applications robustes. Nous commençons par attraper les exceptions levées par le module requests :

```
try:
    response = requests.get('https://api.example.com/data')
    response.raise_for_status()
    data = response.json()
except requests.exceptions.HTTPError as http_err:
    print(f'HTTP error occurred: {http_err}')
except Exception as err:
    print(f'An error occurred: {err}')
```

Utiliser la méthode `response.raise_for_status()` lèvera une exception pour les codes de statut non réussis. Elle permet en une ligne d'indiquer le code de l'erreur et aussi de distinguer si elle provient du côté client ou du côté serveur.

Sessions et connexions persistantes

Lorsque vous effectuez plusieurs requêtes au même hôte (ce qui relativement fréquent), il est essentiel d'utiliser une session. Cela réutilisera la connexion TCP sous-jacente, ce qui peut entraîner des améliorations non négligeables des performances :

```
import requests

with requests.Session() as session:
    try:
        response = session.get('https://api.example.com/data')
        response.raise_for_status()
        data = response.json()
    except requests.exceptions.HTTPError as http_err:
        print(f'HTTP error occurred: {http_err}')
    except Exception as err:
        print(f'An error occurred: {err}')
```

7.5.5 Appels API concurrents avec le multithreading

Le code précédent peut être encore amélioré dans le cas de requêtes multiples. En effet, le multithreading s'avère très utile lorsque vous devez effectuer plusieurs requêtes API simultanément. Le module `concurrent.futures` de Python fournit une interface de haut niveau pour exécuter de manière asynchrone des appels de fonction. Ce module implémente une classe `Executor` qui définit une interface pour l'exécution en parallèle. On peut soit :

- soumettre l'exécution d'une fonction avec `submit()` ;
- ou soumettre l'exécution de la même fonction appliquée à une séquence de jeux de paramètres avec `map()`.

Cette classe est dérivée en un `ThreadPoolExecutor` dont le principal argument `max_works` définit le nombre de threads à exécuter en parallèle.

Utilisation de ThreadPoolExecutor

Le `ThreadPoolExecutor` vous permet de réaliser des appels concurrents qui peuvent accélérer considérablement le processus global si le travail lié à l'entrée/sortie est substantiel (comme les entrées/sorties réseau).

▶ Procédez de la façon suivante :

- La fonction `fetch_url()` envoie une requête `GET` à l'URL fournie en utilisant `requests.Session()`.
- `ThreadPoolExecutor` est utilisé pour exécuter de manière asynchrone la fonction `fetch_url()` pour chaque URL dans la liste URL.
- `as_completed` de `concurrent.futures` permet d'itérer sur les futures complétées au fur et à mesure qu'ils deviennent disponibles.

La gestion des erreurs est incluse pour capturer et afficher les exceptions qui surviennent lors de la requête ou du parsing JSON.

```
import requests
from concurrent.futures import ThreadPoolExecutor, as_completed

def fetch_url(url):
    with requests.Session() as session:
        return session.get(url)

urls = ['https://api.example.com/data1',
'https://api.example.com/data2']

with ThreadPoolExecutor(max_workers=5) as executor:
    future_to_url = {executor.submit(fetch_url, url): url for url
in urls}
    for future in as_completed(future_to_url):
        url = future_to_url[future]
        try:
            response = future.result()
            data = response.json()
        except Exception as exc:
            print(f'{url} generated an exception: {exc}')
        else:
            print(f'The page {url} is {len(data)} bytes')
```

7.5.6 Requêtes API avec authentification

L'authentification est un aspect crucial de la sécurité et de l'accès à des API. Elle assure que les requêtes sont faites par des entités autorisées et aide à protéger les données sensibles. Il existe plusieurs méthodes d'authentification courantes utilisées avec les API. Dans cette section, nous explorerons comment implémenter l'authentification dans les cas les plus courants. D'autres modalités d'authentification sont offertes par requests, pour les autres cas vous pouvez lire la documentation à l'adresse suivante : https://requests.readthedocs.io/en/latest/user/authentication/

Authentification par Token (Bearer Token)

L'authentification par token est l'une des stratégies les plus courantes pour sécuriser les API, particulièrement les tokens Bearer dans le cadre du protocole OAuth 2.0. Un token Bearer est un jeton de sécurité que l'application cliente doit envoyer avec chaque requête API pour s'authentifier. Voici comment utiliser un token Bearer avec requests :

```
import requests

# Your Bearer token (typically obtained after an authorization
process)
bearer_token = 'your_bearer_token'

# Prepare HTTP headers with the authentication token
headers = {
    'Authorization': f'Bearer {bearer_token}'
}

# Send a GET request with authentication
response = requests.get('https://api.example.com/protected',
headers=headers)

# Validate the response
if response.ok:
    print('Response received:', response.json())
else:
    print('Error received:', response.status_code)
```

Authentification de base HTTP (Basic Auth)

- Pour les cas où une authentification de base HTTP est requise, utilisez le module `requests.auth`.

```
from requests.auth import HTTPBasicAuth
import requests

response = requests.get(
    'https://api.example.com/basic-auth',
    auth=HTTPBasicAuth('username', 'password')
)

# Ensure the response is valid
if response.ok:
    data = response.json()
else:
    print('Failed to retrieve data:', response.status_code)
```

Authentification via Proxy

Dans le cas d'un utilisateur dont la connexion passe par un serveur proxy, nous allons devoir renseigner un paramètre supplémentaire dans la méthode `get()` : `proxies`. La première chose à faire est d'utiliser la librairie os pour exporter les URL HTTP et HTTPS du proxy dans des variables d'environnements. Cette opération permet de les stocker de façon sûre et permet un accès rapide aux variables dans d'autres scripts, Web Scraping par exemple. La syntaxe de l'adresse proxy à renseigner peut être de la forme :

`protocol_proxy://adresse_proxy:port`

Ou bien :

`protocol_proxy://username:password@adresse_proxy:port`

Passons au code :

```
import os

os.environ['HTTP_PROXY']='http://monproxy.fr:1234'
os.environ['HTTPS_PROXY']= 'https://monproxy.fr:1234'
```

Cette opération est aussi possible sans Python, en utilisant directement une invite de commande comme PowerShell sur Windows :

```
set http_proxy=http://monproxy.fr:1234
```

Ou bien n'importe quel terminal sur Linux :

```
export http_proxy=http://monproxy.fr:1234
```

Ensuite, nous allons utiliser la même méthode `get()` que précédemment en renseignant l'argument `proxies` qui doit contenir un dictionnaire avec deux clés `'http'` et `'https'` contenant respectivement les adresses HTTP et HTTPS du proxy.

```
import requests
import os

# Creating the dictionary containing proxy URLs
PROXIES = {
'http': os.environ['HTTP_PROXY'],
'https': os.environ['HTTPS_PROXY'] }

r = requests.get('http://www.url.com', proxies=PROXIES)
```

Authentification avec les cookies

Les cookies peuvent également être utilisés pour authentifier un utilisateur. Après votre connexion, le service définit un cookie de session que vous devez envoyer avec vos requêtes. Pour ce faire, nous utiliserons la méthode `Session()` :

```
import requests

# Create a session to maintain cookies
session = requests.Session()

# Log in to obtain the session cookie
session.post('https://api.example.com/login',
             data={'username': 'name',
                   'password': 'password'})

# The session cookie is now stored in the session
response = session.get('https://api.example.com/protected')
```

```
# Check the response
if response.ok:
    print('Response received from the protected API.')
else:
    print('Request error:', response.status_code)
```

7.6 Bonnes pratiques

Pour conclure ce chapitre, nous allons aborder les bonnes pratiques à adopter vis-à-vis des API.

- Sélection : ne demandez pas de champs dont vous n'avez pas besoin pour votre script. L'ajout de champs supplémentaires peut alourdir inutilement votre requête.
- Filtres : rendez vos filtres aussi spécifiques que possible. Dans la mesure du possible, il est préférable de filtrer dans la requête API plutôt que de l'analyser après avoir reçu les résultats.
- Gérer les limites de taux d'appels API : la plupart des API ont des limites de taux pour prévenir les abus. Respectez ces limites en intégrant des pauses ou des stratégies de retour exponentiel dans votre code. Vérifiez la documentation de l'API pour les en-têtes de limite de taux et adaptez vos requêtes en conséquence.
- Délais d'attente : définissez toujours un délai d'attente dans votre requête API pour éviter d'attendre indéfiniment une réponse (paramètre `timeout` de la méthode `get()`).
- Gestion des exceptions pour la robustesse : utilisez des blocs `try-except` pour attraper et gérer les exceptions qui pourraient survenir en raison de problèmes de réseau, de changements d'API ou de données inattendues.
- Gardez votre code DRY : si vous effectuez des requêtes avec des paramètres ou des en-têtes communs, créez une fonction d'assistance ou utilisez une session pour garder votre code propre et maintenable.
- Sécurisez vos clés API : gardez vos clés API et données sensibles en sécurité. Ne les codez pas en dur dans vos scripts. Utilisez plutôt des variables d'environnement ou des services de gestion de clés sécurisés.

- Journalisation : utilisez la bibliothèque logging intégrée à Python pour créer des journaux de vos interactions API. Cela peut être précieux pour le débogage et la surveillance des modèles d'utilisation de l'API.
- Tests unitaires : écrivez toujours des tests unitaires pour vos fonctions effectuant des requêtes API. Vous pouvez utiliser des techniques de simulation pour simuler les réponses de l'API.
- Respectez les conditions générales du fournisseur API : avant de commencer à faire des requêtes, assurez-vous de vous familiariser avec les conditions de service du fournisseur de l'API et utilisez l'API de manière approuvée.

7.7 Illustration pratique

Vous venez d'intégrer une équipe marketing et on vous demande de déterminer les zones géographiques les plus propices à votre prochaine campagne. Vous ouvrez votre base de données et constatez avec effroi que les adresses ne sont pas normées et que certaines communes ou codes postaux sont mal renseignés. Bref, il va falloir remettre de l'ordre dans tout cela. Pour ce faire, nous allons utiliser l'API Adresse (https://adresse.data.gouv.fr/api-doc/adresse).

L'idée est la suivante : on fournit en entrée une adresse approximative et nous récupérons une adresse propre depuis l'API. D'autres données nous seront probablement utiles à des fins de datavisualisation, en particulier les coordonnées GPS. Vous vous lancez dans le développement d'un prototype pour vérifier la pertinence de la solution avec la première ligne de votre jeu de données :

id_client	adresse	code_postal	score	coord
56276756	8 bd du port	44380	3	NA

Les différentes étapes sont les suivantes :

- lire la documentation de l'API pour trouver comment formuler une requête pertinente ;
- envoyer une requête `GET` avec les paramètres optimaux ;
- vérifier la réponse ;
- exploiter la réponse et formater le résultat.

Commençons pour la partie documentation. Il existe plusieurs points de terminaison pour cette API :

- /search/ : point d'entrée pour le géocodage ;
- /reverse/ : point d'entrée pour le géocodage inverse ;
- /search/csv/ : point d'entrée pour le géocodage de masse à partir d'un fichier CSV ;
- /reverse/csv/ : point d'entrée pour le géocodage inverse de masse à partir d'un fichier CSV.

Dans notre cas, nous utiliserons /search/. L'adresse à corriger doit être renseignée dans le paramètre q. Il y a cependant de quelques options à notre main :

- Renseigner latitude et longitude pour limiter le périmètre géographique de recherche. Cela fait justement partie des données que nous cherchons à connaître.
- Renseigner le code postal, toujours pour limiter la recherche. Cette solution semble plutôt adaptée à notre situation. À première vue, notre code postal est correct, nous supposerons donc que cette information est exploitable.

En continuant la lecture de la documentation, nous accédons à un exemple de résultat et le dictionnaire de données. Celui-ci est intéressant, car il liste et décrit l'ensemble des informations disponibles (attributs). Si notre requête aboutit, nous aurons donc accès à :

- id : identifiant de l'adresse (clef d'interopérabilité) ;
- type : type de résultat trouvé ;
- housenumber : numéro « à la plaque » ;
- street : position «à la voie», placé approximativement au centre de celle-ci ;
- locality : lieu-dit ;
- municipality : numéro «à la commune» ;
- score : valeur de 0 à 1 indiquant la pertinence du résultat ;
- housenumber : numéro avec indice de répétition éventuel (bis, ter, A, B) ;
- street : nom de la voie ;

– `name` : numéro éventuel et nom de voie ou lieu-dit ;
– `postcode` : code postal ;
– `citycode` : code INSEE de la commune ;
– `city` : nom de la commune ;
– `district` : nom de l'arrondissement (Paris/Lyon/Marseille) ;
– `oldcitycode` : code INSEE de la commune ancienne (le cas échéant) ;
– `oldcity` : nom de la commune ancienne (le cas échéant) ;
– `context` : n° de département, nom de département et de région ;
– `label` : libellé complet de l'adresse ;
– `x` : coordonnées géographiques en projection légale ;
– `y` : coordonnées géographiques en projection légale ;
– `importance` : indicateur d'importance (champ technique).

Maintenant que nous savons quelle requête envoyer, avec quels paramètres, il ne nous reste plus qu'à la traduire en Python à l'aide de la librairie requests.

```
import json
import requests

# The address we have is the following: 4 bd du port
# We have the postcode 43330 and it seems valid, let's launch
# a first test to verify if we can extract a valid address
url = "https://api-adresse.data.gouv.fr/search/
?q=8+bd+du+port&postcode=44380"

with requests.Session() as session:
    try:
        response = session.get(url)
        response.raise_for_status()

        # Selecting only the first item from the file
        data = response.json()['features'][0]

        # Using the dumps method from the json library for
        # a more aesthetically pleasing output with print
        print(json.dumps(data, indent=2))

    except requests.exceptions.HTTPError as http_err:
```

```
        print(f'An HTTP error occurred: {http_err}')

    except Exception as err:
        print(f'An error occurred: {err}')
```

La réponse obtenue (résultat avec le meilleur score) :


```
{
"type": "Feature",
"geometry": {
    "type": "Point",
    "coordinates": [
        -2.340983,
        47.258811
        ]
    },
    "properties": {
        "label": "8 Boulevard du Port 44380 Pornichet",
        "score": 0.47710291866028703,
        "housenumber": "8",
        "id": "44132_0141_00008",
        "name": "8 Boulevard du Port",
        "postcode": "44380",
        "citycode": "44132",
        "x": 296409.78,
        "y": 6697932.63,
        "city": "Pornichet",
        "context": "44, Loire-Atlantique, Pays de la Loire",
        "type": "housenumber",
        "importance": 0.51129,
        "street": "Boulevard du Port"
    }
}
```


Il est désormais possible de tout exploiter et de remplir notre DataFrame avec l'adresse mise à jour ainsi que les coordonnées. Il est possible d'utiliser cette API avec des fichiers csv pour des traitements plus intensifs (50/IP/seconde).

7.8 Pour s'entraîner

Quelques idées d'API à utiliser :

- taux de change des devises : https://exchangeratesapi.io/
- validateur d'adresse e-mail : https://www.email-validator.net/api.html#:~:text=Real%2DTime%20Email%20Validation%20API,fake%20and%20mistyped%20email%20addresses

8. Web scraping

Dans cette partie, nous allons découvrir comment récupérer des données qui ne sont pas récupérables directement dans une base de données ou de fichiers plats. Quelquefois, il est un peu plus compliqué de trouver l'information de façon condensée.

Le web scraping est une technique qui permet de récupérer de l'information issue d'une page web. Comme d'habitude, nous allons procéder par difficulté croissante. Dans la plupart des cas, nous utiliserons la combinaison de deux librairies Python : requests et bs4 (en particulier BeautifulSoup). requests permet de télécharger le code source de la page web et BeautifulSoup permet de naviguer à travers l'arborescence de la page pour accéder aux éléments demandés.

De plus en plus de sites web créent du contenu dynamique, ce qui complique un peu notre tâche. Dans ce cas, nous devrons utiliser la librairie selenium.

Quelquefois, le site contenant la donnée qui nous intéresse tentera de nous limiter (et c'est normal, c'est une technique à utiliser avec parcimonie). Nous devrons alors utiliser quelques techniques pour simuler plusieurs utilisateurs différents.

Commençons par un rappel sur le langage HTML et les CSS. Il est essentiel de comprendre la structure d'une page pour savoir comment récupérer son contenu de façon efficace.

8.1 Bases de HTML/CSS

8.1.1 HTML (HyperText Markup Language)

HTML est le langage de balisage standard utilisé pour créer des pages web. Chaque élément HTML est défini par des balises, telles que `<tag>contenu</tag>`. Les balises peuvent contenir des attributs qui fournissent des informations supplémentaires.

Exemple simple de balise HTML :

```
<!DOCTYPE html>
<html>
  <head>
    <title>Page Title</title>
  </head>
  <body>
    <h1>This is a heading</h1>
    <p>This is a paragraph.</p>
  </body>
</html>
```

8.1.2 CSS (Cascading Style Sheets)

CSS est utilisé pour styliser et mettre en forme les éléments HTML. Il permet de définir la couleur, la police, la disposition, etc., des éléments sur la page.

Exemple simple de règle CSS :

```
body {
  background-color: #f0f0f0;
  font-family: Arial, sans-serif;
}
```

8.2 Utilisation de requests et BeautifulSoup

Une ligne de commande permet d'installer les librairies utilisées dans ce chapitre.

```
pip install requests beautifulsoup4
```

8.3 Méthodologie

La méthode pour accéder au contenu d'une page web est toujours la même. On commence par utiliser la librairie requests pour accéder au code HTML retourné par le serveur. Nous allons ensuite instancier un objet BeautifulSoup qui va contenir principalement deux arguments : le contenu issu de requests et le parser à utiliser, qui prend généralement la valeur `html.parser`.

Un fois l'objet BeautifulSoup crée, nous allons naviguer dans la structure de la page à l'aide de méthodes comme `find_all()` par exemple.

Remarque

BeautifulSoup analyse le contenu à l'aide du meilleur parser disponible. Il utilisera un parser HTML à moins que vous ne lui demandiez spécifiquement d'utiliser un parser XML. Ensuite, il faut savoir où se situe l'information.

Le plus simple, c'est de naviguer sur la page et d'utiliser l'inspecteur de votre navigateur web ([Ctrl] I). Survoler la zone d'intérêt et le code qui vous intéresse devrait apparaître plus précisément. Généralement, on extrait des tables (balise `table`) ou bien par exemple des tarifs situés dans les listes (balises `li`). Regardons l'exemple du tableau suivant :

Aperçu de la page web	**Aperçu du code HTML**
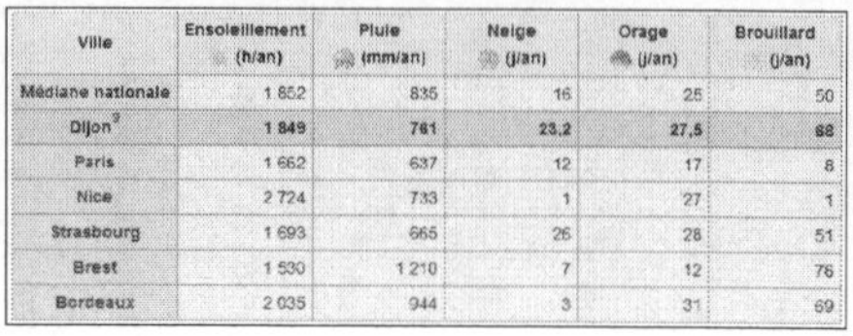	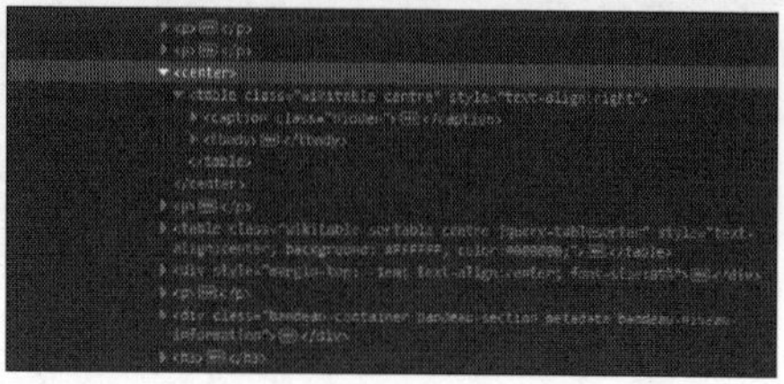

Ville	Ensoleillement (h/an)	Pluie (mm/an)	Neige (j/an)	Orage (j/an)	Brouillard (j/an)
Médiane nationale	1 852	835	16	25	50
Dijon[3]	**1 849**	**761**	**23,2**	**27,5**	**68**
Paris	1 662	637	12	17	8
Nice	2 724	733	1	27	1
Strasbourg	1 693	665	26	28	51
Brest	1 530	1 210	7	12	76
Bordeaux	2 035	944	3	31	69

Il s'agit d'un tableau issu de la page Wikipédia sur la ville de Dijon. Utilisons requests pour extraire le code source :

```
import requests
from bs4 import BeautifulSoup

# Establish a connection
URL_TABLEAU = 'https://fr.wikipedia.org/wiki/Dijon'

try:
    resp=requests.get(URL_TABLEAU, proxies=PROXIES)
    resp.raise_for_status()
except requests.exceptions.HTTPError as err:
    print(err)
```

Si on affiche les 500 premiers caractères contenus dans notre objet `resp`, via son attribut `text`, on obtient bien notre code HTML brut, sans mise en forme :

```
<!DOCTYPE html>\n<html class="client-nojs vector-feature-language-in-header-enabled vector-feature-language-in-main-page-header-disabled vector-feature-sticky-header-disabled vector-feature-page-tools-pinned-disabled vector-feature-toc-pinned-clientpref-1 vector-feature-main-menu-pinned-disabled vector-feature-limited-width-clientpref-1 vector-feature-limited-width-content-enabled vector-feature-zebra-design-enabled vector-feature-custom-font-size-clientpref-0 vector-feature-client-preferences-di
```

C'est là qu'intervient la méthode `BeautifulSoup()`. Nous allons décoder ce fichier et aller chercher la balise `table` et en spécifiant l'attribut pour affiner notre sélection (si par exemple plusieurs tableaux dans une page, ce qui est très fréquent) :

```
soup = BeautifulSoup(resp.text, "html.parser")
tableau = soup.find_all(name='table', attrs={'class':'wikitable centre'})
```

Affichons les 500 premiers caractères de l'objet `tableau` :

```
'<table class="wikitable centre" style="text-
align:right">\n<caption class="hidden">Comparaison des données
météorologiques de Dijon<sup class="reference" id="cite_ref-
climat_17-0"><a href="#cite_note-climat-17"><span
class="cite_crochet">[</span>9<span
class="cite_crochet">]</span></a></sup> avec les données
nationales\n</caption>\n<tbody><tr>\n<th scope="col"
style="background:#DFD">Ville\n</th>\n<th scope="col"
style="background-color:#DFD"
width="100">Ensoleillement<br/><span typeof="mw:File"><span'
```

Remarque

Il est parfois compliqué de se repérer dans un code HTML affiché avec Python. Les créateurs de BeautifulSoup ont pensé à tout avec la méthode `prettify()` qui permet de rendre le code beaucoup plus facilement lisible par un humain.

Le contenu est bien celui qui nous intéresse. Maintenant, utilisons pandas pour lire ce tableau grâce à la méthode `read_html()`.

```
dataframe = pd.read_html(tableau)

# Display the result
print(table_to_dataframe)
```

On obtient le tableau suivant :

```
              Ville Ensoleillement (h/an) Pluie (mm/an)  Neige (j/an)  \
0  Médiane nationale                 1 852           835          16,0
1          Dijon[9]                 1 849           761          23,2
2             Paris                 1 662           637          12,0
3              Nice                 2 724           733           1,0
4        Strasbourg                 1 693           665          26,0
5             Brest                 1 530         1 210           7,0
6          Bordeaux                 2 035           944           3,0

  Orage (j/an)  Brouillard (j/an)
0         25,0                 50
1         27,5                 68
2         17,0                  8
3         27,0                  1
4         28,0                 51
5         12,0                 76
6         31,0                 69
```

Voilà qui est beaucoup mieux. Il reste quelques traitements à effectuer si l'on souhaite manipuler les données. On remarque par exemple un espace pour séparer les milliers, cela posera problème quand on voudra convertir les colonnes du type `objet` à `int` ou `float` par exemple. Pour cela on va utiliser les arguments `thousands=' '` et `decimal=','` de la méthode `read_html()`. Le tableau est maintenant parfaitement utilisable, il ne restera qu'à convertir les types de données.

8.4 Web Scraping avec selenium

requests et BeautifulSoup peuvent nous rendre service sur de nombreux cas d'usage. Cependant, certaines sources HTML ne sont pas accessibles via requests. Cela peut être dû à plusieurs raisons :

- Le site web utilise des techniques de protection contre le scraping. Ces techniques peuvent inclure l'utilisation de CAPTCHA, de cookies ou de JavaScript.
- Le site web est protégé par un pare-feu. Dans ce cas, requests ne pourra pas accéder au code HTML de la page web.
- Le site web est dynamique. Cela signifie que le code HTML de la page web est généré en fonction de l'interaction de l'utilisateur. Dans ce cas, requests ne pourra récupérer que le code HTML statique de la page web.

Pour accéder à ces sources HTML, il est nécessaire d'utiliser une bibliothèque qui permet de contrôler un navigateur web. La bibliothèque selenium est une option largement répandue, mais d'autres alternatives sont intéressantes comme playwright par exemple.

La librairie selenium permet de lancer un navigateur web (Chrome, Firefox, etc.) et de contrôler son interface graphique. Cela permet de naviguer sur un site web, d'interagir avec des éléments (boutons, menus déroulants, etc.) et de récupérer le code HTML de la page web qui est actuellement affichée.

Généralement, la démarche pour extraire la donnée est la suivante :

- installer le driver de votre choix (geckodriver.exe pour Firefox ou chromedriver.exe pour Chrome par exemple) ;
- éventuellement, naviguer et interagir avec la page web jusqu'à accéder au contenu ;
- récupérer le contenu HTML via l'attribut `page_source` du driver.

On peut ensuite fermer le driver et exploiter le contenu via Beautifulsoup :

```
from selenium import webdriver
from selenium.webdriver.common.keys import Keys
from bs4 import BeautifulSoup

# URL of the page to scrape
url = 'https://example.com'

# Make sure you have the corresponding driver installed
driver = webdriver.Firefox()

driver.get(url)

# Retrieving HTML content after dynamic loading
html_content = driver.page_source

# Closing the automated browser
driver.quit()

# Parsing HTML content with BeautifulSoup
soup = BeautifulSoup(html_content, 'html.parser')

# Example: Extracting the page title
title = soup.title.text
print(f'Page Title (with Selenium): {title}')
```

Cet exemple est simple, mais il est possible de sélectionner des catégories dans des listes déroulantes, d'appliquer des filtres en cliquant sur des boutons comme le ferait un utilisateur classique. Une des principales limitations de selenium reste la vitesse, c'est pour cela qu'on ne peut pas l'utiliser pour accéder à un gros volume de données, à moins de laisser votre script agir pendant des jours. On peut par exemple jouer sur les paramètres du navigateur pour ne pas charger les images, cela permet de gagner un peu de temps :

```
from selenium import webdriver
from selenium.webdriver.firefox.options import Options

options_firefox = Options()

# Disabling image loading
options_firefox.add_argument('--blink-
settings=imagesEnabled=false')

driver = webdriver.Firefox(options=options_firefox)
driver.get(url)
```

Autre point problématique : les pop-up de téléchargement. Si vous souhaitez télécharger un fichier CSV en cliquant sur un lien par exemple, le navigateur va ouvrir un pop-up vous demandant où enregistrer le fichier. Ce pop-up n'est plus contrôlable par votre script selenium. Pour automatiser ce genre de tâches, il va falloir faire preuve d'ingéniosité. Une solution consiste à créer un profil utilisateur permettant de spécifier plusieurs items :

- le dossier de téléchargement par défaut (optionnel) ;
- le lancement direct du téléchargement sans passer par le pop-up.

La première étape consiste à ouvrir votre navigateur, appliquer ces options et enregistrer vos préférences. Ensuite, il faut indiquer dans le script le chemin de ce fichier préférences à utiliser :

```
from selenium import webdriver
from selenium.webdriver.firefox.options import Options

options_firefox = Options()
options_firefox.set_preference("browser.download.manager.showWhenStarting",
                               False)
options_firefox.set_preference("browser.helperApps.neverAsk.saveToDisk",
                               "application/octet-stream")

driver = webdriver.Firefox(options=options_firefox)

# Open page
driver.get(URL)
```

Remarque

Envie de vous entraîner? Il existe de nombreux sites web proposant des données et pages factices pour se faire la main :
https://webscraper.io/test-sites/e-commerce/allinone et
https://pythonprogramming.net/parsememcparseface/

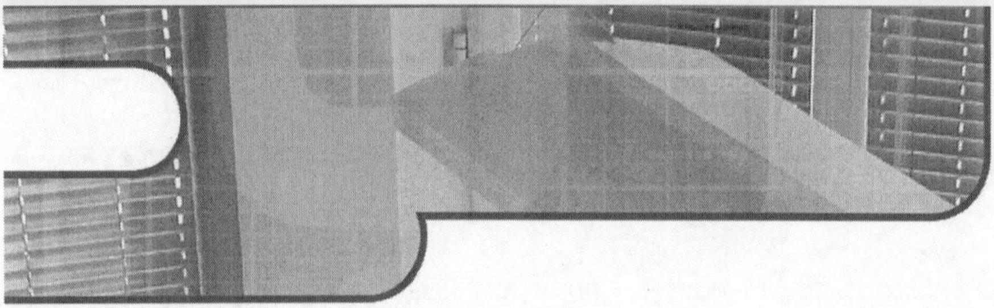

Chapitre 3
Préparer vos données pour en exploiter le potentiel

1. Qualité des données : rappel

La qualité des données est un élément fondamental à considérer avant d'aborder les techniques de nettoyage et de traitement des données. Pour toute organisation cherchant à prendre des décisions éclairées et à tirer le meilleur parti de ses informations, cet aspect ne peut être négligé. Toutes les procédures que nous examinerons dans ce chapitre ont un seul but : mettre à la disposition des différentes équipes des données fiables !

1.1 Qu'est-ce que la qualité des données ?

La qualité des données reflète la capacité d'une organisation à maintenir l'exactitude et la pérennité de ses informations au cours du temps. En tant qu'experts du domaine, nous devons fournir des données irréprochables tout en nous appuyant sur des indicateurs clairs et facilement interprétables. Nous commencerons par examiner en détail les six critères qui définissent la qualité des données (QDD).

Cette notion englobe à la fois les caractéristiques intrinsèques des données et les méthodes mises en œuvre pour les garantir. En essence, la qualité des données se définit par leur aptitude à servir l'usage auquel elles sont destinées.

Une initiative de qualité des données s'inscrit dans la durée et s'intègre à l'ensemble du cycle de vie des données. Elle requiert une évolution culturelle dans la façon dont l'organisation gère ses données. C'est une approche globale qui impacte l'ensemble de l'entreprise et ses pratiques quotidiennes.

Il est important de noter que des données erronées en entrée d'un processus produiront inévitablement des résultats inexacts en sortie. Par conséquent, une stratégie fondée sur des données de piètre qualité aboutira à des décisions inefficaces, avec des conséquences directes sur le retour sur investissement.

Crédits : https://dataedo.com/

1.2 Pourquoi est-ce que la QDD est importante ?

La qualité des données est souvent compromise par différents facteurs. On peut citer par exemple les erreurs humaines lors de la saisie initiale. En effet, les fautes de frappe, les conventions de nommage différentes entre les sources de données ou des abréviations incorrectes sont une source fréquente de problèmes. De plus, les informations initialement exactes peuvent devenir obsolètes au fil du temps en raison de l'évolution du contexte.

La qualité des données est souvent compromise par divers facteurs, entraînant des conséquences coûteuses pour les entreprises. Voici quelques exemples concrets de problèmes fréquemment rencontrés et leurs impacts :

- Erreurs de saisie : en 2018, un employé de Samsung Securities a commis une erreur de saisie monumentale lors de la distribution de dividendes, émettant par inadvertance 2,8 milliards d'actions «fantômes», soit environ trente fois le nombre total d'actions existantes. Cette erreur a provoqué une perturbation massive du marché et une perte de confiance envers la gestion de l'entreprise, nécessitant des mesures correctives coûteuses. [Source : https://www.sirfull.com/blog/impacts-mauvaise-gestion-donnees/]
- Incohérences de données : en 2022, Unity Technologies a fait face à un problème majeur avec son outil de publicité ciblée Pinpointer. Des données inexactes provenant d'un grand client ont corrompu les modèles d'IA, entraînant une perte de revenus de 110 millions de dollars et une chute de 37 % de la valeur des actions de l'entreprise. [Source : https://zeenea.com/fr/quelles-sont-les-principales-erreurs-liees-a-la-data-quality-et-comment-les-resoudre/]

- Données obsolètes : Tesco, le géant britannique de la distribution, a connu des problèmes liés à des erreurs dans ses données de stock, conduisant à des ruptures fréquentes dans ses magasins. Ces inexactitudes ont entraîné une perte de ventes, une insatisfaction des clients et un impact négatif direct sur le chiffre d'affaires de l'entreprise. [Source : https://www.sirfull.com/blog/impacts-mauvaise-gestion-donnees/]
- Erreurs dans les données critiques : entre mars et juillet 2017, Equifax a généré des scores de crédit incorrects pour des millions de consommateurs en raison de données erronées. L'entreprise a dû faire face à des amendes réglementaires, des poursuites judiciaires et une perte de crédibilité, mettant en danger les décisions de prêt et érodant la confiance du public. [Source : https://www.datagalaxy.com/fr/blog/big-data-attention-aux-donnees-de-mauvaise-qualite/]
- Données de localisation inexactes : Royal Dutch Shell a rencontré des erreurs dans les données de localisation de ses puits de pétrole, conduisant à des forages inefficaces. Ces erreurs ont entraîné des coûts supplémentaires de plusieurs millions de dollars et une perte de temps considérable due à des forages incorrects. [Source : https://solutions-business-intelligence.fr/data-quality-enjeux-et-bonnes-pratiques/]

Chacun de ces problèmes de qualité des données a eu des répercussions significatives sur les opérations, la réputation et les résultats financiers des entreprises concernées. Ces exemples soulignent l'importance d'investir dans des processus robustes de gestion de la qualité des données pour éviter ces pièges coûteux.

1.3 Les principaux critères de la QDD

Découvrons les principaux critères de la QDD. Ces critères essentiels sont au cœur de toute stratégie efficace de gestion des données.

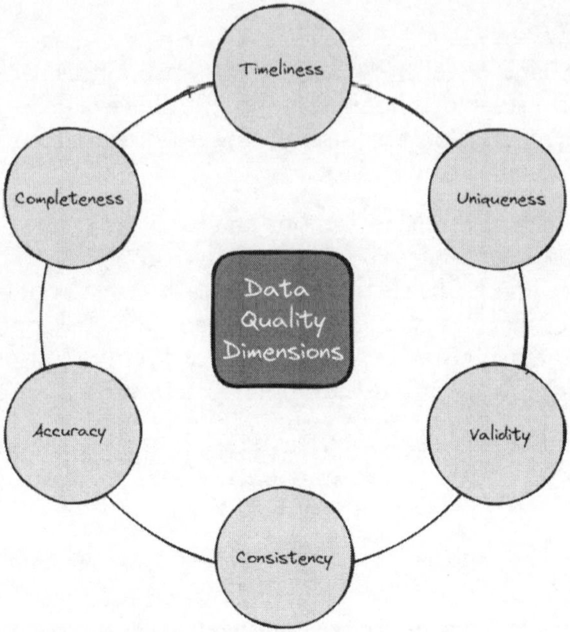

1.3.1 Exactitude (accuracy)

L'exactitude est le degré de conformité des données stockées avec les valeurs réelles qu'elles sont censées représenter. Elle mesure la proximité entre la valeur enregistrée et la valeur correcte ou acceptée comme étant vraie.

Dans le secteur bancaire, imaginons une erreur dans le calcul des intérêts d'un prêt immobilier. Si le taux d'intérêt est incorrectement enregistré à 3,5 % au lieu de 3,05 %, cela pourrait entraîner une surfacturation pour des milliers de clients. Non seulement cela pourrait conduire à des pertes financières importantes pour la banque en cas de remboursement, mais cela pourrait aussi gravement nuire à sa réputation et potentiellement entraîner des sanctions réglementaires.

Pour assurer l'exactitude, les entreprises peuvent mettre en place des processus de validation des données, des contrôles croisés automatisés, et des audits réguliers. L'utilisation de l'intelligence artificielle pour détecter les anomalies peut également être efficace.

1.3.2 Exhaustivité (completeness)

L'exhaustivité est la mesure dans laquelle tous les éléments de données nécessaires sont présents dans un ensemble de données spécifique. Elle évalue le degré auquel toutes les valeurs requises sont incluses et tous les enregistrements qui devraient être présents le sont effectivement.

Dans le domaine de la recherche médicale, imaginons une étude sur l'efficacité d'un nouveau traitement contre le cancer. Si les données de suivi post-traitement sont incomplètes pour un groupe significatif de patients, cela pourrait fausser les conclusions de l'étude. Des décisions cruciales concernant l'approbation ou le rejet du traitement pourraient être basées sur des informations partielles, affectant potentiellement la vie de nombreux patients.

Utiliser des champs obligatoires dans les formulaires de saisie, mettre en place des alertes pour les données manquantes, et implémenter des processus de collecte de données systématiques peuvent améliorer l'exhaustivité.

1.3.3 Cohérence (consistency)

La cohérence fait référence à l'absence de contradictions dans les données au sein d'un ensemble de données ou entre différents ensembles de données. Elle assure que les données sont uniformes et logiquement compatibles dans tous les systèmes, applications et processus de l'organisation.

Dans une multinationale, imaginons que le département des ressources humaines et le département finance utilisent des systèmes différents pour gérer les informations des employés. Si un employé change de poste et que cette information n'est mise à jour que dans le système RH, cela pourrait conduire à des erreurs dans la paie, les avantages sociaux, et même dans la planification stratégique des ressources humaines.

L'utilisation d'un système d'information intégré, la mise en place de processus de synchronisation automatique entre différents systèmes, et l'établissement de règles de gestion des données cohérentes à l'échelle de l'entreprise peuvent améliorer la cohérence.

1.3.4 Actualité (timeliness)

L'actualité mesure le degré auquel les données sont à jour et disponibles dans le délai requis pour leur utilisation prévue. Elle évalue la fraîcheur des données par rapport au moment de leur création ou de leur dernière mise à jour, ainsi que leur disponibilité au moment où elles sont nécessaires pour les processus métier.

Dans le domaine du trading haute fréquence, où des décisions d'achat et de vente sont prises en millisecondes, l'actualité des données est critique. Un retard de quelques secondes dans la mise à jour des prix des actions pourrait entraîner des pertes financières considérables. Par exemple, si un événement majeur affecte le cours d'une action, mais que cette information n'est pas reflétée immédiatement dans les données utilisées par les algorithmes de trading, cela pourrait conduire à des décisions d'investissement désastreuses.

L'utilisation de systèmes de traitement en temps réel, la mise en place de processus de mise à jour automatique des données, et l'optimisation des flux de données peuvent améliorer l'actualité.

1.3.5 Validité (validity)

La validité est la mesure dans laquelle les données sont conformes aux règles métier définies, aux formats spécifiés et aux contraintes du domaine. Elle assure que les valeurs des données respectent les critères syntaxiques et sémantiques établis pour le type de données en question.

Dans le secteur de l'aviation, imaginons un système de réservation qui accepte une date de vol antérieure à la date actuelle. Cela pourrait conduire à des problèmes majeurs dans la planification des vols, la gestion des équipages, et potentiellement compromettre la sécurité si ces données invalides sont utilisées dans d'autres systèmes critiques.

L'implémentation de contrôles de validation stricts dans les interfaces de saisie, l'utilisation de contraintes au niveau de la base de données, et la mise en place de processus de nettoyage régulier des données peuvent améliorer la validité.

1.3.6 Unicité (uniqueness)

L'unicité est la propriété selon laquelle chaque entité distincte du monde réel est représentée une et une seule fois dans l'ensemble de données. Elle garantit l'absence de doublons ou de redondances non intentionnelles dans les enregistrements de données.

Dans le secteur de la santé, imaginons un patient ayant plusieurs dossiers médicaux en raison de doublons dans la base de données. Cela pourrait conduire à des erreurs graves dans le traitement si un médecin n'a pas accès à l'historique médical complet du patient. Par exemple, des allergies ou des interactions médicamenteuses pourraient être manquées, mettant en danger la santé du patient.

L'utilisation d'identifiants uniques, la mise en place de processus de déduplication, et l'implémentation de contrôles stricts lors de la création de nouveaux enregistrements peuvent améliorer l'unicité des données.

2. Nettoyage de données

2.1 Premiers pas avec la librairie pandas

Pandas est une bibliothèque Python puissante et polyvalente, conçue pour la manipulation et l'analyse des données. Elle a été développée par Wes McKinney, un chercheur qui a commencé à construire ce qui allait devenir Pandas. Le nom « pandas » est dérivé du terme « Panel Data », un terme d'économétrie pour les jeux de données qui comprennent des observations sur plusieurs périodes.

Pandas est particulièrement adaptée pour travailler avec des données tabulaires, similaires à une feuille de calcul Excel ou une table SQL. Les principales structures de données gérées par cette bibliothèque sont les séries, qui stockent des données selon une dimension, et les DataFrames, qui stockent des données selon deux dimensions (lignes et colonnes). Ces structures de données facilitent la manipulation des données, ainsi que le nettoyage, le prétraitement, l'analyse et la visualisation.

L'utilisation de pandas est largement répandue dans le domaine de l'analyse de données. Elle est souvent présentée comme l'outil idéal pour manipuler des données qui peuvent être organisées sous forme de lignes et de colonnes. De plus, la maîtrise de pandas est une compétence recherchée par les employeurs, car de nombreuses entreprises de tous secteurs utilisent de plus en plus la science des données.

Il existe plusieurs alternatives à pandas, on peut citer notamment polars, dask et cudf. Chacune de ces solutions présente un intérêt, en particulier la vitesse de traitement par rapport à pandas. Nous n'en parlerons pas dans cet ouvrage, car Pandas demeure la bibliothèque la plus utilisée pour l'analyse de données en Python. Sa richesse et sa polyvalence, ainsi que sa large adoption dans la communauté d'analystes de données, en font un outil incontournable.

2.2 Présentation de notre jeu de données

Au cours de ce chapitre, nous allons travailler avec un jeu de données disponible en libre accès sur la plateforme Kaggle.

Le commerce électronique est devenu un nouveau canal pour soutenir le développement des entreprises. Grâce au commerce électronique, les entreprises peuvent accéder à un marché plus large et établir une présence plus importante en fournissant des canaux de distribution moins coûteux et plus efficaces pour leurs produits ou services. Le commerce électronique a également changé la façon dont les gens achètent et consomment des produits et des services. De nombreuses personnes se tournent vers leurs ordinateurs ou leurs appareils intelligents pour commander des biens, qui peuvent être facilement livrés à leur domicile.

Il s'agit d'un ensemble de données de transactions de vente d'un an au Royaume-Uni pour le commerce électronique (vente au détail en ligne). Cette boutique basée à Londres vend des cadeaux et des articles ménagers pour adultes et enfants sur son site web depuis 2007. Leur clientèle est originaire du monde entier et fait généralement des achats directs pour eux-mêmes. Il existe également de petites entreprises qui achètent en gros et vendent à d'autres clients par le biais de canaux de vente au détail.

L'ensemble de données contient 500000 lignes et 8 colonnes. Voici la description de chaque colonne :

- `TransactionNo` : un numéro unique à six chiffres qui définit chaque transaction. La lettre `C` dans le code indique une annulation.
- `Date` : la date à laquelle chaque transaction a été générée.
- `ProductNo` : une référence unique utilisée pour identifier un produit spécifique.
- `Produit` : nom du produit / article.
- `Price` : le prix de chaque produit par unité en livres sterling (£).
- `Quantity` : la quantité de chaque produit par transaction. Les valeurs négatives correspondent aux transactions annulées.
- `CustomerNo` : un numéro unique à cinq chiffres qui définit chaque client.
- `Country` : nom du pays dans lequel réside le client.

Je vous invite à le télécharger à votre tour et à pratiquer au fur et à mesure de votre avancement dans ce chapitre. Il est important de manipuler pour mieux comprendre la logique et les principales méthodes de pandas. Il est disponible à cette URL :
https://www.kaggle.com/datasets/gabrielramos87/an-online-shop-business/download?datasetVersionNumber=7

2.3 Manipulations de base d'un jeu de données

Commençons maintenant l'une des parties les plus importantes de notre voyage au pays des données, le nettoyage du jeu de données. Le nettoyage des données est un aspect fondamental du cycle d'analyse des données, essentiel pour libérer tout le potentiel des insights basés sur les données. En investissant du temps (souvent beaucoup d'ailleurs) et des ressources dans des pratiques de nettoyage de données rigoureuses, les organisations peuvent valoriser leurs données pour prendre des décisions pertinentes. Voyons pour commencer les techniques de base pour manipuler notre premier jeu de données.

Nous avons vu dans le chapitre précédent de nombreuses façons de se connecter à une source de données et nous avons fait en sorte que ces données soient stockées dans un DataFrame. À partir de maintenant, peu importe l'origine de notre donnée, nous avons un objet commun pour la manipuler.

2.3.1 Méthode head()

Une fois que les données sont disponibles, nous pouvons commencer l'exploration de notre jeu de données. Une des premières méthodes à utiliser est `head()`. Cette méthode permet d'avoir un aperçu des premières lignes de notre DataFrame. On peut spécifier comme argument le nombre de lignes que nous souhaitons afficher (par défaut `n=5`).

De la même manière, il est possible d'avoir l'aperçu des dernières lignes de notre jeu de données avec la méthode `tail()`. Elle fonctionne de façon similaire à `head()`, il faut passer en argument le nombre de lignes à afficher.

Lorsque le jeu de données possède de nombreuses colonnes, plus qu'il est possible d'en afficher avec la méthode `head()` (les colonnes au centre seront remplacées par `'...'`), il existe quelques astuces pour les afficher. La plus simple, qui vous aidera dans 80 % des cas, c'est tout simplement de transposer le DataFrame à l'aide de la méthode `transpose()`.

```
import pandas as pd

# Read the input data
dataframe = pd.read_csv('./Sales Transaction v.4a.csv')
```

Le résultat est le suivant :

	Transaction No	Date	Product No	ProductName	Price	Quantity	Customer No	Country
0	581482	12/9/2019	22485	Set Of 2 Wooden Market Crates	21.47	12	17490.0	United Kingdom
1	581475	12/9/2019	22596	Christmas Star Wish List Chalkboard	10.65	36	13069.0	United Kingdom
2	581475	12/9/2019	23235	Storage Tin Vintage Leaf	11.53	12	13069.0	United Kingdom
3	581475	12/9/2019	23272	Tree T-Light Holder Willie Winkie	10.65	12	13069.0	United Kingdom
4	581475	12/9/2019	23239	Set Of 4 Knick Knack Tins Poppies	11.94	6	13069.0	United Kingdom

Ce tableau peut aussi être transposé pour faciliter la lecture :

```
# Display dataframe's head
dataframe.head().tranpose()
```

	0	1	2	3	4
TransactionNo	581482	581475	581475	581475	581475
Date	12/9/2019	12/9/2019	12/9/2019	12/9/2019	12/9/2019
ProductNo	22485	22596	23235	23272	23239
ProductName	Set Of 2 Wooden Market Crates	Christmas Star Wish List Chalkboard	Storage Tin Vintage Leaf	Tree T-Light Holder Willie Winkie	Set Of 4 Knick Knack Tins Poppies
Price	21.47	10.65	11.53	10.65	11.94
Quantity	12	36	12	12	6
CustomerNo	17490.0	13069.0	13069.0	13069.0	13069.0
Country	United Kingdom	United Kingdom	United Kingdom	United Kingdom	United Kingdom

Les colonnes deviennent des lignes et vice-versa, toutes les colonnes sont affichées (jusqu'à 50). Si cela ne suffit toujours pas, il est possible de modifier les options d'affichage :

```
# Let's unlock max_columns options
pd.set_option('display.max_columns', None)

# To reset max_columns parameter
pd.reset_option('max_columns')
```

2.3.2 Attribut shape

Il peut être intéressant de connaître les dimensions de notre DataFrame. C'est possible avec l'attribut shape. Il retourne un tuple contenant le nombre de lignes et le nombre de colonnes :

```
# Get dataframe dimensions
dataframe.shape
>>> (536350, 8)

# Display the number of rows
dataframe.shape[0]
>>> 536350
```

2.3.3 Attribut columns

L'attribut columns retourne la liste des noms de colonne. On peut aussi préciser l'index souhaité pour avoir le nom de la $n^{ème}$ colonne.

```
# Print dataframe columns
dataframe.columns
>>> Index(['TransactionNo', 'Date', 'ProductNo', 'ProductName',
'Price',
       'Quantity', 'CustomerNo', 'Country'],
      dtype='object')

# Get first column name
dataframe.columns[0]
>>> 'TransactionNo'

# It is not possible to change only one value
dataframe.columns[0] = 'new_col1'
>>> TypeError: Index does not support mutable operations
```

L'opération la plus courante sur les colonnes est le renommage des champs. On peut le faire de deux façons différentes. La première est de changer la valeur de notre attribut en fournissant une nouvelle liste de taille identique.

La deuxième façon consiste à utiliser la méthode `rename()` en passant en argument un dictionnaire qui a comme clé le nom actuel de la colonne et en valeur le nouveau nom que vous souhaitez. Avec cette méthode, il est possible de modifier qu'une colonne sans avoir à retourner aussi les autres.

```
# First method
dataframe.columns = ['transaction_no', 'date', 'product_no',
'product_name', 'price', 'quantity',
'customer_no', 'country']

# Second method
dataframe = dataframe.rename({'TransactionNo':'transaction_no'})
```

Pour finir avec l'attribut `columns`, nous allons voir une manipulation assez courante qui consiste à formater le nom des colonnes pour respecter d'éventuelles règles de nommage.

Supposons que nous souhaitions mettre en minuscule tous les caractères et remplacer les espaces par des underscores. On peut par exemple utiliser la méthode `apply()` suivie d'une fonction `lambda()`. Le plus simple reste dans ce cas une compréhension de liste.

```
# Clean column names
dataframe.columns = [col.lower().replace(' ', '_') for col in
dataframe.columns]
```

2.4 Création de sous-ensembles

Bien souvent, le jeu de données original doit être filtré pour ne garder qu'un sous-ensemble de celui-ci. Dans cette sous-section, nous verrons comment sélectionner un sous-ensemble à partir d'une ou plusieurs commandes et de faire des sélections plus complexes avec les méthodes `loc()` et `iloc()` (colonnes et/ou lignes).

2.4.1 Sélections de colonnes

Il est possible de sélectionner qu'une seule colonne. Dans ce cas, nous n'avons plus à faire à un DataFrame, mais à un objet de la classe `Series`. Il faut, pour se faire, utiliser le nom de la colonne entre crochets :

```
my_first_col = dataframe['TransactionNo']

print(type(my_first_col))
>>> pd.Series
```

Il est aussi possible d'accéder à une colonne en utilisant le point comme pour un attribut, mais cela devient vite compliqué lorsque le nom contient des espaces :

```
my_first_col = dataframe.TransactionNo
```

Imaginons maintenant que nous avons utilisé certaines colonnes pour faire un filtre sur nos données d'entrée, on ne souhaite garder que certaines colonnes d'intérêt. Pour ce faire, nous allons utiliser la même technique que précédemment, mais au lieu de fournir une chaîne de caractères contenant le nom, nous allons utiliser une liste.

```
selected_cols = dataframe[['TransactionNo', 'Price']]

print(type(selected_cols))
>>> pd.DataFrame
```

Remarque

Il y a quelques méthodes qui peuvent nous faciliter grandement le travail de sélection et de transformation de notre DataFrame. On peut citer `select_dtypes()` qui permet par exemple de garder ou d'exclure des colonnes en fonction de leur type. Si on souhaite effectuer un formatage sur les colonnes de type `category`, il suffit d'inclure le type dans l'argument `include`. À l'inverse, il existe aussi un argument `exclude`.

```
# Select only column with category dtype
cat_feature = dataframe.select_dtypes(include=['category'])
```

Les techniques précédentes sont pratiques pour des sélections basiques, il est cependant possible d'aller plus loin en intégrant aussi une sélection sur les lignes.

2.4.2 Sélections avec les méthodes loc et iloc

Nous souhaitons maintenant sélectionner une partie des lignes du jeu de données original. Il existe différentes façons de faire, nous verrons les principales.

Méthode loc

`loc()` est un type de méthode un peu particulier, car les arguments sont renseignés entre crochets et non entre parenthèses. Son utilisation se rapproche de l'indexation des listes.

Pour récupérer plusieurs lignes, nous pouvons :

– utiliser une liste d'indices ;

– comme pour une liste, utiliser le « slicing ».

Pour le moment, il n'est pas possible d'exploiter intelligemment notre DataFrame. Pour utiliser `loc()` et `iloc()`, il faut que l'index soit filtrable. Pour le moment, ce n'est qu'un entier incrémenté au fur et à mesure du nombre de lignes. La première étape est d'utiliser la colonne `TransactionNo` comme index. Cela se fait avec la méthode `set_index()`.

Il est désormais possible d'utiliser `loc()`. Imaginons que nous souhaitions connaître le montant total associé à la transaction `'581475'`. Il nous faut plusieurs éléments :

– les différentes entrées avec la référence `'581475'`;

– les colonnes `Quantity` et `Price`.

```
# Set TransactionNo as index
dataframe.set_index('TransactionNo', inplace=True)

# Same thing slicing TransactionNo instead of filter
dataframe.loc['581475', ['TransactionNo', 'Quantity',
'Price']].head()
```

TransactionNo	ProductNo	Quantity	Price
581475	23235	12	11.53
581475	23272	12	10.65
581475	23239	6	11.94
581475	21705	24	10.65

Nous n'avons affiché ici que les premières lignes de notre sélection pour des raisons d'encombrement du tableau.

Remarque

Attention au type de vos données, filtrer sur un entier 581475 n'est pas la même chose que filtrer sur la chaîne de caractères `'581475'`. Un conseil, si votre sélection ne retourne rien, vérifiez que vous utilisez le bon type.

Méthode iloc

La méthode `iloc()` fonctionne de la même manière que `loc()` mais se base sur les indices des lignes et colonnes :

```
# Same selection with iloc method
dataframe.iloc[1:19, [1,4,5]].head()
```

TransactionNo	ProductNo	Quantity	CustomerNo
581475	22596	36	13069.0
581475	23235	12	13069.0
581475	23272	12	13069.0
581475	23239	6	13069.0
581475	21705	24	13069.0

Voilà ! Vous pouvez constater que le résultat est identique. Petit rappel pour l'utilisation des indices en Python. Si vous souhaitez l'élément 19, utilisez [1:20] et non pas [1:19].

2.4.3 Sélections conditionnelles

Une autre façon de faire une sélection avec pandas est d'utiliser l'indexation conditionnelle.

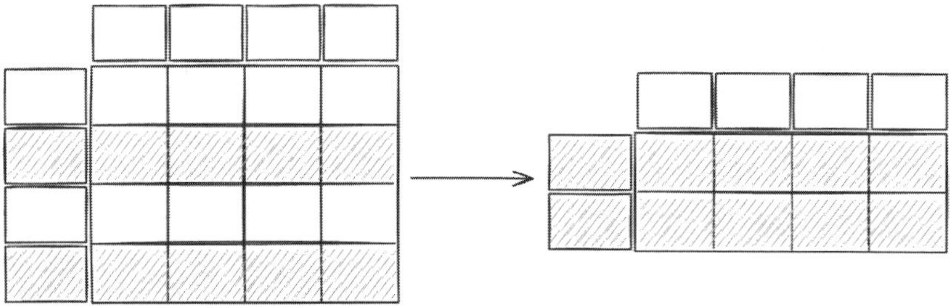

Nous souhaitons chercher tous les items associés à la transaction '581475' et calculer le montant total de cette transaction (colonnes `'Quantity'` et `'Price'` pour le calcul). Nous allons commencer par créer un filtre. Il s'agit d'un test logique pour savoir si la valeur du champ `'TransactionNo'` est égale à `581475`.

Ce filtre va retourner un vecteur contenant le résultat du test (`True/False`), cela nous servira à identifier les lignes adéquates. Il faut noter qu'avec ce type de sélection conditionnelle, nous ne sommes plus obligés d'utiliser la colonne `TransactionNo` comme index.

```
import pandas as pd

# Read the input data
dataframe = pd.read_csv('./Sales Transaction v.4a.csv')

# Create a filter on transcation id 581475
filtre_581475 = dataframe['TransactionNo'] == '581475'

# Let's have a look to this array
filtre_581475

>>> 0         False
    1          True
    2          True
    3          True
    4          True
              ...
```

```
    536345    False
    536346    False
    536347    False
    536348    False
    536349    False
    Name: TransactionNo, Length: 536350, dtype: bool

# Apply filters and selections, let's look at the 5 first rows
dataframe.loc[filter_581475, ['TransactionNo', 'Quantity',
'Price']].head()
```

	TransactionNo	Quantity	Price
1	581475	36	10.65
2	581475	12	11.53
3	581475	12	10.65
4	581475	6	11.94
5	581475	24	10.65

Il faut savoir qu'il existe deux façons d'indexer conditionnellement un DataFrame :

```
# Selection of rows where my_column is 1
# First method
df[df['my_colum'] == 1]

# Second method
df.loc[df['my_colum'] == 1]
```

Si nous souhaitons assigner une autre valeur à ces entrées, il faut utiliser la méthode `loc()`.

En effet, l'indexation avec la syntaxe `df[df['my_colum'] == 1]` renvoie une copie de ces entrées et ne permet pas d'accéder à l'emplacement mémoire où se trouvent les données. D'ailleurs, si vous faites une assignation de cette façon, vous aurez un warning de type `SettingWithCopyWarning` :

```
SettingWithCopyWarning:
A value is trying to be set on a copy of a slice from a
DataFrame.
Try using .loc[row_indexer,col_indexer] = value instead
```

Pour les jeux de données conséquents (plus de 10 millions de lignes), il est plus intéressant de faire appel à une autre librairie : NumPy. La méthode `where()` peut en effet nous faire gagner du temps, car plus rapide que les méthodes intégrées à pandas.

```
import numpy as np
import pandas as pd

complex_filter = np.where((dataframe['TransationNo']=='581475') &
                          (dataframe['Price']*dataframe['Quantity']>=500)

dataframe.loc[complex_filter]
```

2.5 Nettoyage du jeu de données

Nous avons vu précédemment les opérations de base pour sélectionner les informations qui nous intéressent dans un jeu de données plus large. Maintenant que la matière brute est disponible, nous allons commencer la tâche la plus importante qui consiste à nettoyer le jeu de données.

Les premières opérations vont consister à gérer de façon intelligente les valeurs manquantes et à nous débarrasser des doublons. Ce sont des problèmes rencontrés quotidiennement par les différents acteurs de la donnée. Nous verrons aussi dans cette partie comment formater nos données pour les uniformiser. Nous utiliserons les méthodes suivantes :

- gestion des doublons : `duplicated()` et `drop_duplicates()` ;
- modification des éléments : `replace()`, `rename()` et `astype()` ;
- opérations sur les valeurs : `apply()` et fonctions `lambda()`.

2.5.1 Gestion des doublons

Les doublons sont des entrées identiques qui apparaissent plusieurs fois dans un jeu de données. Quand nous explorons pour la première fois un jeu de données, il est très important de vérifier dès le départ qu'il n'y ait pas de doublons.

La présence de doublons peut générer de nombreuses erreurs dans la suite du processus de traitement de la donnée, comme les calculs de statistiques ou le traçage de graphiques.

Reprenons notre jeu de données et vérifiez la présence de doublons. Nous appliquons la méthode `duplicated()` qui retourne un objet de la classe `Series` de pandas (contenant les valeurs `True` si une entrée est dupliquée, `False` sinon).

Si vous souhaitez avoir un ordre de grandeur du nombre de doublons, il est possible de compléter notre ligne de code avec la méthode `sum()`, la valeur booléenne `True` comptant pour `1`.

```
import pandas as pd

# Read dataset
dataframe = pd.read_csv('./Sales Transaction v.4a.csv')

# Print number of duplicated rows
print(dataframe.duplicated().sum())
>>> 5200
```

Nous savons maintenant que notre jeu de données contient des données manquantes. L'étape suivante est la suppression de ces valeurs superflues. Pour cela, nous allons faire appel à la méthode `drop_duplicates()` qui contient trois arguments :

- L'argument `subset`, qui indique la colonne ou la liste de colonnes à considérer pour supprimer les doublons. Par défaut, cette méthode prend en compte toutes les colonnes de votre DataFrame.
- L'argument `keep` qui indique quelle entrée doit être conservée :
  - `first` : on garde la première occurrence.
  - `last` : on garde la dernière occurrence.
  - `false` : on ne garde aucune occurrence.
- L'argument `inplace` indique si l'on modifie directement le DataFrame (`True`) ou si la méthode renvoie une copie (`False`).

Remarque

Il faut être prudent avec l'utilisation du paramètre `inplace`. Une bonne pratique est d'oublier ce paramètre et d'affecter le DataFrame retourné par la méthode à un nouveau DataFrame.

Je vous propose une petite illustration pour comprendre les utilisations du paramètre `keep`. Nous avons un DataFrame de quatre lignes contenant une transaction en double :

	ProductName	Price	Quantity
0575889			
0575885			
0575889			
0575887			

Si l'argument `keep` prend la valeur `first`, la première entrée est conservée, les suivantes seront supprimées :

	ProductName	Price	Quantity
0575889			
0575885			
0575889			
0575887			

Si l'argument `keep` prend cette fois la valeur `last`, ce sera l'inverse :

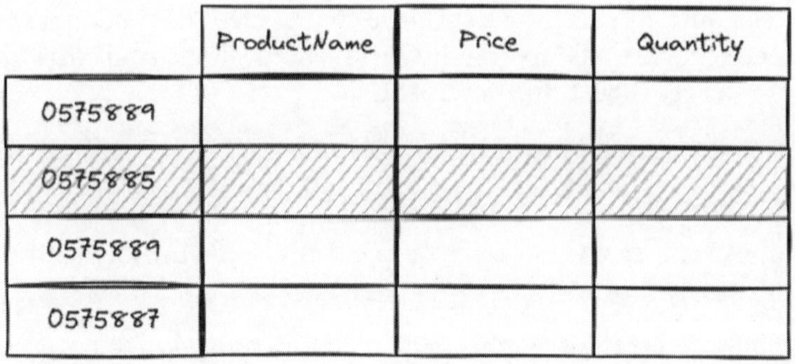

Enfin, avec la valeur `false`, toutes les entrées ayant au moins une occurrence seront supprimées :

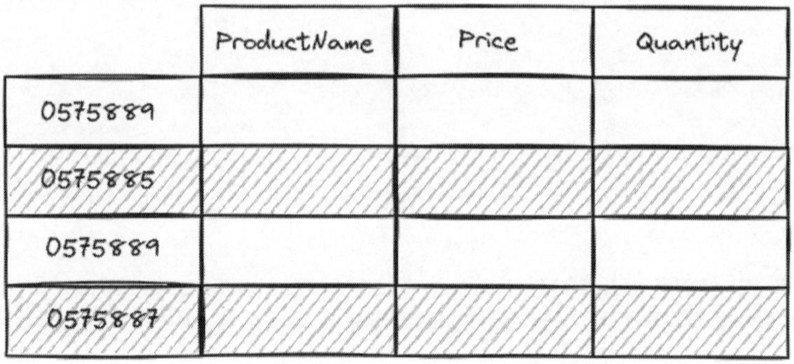

Maintenant que vous avons vu ensemble la théorie, passons à la pratique et supprimons les doublons de notre jeu de données. Nous ne souhaitons garder qu'une seule occurrence, la dernière.

```
# Drop duplicates and keep last
dataframe = dataframe.drop_duplicates(keep='last')
```

2.5.2 Valeurs manquantes

Avant d'appliquer d'autres opérations comme le changement de type (qui supporte généralement mal les valeurs manquantes), nous allons nous attarder quelques instants sur cet aspect du traitement.

Qu'est-ce qu'une valeur manquante ? Il existe deux possibilités :

- Une valeur non renseignée.
- Une valeur qui n'existe pas. C'est par exemple le résultat d'une division par zéro.

Une valeur manquante apparaît le plus généralement sous la dénomination NaN (*Not a Number* en anglais). On peut trouver dans la documentation de Pandas la liste utilisée par défaut (et qui n'est cependant pas exhaustive) des valeurs manquantes : `" "`, `"#N/A"`, `"#N/A N/A"`, `"#NA"`, `"-1.#IND"`, `"-1.#QNAN"`, `"-NaN"`, `"-nan"`, `"1.#IND"`, `"1.#QNAN"`, `"NA>"`, `"N/A"`, `"NA"`, `"NULL"`, `"NaN"`, `"None"`, `"n/a"`, `"nan"`, `"null"`.

Dans cette sous-section, nous allons utiliser plusieurs méthodes pour :

- Les identifier, les compter et les représenter.
- Remplacer des valeurs. Nous verrons qu'il existe de nombreuses façons pour imputer ses valeurs manquantes.
- Supprimer des valeurs (suppression d'une entrée) ou bien directement la colonne si trop peu d'information est exploitable.

Qu'est-ce qu'une valeur manquante?

Une classification des données manquantes a été établie par Little & Rubin en 1987, divisant les données manquantes en trois catégories :

- Données manquantes complètement aléatoires (*Missing Completely At Random*, MCAR) : les données sont dites manquantes complètement aléatoires lorsque la probabilité qu'une donnée soit manquante est la même pour toutes les observations. Cela signifie que les données manquantes ne sont liées ni aux variables observées ni aux variables non observées. Par exemple, si lors d'une enquête, certains questionnaires sont perdus à cause d'un problème technique, les données manquantes sont MCAR.

- Données manquantes aléatoirement (*Missing At Random*, MAR) : les données sont dites manquantes aléatoirement lorsque la probabilité qu'une donnée soit manquante dépend des variables observées, mais pas des variables non observées. Par exemple, dans une enquête sur la santé, si les hommes sont moins susceptibles de divulguer leur poids, mais que cette tendance n'est pas liée à leur état de santé (variable non observée), alors les données sont MAR.
- Données manquantes non aléatoirement (*Missing Not At Random*, MNAR) : les données sont dites manquantes non aléatoirement lorsque la probabilité qu'une donnée soit manquante dépend des variables non observées. Par exemple, si dans une enquête sur la santé mentale, les personnes souffrant de dépression sont moins susceptibles de divulguer leur état de santé mental, alors les données sont MNAR. Dans ce cas, la probabilité qu'une donnée soit manquante dépend de l'état de santé mental, qui est la variable non observée. Un autre exemple est les données censurées.

Suivant le type de données manquantes et la proportion qu'elles représentent, nous pourrons soit les supprimer soit imputer de nouvelles valeurs.

Identifier les valeurs manquantes

Il existe trois principales méthodes qui peuvent être utilisées pour identifier les données manquantes dans pandas :

Méthodes	**Description**
`isna()`	Cette fonction renvoie un DataFrame, où chaque valeur est une valeur booléenne : `True` si la valeur est manquante, `False` sinon.
`isnull()`	Celui-ci est similaire à `isnull` et `notnull`. Cependant, il n'affiche `True` que lorsque la valeur manquante est de type `NaN`.
`info()`	Cette fonction génère trois colonnes principales, dont le «nombre de valeurs non nulles» qui indique le nombre de présentes pour chaque colonne.

La méthode `isna()` d'un DataFrame détecte ses valeurs manquantes. Cette méthode ne prend pas d'argument.

Cette méthode retourne un DataFrame de même dimensions, mais dont les valeurs sont :

- `True` si la cellule du DataFrame est une valeur manquante (`np.nan`).
- `False` sinon.

La méthode `isna()` renvoyant un DataFrame, il est possible de l'utiliser avec d'autres méthodes de la classe `DataFrame` pour avoir des informations plus précises comme :

- La méthode `sum()` qui compte le nombre de valeurs manquantes par colonne ou lignes (en spécifiant l'argument `axis`). Il est possible d'utiliser d'autres méthodes statistiques comme `mean()`, `max()`, etc.
- La méthode `any()` avec son argument `axis` permet de déterminer quelles colonnes (`axis = 0`) ou quelles lignes (`axis = 1`) contiennent au moins une valeur manquante.

L'indicateur le plus pertinent n'est pas forcément le nombre absolu de valeurs manquantes. L'information la plus pertinente est la proportion de valeurs manquantes par colonne, cela permet d'identifier rapidement les colonnes qui vont devoir nécessiter un traitement plus approfondi (ou bien celles qui sont inutilisables car ayant trop peu d'informations exploitables).

```
import pandas as pd

dataframe = pd.read_csv('./Sales Transaction v.4a.csv')

# Let's print our DataFrame information
print(dataframe.info())
Copier
<class 'pandas.core.frame.DataFrame'>
RangeIndex: 536350 entries, 0 to 536349
Data columns (total 8 columns):
 #   Column         Non-Null Count   Dtype
---  ------         --------------   -----
 0   TransactionNo  536350 non-null  object
 1   Date           536350 non-null  object
 2   ProductNo      536350 non-null  object
 3   ProductName    536350 non-null  object
 4   Price          536350 non-null  float64
 5   Quantity       536350 non-null  int64
 6   CustomerNo     536295 non-null  float64
```

```
 7   Country          536350 non-null  object
dtypes: float64(2), int64(1), object(5)
memory usage: 32.7+ MB
# Sum of NaN for each column
# dataframe.isna().sum()

# Sum of NaN for each row
# dataframe.isna().sum(axis=1)

# Fraction of NaN for each column
def calculate_nan_percentage_per_column(df):
    # Calculate the total number of elements in the DataFrame
    total_elements = df.size
    nan_count = df.isnull().sum()

    return nan_count/total_elements*100

print(calculate_nan_percentage_per_column(dataframe))
Copier
TransactionNo    0.000000
Date             0.000000
ProductNo        0.000000
ProductName      0.000000
Price            0.000000
Quantity         0.000000
CustomerNo       0.001282
Country          0.000000
dtype: float64
```

En complément de ces premiers résultats, il existe une librairie Python permettant de visualiser simplement les valeurs manquantes : missingno (https://github.com/ResidentMario/missingno). Elle peut être intéressante pour détecter d'éventuels patterns dans les données manquantes (peut-être liées à une catégorie particulière du jeu de donnée, etc.)

▶Pour installer cette librairie, utilisez la commande suivante :

```
pip install missingno
```

Cette librairie possède une méthode `matrix()` qui permet d'afficher un graphique 2D permettant de visualiser simplement les valeurs manquantes :

```
import pandas as pd
import missingno as msno
```

```
# Read a toy dataset from missingno Github repository
collisions = pd.read_csv("https://raw.githubusercontent.com/
ResidentMario/missingno-data/master/nyc_collision_factors.csv")

# Display 250 randoms rows
msno.matrix(collisions.sample(250))
```

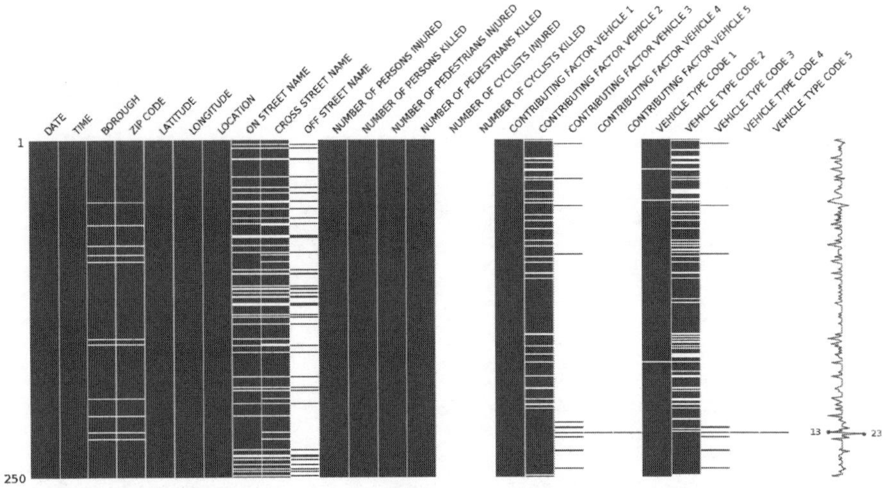

Suppression des valeurs manquantes

Il est généralement admis que si les valeurs manquantes représentent moins de 5 % du jeu de données, on peut les supprimer sans que cela impacte trop les résultats. À l'opposé, si vous avez plus de 30 % de valeurs manquantes, il est plus raisonnable de supprimer complètement la colonne. Nous utiliserons pour cela la méthode `dropna()` de pandas qui comporte trois arguments principaux :

- `axis` qui détermine si les lignes ou les colonnes contenant des valeurs manquantes sont supprimées. Si l'argument vaut `0`, ou `index`, on supprime les lignes contenant des valeurs manquantes. Si l'argument vaut `1`, ou `columns`, on supprime les colonnes contenant des valeurs manquantes. Il n'est possible d'utiliser la méthode qu'un seul axe à la fois.

– how qui détermine si une ligne ou une colonne est supprimée du DataFrame, lorsque nous avons au moins un NaN ou tous les NaN. Si l'argument vaut any, on supprime cette ligne ou cette colonne si des valeurs NaN sont présentes. Si l'argument vaut all, on supprime cette ligne ou cette colonne seulement si toutes les valeurs sont NaN.

– subsetÉtiquettes le long de l'autre axe à considérer, par exemple, si vous supprimez des lignes, il s'agirait d'une liste de colonnes à inclure.

```
# Delete all rows with at least one NaN
dataframe_cleaned = dataframe.dropna()

# Delete all rows with at least one NaN in one column
dataframe_cleaned = dataframe.dropna(axis=0, how='any')

# Only delete NaN from TransactionNo column
dataframe_cleaned = dataframe.dropna(subset=['TransactionNo'])
```

Nous avons vu comment supprimer les valeurs manquantes. Cependant, cette opération est à réaliser avec parcimonie. Si une donnée est importante à converser, mais qu'il existe encore une part non négligeable de NaN, nous allons nous demander s'il n'est pas possible de retrouver les valeurs ou a minima d'utiliser d'autres valeurs, les moins fausses possibles.

Imputation des valeurs manquantes

Il existe plusieurs stratégies d'imputation, qui ne doivent pas être utilisées à l'aveugle. Adopter la bonne approche peut éviter d'introduire des biais dans les données et de prendre de mauvaises décisions.

Le tableau suivant illustre la méthode d'imputation à utiliser en fonction du type de données manquantes. La liste des méthodes n'est pas exhaustive, mais il s'agit des plus couramment utilisées. A minima, cela vous permettra d'avoir un jeu de données exploitable pour la suite.

Type de données manquantes	Méthode d'imputation
MCAR	Moyenne, médiane, mode ou n'importe quelle autre méthode d'imputation complexe
MAR	Imputations multiples, régression
MNAR	Imputations multiples, régression

Imputations simples

Dans le cas de données manquantes MCAR, nous pouvons utiliser des imputations simples : moyenne, médiane ou mode. La librairie pandas dispose d'une méthode `fillna()` qui permet de remplacer les valeurs manquantes d'un DataFrame par des valeurs de notre choix.

Il est courant de remplacer les valeurs manquantes d'une colonne de type numérique avec des statistiques comme :

- la moyenne : `mean` ;
- la médiane : `median` ;
- le minimum/maximum : `min`/`max`.

Pour les colonnes de type catégorielle, on remplacera les valeurs manquantes avec :

- le mode, c'est-à-dire la modalité la plus fréquente : `mode` ;
- une constante ou catégorie arbitraire pour pouvoir les identifier par la suite : 0, -1.

Pour éviter de faire des erreurs de remplacement et d'appliquer les bonnes opérations au bon endroit, il est fortement conseillé de sélectionner les bonnes colonnes avant d'utiliser la méthode `fillna()`.

```
import pandas as pd

dataframe = pd.read_csv('./Sales Transaction v.4a.csv')

# Fill NaN with 0
zero_imputation = dataframe.fillna(0)
```

```
# Fill NaN with mean value of each column
mean_value = dataframe.mean()
mean_imputation = dataframe.fillna(mean_value)
```

Remarque

Il est possible d'utiliser des librairies comme scikit-learn et la méthode `sklearn.impute.SimpleImputer()`.

Imputation multiple

Il s'agit d'une technique d'imputation multivariée, ce qui signifie que l'information manquante est remplie en prenant en considération les informations des autres colonnes.

Par exemple, si la valeur du revenu est manquante pour un individu, il n'est pas certain qu'il ait ou non un prêt hypothécaire. Pour déterminer la valeur correcte, il est donc nécessaire d'évaluer d'autres caractéristiques telles que la cote de crédit, la profession et le fait que l'individu possède ou non une maison.

L'imputation multiple par équations chaînées (MICE en abrégé) est l'une des méthodes d'imputation les plus populaires dans le domaine de l'imputation multivariée. Pour mieux comprendre l'approche MICE, considérons l'ensemble des variables, dont certaines où toutes les valeurs sont manquantes.

Nous allons utiliser la librairie `miceforest`.

▶ Pour l'installer, utilisez la commande suivante :

```
pip install miceforest
```

L'idée est d'initialiser le noyau d'imputation via la méthode `ImputationKernel()`. Ce noyau prend plusieurs arguments :

- `data` : votre DataFrame.
- `random_state` : c'est un paramètre qui aide à contrôler l'aléatoire dans les processus de modélisation pour assurer la reproductibilité des résultats.

Cette méthode étant itérative, nous allons choisir un certain nombre d'itérations (par exemple 2) et appliquer le noyau à notre DataFrame pour avoir le DataFrame complété.

```
from miceforest import ImputationKernel

mice_kernel = ImputationKernel(data=dataframe,
                               save_all_iterations=True,
                               random_state=42)


mice_kernel.mice(2)
mice_imputation = mice_kernel.complete_data()
```

Quels que soient les choix réalisés, il est important d'expliquer clairement et de documenter les différentes méthodes utilisées. Il n'y a pas une façon unique de traiter un problème et cela s'inscrit souvent dans une démarche itérative. Le plus important est de dire ce que vous faites pour que les traitements soient transparents et de partager l'information avec vos collaborateurs et autres parties prenantes.

2.5.3 Modification des éléments

Modification du type de données avec la méthode astype

Il est parfois nécessaire de modifier non seulement le nom d'une colonne, mais aussi son type.

Par exemple, il se peut que lors de l'importation d'une base de données, une variable soit de type chaîne de caractères alors qu'elle est réellement de type numérique. Il suffit qu'une des entrées de la colonne soit mal reconnue et pandas considérera que cette colonne est de type chaîne de caractères.

Cela est possible grâce à la méthode `astype()`.

Dans la suite de notre nettoyage, nous allons poursuivre avec les types de données. Chaque colonne possède un type qui lui est propre, voici quelques exemples :

Type	Description
int64	Nombres entiers
float64	Nombres décimaux
string	Texte

Type	Description
object	Type standard dans pandas, souvent associé à des colonnes contenant du texte ou un mix entre plusieurs types
category	Catégories
datetime64	Date et heure
timedelta[ns]	Différence entre deux dates
bool	Booléen `True/False`

Comme pour la méthode `rename()`, `astype()` peut prendre en argument un dictionnaire dont les clés sont les noms des colonnes concernées et les valeurs sont les nouveaux types à assigner. Cela est pratique si l'on veut modifier le type de plusieurs colonnes en même temps.

Le plus souvent, on voudra directement sélectionner la colonne dont on veut modifier le type et l'écraser en lui appliquant la méthode `astype()`.

À quoi sert la conversion au bon type ? Ne pas déclencher d'erreur lorsque nous allons faire des calculs sur les champs par exemple ou tracer des graphiques. Avoir le bon type pour chaque colonne permet aussi d'optimiser la quantité de mémoire utilisée pour stocker votre DataFrame (des gains pouvant facilement atteindre 50 %, ce qui n'est pas négligeable si vous travaillez sur un ordinateur portable bureautique).

Il est aussi possible d'utiliser les types d'autres librairies comme NumPy. Imaginons que vous ayez une colonne `âge`, le type `int64` n'est pas adapté puisque les bornes sont [-9 223 372 036 854 775 808, 9 223 372 036 854 775 807], int8 [-128; 128] est largement suffisant (du moins en 2024).

La première étape est de connaître le type des champs du DataFrame. Nous pouvons obtenir cette information soit avec l'attribut `dtypes`. Sinon la méthode `info()` indique aussi les types avec une autre information importante, l'espace mémoire utilisé par le DataFrame.

Ensuite, il existe plusieurs façons de convertir nos types :

- La méthode `convert_dtypes()`, qui va optimiser la plupart des champs, mais pas tous.
- La méthode `astype()`, à appliquer manuellement en fonction des champs. Cette étape sur mesure permet d'atteindre les meilleures performances.

Commençons avec la méthode `astype()` :

```
# Method 1 : Create a dictionnary to use in astype
dictionnaire = {'col_1': 'int',
               'col_2': 'float'}
df = df.astype(dictionnaire)

# Method 2 : Apply astype method on Series
df['col_1'] = df['col_1'].astype('int')
Copier
# No optimization
dataframe.info()
```

La sortie sera :

```
<class 'pandas.core.frame.DataFrame'>
RangeIndex: 536350 entries, 0 to 536349
Data columns (total 8 columns):
 #   Column         Non-Null Count   Dtype
---  ------         --------------   -----
 0   TransactionNo  536350 non-null  object
 1   Date           536350 non-null  object
 2   ProductNo      536350 non-null  object
 3   ProductName    536350 non-null  object
 4   Price          536350 non-null  float64
 5   Quantity       536350 non-null  int64
 6   CustomerNo     536295 non-null  float64
 7   Country        536350 non-null  object
dtypes: float64(2), int64(1), object(5)
memory usage: 32.7+ MB
```

Maintenant, comparons avec la méthode `convert_dtypes()` :

```
# Automatic type convertion
dataframe = dataframe.convert_dtypes()
dataframe.info()
Copier
```

La sortie sera :

```
<class 'pandas.core.frame.DataFrame'>
RangeIndex: 536350 entries, 0 to 536349
Data columns (total 8 columns):
 #   Column         Non-Null Count   Dtype
---  ------         --------------   -----
 0   TransactionNo  536350 non-null  string
 1   Date           536350 non-null  string
 2   ProductNo      536350 non-null  string
 3   ProductName    536350 non-null  string
 4   Price          536350 non-null  Float64
 5   Quantity       536350 non-null  Int64
 6   CustomerNo     536295 non-null  Int64
 7   Country        536350 non-null  string
dtypes: Float64(1), Int64(2), string(5)
memory usage: 34.3 MB
```

On voit sur cet exemple que la conversion automatique donne de moins bons résultats.

Avec des types optimisés, le résultat est bien différent :

```
type_dict = {'TransactionNo':'string',
             'ProductNo':'category',
             'ProductName':'category',
             'Price':'float16',
             'Quantity':'int32',
             'CustomerNo':'int16',
             'Country':'category'}

dataframe = dataframe.astype(type_dict)
dataframe['Date'] = pd.to_datetime(dataframe['Date'])

dataframe.info()
```

En sortie nous avons :

```
<class 'pandas.core.frame.DataFrame'>
RangeIndex: 536350 entries, 0 to 536349
Data columns (total 8 columns):
 #   Column         Non-Null Count   Dtype
---  ------         --------------   -----
 0   TransactionNo  536350 non-null  string
 1   Date           536350 non-null  datetime64[ns]
 2   ProductNo      536350 non-null  category
 3   ProductName    536350 non-null  category
 4   Price          536350 non-null  float16
 5   Quantity       536350 non-null  int32
 6   CustomerNo     536350 non-null  int16
 7   Country        536350 non-null  category
dtypes: category(3), datetime64[ns](1), float16(1), int16(1),
int32(1), string(1)
memory usage: 15.1 MB
```

À ce stade, nous avons un DataFrame sans valeurs manquantes, dont le formatage et les valeurs sont cohérents. Il nous est maintenant possible d'ajouter de nouvelles dimensions pour faciliter la suite de l'analyse. Nous allons voir dans la suite de ce chapitre plusieurs méthodes, dont les principales : `replace()`, `apply()`, `map()`.

Commençons par une nouveauté de la version 2.2.0 de pandas, la méthode `case_when()`.

Nous avons des prix dans la colonne `Price` de notre DataFrame et nous souhaitons créer des catégories : `Cheap`, `Moderate`, `Expensive`. Il existe au moins trois façons de faire, mais nous utiliserons la nouvelle méthode `case_when()` à l'intérieur d'une fonction `lambda()`. Nous allons tester le prix et fixer deux seuils (50, 20) :

```
dataframe = dataframe.assign(Price_Cat=lambda df:
df['Price'].case_when(
                                [(df['Price']>50, 'Expensive'),
                                 (df['Price']>20, 'Moderate'),
                                 (pd.Series(True,
index=df.index), 'Cheap')]
))

print(dataframe[['Price', 'Price_Cat']].head())
Copier
```

Nous avons en sortie :

```
   Price Price_Cat
0  21.47  Moderate
1  10.65     Cheap
2  11.53     Cheap
3  10.65     Cheap
4  11.94     Cheap
```

Cette nouvelle fonctionnalité permet de remplacer une fonction personnalisée qui aurait été appliquée avec `apply()` à notre DataFrame.

Imaginons que nous souhaitions changer le nom de ses catégories plus tard. Une autre méthode (`replace()`) permet de remplacer une ou plusieurs valeurs d'une colonne d'un DataFrame. Les principaux arguments sont les suivants :

- Le paramètre `to_replace` contient la valeur ou la liste de valeurs à remplacer. Cela peut être une liste d'entiers, de chaînes de caractères, de booléens, etc.
- Le paramètre `value` contient la valeur ou la liste de valeurs remplaçantes. Cela peut aussi être une liste d'entiers, de chaînes de caractères, de booléens, etc.

```
new_categories = {
                  'Cheap':'cheap',
                  'Moderate':'moderate',
                  'Expensive':'expensive'
}

dataframe = dataframe.replace({'Price_Cat':new_categories})

print(dataframe[['Price', 'Price_Cat']].head())
```

Nous avons en sortie :

```
   Price Price_Cat
0  21.47  moderate
1  10.65     cheap
2  11.53     cheap
3  10.65     cheap
4  11.94     cheap
```

Opérations sur un DataFrame avec les méthodes apply() et les fonctions lambda

Il est souvent intéressant de modifier ou d'agréger les informations des colonnes d'un DataFrame à l'aide d'une opération ou d'une fonction.

Ces opérations peuvent être tout type de fonction qui prend en argument une colonne. Ainsi, le module NumPy est parfaitement adapté pour effectuer des opérations sur ce type d'objet.

La méthode permettant d'effectuer une opération sur une colonne est la méthode `apply()` dont les arguments sont :

- `func` qui représente la fonction à appliquer à la colonne ;
- `axis` qui donne la dimension sur laquelle l'opération doit s'appliquer.

Commençons avec un exemple simple. Pour chaque colonne de type numérique, nous voulons calculer la somme de toutes les lignes. Nous utilisons la méthode `apply()` avec la fonction `sum()` de NumPy en argument. Puisque nous allons réaliser une opération sur les lignes, il faut donc préciser l'argument `axis = 0` dans la méthode `apply()`.

```
# Sum all rows
total = dataframe.apply(np.sum, axis = 0)
```

Le résultat est le suivant :

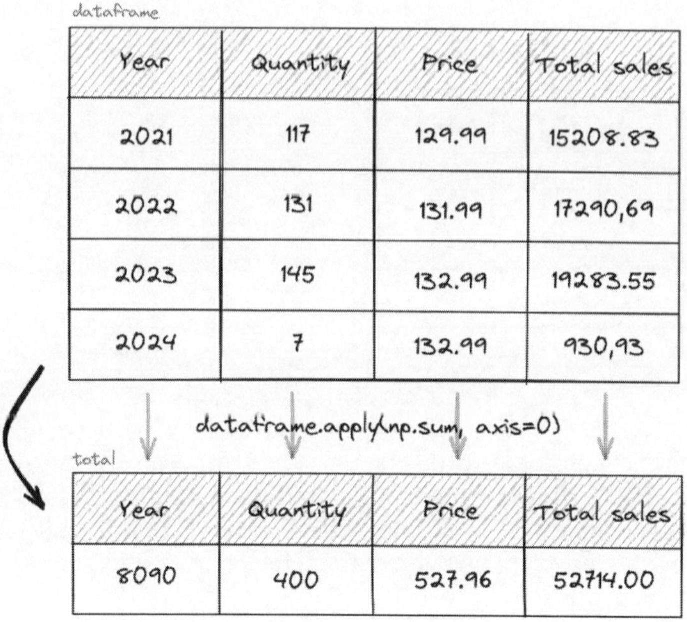

Dans un second temps, nous voulons pour chaque ligne calculer la somme de toutes les colonnes. Nous allons réaliser cette opération sur les colonnes, il faut donc préciser l'argument `axis = 1` dans la méthode `apply()`.

```
# Sum on columns
total_columns = dataframe.apply(np.sum, axis = 1)
```

Le résultat est le suivant :

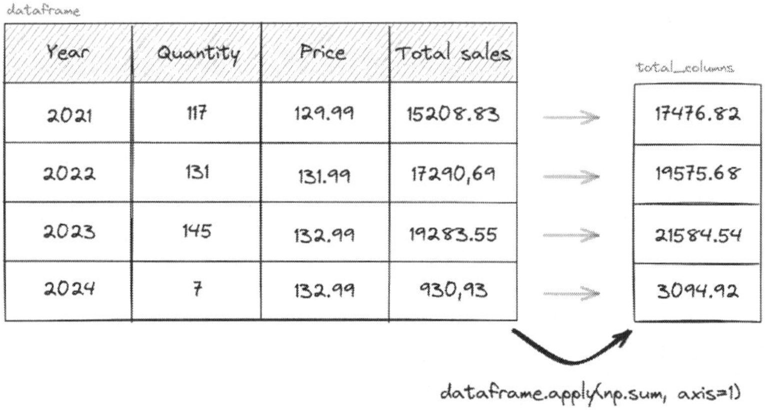

Si on reprend l'exemple précédent (utilisation de `replace`), on constate que cette solution n'est pas la plus optimisée en matière de nombre de lignes de code. On peut par exemple utiliser la méthode `apply()` et une méthode `lower` qui s'applique aux chaînes de caractère pour tout mettre en minuscule :

```
dataframe.loc[:,'Price_Cat'] = \
dataframe.loc[:,'Price_Cat'].apply(lambda x: x.lower())

print(dataframe[['Price', 'Price_Cat']].head())
```

Le résultat sera :

```
   Price Price_Cat
0  21.47  moderate
1  10.65     cheap
2  11.53     cheap
3  10.65     cheap
4  11.94     cheap
```

Utilisons désormais la méthode `apply()` pour faire des opérations un peu plus complexes. Nous allons créer une fonction qui calcule le chiffre d'affaires par transaction en multipliant les champs `Price` et `Quantity`.

```
def calculate_sales_revenue(df: pd.DataFrame=dataframe)-
>pd.DataFrame:
    """return sales revenue based per transaction"""
    df['Sales_Revenue'] = df['Quantity']*df['Price']
    return df

dataframe = dataframe.apply(calculate_sales_revenue, axis=1)
```

2.6 Traitements avancés

2.6.1 Valeurs aberrantes

Les valeurs aberrantes dans vos données peuvent être une épée à double tranchant. D'une part, elles peuvent représenter des extrêmes précieux ou des anomalies qui détiennent des informations significatives. D'un autre côté, elles peuvent fausser l'analyse, conduisant à des résultats moins précis. C'est d'ailleurs souvent le cas lorsque des informations sont saisies manuellement ou proviennent de capteurs physiques.

Attention cependant, il est très courant que les termes «valeur extrême» et «valeur aberrante» (*outlier* en anglais) soient utilisés de manière équivalente, mais il y a une distinction claire à faire entre ces deux termes.

Une valeur aberrante est une valeur qui ne devrait pas exister ou qui ne devrait pas faire partie de la distribution. Par exemple, si on étudie la taille des individus d'une population, un individu ayant une taille négative est clairement une valeur aberrante. Si par erreur dans le jeu de données se retrouvent des mesures de taille de chiens ou chevaux (par exemple), ces valeurs sont également aberrantes, car elles ne devraient pas être dans la distribution que l'on veut étudier, mais ces valeurs ne seront pas forcément extrêmes.

Une valeur extrême est une valeur qui est largement supérieure ou inférieure aux autres valeurs, mais qui n'est pas forcément aberrante. Dans le même exemple, un adulte pourrait avoir une taille de 2m50 ou 1m10, mais ces valeurs sont possibles et réalistes.

Dans tous les cas, on voudra éliminer les valeurs aberrantes de notre jeu de données pour ne pas fausser nos statistiques. Cependant, dans certains cas, on voudra conserver les valeurs extrêmes, car ce sont des valeurs réelles et on fausserait nos statistiques en les enlevant.

Le défi réside dans la capacité à discerner quand ajuster, quand conserver et comment traiter efficacement ces valeurs aberrantes ce qui est loin d'être une tâche aisée. Cette sous-section présente les meilleures pratiques pour gérer les valeurs aberrantes, assurant que vos efforts de prétraitement des données conduisent à des données plus fiables.

Qu'est-ce qu'une valeur aberrante?

Une valeur aberrante est une observation qui s'écarte significativement des autres observations dans l'ensemble de données. Elles peuvent survenir en raison d'erreurs de mesure, d'erreurs de saisie de données, ou d'une vraie variabilité dans l'ensemble de données.

Identifier les valeurs aberrantes est la première étape pour les gérer, ce qui peut être réalisé grâce à diverses méthodes statistiques et techniques de visualisation telles que les diagrammes en boîte, les graphiques de dispersion et les scores Z.

Quelques stratégies pour gérer les valeurs aberrantes

L'approche pour gérer les valeurs aberrantes dépend de leur nature et de leur impact sur vos données. Voici plusieurs stratégies :

- Suppression des valeurs aberrantes : cette méthode est appropriée lorsque les valeurs aberrantes sont identifiées comme du bruit. Imaginez une erreur d'unité lors du remplissage d'un champ dans le CRM, vous vous retrouvez avec au choix une perte abyssale ou une vente record. Dans ce cas (et en attendant éventuellement une action pour corriger la source), le plus simple est la suppression.
- Plafonnement : en appliquant un seuil, les valeurs au-delà de certaines limites sont plafonnées à une valeur maximale ou minimale. Cette méthode conserve les valeurs aberrantes dans l'ensemble des données, tout en limitant leur influence.

- Transformation : l'application de transformations telles que logarithmique, racine carrée ou Box-Cox peut réduire l'effet des valeurs aberrantes en ajustant l'échelle des points de données. Dans notre cas, ce genre de transformation nous sera utile pour optimiser des visualisations (par exemple échelle log pour des données très dispersées).
- Imputation : dans certains cas, le remplacement des valeurs aberrantes par des valeurs médianes ou moyennes (pour cette caractéristique) peut être efficace, surtout si l'on suppose que les valeurs aberrantes sont des erreurs.

Ces stratégies offrent différentes approches pour gérer les valeurs aberrantes en fonction de leur impact sur l'analyse. Comment traduire ces différentes approches en Python ?

Suppression des valeurs aberrantes

Commençons par le cas le plus simple, la suppression. Il suffit de filtrer les valeurs par rapport à un seuil. Il s'agit d'un filtre conditionnel comme nous l'avons vu en début de ce chapitre, à la sous-section Sélections conditionnelles :

```
THRESHOLD = 50
filtered_dataframe = dataframe[dataframe['Price']<=THRESHOLD]
```

Il est préférable de faire une copie des données originales non traitées pour éventuellement tester d'autres seuils ou d'autres techniques. Ce conseil est valable pour tous les traitements, pensez à garder une copie des données originales.

Quelle est la frontière entre valeur aberrante et le reste ? C'est une question complexe. Si vous ne savez pas quel seuil est pertinent pour juger du caractère aberrant de votre donnée, il existe plusieurs méthodes :

- valeur basée sur l'écart interquartile IQR (généralement 1,5 x IQR) ;
- valeur basée sur le Z-Score ;
- techniques de machine learning comme le modèle d'Isolation Forest.

Une boîte à moustaches (ou *boxplot* en anglais) cherche à représenter visuellement une distribution à l'aide d'indicateurs de position et de dispersion. Les indicateurs représentés dans un boxplot sont les suivants :

- position : le premier quartile $Q1$, la médiane ou le second quartile $Q2$ et le troisième quartile $Q3$;
- dispersion : l'écart interquartile IQR.

Voici un schéma explicatif du boxplot ainsi que la distribution associée d'une observation de notre jeu de données pour laquelle nous souhaitons étudier les valeurs aberrantes :

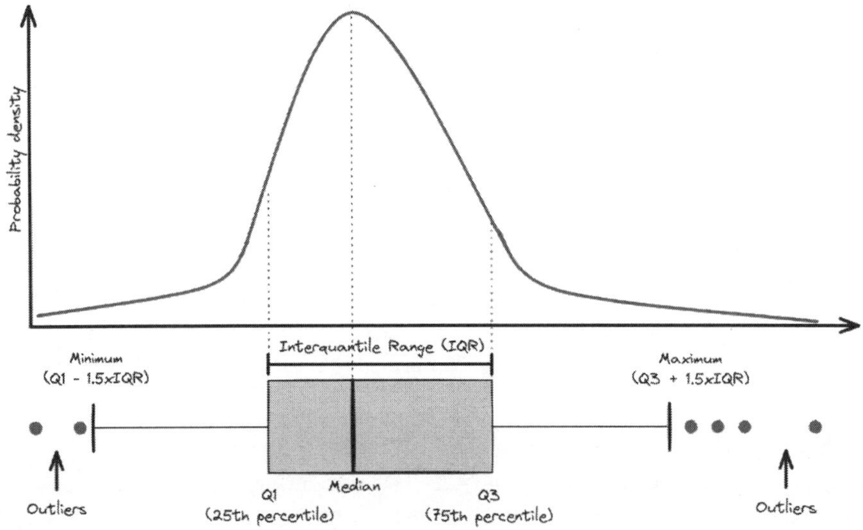

On considère comme valeur aberrante toute valeur dépassant les seuils :

- Q3 + 1,5 x IQR
- Q1 - 1,5 x IQR

Il suffit donc de filtrer notre dimension en fonction de ces deux bornes :

```
import pandas as pd
import numpy as np

def filter_outliers(df, column_name):
    data = df[column_name]
    Q1 = np.percentile(data, 25)
    Q3 = np.percentile(data, 75)
    IQR = Q3 - Q1
    lower_bound = Q1 - 1.5 * IQR
   upper_bound = Q3 + 1.5 * IQR
    filtered_data = (
        df[(df[column_name] >= lower_bound) &
        (df[column_name] <= upper_bound)]
    )
    return filtered_data
```

Voyons maintenant la seconde méthode. Le principe du filtrage des outliers basé sur le Z-score repose sur l'utilisation des écarts-types pour déterminer à quelle distance chaque valeur d'un ensemble de données se trouve de la moyenne de cet ensemble. En calculant le Z-score d'une valeur, on peut évaluer si cette valeur est significativement différente des autres valeurs de l'ensemble. Le calcul du Z-score se fait selon la formule suivante :

$$z = \frac{(X - \mu)}{\sigma}$$

où :

– X est la valeur individuelle des données.

– μ est la moyenne de l'ensemble de données.

– σ est l'écart-type de l'ensemble de données.

Un Z-score supérieur à 3 (ou inférieur à -3) est généralement utilisé comme seuil pour identifier les outliers, indiquant ainsi des valeurs très éloignées de la moyenne et considérées comme des outliers.

```
import pandas as pd
import numpy as np

def filter_outliers_zscore(df, column_name):
    data = df[column_name]
    mean = np.mean(data)
    std = np.std(data)
    threshold = 3
    z_scores = [(x - mean) / std for x in data]
    filtered_data = df[abs(z_scores) <= threshold]
    return filtered_data
```

Plafonnement

Si maintenant vous souhaitez remplacer les valeurs extrêmes par un seuil pertinent au lieu de les filtrer, nous pouvons utiliser la méthode pandas `clip()`. Cette méthode prend en argument deux valeurs : `lower` et `upper`.

Toutes les valeurs inférieures à `lower` seront remplacées par `lower` et toutes les valeurs supérieures à `upper` seront remplacées par `upper`. Les valeurs comprises entre `lower` et `upper` resteront inchangées. Cette technique est également appelée *winsorisation*.

```
import pandas as pd

def cap_missing_values(column, lower_cap, upper_cap):
    """
    Apply capping to missing values based on specified lower and
upper caps using Pandas clip method.

    Parameters:
    - column: Pandas Series representing a column of numerical data
    - lower_cap: Value to cap below
    - upper_cap: Value to cap above

    Returns:
   - capped_column: Column with missing values capped based on
lower and upper caps
    """
    # Apply clip method to cap values
    capped_column = column.clip(lower=lower_cap, upper=upper_cap)

    return capped_column
```

Imputation

Pour l'imputation, nous utiliserons les mêmes techniques que celles vues pour le cas des valeurs nulles.

2.6.2 Valeurs approximatives

Les données catégorielles sont courantes dans de nombreuses tâches d'analyse de données et d'apprentissage automatique. Cependant, des incohérences apparaissent souvent dans les données catégorielles en raison de divers problèmes tels que les fautes de frappe, les abréviations, les différentes conventions de dénomination, etc. Pour résoudre ces problèmes, les bibliothèques Python telles que thefuzz et record-linkage offrent des fonctionnalités intéressantes qui vont vous faire gagner du temps sur votre traitement.

thefuzz (FuzzyWuzzy)

thefuzz (anciennement FuzzyWuzzy) est une bibliothèque Python utilisée pour l'appariement de chaînes de caractères. Elle utilise la distance de Levenshtein pour calculer les différences entre les séquences dans un package simple à utiliser. Cette mesure est une solution pour traiter les incohérences dans les données catégorielles.

Il existe différentes méthodes, découvrons-les en détail :

- `extract(query, choices, processor=default_processor, scorer=default_scorer, limit=5)` : la méthode `extract()` renvoie une liste des meilleures correspondances à la requête donnée à partir de `choices`, en utilisant le scoreur fourni. Les arguments sont :
  - `query` : chaîne de caractères d'entrée.
  - `choices` : liste des candidats possibles à comparer.
  - `processor` : une fonction appelable en option qui peut transformer la requête et les choix d'entrée.
  - `scorer` : une fonction appelable en option qui prend une requête et un choix en arguments et renvoie un ratio. Par défaut, il s'agit de `fuzzywuzzy.fuzz.WRatio`.
  - `limit (int)` : nombre maximum de meilleures correspondances à renvoyer ; par défaut 5.

- `ratio(s1, s2)` : la méthode `ratio()` calcule le ratio de similarité standard de Levenshtein entre deux séquences. Les arguments sont `s1` la première chaîne de caractères d'entrée et `s2` la seconde.
- `token_sort_ratio(s1, s2, force_ascii=True, full_process=True)` : la méthode `token_sort_ratio()` calcule le ratio de tri des tokens de deux chaînes, après avoir trié tous les mots de chaque chaîne par ordre alphabétique. Les arguments sont :
  - `s1` : première chaîne de caractères d'entrée.
  - `s2` : deuxième chaîne de caractères d'entrée.
  - `force_ascii` : un paramètre optionnel pour forcer l'encodage ASCII. Par défaut, il est `True`.
  - `full_process` : un paramètre optionnel pour exécuter le processus complet (mettre la chaîne en minuscules, supprimer les ponctuations). Par défaut, il est `True`.
- `token_set_ratio(s1, s2, force_ascii=True, full_process=True)` : la méthode `token_set_ratio()` calcule le ratio de l'ensemble des tokens de deux chaînes. Elle utilise des opérations d'ensemble sur les mots des chaînes pour générer un score. Les arguments sont :
  - `s1` : première chaîne de caractères d'entrée.
  - `s2` : deuxième chaîne de caractères d'entrée.
  - `force_ascii` : un paramètre optionnel pour forcer l'encodage ASCII. Par défaut, il est `True`.
  - `full_process` : un paramètre optionnel pour exécuter le processus complet (mettre la chaîne en minuscules, supprimer les ponctuations). Par défaut, il est `True`.

On installe cette librairie avec la commande suivante :

```
pip install thefuzz python-Levenshtein
```

Nous allons utiliser cette librairie avec un jeu de données fictif de façon à rendre plus concrets les usages possibles. Il n'existe pas de méthode prédéfinie pour faire ressortir d'une colonne des valeurs qui pourraient être problématiques, nous allons devoir concevoir une fonction sur mesure.

Notre fonction `fuzzy_grouping()` prend en entrée un DataFrame initial (`df`), le nom de la colonne à nettoyer (`nom_col`), une liste de valeurs de référence (`liste_ref`), et un seuil optionnel (`seuil`). Pour chaque valeur de référence, elle trouve les valeurs similaires (au-dessus du seuil) dans la colonne spécifiée du DataFrame. Elle crée ensuite une nouvelle colonne (`corrected_value`) qui contient la valeur de référence correspondante pour chaque valeur dans `nom_col`, puis regroupe les valeurs en fonction de la valeur de référence. La fonction renvoie un nouveau DataFrame avec deux colonnes : `'value'` (qui est la valeur de référence) et `'mispelled_values'` (qui est un tableau des valeurs mal orthographiées qui correspondent à `'value'`).

```
import pandas as pd
from thefuzz import fuzz, process

df = pd.DataFrame({
    'country': ['USA', 'US', 'USA', 'usa', 'France', 'FRANCE',
'fraNce', 'SpAIn', 'Spain','spain', 'SPAIN', 'CaNAda', 'canada',
'CANADA']
})

ref_list = ['France', 'USA', 'Canada', 'Spain']

def fuzzy_grouping(df, col_name, ref_list=ref_list,
threshold=80):
    mappings = {}

    for ref_val in ref_list:
        close_matches = process.extract(ref_val,
                                        df[col_name].unique(),
                                        scorer=fuzz.token_set_ratio,
                                        limit=None)
        close_matches = [matches[0] for matches in close_matches
if matches[1] >= threshold]

        for matches in close_matches:
            mappings[matches] = ref_val

    df['corrected_value'] = df[col_name].map(mappings)
    df_grouped =
df.groupby('corrected_value')[col_name].unique().reset_index()
    df_grouped.columns = ['value', 'mispelled_values']

    return df_grouped

grouped_df = fuzzy_grouping(df, 'country', threshold=60)
print(grouped_df)
```

Nous aurons en sortie :

```
     value                mispelled_values
0   Canada        [CaNAda, canada, CANADA]
1   France        [France, FRANCE, fraNce]
2    Spain  [SpAIn, Spain, spain, SPAIN]
3      USA                  [USA, US, usa]
```

Dans cet exemple, nous avons utilisé la fonction pour regrouper d'éventuelles erreurs de frappes. Ce cas d'usage est un exemple possible des traitements à mettre en place avec thefuzz pour améliorer davantage la qualité de votre jeu de données.

record-linkage

Le record-linkage, également appelé « appariement de données » ou « fusion de dossiers », consiste à identifier des enregistrements correspondants entre différents jeux de données. Dans cette sous-section, nous allons utiliser la bibliothèque Python record-linkage pour réaliser ce type de croisement entre deux tables.

Cette librairie est particulièrement utile pour résoudre les incohérences dans les ensembles de données catégoriques où la même catégorie pourrait avoir été saisie différemment entre les enregistrements.

▶ Installez record-linkage avec la commande suivante :

```
pip install recordlinkage
```

La première étape consiste à charger les deux tables à rapprocher. Avant de faire le record linkage, il est généralement une bonne pratique d'inspecter vos données et de faire un nettoyage et une préparation de base des données.

On peut par exemple normaliser toutes les colonnes de texte pour qu'elles soient en minuscules et supprimer les espaces superflus. Cela permet d'augmenter la précision du rapprochement. Dans notre exemple, nous utiliserons les fonctions de Pandas `str.lower()` et `str.strip()`.

Il faut ensuite initialiser un «indexeur». Cet objet spécifie comment les paires candidates sont formées. Ces paires candidates seront ensuite comparées pour voir si elles correspondent ou non. Le type le plus simple d'indexeur est un indexeur `bloc`, qui regroupe les enregistrements en blocs en fonction d'une certaine clé, et forme des paires candidates uniquement au sein de ces blocs.

Ensuite, il faudra utiliser l'objet `Compare` pour comparer réellement les paires candidates. Nous pouvons spécifier différentes méthodes de comparaison pour différentes colonnes. Par exemple, nous pouvons utiliser une comparaison de chaînes basée sur l'algorithme Jaro-Winkler. On effectue cette opération pour les différentes colonnes d'intérêt.

Maintenant que nous avons calculé les caractéristiques de comparaison, nous devons prendre une décision sur chaque paire : est-ce une correspondance ou non ? Un moyen simple de faire cela est d'établir un seuil sur la somme des scores de caractéristiques.

Enfin, nous pouvons fusionner les deux datasets. Les index dans les matches retournés par la fonction de classement sont les indices des lignes correspondantes dans les deux datasets. Nous pouvons utiliser ces indices pour fusionner les deux datasets.

```
# Import libraries
import pandas as pd
import recordlinkage

# Load datasets
df1 = pd.read_csv('datasets1.csv')
df2 = pd.read_csv('datasets2.csv')

# Create an indexer
indexer = recordlinkage.Index()
indexer.block('client_index') # Column used for linkage
candidate_links = indexer.index(df1, df2)

# Create compare object
compare = recordlinkage.Compare()

# Ajout de colonnes à comparer - Répétez cette étape pour chaque
colonne que vous voulez utiliser dans le rapprochement
compare.string('client_phone_number',
               'client_phone_number',
               method='jarowinkler',
```

```
                threshold=0.85)

# Compare datasets
features = compare.compute(candidate_links, df1, df2)

# Find matches
matches = features[features.sum(axis=1) >= 3]

# Transform indexes into a dataframe and merge them with the
# original dataframes
matches.reset_index(inplace=True)
final_df = (
            pd.merge(matches,
                    df1,
                    how='left',
                    left_on=['client_phone_number'],
                    right_on = ['client_phone_number'])
              .merge(df2,
                     how='left',
                     left_on=['client_phone_number'],
                     right_on = ['client_phone_number'])
```

Remarque

Gardez à l'esprit que le record linkage est un domaine complexe et qu'il existe de nombreuses autres techniques et méthodes que vous pourriez utiliser en fonction de vos données et de vos besoins spécifiques.

2.6.3 Séries temporelles

Pour prétraiter des données temporelles en Python, nous allons utiliser des données quotidiennes comme exemple concret. Voici les étapes et le code Python correspondant pour chaque étape de la préparation des données temporelles.

Conversion des dates et définition des indices

La première étape consiste à convertir les données textuelles ou numériques en dates et à définir ces dates comme indices. Pour ce faire, nous utilisons la fonction `to_datetime()` de pandas. Elle prend en argument un objet `Serie` ou `DataFrame`. Il est aussi possible de spécifier le format source de la série (par exemple `%d/%m/%Y %H:%M:%s`). Ensuite, nous utilisons la fonction `set_index()` pour convertir la Serie en index.

```
import pandas as pd# Let's assume we have a DataFrame 'df' with a
'date' column
# in text format
df['date'] = pd.to_datetime(df['date'], format="%d/%m/%Y")
df = df.set_index('date')
```

Attribution de fréquence et gestion des valeurs manquantes

Il est important que les données temporelles aient une fréquence constante et donc qu'il y ait une continuité. Pour les données quotidiennes, nous pouvons utiliser la méthode `as_freq()` pour attribuer une fréquence quotidienne et gérer les valeurs manquantes. Outre les différentes techniques d'imputation étudiées, nous pouvons aussi utiliser d'autres stratégies comme `ffil` et `bfil` avec la méthode `fillna()`. Quelques explications sur ces paramètres :

- `ffill` (remplissage vers l'avant ou *forward fill* en anglais) : propage la dernière observation valide vers l'avant le long de l'index. Dans le contexte des données de séries chronologiques, `ffill` remplit les valeurs manquantes avec la dernière valeur connue. S'il y a des valeurs `NaN` consécutives, cela propagera la dernière valeur `non-NaN` vers l'avant jusqu'à ce qu'une nouvelle valeur `non-NaN` soit rencontrée.
- `bfill` (remplissage vers l'arrière ou *backward fill* en anglais) : propage la prochaine observation valide vers l'arrière le long de l'index. Dans le contexte des données de séries chronologiques, `bfill` remplit les valeurs manquantes avec la prochaine valeur connue. S'il y a des valeurs `NaN` consécutives, cela propagera la prochaine valeur `non-NaN` vers l'arrière jusqu'à ce qu'une nouvelle valeur `non-NaN` soit rencontrée.

```
# set freq and use forward fill method to fill NaN
df = df.as_freq('D').fillna(method='ffil')
```

Extraction de caractéristiques (features)

L'extraction de caractéristiques est essentielle pour préparer les données temporelles à l'analyse. On peut vouloir par exemple obtenir à partir de notre date : une année, un mois, un jour, etc. Il est très simple de faire ce genre d'extraction dans pandas avec les attributs de notre Serie au format `datetime`.

```
# Extract some features from date field
df['year'] = df['date'].dt.year # year
df['month'] = df['date'].dt.month # month
...
df['day_of_week'] = df['date'].dt.dayofweek # day of week
(monday=0)
```

La liste complète des caractéristiques est disponible dans la documentation de pandas.

Vérification de la continuité

Il est important de vérifier la continuité des données temporelles pour éviter des modèles inexacts.

```
# Checking continuity by examining the time intervals between
data points

gaps = df.index.to_series().diff().dt.days > 1

# Here, 'gaps' is a boolean series indicating where there are
discontinuities
```

3. Les quatre piliers de la manipulation de données avec pandas

Filtrer, unir, ordonner et grouper : ces quatre opérations constituent les bases de la manipulation de données avec Pandas. Elles permettent d'explorer, de transformer et de synthétiser des jeux de données de manière efficace, ouvrant ainsi la porte à une analyse approfondie et à la découverte de connaissances.

- Filtrage : affinez votre focus en sélectionnant des sous-ensembles précis de données pertinents pour votre analyse.
- Union : combinez plusieurs jeux de données pour obtenir une vue holistique et explorez les relations entre différentes sources d'information.
- Tri : organisez et hiérarchisez les données pour faciliter l'analyse et la visualisation.
- Regroupement : regroupez les données par similarités et explorez les tendances et les agrégations à différents niveaux de granularité.

Ces quatre opérations essentielles vous permettront de modeler facilement vos jeux de données et de valoriser au mieux vos données pour en extraire des enseignements précieux.

3.1 Filtrage avancé d'un DataFrame avec les opérateurs binaires

Filtrer consiste à sélectionner un sous-ensemble de lignes d'un DataFrame qui vérifient une condition. Le filtrage correspond à ce qu'on appelait jusqu'à maintenant l'indexation conditionnelle, mais le terme «filtrage» est celui qui est le plus utilisé dans la gestion de bases de données.

Nous ne pouvons pas utiliser les opérateurs logiques and et or pour filtrer sur plusieurs conditions. En effet, ces opérateurs créent de l'ambiguïté que pandas n'est pas capable de gérer pour filtrer les lignes.

Les opérateurs adaptés au filtrage sur plusieurs conditions sont les opérateurs binaires :

– l'opérateur 'et' : &

– l'opérateur 'ou' : |

– l'opérateur 'non' : - ou ~

Ces opérateurs sont semblables aux opérateurs logiques, mais leurs méthodes d'évaluation ne sont pas les mêmes.

L'opérateur &

L'opérateur & sert à filtrer un DataFrame sur plusieurs conditions qui doivent être vérifiées simultanément.

Considérons le DataFrame df suivant regroupant les informations sur des employés d'une entreprise :

	employee	team	salary
1	Melissa	HR	55
2	Madison	Data	72
3	Johan	Sales	60
4	Santiago	Data	51

Si nous souhaitons retrouver un employé dans l'équipe Data et ayant une rémunération supérieure à 60 k€, nous pouvons filtrer les lignes de df avec le code suivant :

```
# Filtrage du DataFrame sur les 2 conditions précédentes
print(df[(df['team'] == 'Data') & (df['salary'] > 60)])

>>>>

      employee  team   salary
0     Madison   Data       72
```

Les différentes conditions doivent être renseignées entre parenthèses pour indiquer l'ordre d'évaluation des conditions. Si les conditions ne sont pas proprement séparées, vous obtiendrez l'erreur suivante :

```
print(df[df['team'] == 'Data' & df['salary'] > 60])

>>> ValueError: The truth value of a Series is ambiguous. Use
a.empty, a.bool(), a.item(), a.any() or a.all().
```

Si vous souhaitez tester l'appartenance d'une valeur par rapport à une liste, intuitivement, vous aurez tendance à utiliser in comme on le ferait avec un test logique simple. Cependant, cela ne fonctionne pas pour le filtrage :

```
team_to_keep = ['Sales', 'Data']
print(df[df['team'] in team_to_keep])

>>> ValueError: The truth value of a Series is ambiguous. Use
a.empty, a.bool(), a.item(), a.any() or a.all().
```

Nous avons la même erreur que précédemment. Pour travailler proprement, il faudra faire appel à la méthode `isin()` de pandas :

```
team_to_keep = ['Sales', 'Data']
print(df[df['team'].isin(team_to_keep)])
>>>
   employee   team  salary
1   Madison   Data      72
2     Johan  Sales      60
3  Santiago   Data      51
```

L'opérateur |

L'opérateur | sert à filtrer un DataFrame sur plusieurs conditions dont au moins une doit être vérifiée. Considérons le même DataFrame `df` :

	employee	team	salary
1	Melissa	HR	55
2	Madison	Data	72
3	Johan	Sales	60
4	Santiago	Data	51

Si nous souhaitons retrouver un employé qui gagne plus de 70 k€ ou qui travaille dans l'équipe Data, nous pouvons filtrer les lignes de `df` avec le code suivant :

```
# Filtrage du DataFrame sur les 2 conditions précédentes
print(df[(df['salary'] > 70) | (df['team'] == 'Data')])

>>>
   employee  team  salary
1   Madison  Data      72
3  Santiago  Data      51
```

L'opérateur - ou ~

L'opérateur - sert à filtrer un DataFrame sur une condition dont la négation doit être vérifiée. Considérons le même DataFrame `df` :

employee	team	salary
Melissa	HR	55
Madison	Data	72
Johan	Sales	60
Santiago	Data	51

Si nous souhaitons tous les collaborateurs sauf ceux de l'équipes Sales, alors on filtre `df` de la manière suivante :

```
# Filter the DataFrame on the 2 previous conditions
print(df[-(df['team'] == 'Sales')])

   employee  team  salary
0   Melissa    HR      55
1   Madison  Data      72
3  Santiago  Data      51
```

3.2 Unir des DataFrames avec concat et merge

La fonction `concat()` de pandas permet d'assembler plusieurs DataFrames en les juxtaposant horizontalement ou verticalement. On parle de concaténation. Cette opération est réalisée à l'aide de la fonction `concat()` qui possède deux arguments :

- Le paramètre `objs` contient la liste des DataFrames à concaténer.
- Le paramètre `axis` précise si l'on doit concaténer verticalement (`axis = 0`) ou horizontalement (`axis = 1`).

Lorsque le nombre de lignes ou de colonnes des DataFrames ne concorde pas, la fonction `concat()` remplit les cases vides par des `NaN`, comme dans l'illustration ci-dessous.

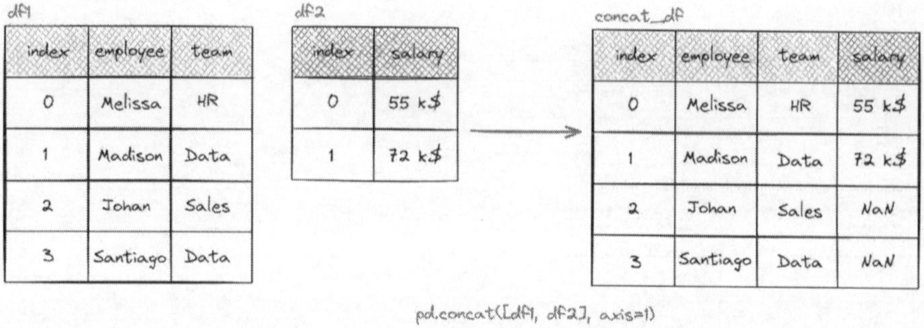

3.3 Fusion de DataFrames avec la méthode merge

Deux DataFrames peuvent être fusionnés s'ils ont une colonne en commun. Ceci se fait grâce à la méthode `merge()` de la classe `DataFrame`. Les arguments sont :

- Le paramètre `right` est le DataFrame à fusionner avec celui qui appelle la méthode.
- Le paramètre `on` est le nom des colonnes des DataFrames qui serviront de référence pour la fusion. Elles doivent être communes aux deux DataFrames.
- Le paramètre `how` permet de choisir le type de jointure à effectuer pour la fusion des DataFrames. Les valeurs de ce paramètre sont basées sur les jointures de la syntaxe SQL.

Le paramètre how peut prendre quatre valeurs ('inner', 'outer', 'left', 'right') que nous allons illustrer sur les deux DataFrames nommés teams et mean_salary suivants :

Table teams

employee	team
Melissa	HR
Madison	Data
Johan	Sales
Santiago	Data
Cassie	Executive
Yann	Strategy

Table mean_salary

team	mean_salary
HR	50
Data	65
Operations	55
Sales	50
Executive	90

La jointure interne retourne les lignes dont les valeurs dans les colonnes communes sont présentes dans les deux DataFrames. Ce type de jointure est souvent déconseillé, car il peut amener à la perte de beaucoup d'entrées. Par contre, la jointure interne ne produit aucun NaN.

Le résultat de la jointure interne `teams.merge(right = mean_salary, on = 'team', how = 'inner')` sera :

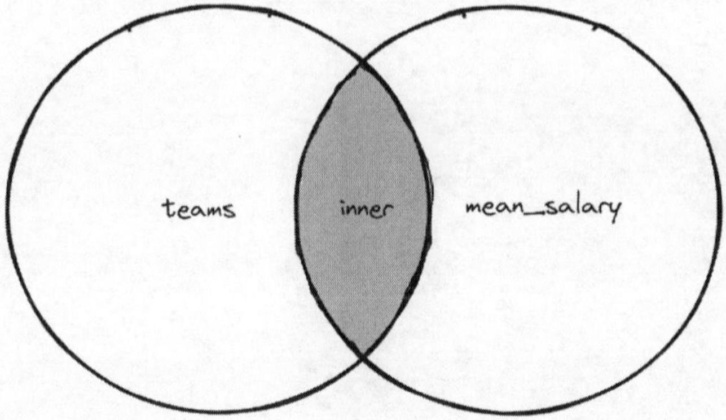

Le résultat :

```
    employee       team  mean_salary
0    Melissa         HR           50
1    Madison       Data           65
2   Santiago       Data           65
3      Johan      Sales           50
4     Cassie  Executive           90
```

La jointure externe fusionne la totalité des deux DataFrames. Aucune ligne ne sera supprimée. Cette méthode peut générer énormément de `NaNs`. Le résultat de la jointure externe `teams.merge(right = mean_salary, on = 'teams', how = 'outer')` sera :

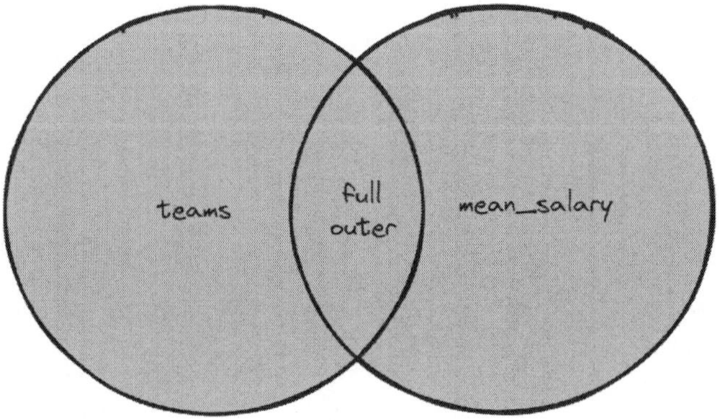

Le résultat :

```
   employee        team  mean_salary
0   Melissa          HR         50.0
1   Madison        Data         65.0
2  Santiago        Data         65.0
3     Johan       Sales         50.0
4    Cassie   Executive         90.0
5      Yann    Strategy          NaN
6       NaN  Operations         55.0
```

La jointure à gauche retourne toutes les lignes du DataFrame de gauche, et les complète avec les lignes du second DataFrame qui coïncident selon les valeurs de la colonne commune. C'est la valeur par défaut du paramètre how. Le résultat de la jointure à gauche `teams.merge(right = mean_salary, on = 'teams', how = 'left')` sera :

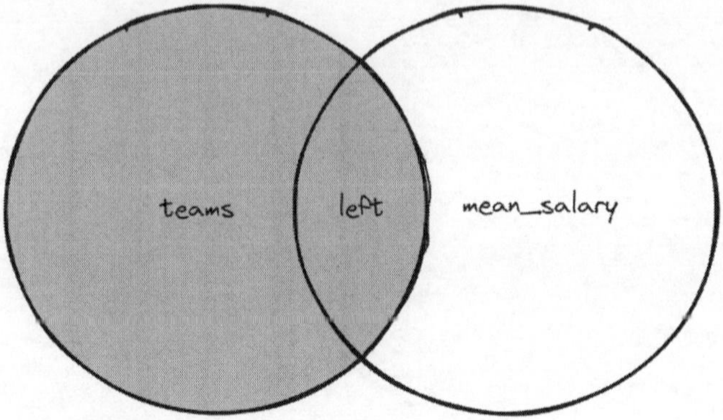

Le résultat :

```
   employee       team  mean_salary
0   Melissa         HR         50.0
1   Madison       Data         65.0
2     Johan      Sales         50.0
3  Santiago       Data         65.0
4    Cassie  Executive         90.0
5      Yann   Strategy          NaN
```

La jointure à droite retourne toutes les lignes du DataFrame de droite, et les complète avec les lignes du DataFrame de gauche qui coïncident selon les indices de la colonne commune. Le résultat de la jointure à droite `teams.merge(right = mean_salary, on = 'team', how = 'right')` sera :

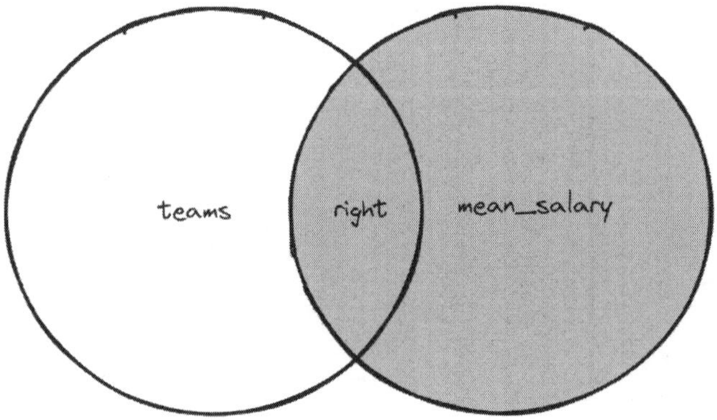

Le résultat :

```
   employee        team  mean_salary
0   Melissa          HR           50
1   Madison        Data           65
2  Santiago        Data           65
3       NaN  Operations           55
4     Johan       Sales           50
5    Cassie   Executive           90
```

3.4 Trier et ordonner les valeurs d'un DataFrame : méthodes sort_values et sort_index

La méthode `sort_values()` permet de trier les lignes d'un DataFrame selon les valeurs d'une ou de plusieurs colonnes. Les principaux arguments sont :

- Le paramètre `by` permet de préciser sur quelle(s) colonne(s) le tri est effectué.
- Le paramètre `ascending` est un booléen (`True` ou `False`) déterminant l'ordre croissant/décroissant du tri. Par défaut ce paramètre vaut `True`.

Dans un premier temps, nous allons trier sur une seule colonne, par exemple la colonne `salary` de notre DataFrame `df`. Nous allons aussi ajouter un nouvel employé Mark ayant le même salaire que Melissa. On obtient le résultat suivant :

```
# On trie le DataFrame df sur la colonne 'Points_bonus'
df_sorted = df.sort_values(by = 'salary', ascending = True)

>>>
   employee        team  salary
3  Santiago        Data      51
0   Melissa          HR      55
4      Mark  Operations      55
2     Johan       Sales      60
1   Madison        Data      72
```

Les lignes du DataFrame `df_sorted` sont donc triées par ordre croissant par rapport à la colonne `salary`. Cependant, si l'on regarde la colonne `employee`, on constate qu'elle n'est pas triée par ordre alphabétique pour les valeurs identiques de `salary`.

On peut y remédier en triant aussi par la colonne `employee` :

```
# We sort the DataFrame df by the 'Points_bonus' column and in
case of a tie, by the 'Note' column.

df_sorted = df.sort_values(by=['salary', 'employee'],
ascending=True)
```

On obtient le résultat suivant :

```
3  Santiago        Data     51
4      Mark  Operations     55
0   Melissa          HR     55
2     Johan       Sales     60
1   Madison        Data     72
```

La méthode `sort_index()` permet de trier un DataFrame selon son index. Dans le cas où l'index est celui par défaut (numérotation), cette méthode n'est pas très intéressante. Elle est donc souvent combinée avec la méthode `set_index()` de pandas que l'on vient de voir.

Supposons que nous utilisions la colonne `employee` comme `index`.

```
# Define column employee as new index and then sort values
df_sorted = (
    df.set_index('employee')
      .sort_index()
)
```

Ceci produit le DataFrame suivant :

employee	team	salary
Johan	Sales	60
Madison	Data	72
Mark	Operations	55
Melissa	HR	55
Santiago	Data	51

3.5 Grouper les éléments d'un DataFrame : méthodes groupby, agg et crosstab

La méthode `groupby()` permet de grouper les lignes d'un DataFrame qui partagent une valeur commune sur une colonne. Attention, cette méthode ne renvoie pas un `DataFrame`, mais un objet de la classe `DataFrameGroupBy`.

Cette classe permet de réaliser des opérations comme le calcul de statistiques (somme, moyenne, maximum, etc.) pour chaque modalité de la colonne sur laquelle on groupe les lignes. Toutes les méthodes statistiques usuelles (`count()`, `mean()`, `max()`, etc.) peuvent s'utiliser en suffixe de la méthode `groupby()`, même des fonctions personnalisées que vous aurez définies préalablement. Ces fonctions s'effectueront uniquement sur les colonnes de type compatibles.

Pour spécifier des fonctions différentes par colonne, on utilise la méthode `agg()` de la classe `DataFrameGroupBy` en lui renseignant un dictionnaire où chaque clé est le nom d'une colonne et la valeur est la fonction à appliquer.

Revenons au DataFrame initial issu de notre fichier CSV Sales Transaction v.4a.csv :

	TransactionNo	**Date**	**ProductNo**	**ProductName**	**Price**	**Quantity**	**CustomerNo**	**Country**
0	581482	2019-12-09	22485	Set Of 2 Wooden Market Crates	21.47	12	17490	United Kingdom
1	581475	2019-12-09	22596	Christmas Star Wish List Chalkboard	10.65	36	13069	United Kingdom
2	581475	2019-12-09	23235	Storage Tin Vintage Leaf	11.53	12	13069	United Kingdom
3	581475	2019-12-09	23272	Tree T-Light Holder Willie Winkie	10.65	12	13069	United Kingdom
4	581475	2019-12-09	23239	Set Of 4 Knick Knack Tins Poppies	11.94	6	13069	United Kingdom

Nous voulons, pour chaque client (`CustomerNo`), calculer une colonne `total_amt` pour connaître le montant total dépensé (produit ligne à ligne de `Price` et `Quantity`). Ensuite nous en tirerons les montants `min`, `mean` et `max`. Nous voulons aussi savoir combien de produits différents le client a achetés par transaction (colonne `ProductName`).

Pour nous aider, nous allons créer les fonctions nécessaires. Pour trouver le nombre de modalités prises par la colonne ProductName, nous allons utiliser une fonction lambda.

- La fonction lambda doit prendre en argument une colonne et retourner un nombre.
- La fonction np.unique() détermine les modalités uniques qui apparaissent dans une séquence.
- La fonction len() compte le nombre d'éléments dans une séquence.

```
import numpy as np

dataframe['total_amt'] = dataframe['Price']*['Quantity']

num_prod = lambda x: len(np.unique(x))
```

Ainsi, cette fonction va nous permettre de déterminer le nombre de modalités uniques pour la colonne ProductName.

Pour appliquer ces fonctions dans l'opération groupby, nous allons utiliser un dictionnaire dont les clés sont les colonnes à traiter et les valeurs les fonctions à utiliser.

```
functions_to_apply = {
    'total_amt' : ['min', 'mean', 'max'],
    'ProductName' : num_prod
}
```

Ce dictionnaire peut maintenant être utilisé avec la méthode agg() :

```
(
    df.groupby('CustomerNo')
      .agg(functions_to_apply)
      .round(2)
)
```

La méthode `round(2)` permet d'indiquer le nombre de décimales dans le DataFrame. On affiche deux chiffres après la virgule pour simplifier le rendu. Ce qui produit le DataFrame suivant :

	total_amt			ProductName
	min	mean	max	<lambda>
CustomerNo				
12004	7.24	26.96	136.20	56
12006	24.76	24.76	24.76	1
12008	7.24	28.03	572.16	203
12013	69.96	69.96	69.96	1
12024	10.68	29.90	42.72	5
...	...	...	...	...
18280	22.98	62.33	106.16	10
18281	27.62	82.37	128.16	7
18282	-52.75	76.32	506.40	12
18283	5.55	16.07	149.89	262
18287	56.36	259.14	704.40	59

Chapitre 4
Analyser et comprendre vos données

1. Introduction

L'analyse statistique est un pilier fondamental de la Business Intelligence, transformant les données brutes en informations décisionnelles. Cette section pose les bases essentielles à la compréhension et à l'application des méthodes statistiques dans un contexte business.

Nous explorerons d'abord l'importance de l'analyse statistique en BI, soulignant son rôle dans la prise de décision éclairée et la détection de tendances. Ensuite, nous aborderons les concepts clés en statistiques, incluant les types de variables, les notions de population et d'échantillon, ainsi que les lois de probabilité fondamentales.

Ce chapitre ne prétend pas être un cours exhaustif de statistiques, mais plutôt un guide pratique destiné aux ingénieurs et analystes en Business Intelligence. Notre objectif est de vous fournir un ensemble d'outils et de techniques essentiels, facilement applicables dans votre travail quotidien. Nous commencerons par un bref rappel des concepts théoriques fondamentaux, puis nous nous concentrerons sur leur mise en œuvre concrète avec Python à travers des cas d'étude réels.

Cette approche pragmatique vous permettra de maîtriser rapidement les méthodes statistiques les plus pertinentes pour l'analyse de données en contexte professionnel.

1.1 Types de variables

Dans cette sous-section, nous allons définir les concepts clés que nous allons utiliser dans la suite de notre voyage sur l'analyse des données. Il existe plusieurs types de variables. Suivant leur type, nous ne nous servirons pas des mêmes outils pour les analyser et/ou les croiser. Nous rencontrerons deux types de variables :

- Variable qualitative : une variable qualitative, également connue sous le nom de variable catégorielle, est une variable qui décrit une caractéristique ou une qualité non numérique. Elle est généralement exprimée en termes de catégories ou de groupes et ne peut pas être mesurée numériquement. Les variables qualitatives peuvent être nominales ou ordinales :
  - variable nominale : couleur des yeux (bleu, marron, vert) ;
  - variable ordinale : niveau d'éducation (primaire, secondaire, universitaire).
- Variable quantitative : une variable quantitative est une variable qui est mesurée numériquement et qui exprime une quantité ou une mesure. Elle peut être discrète ou continue :
  - Variable quantitative discrète : prend des valeurs distinctes et isolées, souvent entières. Exemple : le nombre de frères et sœurs qu'une personne a (1, 2, 3, etc.).
  - Variable quantitative continue : peut prendre n'importe quelle valeur à l'intérieur d'un certain intervalle. Elle peut être mesurée avec précision. Exemple : la taille d'une personne (peut être n'importe quel nombre dans un intervalle, par exemple 1,76 mètre).

Pour réaliser une analyse descriptive d'une variable numérique, on fait appel à :

- des indicateurs de position (moyenne, médiane, quantiles, etc.) qui permettent de situer les valeurs que devrait prendre la variable étudiée ;
- des indicateurs de dispersion (écart-type, variance, etc.) qui décrivent la distribution des valeurs prises par la variable étudiée.

1.2 Notions de population et d'échantillon

Les notions de population et d'échantillon sont fondamentales en statistique et particulièrement cruciales pour l'inférence statistique en Business Intelligence. Comprendre ces concepts est essentiel pour mener des analyses précises et tirer des conclusions valides à partir des données disponibles.

La population représente l'ensemble complet des individus ou des objets d'intérêt pour une étude donnée. Dans le contexte de la Business Intelligence, cela pourrait être, par exemple, tous les clients potentiels d'une entreprise, l'ensemble des transactions effectuées sur une plateforme e-commerce, ou encore la totalité des produits fabriqués par une usine. Bien que la population soit l'objet d'intérêt principal, elle est souvent trop vaste pour être étudiée dans son intégralité, que ce soit pour des raisons de temps, de coût ou de faisabilité pratique.

C'est là qu'intervient la notion d'échantillon. Un échantillon est un sous-ensemble de la population, sélectionné pour l'étude. Par exemple, dans le cadre d'une enquête de satisfaction client, une entreprise pourrait choisir d'interroger 1 000 clients parmi sa base totale. L'échantillon permet d'obtenir des informations sur la population de manière plus efficace et économique. Cependant, pour que les conclusions tirées de l'échantillon soient valables pour l'ensemble de la population, il est crucial que cet échantillon soit représentatif.

La représentativité de l'échantillon dépend en grande partie de la méthode d'échantillonnage utilisée. Il existe plusieurs types d'échantillonnage, chacun ayant ses avantages et ses limites. L'échantillonnage aléatoire simple est l'une des méthodes les plus basiques et les plus courantes. Dans cette approche, chaque élément de la population a une chance égale d'être sélectionné. En Python, on peut simuler un échantillonnage aléatoire simple à l'aide de la bibliothèque NumPy :

```
import numpy as np

population = np.arange(1, 10001)  # Population of 10000 elements
sample_size = 1000
sample = np.random.choice(population, size=sample_size,
replace=False)
```

L'échantillonnage stratifié est une méthode plus sophistiquée, particulièrement utile lorsque la population peut être divisée en sous-groupes distincts ou strates. Par exemple, si une entreprise souhaite étudier la satisfaction de ses clients en tenant compte de différentes catégories d'âge, elle pourrait utiliser un échantillonnage stratifié pour s'assurer que chaque groupe d'âge est représenté proportionnellement dans l'échantillon.

L'échantillonnage par grappes, quant à lui, consiste à sélectionner des groupes naturels au sein de la population, puis à inclure tous les membres de ces groupes dans l'échantillon. Cette méthode peut être particulièrement efficace lorsqu'il est difficile ou coûteux d'échantillonner des individus isolés, mais elle peut introduire des biais si les grappes ne sont pas représentatives de la population dans son ensemble.

En Business Intelligence, l'échantillonnage joue un rôle crucial, car il permet d'étudier efficacement de grandes populations de données. Cependant, il est important de garder à l'esprit que l'utilisation d'un échantillon introduit inévitablement une marge d'erreur. Celle-ci doit être quantifiée et prise en compte lors de l'interprétation des résultats. Par exemple, lors de l'estimation d'une proportion à partir d'un échantillon, on peut calculer un intervalle de confiance pour indiquer la plage probable de la vraie valeur dans la population.

```
import numpy as np
from scipy import stats

# Let's assume we observed 300 successes in a sample of 1000
n = 1000
p_sample = 0.3

# Calculating the 95% confidence interval
margin_error = stats.norm.ppf(0.975) * np.sqrt(p_sample *
(1 - p_sample) / n)
confidence_interval = (p_sample - margin_error, p_sample +
margin_error)

print(f"95% confidence interval: {confidence_interval}")
```

La sortie est :

```
95% confidence interval: (0.27159742349106747, 0.3284025765089325)
```

La compréhension des notions de population et d'échantillon, ainsi que de différentes méthodes d'échantillonnage, est essentielle pour mener des analyses statistiques robustes en Business Intelligence. Ces concepts permettent non seulement d'obtenir des informations précieuses à partir de grands ensembles de données, mais aussi d'évaluer la fiabilité et la généralisation des résultats obtenus.

1.3 Lois de probabilités statistiques

En statistique, une loi de probabilité décrit comment les valeurs d'une variable aléatoire sont distribuées. Il existe plusieurs types de lois de probabilité, chacune avec ses caractéristiques et ses domaines d'application spécifiques. Dans cette sous-section, nous allons présenter cinq lois de probabilités couramment utilisées : la loi uniforme, la loi binomiale, la loi de Poisson, la loi normale et la loi exponentielle.

Loi uniforme

La loi uniforme est une loi de probabilité discrète ou continue qui attribue une probabilité égale à chaque valeur d'un intervalle donné. Elle possède deux paramètres : la borne inférieure a et la borne supérieure b. Pour une variable aléatoire X distribuée selon une loi uniforme, on note `X ~ U(a,b)`.

Supposons que vous lanciez un dé équilibré à six faces. La probabilité d'obtenir chaque face est la même et vaut 1/6. Dans ce cas, on dit que le résultat du lancer suit une loi uniforme discrète sur l'intervalle {1,2,3,4,5,6}.

```
import matplotlib.pyplot as plt
import numpy as np

# Simulation of 1000 rolls of a 6-sided die
rolls = np.random.randint(1, 7, size=1000)

# Creating the histogram
plt.figure(figsize=(10, 6))
plt.hist(rolls, bins=np.arange(1, 8) - 0.5, density=True,
alpha=0.7, color='blue')
plt.title('Distribution of 1000 die rolls')
plt.xlabel('Die value')
plt.ylabel('Relative frequency')
```

```
# Adding a grid for better readability
plt.grid(True, alpha=0.3)

# To clearly show discrete values
plt.xticks(range(1, 7))

plt.show()
```

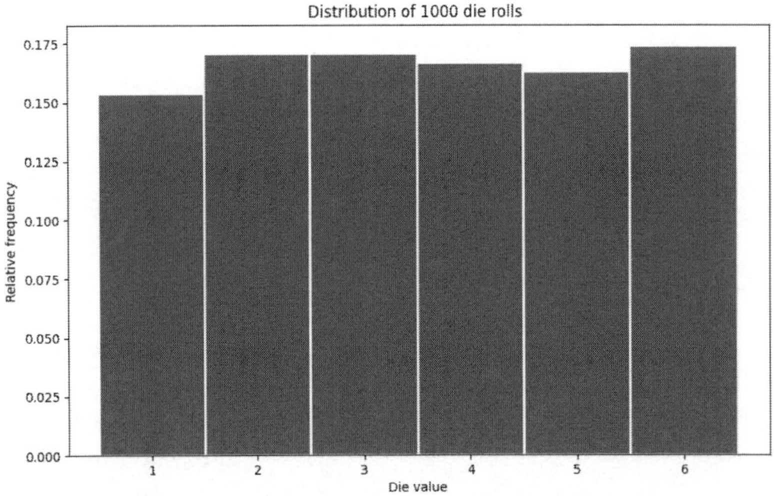

Loi binomiale

La loi binomiale est une loi de probabilité discrète qui décrit le nombre de succès dans un nombre fixe d'essais indépendants, chacun ayant deux issues possibles (succès ou échec). Elle possède deux paramètres : `n`, le nombre d'essais, et `p`, la probabilité de succès à chaque essai. Pour une variable aléatoire X distribuée selon une loi binomiale, on note `X ~ B(n,p)`.

Supposons que vous lanciez dix fois un dé équilibré à six faces, et que vous souhaitiez calculer la probabilité d'obtenir exactement trois fois le chiffre 6. Dans ce cas, on dit que le résultat du lancer suit une loi binomiale B(10,1/6).

```
import matplotlib.pyplot as plt
from scipy.stats import binom

# Calculate the probability of getting exactly 3 sixes when
rolling a six-sided die 10 times
```

```
probability = binom.pmf(k=3, n=10, p=1/6)
print("Probability:", probability)

# Generate 1000 samples distributed according to a binomial
distribution B(10,1/6)
samples = binom.rvs(n=10, p=1/6, size=1000)

# Plot the histogram of the samples
plt.hist(samples, bins=range(min(samples), max(samples)+2),
density=True)

# Display the plot
plt.show()
```

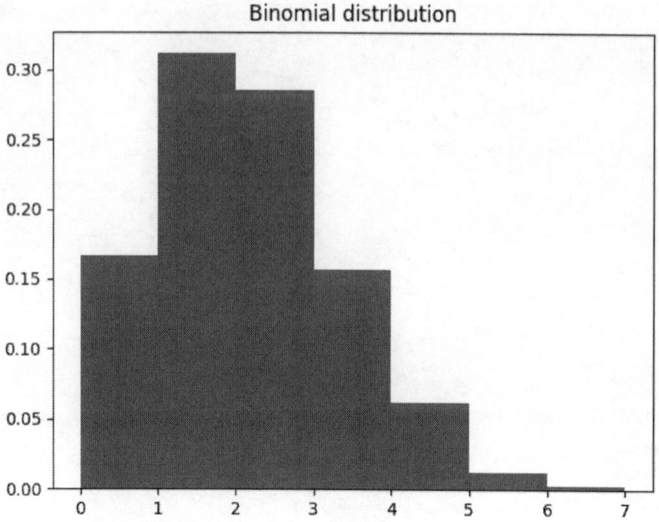

Loi de Poisson

La loi de Poisson est une loi de probabilité discrète qui décrit le nombre d'événements survenant dans un intervalle de temps ou d'espace donné, lorsque ces événements se produisent avec une fréquence moyenne constante et sont indépendants les uns des autres. Elle possède un paramètre : λ, la moyenne du nombre d'événements. Pour une variable aléatoire X distribuée selon une loi de Poisson, on note $X \sim P(\lambda)$.

Supposons que vous receviez en moyenne trois appels téléphoniques par heure et que vous souhaitiez calculer la probabilité de recevoir exactement cinq appels pendant une heure donnée. Dans ce cas, on dit que le nombre d'appels suit une loi de Poisson P(3).

```
import matplotlib.pyplot as plt
from scipy.stats import poisson

# Calculate the probability of receiving exactly 5 calls during
a given hour, with an average of 3 calls per hour
probability = poisson.pmf(k=5, mu=3)
print("Probability:", probability)

# Generate 1000 samples distributed according to a Poisson
distribution P(3)
samples = poisson.rvs(mu=3, size=1000)

# Plot the histogram of the samples
plt.hist(samples, bins=range(min(samples), max(samples)+2),
density=True)

# Display the plot
plt.show()
```

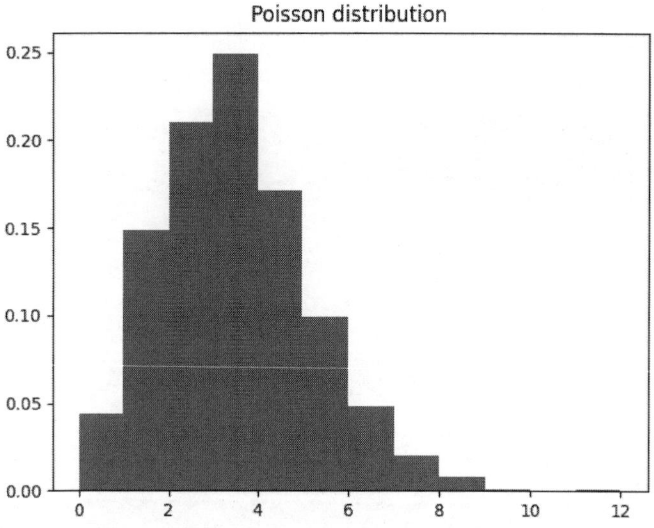

Loi normale

La loi normale est une loi de probabilité continue qui décrit la distribution d'une variable aléatoire réelle dont les valeurs sont symétriquement réparties autour d'une moyenne et ont des écarts-types constants. Elle possède deux paramètres : μ, la moyenne, et σ, l'écart-type. Pour une variable aléatoire `X` distribuée selon une loi normale, on note `X ~ N(μ,σ^2)`.

Supposons que les scores aux tests standardisés des élèves d'une école suivent une distribution approximativement normale. Vous souhaitez calculer la probabilité qu'un élève choisi au hasard ait un score supérieur à 110, si la moyenne du score est de 100 et l'écart-type est de 15. Dans ce cas, on dit que le score suit une loi normale `N(100,15^2)`.

```
import matplotlib.pyplot as plt
from scipy.stats import norm

# Calculate the probability that a randomly chosen student scores
above 110, if the average score is 100 and the standard deviation is 15
probability = 1 - norm.cdf(x=110, loc=100, scale=15)
print("Probability:", probability)

# Generate 1000 samples distributed according to a normal
distribution N(100, 15^2)
samples = norm.rvs(loc=100, scale=15, size=1000)

# Plot the histogram of the samples
plt.hist(samples, bins=50, density=True)

# Display the plot
plt.show()
```

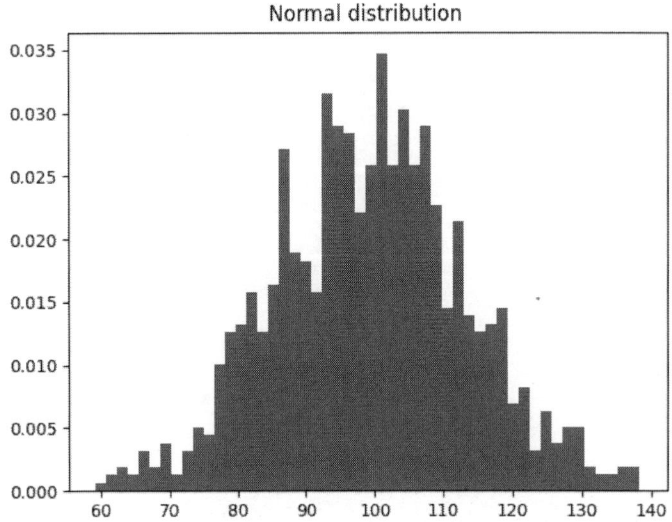

Loi exponentielle

La loi exponentielle est une loi de probabilité continue qui décrit la distribution des intervalles entre les événements d'un processus ponctuel homogène, lorsque ces événements se produisent avec une fréquence constante et sont indépendants les uns des autres. Elle possède un paramètre : λ, la fréquence des événements. Pour une variable aléatoire `X` distribuée selon une loi exponentielle, on note `X ~ Exp(λ)`.

Supposons que vous receviez en moyenne trois appels téléphoniques par heure et que vous souhaitiez calculer le temps d'attente moyen jusqu'au prochain appel. Dans ce cas, on dit que le temps d'attente suit une loi exponentielle Exp(3).

```
import matplotlib.pyplot as plt
from scipy.stats import expon

# Calculate the expected waiting time until the next call, if you
receive an average of 3 calls per hour
mean = 1 / 3
print("Mean:", mean)

# Generate 1000 samples distributed according to an exponential
```

```
distribution Exp(3)
samples = expon.rvs(loc=0, scale=1/3, size=1000)

# Plot the histogram of the samples
plt.hist(samples, bins=50, density=True)

# Display the plot
plt.show()
```

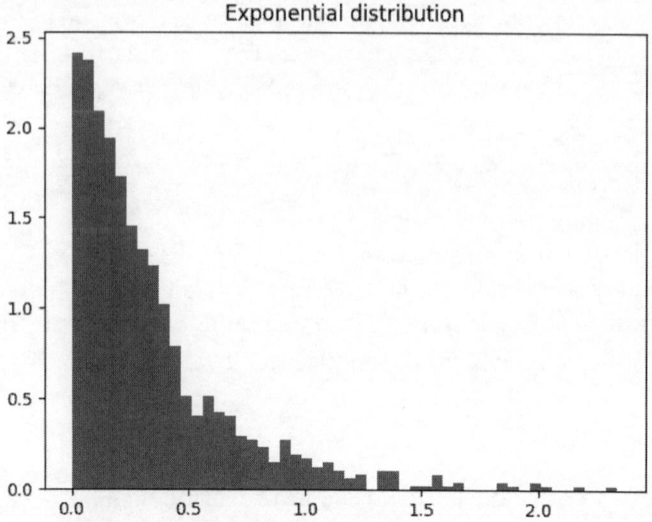

2. Statistiques descriptives

L'exploration statistique constitue une étape cruciale dans l'analyse de données, offrant un aperçu essentiel des caractéristiques numériques sous-jacentes. Dans cette section, nous plongeons dans l'analyse descriptive des variables numériques d'un ensemble de données, en examinant en profondeur les séries statistiques, les indicateurs de position et de dispersion. Nous explorerons également la distribution normale et les techniques de simulation de données pour mieux appréhender la nature des données. Une attention particulière sera portée à l'évaluation de la normalité des données ainsi qu'à la corrélation entre deux variables numériques, offrant ainsi une base solide pour des analyses statistiques plus avancées.

2.1 Analyse univariée

2.1.1 Indicateurs de position

Moyenne

Entrons un peu dans le détail. L'estimation de localisation la plus basique est la moyenne. La moyenne est la somme de toutes les valeurs, divisée par le nombre de valeurs. Vous rencontrerez le symbole (prononcé «x-barre») utilisé pour représenter la moyenne d'un échantillon tiré d'une population. La formule pour calculer la moyenne pour un ensemble de valeurs est

$$Moyenne = \bar{x} = \frac{\sum_{i=1}^{n} x_i}{n}$$

Une variation de la moyenne est la moyenne tronquée. Pour la calculer, on commence par trier les valeurs, puis on supprime un nombre fixe de valeurs aux deux extrémités avant de calculer la moyenne des valeurs restantes. Si nous notons x_1 la plus petite valeur et x_n la plus grande valeur dans notre ensemble trié, la formule de la moyenne tronquée (où k valeurs sont omises à chaque extrémité) est $\bar{x} = \frac{\sum_{i=p+1}^{n-p} x_i}{n-2p}$

L'avantage de la moyenne tronquée est qu'elle limite l'influence des valeurs extrêmes. Un autre type de moyenne est une moyenne pondérée, que vous calculez en multipliant chaque valeur de données par un poids spécifié par l'utilisateur, puis en divisant leur somme par la somme des poids. La formule pour la moyenne pondérée est $\bar{x}_w = \frac{\sum_{i=1}^{n} w_i x_i}{\sum_{i=1}^{n} w_i}$

Médiane et estimateur robustes

La robustesse des indicateurs statistiques est un aspect crucial en analyse de données, particulièrement en Business Intelligence où les données peuvent souvent contenir des valeurs aberrantes ou extrêmes. C'est dans ce contexte que la médiane et d'autres estimateurs robustes prennent toute leur importance.

La médiane, définie comme la valeur qui sépare la moitié inférieure de la moitié supérieure d'un ensemble de données, présente l'avantage considérable d'être beaucoup moins sensible aux valeurs extrêmes que la moyenne arithmétique. Cette caractéristique en fait un indicateur de position particulièrement fiable dans de nombreuses situations pratiques.

Prenons un exemple concret pour illustrer cette robustesse. Imaginons que nous analysons les revenus mensuels des clients d'une entreprise :

```
import numpy as np
import matplotlib.pyplot as plt

# Income data (in thousands of euros)
incomes = [30, 35, 40, 45, 50, 55, 60, 1000]

mean = np.mean(incomes)
median = np.median(incomes)

print(f"Mean: {mean:.2f}")
print(f"Median: {median:.2f}")
```

La sortie est :

```
Mean: 164.38
Median: 47.50
```

Dans cet exemple, la présence d'une valeur extrême (1 000 k€) affecte considérablement la moyenne, la tirant vers le haut, alors que la médiane reste stable et représentative de la tendance centrale de la majorité des données.

2.1.2 Indicateurs de dispersion

Les indicateurs de dispersion sont des mesures statistiques permettant d'évaluer la variation ou l'étalement des données autour de leur valeur centrale (moyenne, médiane, etc.).

Écart-type

L'écart-type est une mesure statistique fondamentale qui quantifie la dispersion des données autour de leur moyenne. Défini comme la racine carrée de la variance, il présente l'avantage d'être exprimé dans la même unité que les données originales, ce qui en fait un indicateur intuitif et largement utilisé en analyse de données et en Business Intelligence.

Les caractéristiques principales de l'écart-type incluent son unité identique à celle de la variable étudiée, sa valeur toujours positive ou nulle, et sa sensibilité aux valeurs extrêmes. Dans le cas d'une distribution normale, environ 68 % des observations se situent à plus ou moins un écart-type de la moyenne, ce qui en fait un outil précieux pour l'interprétation des données.

Le calcul de l'écart-type pour un échantillon s'effectue selon la formule :

$$s = \sqrt{\frac{\Sigma(x - \bar{x})^2}{n - 1}}$$

où $\bar{x}$ représente la moyenne de l'échantillon et n sa taille. Cette formule permet de corriger le biais lié à l'utilisation d'un échantillon plutôt que de la population entière.

Pour illustrer l'utilisation de l'écart-type en Python, considérons l'exemple suivant :

```
import numpy as np

# Scores data
scores = np.array([80, 75, 90, 82, 86, 78, 88, 92, 85, 79])

mean = np.mean(scores)
std_dev = np.std(scores, ddof=1)

print(f"Mean of the scores: {mean:.2f}")
```

```
print(f"Standard deviation of the scores: {std_dev:.2f}")

interval_68 = (mean - std_dev, mean + std_dev)
print("Interval containing about 68% of the scores: {:.2f},
{:.2f}".format(*interval_68))
```

La sortie est :

```
Mean of the scores: 83.50
Standard deviation of the scores: 5.58
Interval containing about 68% of the scores: 77.92, 89.08
```

Ces résultats nous indiquent que la moyenne des scores est de 83,50 et environ deux tiers des élèves (68 %) ont obtenu un score compris entre 77,92 et 89,08 points. Cette distribution montre une performance globalement homogène de la classe, avec un écart-type relativement faible de 5,58 points.

L'écart-type joue un rôle crucial dans plusieurs domaines. Il permet d'évaluer la volatilité des indicateurs de performance (KPI), de détecter les valeurs aberrantes qui pourraient influencer les analyses, de comparer la dispersion entre différents ensembles de données, et d'établir des intervalles de confiance pour les estimations et les prévisions.

En résumé, l'écart-type s'avère être un outil essentiel pour quantifier et pour communiquer efficacement la variabilité des données. Sa compréhension et son utilisation judicieuse sont primordiales pour extraire des insights fiables en Business Intelligence, permettant ainsi aux décideurs de prendre des décisions éclairées basées sur une interprétation solide de la dispersion des données.

Variance

La variance est une mesure statistique fondamentale qui joue un rôle central dans l'analyse de la dispersion des données. Elle quantifie l'écart moyen au carré entre chaque valeur d'un ensemble de données et leur moyenne, fournissant ainsi une indication précieuse sur la variabilité de ces données.

Cette mesure possède plusieurs caractéristiques distinctives. Tout d'abord, elle s'exprime dans l'unité au carré de la variable mesurée, ce qui peut parfois rendre son interprétation moins intuitive que celle de l'écart-type. La variance est toujours positive ou nulle, une propriété qui découle directement de sa définition mathématique. Il est important de noter qu'elle est particulièrement sensible aux valeurs extrêmes, ce qui peut être à la fois un avantage et un inconvénient selon le contexte de l'analyse.

La variance sert de base à de nombreuses autres mesures statistiques, dont la plus connue est l'écart-type. Pour un échantillon, elle se calcule selon la formule : $s^2 = \Sigma(x - \bar{x})^2 / (n - 1)$, où $\bar{x}$ représente la moyenne de l'échantillon et n sa taille. Cette formule, qui divise par (n-1) plutôt que par n, est utilisée pour corriger le biais lié à l'estimation de la variance d'une population à partir d'un échantillon.

Exemple d'utilisation en Python :

```
import numpy as np

# Scores data
scores = np.array([80, 75, 90, 82, 86, 78, 88, 92, 85, 79])

mean = np.mean(scores)
variance = np.var(scores, ddof=1)  # ddof=1 for sample variance

print(f"Mean of the scores: {mean:.2f}")
print(f"Variance of the scores: {variance:.2f}")
```

La sortie est :

```
Mean of the scores: 83.50
Variance of the scores: 31.17
```

La moyenne des scores est de 83,50, avec une variance de 31,17. Cette variance indique une dispersion modérée des notes autour de la moyenne. Cette valeur relativement faible suggère que les scores des élèves sont assez regroupés autour de la moyenne, témoignant d'une certaine homogénéité dans les performances de la classe.

L'interprétation de la variance est cruciale pour comprendre la distribution des données. Une variance élevée indique une grande dispersion des valeurs autour de la moyenne, suggérant une hétérogénéité importante dans l'ensemble des données. À l'inverse, une variance faible révèle que les données sont étroitement regroupées autour de la moyenne, témoignant d'une plus grande homogénéité.

Dans le cas extrême où la variance est nulle, cela signifie que toutes les valeurs de l'ensemble de données sont identiques, coïncidant avec la moyenne. Cette compréhension de la variance permet aux analystes en Business Intelligence d'évaluer rapidement la cohérence ou la variabilité des indicateurs clés de performance, facilitant ainsi la prise de décisions éclairées basées sur la stabilité ou la volatilité des données observées.

Bien que fondamentale, l'interprétation de la variance peut être moins intuitive que celle de l'écart-type, qui est exprimé dans la même unité que les données originales. C'est pourquoi l'écart-type (racine carrée de la variance) est souvent préféré dans la pratique pour communiquer la dispersion des données.

Mean Absolute Deviation

L'écart absolu moyen (MAD - *Mean Absolute Deviation*) est une mesure de dispersion robuste qui quantifie l'écart moyen entre chaque valeur d'un ensemble de données et leur moyenne. Contrairement à la variance ou à l'écart-type, le MAD ignore le signe des écarts, offrant ainsi une interprétation plus intuitive de la variabilité des données.

Le MAD présente plusieurs avantages. Il s'exprime dans la même unité que les données originales, facilitant son interprétation. De plus, sa valeur est toujours positive ou nulle. Sa robustesse face aux valeurs aberrantes en fait un outil précieux en présence de données extrêmes ou atypiques.

Pour illustrer son utilisation, considérons un exemple concret dans le domaine de l'éducation. Imaginons un enseignant analysant les notes d'un contrôle de mathématiques. Le calcul du MAD fournira une estimation de l'écart moyen entre chaque note et la moyenne de la classe, offrant ainsi un aperçu de l'homogénéité des résultats.

Voici comment calculer le MAD en Python :

```
import numpy as np

# Scores data
scores = np.array([80, 75, 90, 82, 86, 78, 88, 92, 85, 79])
mad = np.mean(np.abs(scores - np.mean(scores)))

print(f"Mean of the scores: {np.mean(scores):.2f}")
print(f"Mean Absolute Deviation (MAD): {mad:.2f}")
```

La sortie est :

```
Mean of the scores: 83.50
Mean Absolute Deviation (MAD): 4.70
```

La moyenne des scores est de 83,50 points, avec un écart absolu moyen (MAD) de 4,70 points. Cela signifie qu'en moyenne, les notes des élèves s'écartent de 4,70 points de la moyenne de la classe, ce qui indique une distribution relativement homogène des résultats. Cette valeur de MAD, exprimée dans la même unité que les notes, est facilement interprétable et confirme une faible dispersion des scores autour de la moyenne.

L'interprétation du MAD est relativement simple. Un MAD élevé indique une grande dispersion des données autour de la moyenne, tandis qu'un MAD faible suggère que les données sont étroitement groupées. Un MAD nul signifierait que toutes les valeurs sont identiques à la moyenne.

Bien que moins couramment utilisé que l'écart-type, le MAD offre certains avantages, notamment sa robustesse face aux valeurs extrêmes. Cependant, l'écart-type reste privilégié dans de nombreuses analyses statistiques en raison de ses propriétés mathématiques bien établies.

En Business Intelligence, le MAD peut s'avérer particulièrement utile pour analyser la variabilité des indicateurs de performance, évaluer la cohérence des données clients, ou encore détecter des anomalies dans les séries temporelles. Sa simplicité d'interprétation en fait un outil précieux pour communiquer la dispersion des données à des parties prenantes non techniques.

Estimateurs basés sur les percentiles

Les quantiles sont des mesures statistiques essentielles qui permettent de diviser un ensemble de données en proportions égales. Un quantile d'ordre α représente une valeur numérique supérieure à une proportion α des données. Par exemple, si le quantile d'ordre 0,10 est 100, cela signifie que 10 % des données sont inférieures à 100. De même, un quantile d'ordre 0,33 valant 13200 indique que 33 % des données sont inférieures à cette valeur.

Parmi les quantiles, les quartiles occupent une place particulière. Ce sont trois quantiles spéciaux qui divisent une distribution en quatre intervalles contenant chacun 25 % des données. On les note Q1, Q2 et Q3, correspondant respectivement au premier, deuxième et troisième quartile. Le premier quartile (Q1) est supérieur à 25 % des données, le deuxième quartile (Q2), également appelé médiane, est supérieur à 50 % des données, et le troisième quartile (Q3) est supérieur à 75 % des données.

L'écart interquartile (IQR - *Interquartile Range*) est une mesure de dispersion définie comme la différence entre Q3 et Q1. Il représente l'étendue contenant 50 % des données centrales. Cette mesure est particulièrement utile pour identifier les valeurs extrêmes, également appelées outliers. On considère généralement comme valeur extrême toute valeur supérieure à Q3 + 1.5 IQR ou inférieure à Q1 - 1.5 IQR.

Pour illustrer ces concepts, voici un exemple en Python utilisant la bibliothèque NumPy :

```
import numpy as np

# Generate a dataset
data = np.random.normal(loc=100, scale=20, size=1000)

# Calculate quartiles and IQR
Q1 = np.percentile(data, 25)
Q2 = np.percentile(data, 50)  # median
Q3 = np.percentile(data, 75)
IQR = Q3 - Q1

# Identify outliers
lower_bound = Q1 - 1.5 * IQR
upper_bound = Q3 + 1.5 * IQR
outliers = data[(data < lower_bound) | (data > upper_bound)]
```

```
print(f"Q1: {Q1:.2f}")
print(f"Median: {Q2:.2f}")
print(f"Q3: {Q3:.2f}")
print(f"IQR: {IQR:.2f}")
print(f"Number of outliers: {len(outliers)}")
```

La sortie est :

```
Q1: 87.14
Median: 100.93
Q3: 113.61
IQR: 26.46
Number of outliers: 8
```

Les méthodes de la classe `Series` permettant de calculer ces indicateurs sont récapitulées dans le tableau suivant :

Méthode	Indicateur	Exemple
`Mean`	Moyenne	`df['colonne'].mean()`
`Min`	Minimum	`df['colonne'].min()`
`Max`	Maximum	`df['colonne'].max()`
`Median`	Médiane	`df['colonne'].median()`
`Quantile`	Quantile	`df['colonne'].quantile(q=0.75)` (renvoie le troisième quartile) `df['colonne'].quantile(q=[0.1, 0.9])` (renvoie le quantile 0,1 et le quantile 0,9)

2.2 Analyse bivariée

2.2.1 Corrélation entre variables quantitatives

Analyser la relation entre deux variables quantitatives est crucial dans la recherche statistique et l'exploration de données, car cela permet de révéler des informations essentielles sur la nature de leur interaction. Cette analyse offre un aperçu précieux des tendances et des modèles cachés, permettant ainsi de mieux comprendre comment les variables évoluent ensemble.

En déterminant le degré et la direction de la corrélation entre ces variables, on peut identifier les facteurs qui influencent le comportement de l'autre, offrant ainsi des indications précieuses pour la prise de décision. De plus, cette analyse permet souvent de construire des modèles prédictifs, offrant ainsi la possibilité d'estimer ou d'anticiper les valeurs d'une variable en fonction de l'autre.

On peut citer quelques tests de corrélation couramment utilisés :

- Pearson
- Spearman
- Kendall

Test de corrélation de Pearson

La technique d'analyse de corrélation la plus courante est le calcul du coefficient de corrélation de Pearson, souvent simplement appelé « corrélation de Pearson ». Ce coefficient mesure la force et la direction de la relation linéaire entre deux variables quantitatives. Il varie entre -1 et 1 :

- Un coefficient de corrélation de 1 indique une corrélation positive parfaite, ce qui signifie que les deux variables évoluent dans la même direction avec une relation linéaire parfaite.
- Un coefficient de corrélation de -1 indique une corrélation négative parfaite, ce qui signifie que les deux variables évoluent dans des directions opposées avec une relation linéaire parfaite.
- Un coefficient de corrélation de 0 indique qu'il n'y a aucune corrélation linéaire entre les variables.

La corrélation de Pearson est largement utilisée, car elle est simple à interpréter et à calculer. Elle est particulièrement utile lorsque les données sont distribuées de manière continue et que la relation entre les variables semble être linéaire. Cependant, il est important de noter que la corrélation de Pearson ne mesure que les relations linéaires et ne capture pas nécessairement les relations non linéaires entre les variables. Pour explorer de telles relations, d'autres techniques de corrélation, telles que la corrélation de rang de Spearman ou la corrélation de rang de Kendall, peuvent être utilisées.

```
import numpy as np
import matplotlib.pyplot as plt
from scipy import stats

# Generate data
np.random.seed(0)
x = np.random.rand(50)
y = 2 * x + np.random.normal(0, 0.1, 50)

# Calculate Pearson correlation
r, p_value = stats.pearsonr(x, y)

# Visualize the data
plt.figure(figsize=(10, 6))
plt.scatter(x, y)
plt.title(f"Pearson Correlation: r = {r:.2f}, p-value =
{p_value:.4f}")
plt.xlabel("Variable X")
plt.ylabel("Variable Y")
plt.show()

print(f"Pearson correlation coefficient: {r:.2f}")
print(f"P-value: {p_value:.4f}")
```

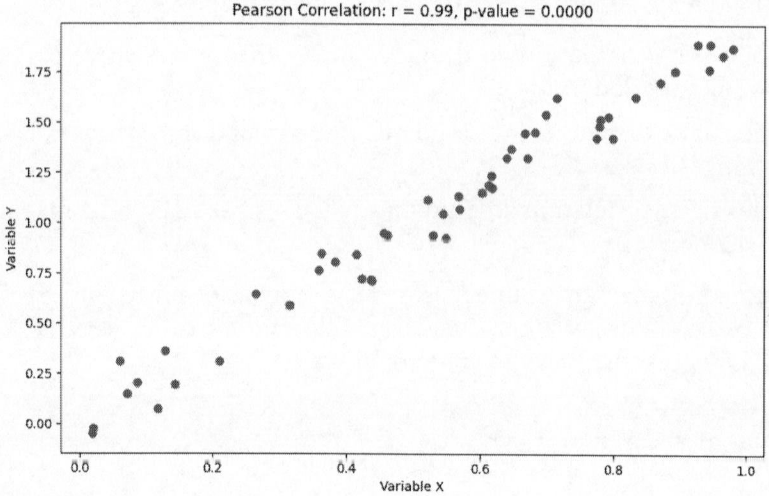

Test de corrélation de Spearman

La corrélation de Spearman est une mesure de la corrélation entre deux variables qui s'appuie sur les rangs des données plutôt que sur les valeurs brutes. Contrairement à la corrélation de Pearson, qui évalue la corrélation linéaire entre deux variables quantitatives, la corrélation de Spearman peut être utilisée pour évaluer la corrélation entre des variables qui ne suivent pas nécessairement une relation linéaire.

Pour calculer la corrélation de Spearman, on attribue à chaque valeur de chaque variable un rang, du plus petit au plus grand. Ensuite, au lieu d'utiliser les valeurs brutes, on utilise ces rangs pour calculer la corrélation. La corrélation de Spearman est basée sur la différence entre les rangs des paires de données, plutôt que sur les différences entre les valeurs brutes.

La corrélation de Spearman varie également entre -1 et 1, où :

- Un coefficient de corrélation de 1 indique une corrélation positive parfaite entre les rangs des données.
- Un coefficient de corrélation de -1 indique une corrélation négative parfaite entre les rangs des données.
- Un coefficient de corrélation de 0 indique qu'il n'y a pas de corrélation entre les rangs des données.

La corrélation de Spearman est une mesure de la corrélation entre les rangs des données et peut être utilisée pour évaluer les relations entre des variables qui ne suivent pas nécessairement une relation linéaire.

```
import numpy as np
import matplotlib.pyplot as plt
from scipy import stats

# Generate data
np.random.seed(0)
x = np.random.rand(50)
y = np.exp(x) + np.random.normal(0, 0.1, 50)

# Calculate Spearman correlation
rho, p_value = stats.spearmanr(x, y)

# Visualize the data
plt.figure(figsize=(10, 6))
plt.scatter(x, y)
plt.title(f"Spearman Correlation: ρ = {rho:.2f}, p-value =
{p_value:.4f}")
plt.xlabel("Variable X")
plt.ylabel("Variable Y")
plt.show()

print(f"Spearman correlation coefficient: {rho:.2f}")
print(f"P-value: {p_value:.4f}")
```

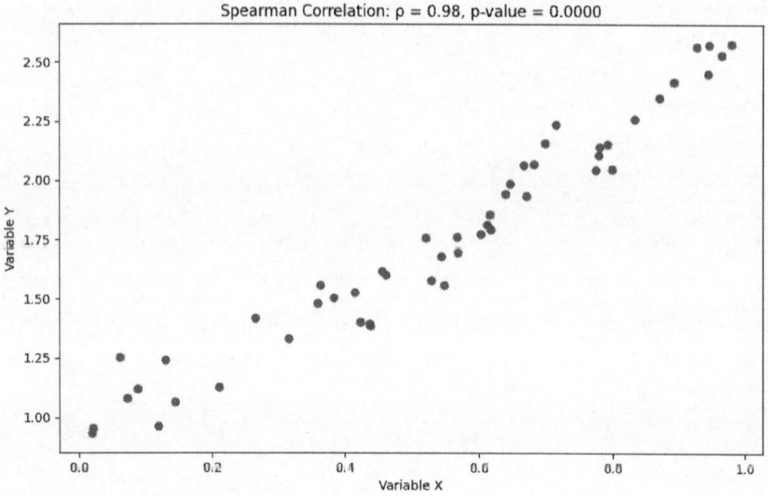

Pearson vs Spearman

Le code ci-dessous a pour objectif d'illustrer concrètement la différence entre les corrélations de Pearson et de Spearman dans le contexte d'une relation non linéaire.

En utilisant un exemple de relation en loi de puissance, nous mettons en lumière les forces et les limites de chaque méthode. Le but est de montrer pourquoi la corrélation de Spearman peut être plus adaptée pour détecter certains types de relations non linéaires, alors que la corrélation de Pearson, bien que largement utilisée, peut parfois sous-estimer la force de telles relations.

Nous allons procéder de la façon suivante :

– Importation des bibliothèques : le script commence par importer NumPy pour la manipulation des données, Matplotlib pour la visualisation, et SciPy pour les calculs statistiques.

- Génération des données : une graine aléatoire (*seed* en anglais) est fixée pour la reproductibilité. La graine aléatoire est un nombre qui initialise le générateur de nombres pseudo-aléatoires - c'est comme si l'on définissait un point de départ fixe pour la génération des nombres. En utilisant la même graine, on obtient toujours la même séquence de nombres « aléatoires », ce qui permet de reproduire exactement les mêmes résultats à chaque exécution du code. Une série de 100 valeurs x est créée entre 0,1 et 10. Les valeurs y sont générées selon une loi de puissance (3 ^ x) avec un bruit ajouté proportionnel à x. Les valeurs y sont rendues positives en prenant leur valeur absolue.
- Calcul des corrélations : la corrélation de Pearson et sa p-value sont calculées avec `stats.pearsonr()`. La corrélation de Spearman et sa p-value sont calculées avec `stats.spearmanr()`.
- Visualisation des données : une figure avec deux sous-graphiques est créée. Le premier graphique montre la relation directe entre x et y, illustrant la nature non linéaire de la relation. Le second graphique affiche le logarithme de y en fonction de x, ce qui linéarise la relation en loi de puissance.
- Affichage des résultats : les coefficients de corrélation et les p-values pour Pearson et Spearman sont imprimés.

```
import numpy as np
import matplotlib.pyplot as plt
from scipy import stats

# Generate power-law distributed data
np.random.seed(0)
x = np.linspace(0.1, 10, 100)
y = 3**x + np.random.normal(0, x, 100)  # Power-law with noise
proportional to x

# Ensure all y values are positive
y = np.abs(y)

# Calculate Pearson and Spearman correlations
r_pearson, p_pearson = stats.pearsonr(x, y)
rho_spearman, p_spearman = stats.spearmanr(x, y)

# Visualize the data
plt.figure(figsize=(12, 6))

plt.subplot(1, 2, 1)
```

```
plt.scatter(x, y)
plt.title("Power-law Relationship between X and Y")
plt.xlabel("Variable X")
plt.ylabel("Variable Y")

plt.subplot(1, 2, 2)
plt.scatter(x, np.log(y))
plt.title("Log(Y) as a function of X")
plt.xlabel("Variable X")
plt.ylabel("Log(Variable Y)")

plt.tight_layout()
plt.show()

print(f"Pearson correlation coefficient: {r_pearson:.2f}")
print(f"P-value (Pearson): {p_pearson:.4f}")
print(f"Spearman correlation coefficient: {rho_spearman:.2f}")
print(f"P-value (Spearman): {p_spearman:.4f}")
```

La sortie est :

```
Pearson correlation coefficient: 0.67
P-value (Pearson): 0.0000
Spearman correlation coefficient: 1.00
P-value (Spearman): 0.0000
```

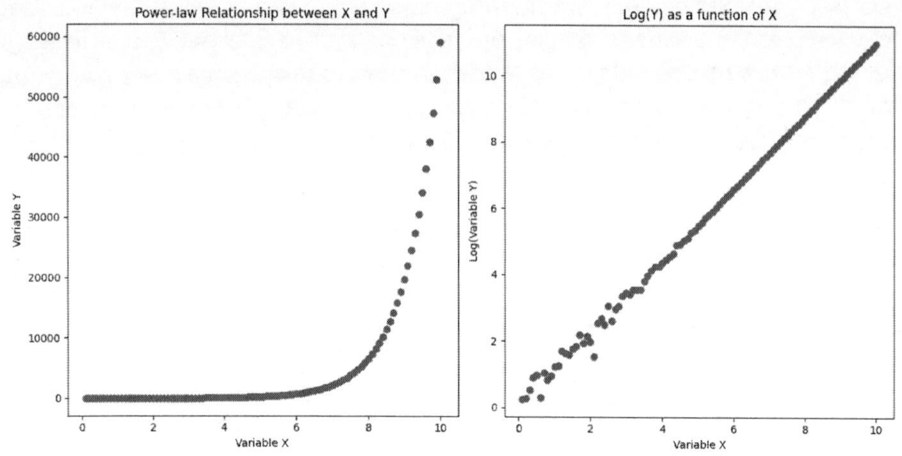

Cette petite démonstration permet de comparer visuellement et numériquement l'efficacité des deux méthodes de corrélation :

- La corrélation de Pearson, optimisée pour les relations linéaires, pourrait sous-estimer la force de la relation.
- La corrélation de Spearman, basée sur les rangs, devrait mieux capturer cette relation monotone non linéaire.

En examinant les graphiques et les coefficients de corrélation, on peut observer comment Spearman peut être plus adapté pour détecter des relations non linéaires, tandis que Pearson pourrait ne pas refléter adéquatement la force de la relation dans ce cas.

2.2.2 Association entre variables qualitatives

Tableau de contingence

Le tableau de contingence est un outil fondamental en statistique pour l'analyse des relations entre variables qualitatives. Il offre une représentation visuelle claire de la distribution conjointe de deux ou plusieurs variables catégorielles, permettant ainsi de déceler rapidement des patterns ou des associations potentielles entre ces variables.

Dans le contexte de la Business Intelligence, les tableaux de contingence sont particulièrement utiles pour explorer des questions telles que la relation entre les catégories de produits et les segments de clientèle, l'impact des campagnes marketing sur les conversions, ou encore l'association entre la satisfaction client et la fidélité à la marque.

La construction d'un tableau de contingence implique de croiser les modalités de deux variables catégorielles, créant ainsi une matrice où chaque cellule contient le nombre d'observations correspondant à la combinaison spécifique des modalités. Cette représentation permet non seulement de visualiser les fréquences brutes, mais aussi de calculer des proportions et des pourcentages qui peuvent révéler des tendances importantes.

Pour illustrer la création et l'utilisation d'un tableau de contingence en Python, considérons un exemple concret dans le domaine du e-commerce. Imaginons que nous souhaitons analyser la relation entre le type de dispositif utilisé (mobile, tablette, ordinateur) et le taux de conversion (achat ou non) sur un site web.

```
import pandas as pd
import numpy as np
import matplotlib.pyplot as plt
import seaborn as sns

# Generate synthetic data
np.random.seed(0)
n_observations = 1000
devices = np.random.choice(['Mobile', 'Tablet', 'Desktop'],
n_observations, p=[0.5, 0.2, 0.3])
conversions = np.random.choice(['Yes', 'No'], n_observations,
p=[0.1, 0.9])

# Create DataFrame
df = pd.DataFrame({'Device': devices, 'Conversion': conversions})

# Create contingency table
contingency_table = pd.crosstab(df['Device'], df['Conversion'])

print("Contingency Table:")
print(contingency_table)

# Visualize contingency table
plt.figure(figsize=(10, 6))
sns.heatmap(contingency_table, annot=True, fmt='d', cmap='YlGnBu')
plt.title('Contingency Table: Device vs Conversion')
plt.show()

# Calculate conversion rates by device
conversion_rates = contingency_table['Yes'] /
(contingency_table['Yes'] + contingency_table['No']) * 100
print("\nConversion rates by device:")
print(conversion_rates)
```

La sortie et la suivante :

```
Contingency Table:

Conversion   No  Yes
Device
Desktop     262   29
Mobile      473   44
Tablet      170   22
```

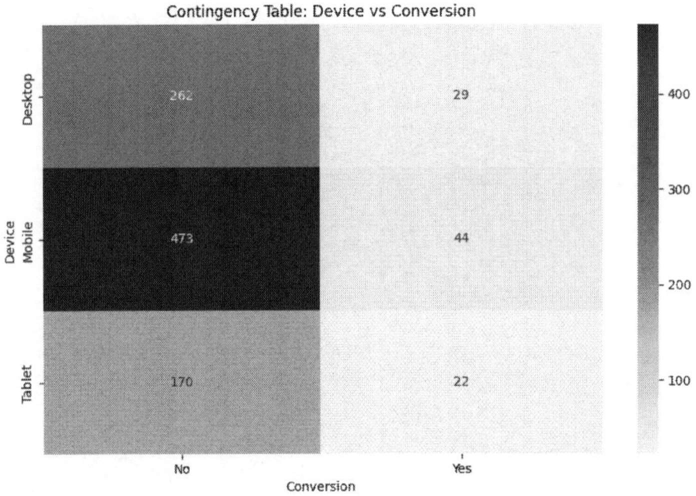


```
Conversion rates by device:
Device
Desktop     9.965636
Mobile      8.510638
Tablet     11.458333
```

Ce code génère d'abord des données synthétiques, puis crée un tableau de contingence à l'aide de la fonction `pd.crosstab()`. Il visualise ensuite ce tableau sous forme de heatmap pour une interprétation plus intuitive. Enfin, il calcule les taux de conversion pour chaque type de dispositif.

L'analyse de ce tableau de contingence pourrait révéler, par exemple, que les utilisateurs de tablettes ont un taux de conversion plus élevé que ceux utilisant des mobiles ou des ordinateurs de bureau. Ces insights peuvent guider des décisions stratégiques, comme l'optimisation de l'expérience utilisateur sur certains dispositifs ou l'allocation des ressources marketing.

Il est important de noter que bien que les tableaux de contingence soient extrêmement utiles pour l'exploration initiale des données, ils doivent souvent être complétés par des tests statistiques plus rigoureux, tels que le test du chi-deux d'indépendance, pour confirmer la significativité statistique des associations observées.

En conclusion, les tableaux de contingence constituent un outil puissant et accessible pour l'analyse des relations entre variables catégorielles en Business Intelligence. Leur utilisation judicieuse peut révéler des patterns importants dans les données, guidant ainsi la prise de décision basée sur les données et l'élaboration de stratégies commerciales efficaces.

Test du chi-deux d'indépendance

Le test du chi-deux d'indépendance est un outil statistique essentiel en Business Intelligence pour évaluer l'association entre deux variables catégorielles. Il permet de déterminer si la distribution observée dans un tableau de contingence diffère significativement de ce qu'on attendrait si les variables étaient indépendantes. Ce test est particulièrement utile dans des contextes tels que l'analyse de l'efficacité des campagnes marketing, l'étude des préférences des consommateurs ou l'évaluation de l'impact des stratégies commerciales sur différents segments de clientèle.

La mise en œuvre du test du chi-deux en Python est relativement simple grâce à la fonction `chi2_contingency()` de la bibliothèque scipy.stats. Voici un exemple concret d'utilisation :

```
import numpy as np
from scipy.stats import chi2_contingency

# Create a contingency table
contingency_table = np.array([[100, 50], [80, 70]])

# Perform the chi-squared test
statistic, p_value, degrees_of_freedom, expected_values =
```

```
chi2_contingency(contingency_table)

print(f"Chi-squared statistic: {statistic:.2f}")
print(f"P-value: {p_value:.4f}")
print(f"Degrees of freedom: {degrees_of_freedom}")
```

La sortie est :

```
Chi-squared statistic: 5.01
P-value: 0.0251
Degrees of freedom: 1
```

L'interprétation des résultats du test se base principalement sur la p-valeur. Une p-valeur inférieure au seuil choisi (généralement 0,05) indique une association significative entre les variables. Cependant, il est crucial de ne pas se limiter à cette seule valeur et de considérer également la taille de l'effet et le contexte de l'étude.

Il est important de noter certaines limites et considérations lors de l'utilisation du test du chi-deux. Premièrement, il est sensible à la taille de l'échantillon : avec de très grands échantillons, même des associations faibles peuvent apparaître comme statistiquement significatives. Deuxièmement, le test suppose que les effectifs théoriques de chaque cellule sont suffisamment grands (généralement supérieurs à 5). Pour les petits échantillons ou les tableaux contenant des cellules à faible effectif, d'autres tests comme le test exact de Fisher peuvent être plus appropriés.

En conclusion, le test du chi-deux d'indépendance est un outil puissant pour analyser les relations entre variables catégorielles en Business Intelligence. Son utilisation judicieuse, combinée à une interprétation critique des résultats, peut fournir des insights précieux pour la prise de décision stratégique. Néanmoins, il est essentiel de le considérer comme un élément d'un ensemble plus large d'analyses statistiques et de toujours contextualiser ses résultats dans le cadre de l'entreprise et du marché étudié.

2.2.3 Relation entre variable qualitative et quantitative

Analyse de la variance (ANOVA)

L'analyse de variance (en anglais *Analysis of Variance* ou ANOVA) est une méthode statistique fondamentale en Business Intelligence, particulièrement utile pour comparer les moyennes de trois groupes ou plus. Cette technique permet de déterminer si ces groupes diffèrent significativement les uns des autres, testant ainsi l'hypothèse nulle selon laquelle les moyennes de plusieurs groupes sont égales. L'ANOVA trouve de nombreuses applications dans le monde des affaires, que ce soit pour comparer l'efficacité de différentes stratégies marketing, évaluer la performance de divers produits, ou analyser les différences de satisfaction client entre plusieurs segments.

Pour illustrer l'utilisation de l'ANOVA en Python, considérons un exemple concret. Imaginons que nous souhaitons comparer les ventes moyennes de trois régions différentes pour déterminer s'il existe des différences significatives entre elles. Voici comment nous pourrions procéder en utilisant la fonction `f_oneway()` de la bibliothèque scipy.stats :

```
import numpy as np
import matplotlib.pyplot as plt
from scipy import stats

# Generate simulated data for three regions
np.random.seed(0)
region1 = np.random.normal(100, 15, 50)
region2 = np.random.normal(110, 15, 50)
region3 = np.random.normal(95, 15, 50)

# Perform ANOVA
f_statistic, p_value = stats.f_oneway(region1, region2, region3)

print(f"F-statistic: {f_statistic:.4f}")
print(f"P-value: {p_value:.4f}")

# Interpretation of results
alpha = 0.05
if p_value < alpha:
   print("There are significant differences between the means of
the regions.")
else:
   print("There is not enough evidence to conclude differences
```

```
between the regions.")

# Visualize the data
plt.figure(figsize=(10, 6))
plt.boxplot([region1, region2, region3], labels=['Region 1',
'Region 2', 'Region 3'])
plt.title("Comparison of Sales by Region")
plt.ylabel("Sales")
plt.show()
```

La sortie est :

```
F-statistic: 6.5499
P-value: 0.0019
There are significant differences between the means of the regions.
```

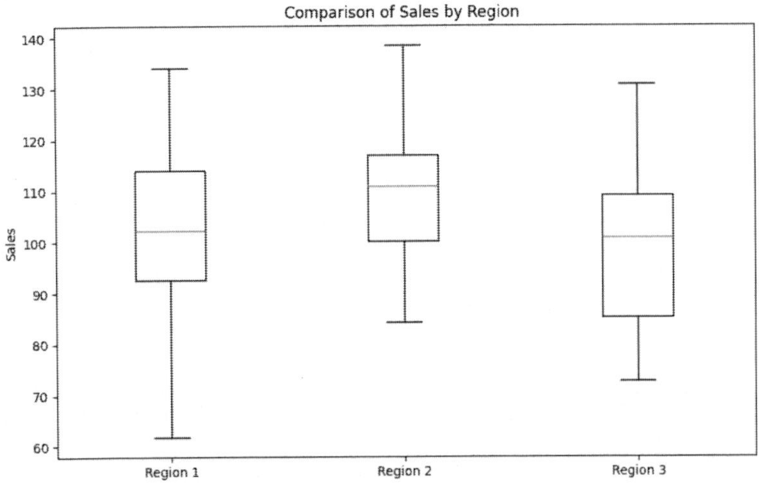

Ce script effectue non seulement l'ANOVA, mais fournit également une visualisation des données sous forme de boîtes à moustaches, ce qui aide à interpréter visuellement les différences entre les groupes.

Il est crucial de noter que l'ANOVA repose sur certaines hypothèses, notamment l'homogénéité des variances et la normalité des résidus. Dans un contexte de Business Intelligence, il est important de vérifier ces hypothèses avant de tirer des conclusions. De plus, si l'ANOVA révèle des différences significatives, il est souvent nécessaire de procéder à des analyses post-hoc, comme le test de Tukey, pour identifier précisément quels groupes diffèrent les uns des autres.

L'interprétation des résultats de l'ANOVA doit toujours se faire en tenant compte du contexte de l'étude et des objectifs commerciaux. Par exemple, des différences statistiquement significatives entre les ventes de différentes régions pourraient conduire à des ajustements dans les stratégies de distribution ou de marketing régionales.

L'ANOVA est un outil puissant dans la boîte à outils de l'analyste de données. Elle permet de dépasser les simples comparaisons par paires et d'obtenir une vue d'ensemble des différences entre plusieurs groupes. Cependant, son utilisation judicieuse nécessite une compréhension approfondie non seulement de la technique elle-même, mais aussi des données analysées et du contexte commercial dans lequel elles s'inscrivent. Utilisée correctement, l'ANOVA peut fournir des insights précieux pour guider la prise de décision dans l'entreprise.

3. Inférence statistique

3.1 Notion d'intervalle de confiance

L'intervalle de confiance est un concept fondamental en statistique inférentielle, jouant un rôle crucial dans l'estimation de paramètres de population à partir d'échantillons. Dans le contexte de la Business Intelligence, il offre un moyen rigoureux de quantifier l'incertitude associée aux estimations, permettant ainsi des prises de décision plus éclairées.

Un intervalle de confiance est une plage de valeurs, calculée à partir des données d'un échantillon, qui a une probabilité spécifiée de contenir la vraie valeur du paramètre de population. Par exemple, un intervalle de confiance à 95 % pour la moyenne d'une population signifie que si nous répétions l'échantillonnage et le calcul de l'intervalle de nombreuses fois, environ 95 % de ces intervalles contiendraient la vraie moyenne de la population.

Pour illustrer ce concept, considérons un exemple concret en Python. Imaginons que nous souhaitons estimer le chiffre d'affaires moyen par client d'une entreprise e-commerce :

```
import numpy as np
from scipy import stats

# Simulate revenue data per client
np.random.seed(0)
revenues = np.random.normal(loc=100, scale=20, size=1000)

# Calculate the sample mean and standard deviation
sample_mean = np.mean(revenues)
sample_std_dev = np.std(revenues, ddof=1)

# Calculate the 95% confidence interval
sample_size = len(revenues)
margin_of_error = stats.t.ppf((1 + 0.95) / 2, df=sample_size-1) *
(sample_std_dev / np.sqrt(sample_size))
confidence_interval = (sample_mean - margin_of_error, sample_mean
+ margin_of_error)

print(f"Sample mean: {sample_mean:.2f}")
print(f"95% confidence interval: {confidence_interval}")
```

La sortie est :

```
Sample mean: 99.09
95% confidence interval: 97.87, 100.32
```

Dans cet exemple, nous calculons un intervalle de confiance à 95 % pour la moyenne des revenus par client. L'interprétation correcte de cet intervalle est cruciale : il ne signifie pas qu'il y a 95 % de chances que la vraie moyenne de la population se trouve dans cet intervalle, mais plutôt que si nous répétions cette procédure de nombreuses fois, environ 95 % des intervalles calculés contiendraient la vraie moyenne.

L'utilisation des intervalles de confiance en Business Intelligence est vaste. Ils peuvent être employés pour estimer des métriques clés telles que le taux de conversion moyen, le panier moyen, ou encore la durée de vie client. Ils permettent également de comparer des groupes, par exemple en évaluant si les intervalles de confiance pour les taux de rétention de différents segments de clientèle se chevauchent.

Il est important de noter que la largeur de l'intervalle de confiance est influencée par plusieurs facteurs. Une taille d'échantillon plus grande tend à réduire la largeur de l'intervalle, offrant une estimation plus précise. De même, un niveau de confiance plus élevé (par exemple 99 % au lieu de 95 %) élargira l'intervalle. Le choix du niveau de confiance dépend souvent du contexte de l'analyse et des conséquences potentielles d'une erreur d'estimation.

En conclusion, les intervalles de confiance constituent un outil puissant en Business Intelligence pour quantifier l'incertitude des estimations. Leur utilisation judicieuse permet non seulement d'éviter des conclusions hâtives basées sur des estimations ponctuelles, mais aussi de communiquer de manière plus transparente sur la fiabilité des insights générés à partir des données. Dans un environnement d'affaires où la prise de décision basée sur les données est cruciale, la maîtrise des intervalles de confiance devient un atout majeur pour tout analyste ou décideur.

3.2 Principes des tests d'hypothèses

Les tests d'hypothèses constituent un pilier fondamental de l'inférence statistique, offrant un cadre rigoureux pour la prise de décision basée sur les données en Business Intelligence. Ce processus implique la formulation et l'évaluation systématique d'hypothèses concernant les paramètres de population, permettant ainsi de tirer des conclusions robustes à partir d'échantillons.

Au cœur de chaque test d'hypothèse se trouvent l'hypothèse nulle (H0) et l'hypothèse alternative (H1). L'hypothèse nulle représente généralement le statu quo ou l'absence d'effet, tandis que l'hypothèse alternative propose un changement ou un effet. Par exemple, dans le contexte d'une campagne marketing, H0 pourrait stipuler que la nouvelle campagne n'a pas d'impact sur les ventes, alors que H1 affirmerait le contraire.

La prise de décision dans les tests d'hypothèses n'est pas exempte de risques d'erreur. L'erreur de type I, ou faux positif, survient lorsqu'on rejette à tort l'hypothèse nulle. La probabilité de commettre cette erreur est dénotée par α, le niveau de signification du test. L'erreur de type II, ou faux négatif, se produit lorsqu'on ne rejette pas une hypothèse nulle qui est en réalité fausse. La probabilité de cette erreur est notée β, et son complément (1-β) représente la puissance du test.

La p-valeur joue un rôle crucial dans l'interprétation des résultats d'un test d'hypothèse. Elle représente la probabilité d'obtenir un résultat au moins aussi extrême que celui observé, sous l'hypothèse nulle. Une p-valeur inférieure au niveau de signification α préétabli (souvent 0,05) conduit au rejet de l'hypothèse nulle en faveur de l'hypothèse alternative.

Pour illustrer ces concepts, considérons un exemple concret en Python. Imaginons que nous voulions tester si le temps moyen passé sur un nouveau site web est significativement différent de 10 minutes. On utilise trois librairies Python dédiées aux statistiques : NumPy pour la manipulation des données et la génération aléatoire, scipy.stats pour réaliser le test t de Student et statsmodels pour l'analyse de puissance. Les principales méthodes employées permettent de générer un échantillon suivant une loi normale (random.normal), de tester si sa moyenne diffère significativement d'une valeur de référence (ttest_1samp) et d'évaluer la fiabilité de ce test via une analyse de puissance (solve_power).

```
import numpy as np
from scipy import stats
from statsmodels.stats.power import TTestIndPower

# Simulate data: time spent on the site (in minutes)
np.random.seed(0)
time_on_site = np.random.normal(loc=11, scale=2, size=100)

# Define hypotheses
# H0: The mean time is 10 minutes
# H1: The mean time is different from 10 minutes

# Perform the t-test
t_stat, p_value = stats.ttest_1samp(time_on_site, popmean=10)

# Interpret the results
```

```
alpha = 0.05
print(f"T-statistic: {t_stat:.4f}")
print(f"P-value: {p_value:.4f}")

if p_value < alpha:
    print("Reject the null hypothesis: The mean time is
significantly different from 10 minutes.")
else:
    print("Fail to reject the null hypothesis: Not enough
evidence to conclude that the mean time is different from 10
minutes.")

# Calculate the power of the test
effect_size = (np.mean(time_on_site) - 10) / np.std(time_on_site,
ddof=1)
power_analysis = TTestIndPower()
power = power_analysis.solve_power(effect_size=effect_size,
nobs1=len(time_on_site), alpha=alpha)
print(f"Power of the test: {power:.4f}")
```

La sortie est :

```
T-statistic: 5.5265
P-value: 0.0000
Reject the null hypothesis: The mean time is significantly
different from 10 minutes.
Power of the test: 0.9731
```

Les données montrent une différence statistiquement significative entre le temps moyen passé sur le site et la valeur de référence de 10 minutes (p-value < 0,05). La statistique t élevée (5,5265) indique un écart important par rapport à l'hypothèse nulle. La puissance du test est très élevée (0,9731 ou 97,31%), ce qui signifie que le test était particulièrement fiable pour détecter cette différence. Cette forte puissance nous permet d'avoir une grande confiance dans le rejet de l'hypothèse nulle.

Ce script illustre un test t à un échantillon, comparant le temps moyen passé sur le site à une valeur hypothétique de 10 minutes. Il calcule la statistique t, la p-valeur, et interprète les résultats en fonction du niveau de signification α. De plus, il estime la puissance du test, offrant ainsi un aperçu complet de la robustesse de nos conclusions.

En Business Intelligence, la maîtrise des tests d'hypothèses permet d'évaluer rigoureusement l'efficacité des stratégies marketing, l'impact des changements opérationnels, ou encore la pertinence des nouveaux produits. Cependant, il est crucial de ne pas se fier aveuglément aux p-valeurs et de toujours considérer la taille de l'effet et le contexte business dans l'interprétation des résultats.

En conclusion, les principes des tests d'hypothèses fournissent un cadre méthodologique solide pour la prise de décision basée sur les données en Business Intelligence. La compréhension approfondie des hypothèses nulles et alternatives, des erreurs de type I et II, ainsi que de l'interprétation des p-valeurs, permet aux analystes de naviguer avec confiance dans le paysage complexe de l'inférence statistique, tout en restant conscients des limites et des nuances de ces méthodes.

3.3 Tests paramétriques

Les tests paramétriques sont des outils statistiques puissants largement utilisés en Business Intelligence pour tirer des conclusions à partir de données échantillonnées. Ces tests reposent sur des hypothèses spécifiques concernant la distribution des données, notamment la normalité et l'homogénéité des variances. Bien que ces hypothèses puissent sembler contraignantes, ces tests offrent une grande puissance statistique lorsqu'elles sont satisfaites.

3.3.1 Test de normalité

Le test de normalité est utilisé pour déterminer si un échantillon de données suit une distribution normale ou gaussienne. C'est une étape importante dans de nombreuses analyses statistiques, car de nombreuses méthodes supposent que les données sont normalement distribuées. Le test de normalité peut aider à vérifier cette hypothèse.

Dans cet exemple, nous utiliserons le test de normalité de Shapiro-Wilk de la bibliothèque scipy.stats pour évaluer la normalité d'un échantillon de données.

```
from scipy.stats import shapiro
import numpy as np

# Example data
data = np.random.normal(loc=0, scale=1, size=100)
```

```
# Apply the Shapiro-Wilk normality test
statistic, p_value = shapiro(data)

# Interpret the results
if p_value > 0.05:
    print("The data follows a normal distribution (p-value =",
p_value, ")")
else:
    print("The data does not follow a normal distribution
(p-value =", p_value, ")")
```

La sortie est :

```
The data does not follow a normal distribution (p-value =
0.04156432925499036 )
```

Assurez-vous d'avoir un échantillon de taille suffisante pour obtenir des résultats fiables.

Gardez à l'esprit que le test de normalité peut être sensible à la taille de l'échantillon. Avec de grandes tailles d'échantillons, même de petites déviations de la normalité peuvent être détectées comme significatives.

Utilisez le test de normalité comme un outil exploratoire plutôt que comme une étape obligatoire. Parfois, même si les données ne sont pas parfaitement normales, les analyses paramétriques peuvent encore être appropriées si les autres conditions sont remplies.

Si les données ne suivent pas une distribution normale, envisagez des alternatives telles que les méthodes non paramétriques ou des transformations des données pour répondre aux hypothèses des tests statistiques.

Le test de normalité est une étape importante dans l'analyse des données. En comprenant son fonctionnement et en suivant les bonnes pratiques, les analystes peuvent mieux interpréter les résultats de leurs analyses statistiques.

3.3.2 Test t de Student

Le test t de Student est l'un des tests paramétriques les plus couramment utilisés. Il permet de comparer les moyennes de deux groupes pour déterminer s'il existe une différence significative entre eux. Dans le contexte de la Business Intelligence, ce test peut être appliqué pour comparer l'efficacité de deux stratégies marketing, évaluer l'impact d'un changement de processus, ou encore analyser les différences de performance entre deux segments de clientèle.

Voici un exemple d'application du test t de Student en Python. On utilise NumPy pour la génération de données aléatoires suivant une loi normale via la méthode random.normal ainsi que scipy.stats pour réaliser un test t de Student de comparaison de moyennes entre deux groupes indépendants via la méthode ttest_ind. Le test va déterminer si la différence entre les moyennes des deux groupes est statistiquement significative :

```
import numpy as np
from scipy import stats

# Simulate data for two groups
np.random.seed(0)
group1 = np.random.normal(loc=100, scale=15, size=50)
group2 = np.random.normal(loc=110, scale=15, size=50)

# Perform the Student's t-test
t_statistic, p_value = stats.ttest_ind(group1, group2)

print(f"T-statistic: {t_statistic:.4f}")
print(f"P-value: {p_value:.4f}")

if p_value < 0.05:
    print("There is a significant difference between the means of
the two groups.")
else:
    print("There is not enough evidence to conclude a difference
between the means of the groups.")
```

La sortie est :

```
T-statistic: -2.4889
P-value: 0.0145
There is a significant difference between the means of the two
groups.
```

La comparaison des deux groupes montre une différence statistiquement significative (p-value = 0,0145 < 0,05). La valeur négative de la statistique t -2,4889) indique que la moyenne du groupe 1 est inférieure à celle du groupe 2, ce qui correspond à notre simulation où nous avions défini des moyennes de 100 et 110 respectivement. Cette différence est suffisamment importante pour être considérée comme statistiquement significative au seuil conventionnel de 5 %.

3.3.3 ANOVA à un facteur

L'analyse de variance (ANOVA) à un facteur est une extension du test t qui permet de comparer les moyennes de trois groupes ou plus. Cette technique est particulièrement utile en Business Intelligence lorsqu'il s'agit d'évaluer l'impact de différentes stratégies, de comparer plusieurs segments de marché, ou d'analyser les performances de multiples produits ou services.

Voici un exemple d'utilisation de l'ANOVA à un facteur en Python. On utilise la librairie NumPy pour générer des données aléatoires suivant une loi normale via `random.normal` et scipy.stats pour effectuer une analyse de variance (ANOVA) à l'aide de la fonction `f_oneway` :

```
import numpy as np
from scipy import stats

# Simulate data for three groups
np.random.seed(0)
group1 = np.random.normal(loc=100, scale=15, size=50)
group2 = np.random.normal(loc=105, scale=15, size=50)
group3 = np.random.normal(loc=110, scale=15, size=50)

# Perform ANOVA
f_statistic, p_value = stats.f_oneway(group1, group2, group3)

print(f"F-statistic: {f_statistic:.4f}")
print(f"P-value: {p_value:.4f}")

if p_value < 0.05:
    print("There are significant differences between the means of 
the groups.")
else:
    print("There is not enough evidence to conclude differences 
between the means of the groups.")
```

La sortie est :

```
F-statistic: 8.0647
P-value: 0.0005
There are significant differences between the means of the groups.
```

L'ANOVA montre une différence très significative entre les moyennes des trois groupes (p-value = 0,0005 << 0,05). La valeur élevée de la statistique F (8,0647) suggère une variation importante entre les groupes par rapport à la variation au sein des groupes. Les différences observées entre les moyennes simulées (100, 105 et 110) sont donc statistiquement significatives au seuil de 5 %.

L'interprétation des résultats de ces tests paramétriques doit toujours se faire avec précaution. Une p-valeur inférieure au seuil choisi (généralement 0,05) indique des différences statistiquement significatives, mais il est crucial de considérer également la taille de l'effet et la pertinence pratique de ces différences dans le contexte spécifique de l'analyse.

Il est important de noter que tant le test t de Student que l'ANOVA reposent sur des hypothèses de normalité et d'homogénéité des variances. Dans la pratique de la Business Intelligence, ces hypothèses ne sont pas toujours strictement respectées. C'est pourquoi il est souvent recommandé de vérifier ces hypothèses et, si nécessaire, d'envisager des alternatives non paramétriques ou des transformations de données.

Le test t de Student et l'ANOVA à un facteur sont des outils statistiques puissants qui, lorsqu'ils sont utilisés à bon escient, peuvent fournir des insights précieux en Business Intelligence. Ils permettent de détecter des différences significatives entre groupes, guidant ainsi la prise de décision stratégique. Cependant, leur utilisation nécessite une compréhension approfondie de leurs hypothèses sous-jacentes et de leurs limites, ainsi qu'une interprétation nuancée de leurs résultats dans le contexte spécifique de l'analyse commerciale.

3.4 Tests non paramétriques

Les tests non paramétriques constituent un ensemble d'outils statistiques essentiels en Business Intelligence, particulièrement utiles lorsque les hypothèses des tests paramétriques classiques ne sont pas satisfaites. Ces méthodes sont robustes face aux distributions non normales et aux petits échantillons, offrant ainsi une flexibilité précieuse dans l'analyse de données réelles souvent complexes et irrégulières.

3.4.1 Test de Mann-Whitney

Le test de Mann-Whitney, également connu sous le nom de test de Wilcoxon-Mann-Whitney, est l'un des tests non paramétriques les plus couramment utilisés. Il sert à comparer deux groupes indépendants sans faire d'hypothèse sur la normalité de leurs distributions. Dans le contexte de la Business Intelligence, ce test peut être particulièrement utile pour comparer, par exemple, les performances de deux groupes de clients, l'efficacité de deux stratégies marketing différentes, ou encore les niveaux de satisfaction entre deux segments de marché.

Voici un exemple d'application du test de Mann-Whitney en Python. On utilise NumPy pour le calcul numérique et la génération de données aléatoires. La librairie scipy fournit les outils statistiques nécessaires, notamment le test de Mann-Whitney. Le code simule deux groupes de 100 valeurs suivant une distribution exponentielle avec des paramètres d'échelle de 2,0 et 2,5 respectivement, puis applique le test de Mann-Whitney avec l'option `'two-sided'` pour détecter toute différence significative entre les distributions, sans présupposer de direction particulière - cette approche est particulièrement pertinente dans un contexte business pour comparer objectivement deux groupes ou stratégies.

```
import numpy as np
from scipy import stats

# Simulate data for two groups
np.random.seed(0)
group1 = np.random.exponential(scale=2, size=100)
group2 = np.random.exponential(scale=2.5, size=100)

# Perform the Mann-Whitney test
statistic, p_value = stats.mannwhitneyu(group1, group2,
alternative='two-sided')
```

```
print(f"Test statistic: {statistic:.4f}")
print(f"P-value: {p_value:.4f}")

if p_value < 0.05:
    print("There is a significant difference between the two groups.")
else:
    print("There is not enough evidence to conclude a difference
between the groups.")
```

La sortie est :

```
Test statistic: 3856.0000
P-value: 0.0052
There is a significant difference between the two groups.
```

Les résultats de l'analyse révèlent une différence statistiquement significative entre les deux groupes, avec une statistique de test de 3856,0000 et une p-valeur de 0,0052, nettement inférieure au seuil ce de différence. Dans un contexte business, cette conclusion statistique pourrait justifier des décisions stratégiques, comme l'adoption d'une nouvelle approche marketing ou la confirmation de différences comportementales entre segments de clients.

3.4.2 Test de Kruskal-Wallis

Le test de Kruskal-Wallis est une extension du test de Mann-Whitney à trois groupes ou plus. Il permet de déterminer s'il existe des différences statistiquement significatives entre plusieurs groupes indépendants. Ce test est particulièrement utile en Business Intelligence lorsqu'il s'agit de comparer plusieurs segments de marché, différentes catégories de produits, ou encore l'efficacité de multiples campagnes marketing.

Voici un exemple d'utilisation du test de Kruskal-Wallis en Python. On utilise les bibliothèques NumPy pour la génération de données numériques et scipy.stats pour l'analyse statistique, en particulier le test de Kruskal-Wallis. Nous simulons trois groupes de 50 valeurs, chacun suivant une distribution normale avec des moyennes légèrement différentes (100, 105 et 95) et un écart-type identique de 15. Puis, nous appliquons le test de Kruskal-Wallis via `stats.kruskal()` pour détecter d'éventuelles différences significatives entre ces trois distributions.

Cette approche non paramétrique est particulièrement adaptée lorsqu'on ne peut pas garantir la normalité des données ou l'égalité des variances entre les groupes, situations fréquentes dans l'analyse de données business.

```
import numpy as np
from scipy import stats

# Simulate data for three groups
np.random.seed(0)
group1 = np.random.normal(loc=100, scale=15, size=50)
group2 = np.random.normal(loc=105, scale=15, size=50)
group3 = np.random.normal(loc=95, scale=15, size=50)

# Perform the Kruskal-Wallis test
statistic, p_value = stats.kruskal(group1, group2, group3)

print(f"Test statistic: {statistic:.4f}")
print(f"P-value: {p_value:.4f}")

if p_value < 0.05:
    print("There are significant differences between the groups.")
else:
    print("There is not enough evidence to conclude differences
between the groups.")
```

La sortie est :

```
Test statistic: 3.5537
P-value: 0.1692
There is not enough evidence to conclude differences between
the groups.
```

L'analyse statistique produit une statistique de test de 3,5537 et une p-valeur de 0,1692, qui est supérieure au seuil conventionnel de signification de 0,05. Cela nous amène à conclure qu'il n'y a pas suffisamment de preuves statistiques pour affirmer l'existence de différences significatives entre les trois groupes. Dans un contexte business, ce résultat pourrait suggérer que les différentes stratégies ou segments étudiés ne produisent pas d'effets significativement différents, invitant à reconsidérer la pertinence des distinctions établies ou à approfondir l'analyse avec d'autres méthodes ou métriques.

L'interprétation des résultats de ces tests non paramétriques doit toujours se faire dans le contexte spécifique de l'analyse. Une p-valeur inférieure au seuil choisi (généralement 0,05) indique des différences significatives entre les groupes, mais il est crucial de considérer également la taille de l'effet et la pertinence pratique de ces différences.

En conclusion, les tests non paramétriques comme le test de Mann-Whitney et le test de Kruskal-Wallis offrent des alternatives robustes aux tests paramétriques classiques. Leur utilisation en Business Intelligence permet d'analyser efficacement des données qui ne satisfont pas les hypothèses de normalité, ouvrant ainsi la voie à des insights précieux même dans des situations où les données sont irrégulières ou les échantillons sont de petite taille. Maîtriser ces outils enrichit considérablement la boîte à outils de l'analyste, permettant des analyses plus flexibles et plus adaptées à la complexité des données réelles rencontrées dans le monde des affaires.

4. Techniques avancées d'analyse statistique

4.1 Régression linéaire simple et multiple

La régression linéaire est une technique fondamentale en statistiques et en apprentissage automatique, utilisée pour modéliser la relation entre une variable dépendante et une ou plusieurs variables indépendantes. Elle est largement appliquée dans divers domaines tels que l'économie, la biologie, la psychologie et l'ingénierie pour prédire et comprendre les phénomènes linéaires.

4.1.1 Régression linéaire simple

La régression linéaire simple implique une seule variable indépendante (x) pour prédire une variable dépendante (y). Le modèle cherche à établir une relation linéaire entre ces deux variables, exprimée par l'équation :

$$y = \beta_0 + \beta_1 x + \varepsilon$$

Où y est la variable dépendante (à prédire), x est la variable indépendante (prédicteur), β_0 est l'ordonnée à l'origine (intercept), β_1 est la pente de la droite (coefficient de régression) et ε est le terme d'erreur.

L'objectif est d'estimer les paramètres β_0 et β_1 de manière à minimiser la somme des carrés des résidus (différences entre les valeurs observées et prédites). Cette méthode est connue sous le nom de méthode des moindres carrés ordinaires (MCO).

Estimation des paramètres

Pour estimer β_0 et β_1, on utilise les formules suivantes :

$$\beta_1 = \frac{\sum_{i=1}^{n}(x_i - \bar{x})(y_i - \bar{y})}{\sum_{i=1}^{n}(x_i - \bar{x})^2}$$

$$\beta_0 = \bar{y} - \beta_1\bar{x}$$

Où $\bar{x}$ et $\bar{y}$ sont les moyennes de x et y respectivement.

4.1.2 Interprétation des coefficients

Dans le contexte des régressions linéaires, l'interprétation des coefficients s'articule autour de deux paramètres fondamentaux de l'équation y = ax + b. Le coefficient "a" (la pente) nous donne une information cruciale sur la relation entre nos variables : il représente la variation moyenne de notre variable dépendante y pour chaque augmentation d'une unité de notre variable indépendante x. Pour illustrer cela, si nous avons une pente a = 2, cela signifie qu'en moyenne, y augmentera de deux unités chaque fois que x augmente d'une unité. Quant au coefficient "b" (l'ordonnée à l'origine), il représente la valeur théorique de y lorsque x est égal à zéro. Il est important de noter que l'interprétation de l'ordonnée à l'origine n'est pas toujours pertinente dans un contexte pratique, particulièrement dans les situations où la variable x ne peut jamais prendre la valeur zéro dans le cadre de l'étude.

Voici un exemple en Python utilisant la bibliothèque scikit-learn pour effectuer une régression linéaire simple :

```
import numpy as np
from sklearn.linear_model import LinearRegression
import matplotlib.pyplot as plt
from sklearn.metrics import mean_squared_error, r2_score

# Generate data
np.random.seed(0)
X = np.linspace(0, 10, 100).reshape(-1, 1)
y = 2 * X + 1 + np.random.normal(0, 1, (100, 1))

# Create and fit the model
model = LinearRegression()
model.fit(X, y)

# Display the results
print(f"Pente (β1): {model.coef_[0][0]:.4f}")
print(f"Ordonnée à l'origine (β0): {model.intercept_[0]:.4f}")

# Predictions
y_pred = model.predict(X)

# Calculate metrics
mse = mean_squared_error(y, y_pred)
r2 = r2_score(y, y_pred)

print(f"Mean Squared Error: {mse:.4f}")
print(f"Coefficient of Determination (R²): {r2:.4f}")

# Visualize the results
plt.figure(figsize=(10, 6))
plt.scatter(X, y, color='blue', alpha=0.5, label='Observed data')
plt.plot(X, y_pred, color='red', linewidth=2, label='Linear
regression') plt.xlabel('X')
plt.ylabel('y')
plt.title('Simple Linear Regression')
plt.legend()
plt.show()
```

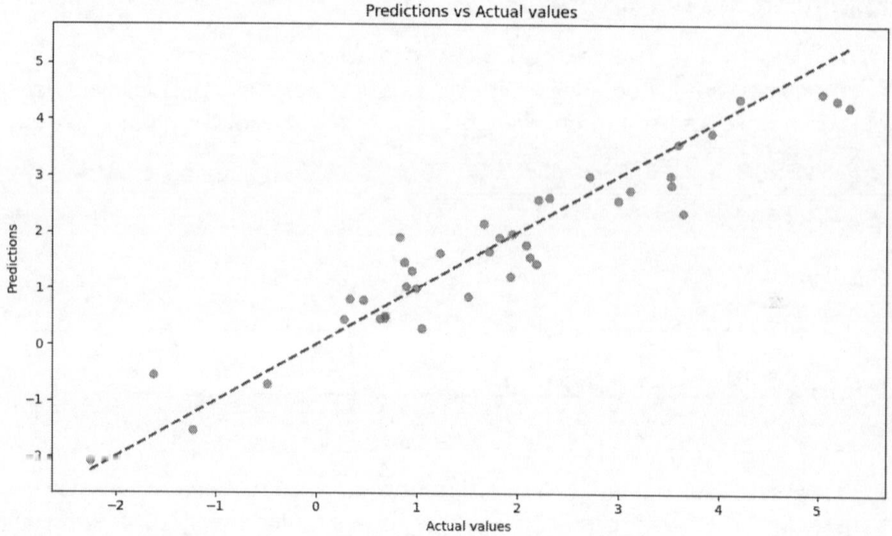

Ce script génère des données avec une relation linéaire et un peu de bruit, effectue une régression linéaire, affiche les coefficients et les métriques d'évaluation, et visualise les résultats.

4.2 Régression linéaire multiple

La régression linéaire multiple étend le concept de la régression simple en incluant plusieurs variables indépendantes. Le modèle s'exprime alors sous la forme :

$$y = \beta_0 + \beta_1 x_1 + \beta_2 x_2 + \cdots + \beta_n x_n + \varepsilon$$

Où x_1, x_2, ..., x_n sont les variables indépendantes et β_1, β_2, ..., βn sont leurs coefficients respectifs.

4.2.1 Estimation des paramètres

Dans le cas de la régression multiple, l'estimation des paramètres se fait généralement par la méthode des moindres carrés ordinaires, mais les calculs sont plus complexes et impliquent l'algèbre matricielle. La solution peut être exprimée sous forme matricielle comme suit :

$$\beta = (X^T X)^{-1} X^T y$$

Où X est la matrice des variables indépendantes, y est le vecteur de la variable dépendante et β est le vecteur des coefficients à estimer.

4.2.2 Interprétation des coefficients

Chaque coefficient β_1 représente le changement moyen de y pour une augmentation d'une unité de x_1, en maintenant toutes les autres variables constantes. Cette interprétation «toutes choses égales par ailleurs» est cruciale dans la régression multiple. Par exemple, si $\beta_2=3$, cela signifie qu'en moyenne, y augmente de trois unités pour chaque augmentation d'une unité de x_2, en supposant que toutes les autres variables indépendantes restent constantes.

Voici un exemple de régression linéaire multiple en Python :

```
import numpy as np
from sklearn.linear_model import LinearRegression
from sklearn.datasets import make_regression
from sklearn.model_selection import train_test_split
from sklearn.metrics import mean_squared_error, r2_score

# Générer des données
X, y = make_regression(n_samples=1000, n_features=5, noise=0.1,
random_state=42)

# Diviser les données en ensembles d'entraînement et de test
X_train, X_test, y_train, y_test = train_test_split(X, y,
test_size=0.2, random_state=42)

# Créer et ajuster le modèle
model = LinearRegression()
model.fit(X_train, y_train)

# Afficher les résultats
```

```
print("Coefficients:")
for i, coef in enumerate(model.coef_):
    print(f"β{i+1}: {coef:.4f}")
print(f"Ordonnée à l'origine (β0): {model.intercept_:.4f}")

# Prédictions sur l'ensemble de test
y_pred = model.predict(X_test)

# Évaluer le modèle
mse = mean_squared_error(y_test, y_pred)
r2 = r2_score(y_test, y_pred)

print(f"\nErreur quadratique moyenne : {mse:.4f}")
print(f"Coefficient de détermination (R²) : {r2:.4f}")

# Importance relative des variables
importance = np.abs(model.coef_) / np.sum(np.abs(model.coef_))
for i, imp in enumerate(importance):
    print(f"Importance relative de x{i+1}: {imp:.4f}")
```

Ce script génère un jeu de données avec plusieurs variables indépendantes, divise les données en ensembles d'entraînement et de test, effectue une régression linéaire multiple, et évalue le modèle sur l'ensemble de test.

4.3 Évaluation approfondie du modèle

Pour évaluer la qualité d'un modèle de régression linéaire, plusieurs métriques et techniques sont couramment utilisées. Le coefficient de détermination (R^2) mesure la proportion de la variance de la variable dépendante expliquée par le modèle. Il varie de 0 à 1, où 1 indique une parfaite adéquation. La formule du R^2 est donnée par :

$$R^2 = 1 - \frac{\sum_{i=1}^{n}(y_i - \hat{y}_i)^2}{\sum_{i=1}^{n}(y_i - \bar{y})^2}$$

Où $\hat{y}_i$ sont les valeurs prédites et $\bar{y}$ est la moyenne de y.

Le R^2 ajusté est une version modifiée du R^2 qui prend en compte le nombre de variables indépendantes dans le modèle. Il est particulièrement utile pour comparer des modèles avec différents nombres de prédicteurs. Sa formule est :

$$R^2_{adj} = 1 - \left(\frac{1 - R^2}{n - k - 1}\right)(n - 1)$$

Où n est le nombre d'observations et k le nombre de variables indépendantes.

L'erreur quadratique moyenne (*Mean Squared Error* en anglais ou MSE) est la moyenne des carrés des différences entre les valeurs prédites et observées. Elle est donnée par :

$$MSE = \frac{1}{n}\sum_{i=1}^{n}(y_i - \hat{y}_i)^2$$

La racine de l'erreur quadratique moyenne (*Root Mean Square Error* en anglais ou RMSE) est la racine carrée de la MSE, exprimée dans la même unité que la variable dépendante :

$$RMSE = \sqrt{MSE}$$

L'erreur absolue moyenne (*Mean Absolute Error* en anglais ou MAE) est la moyenne des valeurs absolues des différences entre les valeurs prédites et observées :

$$MAE = \frac{1}{n}\sum_{i=1}^{n}|y_i - \hat{y}_i|$$

Le test de Fisher (F-test) évalue la significativité globale du modèle en comparant la variance expliquée à la variance non expliquée. Les tests t évaluent la significativité individuelle de chaque coefficient de régression. L'analyse des résidus, qui comprend l'examen graphique et statistique des résidus, est cruciale pour vérifier les hypothèses du modèle, notamment la normalité, l'homoscédasticité et l'indépendance.

4.4 Limites et considérations

La régression linéaire repose sur plusieurs hypothèses qui, si elles sont violées, peuvent affecter la validité et la fiabilité du modèle. La linéarité suppose une relation linéaire entre les variables. Pour détecter la non-linéarité, on peut utiliser des graphiques de dispersion partiels ou des tests statistiques comme le test de RESET de Ramsey. L'indépendance des observations est souvent violée dans les séries temporelles. Dans ces cas, des techniques comme la régression avec erreurs autocorrélées (par exemple, modèles ARIMA) peuvent être plus appropriées.

L'homoscédasticité, ou variance constante des résidus, peut être vérifiée par des tests comme celui de Breusch-Pagan ou de White. En cas d'hétéroscédasticité, des techniques comme la régression pondérée ou les erreurs standard robustes peuvent être employées. La normalité des résidus peut être vérifiée par des tests comme Shapiro-Wilk ou des graphiques Q-Q. En cas de non-normalité, la transformation de variables ou l'utilisation de modèles de régression robustes peuvent être envisagées.

L'absence de multicolinéarité est une hypothèse importante dans la régression multiple. Elle peut être détectée par le facteur d'inflation de la variance (*Variance Inflation Factor* en anglais ou VIF). La présence de multicolinéarité peut rendre l'interprétation des coefficients difficile et augmenter l'instabilité du modèle. Les outliers et les points influents peuvent avoir un impact disproportionné sur les résultats de la régression. Ils peuvent être identifiés par des mesures comme la distance de Cook ou les résidus studentisés. Dans ces cas, l'utilisation de techniques robustes ou de la régression quantile peut être bénéfique.

En conclusion, bien que la régression linéaire soit un outil puissant et largement utilisé, il est crucial de bien comprendre ses hypothèses et limitations pour l'appliquer judicieusement et interpréter correctement ses résultats. Une analyse approfondie des données et une vérification minutieuse des hypothèses sont essentielles pour garantir la validité et la fiabilité des conclusions tirées d'un modèle de régression linéaire.

4.5 Predictive Power Score

Le *Predictive Power Score* (PPS) est une mesure statistique avancée qui trouve de nombreuses applications concrètes en Business Intelligence. Dans le domaine de l'analyse client, il peut être utilisé pour identifier quelles caractéristiques démographiques ou comportementales sont les plus prédictives du comportement d'achat, tandis que dans l'analyse des ventes, il peut aider à déterminer quels indicateurs précoces sont les plus pertinents pour prévoir les performances futures, comme la relation entre les visites en magasin et les conversions, ou encore entre les interactions sur les réseaux sociaux et les ventes en ligne.

Pour approfondir les applications business : le PPS se distingue des corrélations traditionnelles (Pearson, Spearman) en évaluant spécifiquement la capacité prédictive des variables. Cela le rend particulièrement précieux dans des contextes comme l'optimisation marketing (identification des canaux les plus influents), l'analyse de la satisfaction client (détection des facteurs prédictifs de la fidélisation), ou encore la gestion des stocks (prévision de la demande basée sur divers indicateurs). Sa capacité à capturer des relations non linéaires et complexes en fait un outil puissant pour comprendre les dynamiques subtiles du marché et du comportement client.

Pour utiliser cet indicateur en Python, il vous faudra installer la librairie ppscore :

```
pip install ppscore
```

Regardons maintenant la plus-value apportée par cet indicateur sur un cas concret. Le code suivant illustre l'utilisation du Predictive Power Score à travers une démonstration pratique qui commence par la création d'un jeu de données simulé comprenant trois variables : une variable prédictive 'x' générée uniformément entre -2 et 2, un terme d'erreur aléatoire suivant une distribution normale et une variable cible 'y' qui présente une relation quadratique avec 'x'. Le code utilise ensuite la bibliothèque ppscore pour calculer différentes métriques, notamment le score PPS individuel entre 'x' et 'y', une matrice complète des scores PPS entre toutes les paires de variables et produit des visualisations grâce à seaborn sous forme de diagramme en barres pour les prédicteurs individuels et de carte de chaleur pour la matrice des scores PPS, permettant ainsi une analyse visuelle immédiate de la capacité prédictive des variables.

```
import pandas as pd
import numpy as np
import ppscore as pps
import seaborn as sns

# Sample Data Creation
df = pd.DataFrame()
df["x"] = np.random.uniform(-2, 2, 1000)  # Predictor variable
df["error"] = np.random.normal(0, 0.5, 1000) # Random noise
df["y"] = df["x"]**2 + df["error"]          # Target variable
(quadratic relationship with x)

# Calculate PPS for a single predictor
ppscore_result = pps.score(df, "x", "y")
print(f'PPS of x predicting y: {ppscore_result["ppscore"]:.3f}')

# Calculate PPS for all predictors against a target
predictors_df = pps.predictors(df, y="y")
print(predictors_df)

# Calculate PPS matrix for all pairs of columns
matrix_df = pps.matrix(df)
print(matrix_df)

# Visualize PPS predictors
sns.barplot(data=predictors_df, x="x", y="ppscore")
sns.plt.title("Predictive Power Scores")
sns.plt.show()

# Visualize PPS matrix (requires reshaping for seaborn)
matrix_df = matrix_df[['x', 'y', 'ppscore']].pivot(columns='x',
index='y', values='ppscore')
sns.heatmap(matrix_df, vmin=0, vmax=1, cmap="Blues", linewidths=0.5,
annot=True)
sns.plt.title("PPS Matrix")
sns.plt.show()
```

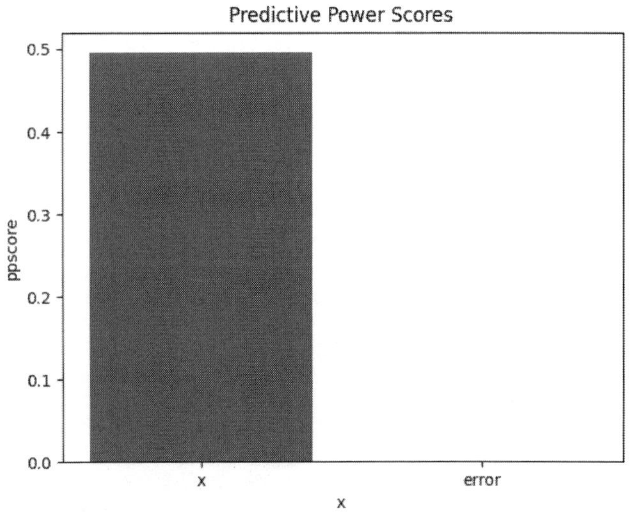
Predictive Power Scores
ppscore
0.5
0.4
0.3
0.2
0.1
0.0
x
error
x

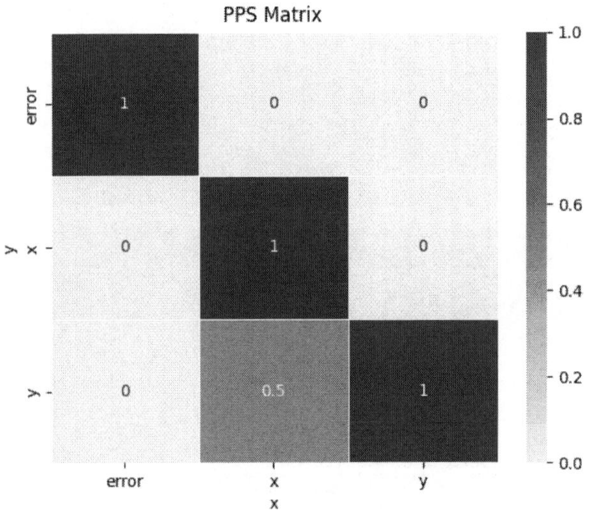
PPS Matrix
error
x
y
1
0
0
0
1
0
0
0.5
1
error
x
y
x
y
1.0
0.8
0.6
0.4
0.2
0.0

5. Cas d'étude : A/B testing en marketing

5.1 Présentation du contexte et des objectifs

Dans le monde complexe du marketing digital, les entreprises cherchent constamment à optimiser leurs campagnes publicitaires. Pour ce faire, elles ont recours à une technique puissante : l'A/B testing. Cette méthode consiste à mener une expérience randomisée où deux ou plusieurs versions d'une variable (une page web, un élément de page, une bannière, etc.) sont présentées simultanément à différents segments d'audience. L'objectif est de déterminer quelle version a le plus d'impact et stimule le mieux les indicateurs commerciaux.

Les entreprises de marketing s'intéressent généralement à deux questions fondamentales :

- La campagne sera-t-elle un succès ?
- Si la campagne est réussie, quelle part de ce succès peut être attribuée aux publicités ?

Dans cette étude de cas, nous allons analyser un jeu de données issu d'une expérience A/B testing en marketing. Notre objectif sera de déterminer si les publicités ont été efficaces, d'estimer les revenus potentiels générés par ces publicités, et d'évaluer si la différence entre les groupes est statistiquement significative.

5.2 Conception de l'expérience A/B

L'expérience a été conçue de la manière suivante :

- Groupe expérimental (traitement) : la majorité des personnes a été exposée aux publicités.
- Groupe de contrôle : une petite partie des personnes a vu une annonce de service public (PSA - *Public Service Announcement*) ou rien du tout, à l'endroit exact où la publicité aurait normalement été affichée.

Cette configuration permet de comparer directement l'effet des publicités par rapport à une situation où aucune publicité n'est affichée.

5.3 Collecte et préparation des données

Les données collectées pour cette expérience comprennent les variables suivantes :

- `Index` : numéro de ligne ;
- `user id` : identifiant unique de l'utilisateur ;
- `test group` : groupe de test auquel l'utilisateur a été assigné ("ad" ou "psa") ;
- `converted` : indique si l'utilisateur a acheté le produit (`True` ou `False`) ;
- `total ads` : nombre total de publicités vues par l'utilisateur ;
- `most ads day` : jour où l'utilisateur a vu le plus grand nombre de publicités ;
- `most ads hour` : heure de la journée où l'utilisateur a vu le plus grand nombre de publicités.

Commençons par importer les bibliothèques nécessaires et charger les données. Dans cette première partie, nous allons simplement effectuer quelques mises en forme et nettoyage des données d'entrée :

```
import numpy as np
import pandas as pd
import seaborn as sns
import matplotlib.pyplot as plt
from scipy import stats

# Load the data
df = pd.read_csv('marketing_AB.csv')

# Data cleaning
df = df.drop(["Unnamed: 0"], axis=1)

# Clean column names by removing leading/trailing spaces and
replacing spaces with underscores
df.rename(columns=lambda x: x.strip().replace(" ", "_"),
inplace=True)

# Create a new column 'converted_int' to represent conversions as
1 (True) or 0 (False)
df["converted_int"] = df['converted'].apply(lambda x: 1 if x else 0)
```

```
# Print information about the DataFrame
print(f'Rows: {df.shape[0]}')                    # Number of rows
print(f'Columns: {df.shape[1]}')                 # Number of columns
print(f'Missing Values: {df.isnull().values.sum()}') # Total
count of missing values
print(f'Unique Values: \n{df.nunique()}')  # Count of unique
values in each column
```

Nous affichons en sortie quelques informations descriptives sur notre jeu de données :

```
Rows: 588101
Columns: 7
Missing Values: 0
Unique Values:
user_id          588101
test group            2
converted             2
total_ads           807
most_ads_day          7
most_ads_hour        24
converted_int         2
dtype: int64
```

5.4 Analyse statistique des résultats

5.4.1 Statistiques descriptives

Commençons par examiner quelques statistiques descriptives de nos données :

- Affichez le descriptif des données avec la méthode `describe()`.
- Calculez le taux de conversion moyen, affichez-le.
- Calculez le taux de conversion par groupe, affichez-le.

```
print(df.describe())

# Overall conversion rate
print(f"Overall conversion rate: {df['converted'].mean():.2%}")

# Conversion rate by group
conversion_rates = df.groupby('test_group')['converted'].mean()
```

```
print("\nConversion rates by group:")
print(conversion_rates)
```

En sortie :

```
              user_id      total_ads  most_ads_hour  converted_int
count  5.881010e+05  588101.000000  588101.000000  588101.000000
mean   1.310692e+06      24.820876      14.469061       0.025239
std    2.022260e+05      43.715181       4.834634       0.156850
min    9.000000e+05       1.000000       0.000000       0.000000
25%    1.143190e+06       4.000000      11.000000       0.000000
50%    1.313725e+06      13.000000      14.000000       0.000000
75%    1.484088e+06      27.000000      18.000000       0.000000
max    1.654483e+06    2065.000000      23.000000       1.000000
Overall conversion rate: 2.52%

Conversion rates by group:
test_group
ad     0.025547
psa    0.017854
Name: converted, dtype: float64
```

5.4.2 Test d'hypothèse pour la comparaison des groupes

Pour comparer les groupes et déterminer si la différence observée est statistiquement significative, nous allons utiliser deux tests : le test t de Student et le test du chi-carré.

Test t de Student

```
ad_group = df[df['test_group'] == 'ad']['converted_int']
psa_group = df[df['test_group'] == 'psa']['converted_int']

t_statistic, p_value = stats.ttest_ind(ad_group, psa_group)
print("Student's t-test:")
print(f"t-statistic: {t_statistic:.4f}")
print(f"p-value: {p_value:.4f}")
```

En sortie :

```
Student's t-test:
t-statistic: 7.3704
p-value: 0.0000
```

Le test t de Student compare les moyennes des deux groupes. Si la p-value est inférieure à 0,05, nous pouvons conclure qu'il existe une différence significative entre les moyennes des deux groupes.

Les résultats du test t de Student montrent une différence hautement significative entre les groupes publicitaires et de contrôle, avec une statistique t de 7,3704 et une p-valeur inférieure à 0,0001 ; ceci indique de manière non ambiguë que l'exposition aux publicités a généré un impact statistiquement significatif sur les taux de conversion par rapport au groupe exposé aux PSA ou sans publicité, validant ainsi l'efficacité de la campagne publicitaire testée.

Test du chi-carré

```
contingency_table = pd.crosstab(df['test_group'],
df['converted'])
chi2, p_value, dof, expected =
stats.chi2_contingency(contingency_table)
print("\nChi-squared test:")
print(f"Chi-squared statistic: {chi2:.4f}")
print(f"p-value: {p_value:.4f}")
```

La sortie :

```
Chi-squared test:
Chi-squared statistic: 54.0058
p-value: 0.0000
```

Le test du chi-carré évalue s'il existe une association significative entre le groupe de test et la conversion. Si la p-value est inférieure à 0,05, nous pouvons conclure qu'il existe une association significative.

Dans notre cas, l'analyse par test du chi-carré confirme l'existence d'une association statistiquement significative entre le type d'exposition et le taux de conversion, avec une statistique de test de 54,0058 et une p-valeur inférieure à 0,0001. Cette seconde approche statistique renforce les conclusions du test t en démontrant une forte dépendance entre l'appartenance au groupe publicitaire et le comportement de conversion, suggérant que le choix entre publicité commerciale et PSA/absence de publicité a un impact déterminant sur les actions des utilisateurs.

5.4.3 Calcul et interprétation de la taille d'effet

Pour mesurer l'ampleur de l'effet observé, nous pouvons calculer la différence absolue et relative des taux de conversion :

```
diff_abs = conversion_rates['ad'] - conversion_rates['psa']
diff_rel = (conversion_rates['ad'] - conversion_rates['psa']) /
conversion_rates['psa']

print(f"Absolute difference in conversion rates: {diff_abs:.2%}")
print(f"Relative difference in conversion rates: {diff_rel:.2%}")
Copier

Absolute difference in conversion rates: 0.77%
Relative difference in conversion rates: 43.09%
```

L'analyse des tailles d'effet de notre test A/B nous révèle deux mesures complémentaires importantes :

- L'effet en termes absolus montre une augmentation de 0,77 points de pourcentage du taux de conversion entre le groupe exposé aux publicités et le groupe de contrôle. Bien que cette différence puisse sembler modeste en valeur absolue, elle représente une amélioration concrète et significative dans le contexte des conversions publicitaires où chaque fraction de pourcentage peut avoir un impact substantiel sur les résultats commerciaux.
- L'effet relatif nous apporte une perspective encore plus révélatrice avec une augmentation de 43,09 % du taux de conversion dans le groupe publicitaire par rapport au groupe de contrôle. Cette amélioration relative considérable souligne l'efficacité remarquable de la campagne publicitaire, démontrant que les annonces ont réussi à augmenter de près de moitié le taux de conversion par rapport à la situation de référence, ce qui représente un succès significatif en matière de performance marketing.

5.5 Visualisation des résultats

Visualisons maintenant nos résultats pour mieux comprendre les différences entre les groupes :

```
plt.figure(figsize=(10, 6))
sns.barplot(x='test_group', y='converted', data=df)
plt.title('Conversion Rate by Group')
plt.ylabel('Conversion Rate')
plt.show()

# Distribution of conversions by day and group
plt.figure(figsize=(12, 6))
sns.countplot(data=df, x='most_ads_day', hue='test_group')
plt.title('Distribution of Conversions by Day and Group')
plt.xlabel('Day with Most Ads')
plt.ylabel('Number of Conversions')
plt.xticks(rotation=45)
plt.legend(title='Test Group')
plt.show()
```

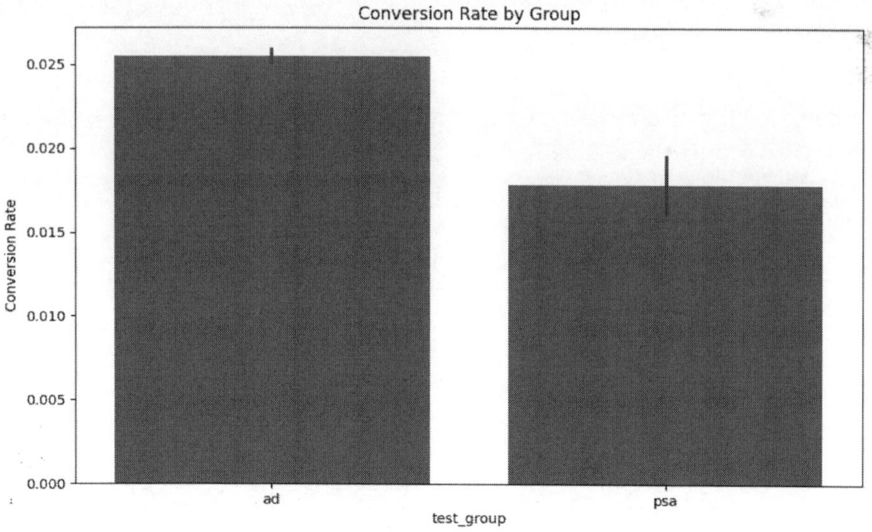

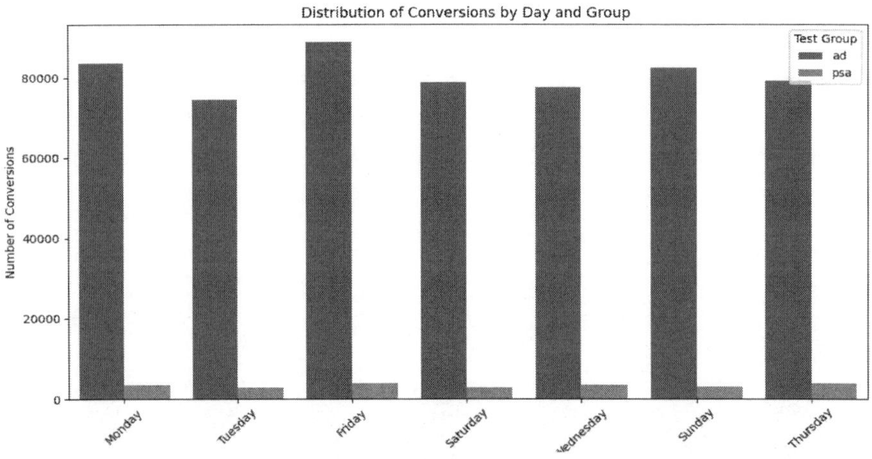

5.6 Interprétation et prise de décision basée sur les données

Sur la base de nos analyses statistiques et visualisations, nous pouvons tirer les conclusions suivantes :

- Si le test t de Student et le test du chi-carré montrent des p-values inférieures à 0,05, nous pouvons conclure qu'il existe une différence significative entre les groupes `ad` et `psa`.
- La différence absolue et relative des taux de conversion nous donne une idée de l'ampleur de l'effet des publicités.
- Les visualisations nous permettent de mieux comprendre la distribution des conversions entre les groupes et au fil du temps.

En fonction de ces résultats, l'entreprise peut prendre des décisions éclairées sur l'efficacité de sa campagne publicitaire et décider si elle doit continuer à investir dans ce type de publicité ou chercher d'autres alternatives.

5.7 Limitations et considérations pour les futurs tests

Bien que cette analyse nous donne des informations précieuses, il est important de noter certaines limitations :

- Taille de l'échantillon : il faut s'assurer que la taille de l'échantillon est suffisante pour détecter des effets significatifs.
- Durée du test : un test A/B mené sur une courte période peut ne pas capturer les effets à long terme.
- Segmentation : une analyse plus poussée pourrait révéler des effets différents selon les segments d'utilisateurs.
- Facteurs externes : d'autres facteurs non pris en compte dans cette analyse pourraient influencer les résultats. On peut citer par exemple : les variations saisonnières (période de soldes, fêtes), les actions marketing concurrentes, les événements économiques majeurs (inflation, pouvoir d'achat), etc.

Pour les futurs tests, on pourrait envisager :

- une segmentation plus fine des utilisateurs pour identifier des sous-groupes qui pourraient être plus sensibles aux publicités ;
- une analyse temporelle pour évaluer l'évolution de l'impact des publicités au fil du temps ;
- l'inclusion d'autres variables qui pourraient influencer la conversion, comme les caractéristiques démographiques des utilisateurs ou le contenu spécifique des publicités ;
- des tests multivariés pour comparer simultanément plusieurs versions de publicités.

En conclusion, l'A/B testing est un outil puissant pour prendre des décisions basées sur des données dans le domaine du marketing. En comprenant et en appliquant correctement ces méthodes statistiques, nous pouvons obtenir des insights précieux pour optimiser nos stratégies publicitaires et améliorer les taux de conversion.

Chapitre 5
Créer un Data Warehouse

1. Introduction

Après avoir soigneusement préparé et nettoyé nos données dans le chapitre Préparer vos données pour en exploiter le potentiel, nous sommes maintenant prêts à franchir une étape décisive : la construction d'un modèle de données robuste et efficace au sein de notre *Data Warehouse* (DWH). Cette phase est cruciale, car elle transforme nos données brutes en une ressource stratégique, permettant des analyses approfondies et une prise de décision basée sur des informations fiables et structurées.

Dans ce chapitre, nous explorerons les fondements théoriques et pratiques de la modélisation des données, en mettant l'accent sur les techniques spécifiques aux Data Warehouses. Nous aborderons les différentes approches de modélisation, telles que le schéma en étoile et le schéma en flocon, et discuterons de leur pertinence selon les contextes d'utilisation.

Nous examinerons également les concepts clés comme les tables de faits et les tables de dimensions, essentiels pour organiser efficacement les données et faciliter les analyses multidimensionnelles. Une attention particulière sera portée à l'optimisation des performances des requêtes et à la scalabilité du modèle, des aspects cruciaux pour gérer de grands volumes de données.

La dernière partie du chapitre (section Projet Data Warehouse) sera consacrée à la mise en pratique de ces concepts. Nous vous guiderons à travers un projet concret de création d'un Data Warehouse, en utilisant Python pour la manipulation des données, PostgreSQL comme système de gestion de base de données, et SQL pour les requêtes et l'analyse. Ce projet vous permettra d'appliquer les connaissances acquises et de développer des compétences pratiques essentielles dans le domaine de la science des données.

À la fin de ce chapitre, vous serez en mesure de concevoir et d'implémenter un modèle de données efficace, ouvrant ainsi la voie à des analyses plus poussées et à une exploitation optimale de vos données.

1.1 Définitions préalables

OLTP Online Transaction Processing	OLAP Online Analytical Processing
Handles recent operational data	Handles all historical data
Smaller size (100 Mb to 10 Gb)	Larger size (1 Tb to 100 Pb)
Perform day-to-day operations	Goal is to make decisions from large data sources
Uses simple queries	Uses complex queries
Faster Processing speeds	Slower processing speeds
Requires read/write operations	Requires only read operations

1.1.1 OLTP (Online Transaction Processing)

Le traitement transactionnel en ligne (OLTP) est un type de système de gestion de base de données conçu pour traiter rapidement un grand nombre de petites transactions individuelles, telles que les opérations bancaires, les réservations de voyages, les achats en ligne, etc. Les systèmes OLTP sont optimisés pour l'efficacité et la fiabilité, garantissant que les données sont traitées rapidement et avec précision.

1.1.2 OLAP (Online Analytical Processing)

Le traitement analytique en ligne (OLAP) est un type de système de gestion de base de données conçu pour l'analyse et la création de rapports à partir de données historiques. Les systèmes OLAP sont optimisés pour interroger et analyser de grands volumes de données, permettant aux utilisateurs d'identifier des tendances, des modèles et des relations dans les données. Ils sont souvent utilisés pour la prise de décision stratégique et la planification commerciale.

1.2 Qu'est-ce qu'un Data Warehouse ?

Un Data Warehouse est une infrastructure de stockage de données sophistiquée, spécialement conçue pour l'analyse et la prise de décisions stratégiques. Contrairement aux bases de données opérationnelles (OLTP) qui gèrent les transactions quotidiennes, le DWH se concentre sur l'agrégation et l'analyse de vastes volumes de données historiques provenant de sources diverses.

Au cœur de son architecture, le Data Warehouse repose sur la technologie OLAP (*Online Analytical Processing*), qui permet une modélisation dimensionnelle des données. Cette approche, généralement structurée selon des schémas en étoile ou en flocon de neige, optimise la performance des requêtes analytiques complexes tout en facilitant la compréhension des relations entre les différentes dimensions de l'information. Cette organisation des données permet aux utilisateurs métier de naviguer intuitivement à travers les données et d'effectuer des analyses multidimensionnelles approfondies.

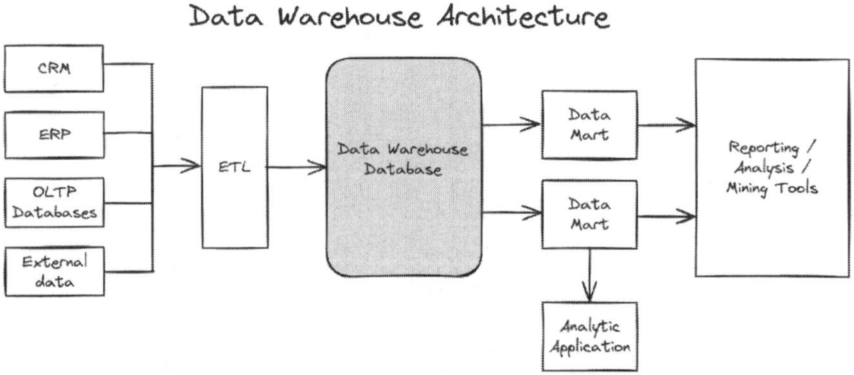

L'orientation métier est une caractéristique fondamentale du Data Warehouse. Sa conception est guidée par les besoins spécifiques de l'entreprise en matière d'analyse et de reporting. Il fournit des indicateurs clés de performance (KPI), des tableaux de bord personnalisés et des vues métier pertinentes, permettant ainsi aux décideurs d'accéder rapidement aux informations cruciales pour piloter leur activité. Cette approche centrée sur les besoins métier garantit que le DWH reste un outil stratégique aligné sur les objectifs de l'organisation.

Un aspect crucial du Data Warehouse est sa séparation des systèmes opérationnels. En maintenant une infrastructure distincte pour l'analyse, le DWH évite de perturber les performances des systèmes transactionnels critiques. Cette séparation permet également d'appliquer des processus d'extraction, de transformation et de chargement sophistiqués, assurant ainsi la qualité, la cohérence et l'intégrité des données d'analyse. Les données sont nettoyées, harmonisées et validées avant d'être intégrées dans le DWH, garantissant une base fiable pour la prise de décision.

La scalabilité et la performance sont des attributs essentiels d'un Data Warehouse moderne. Conçu pour gérer des volumes de données massifs, souvent de l'ordre du téraoctet ou du pétaoctet, le DWH utilise des techniques avancées telles que le partitionnement, l'indexation sophistiquée et le traitement parallèle pour exécuter rapidement des requêtes complexes sur de vastes ensembles de données. Cette capacité à traiter efficacement le Big Data permet aux entreprises d'exploiter pleinement la valeur de leurs informations, quelle que soit leur échelle.

Enfin, la flexibilité est une caractéristique clé qui distingue un Data Warehouse performant. Dans un environnement d'affaires en constante évolution, le DWH doit pouvoir s'adapter rapidement aux nouveaux besoins analytiques. Cela implique la capacité d'intégrer de nouvelles sources de données, de modifier le modèle de données ou d'incorporer de nouveaux outils d'analyse sans perturber les processus existants. Cette adaptabilité permet au Data Warehouse de rester pertinent et efficace face aux changements des exigences métier et technologiques.

Le Data Warehouse représente bien plus qu'un simple entrepôt de données. C'est un système complexe et dynamique qui transforme les données brutes en connaissances actionnables, offrant ainsi aux entreprises un puissant levier pour l'innovation, la compétitivité et la croissance dans l'économie numérique d'aujourd'hui.

2. Les caractéristiques et les bénéfices d'un Data Warehouse

2.1 Les caractéristiques principales

Un Data Warehouse se distingue par quatre caractéristiques clés qui en font un outil puissant pour l'analyse et la prise de décision :

- Orienté sujet : contrairement aux bases de données transactionnelles centrées sur les opérations quotidiennes, un DWH est conçu pour répondre aux questions analytiques spécifiques à un domaine métier. Il stocke des données liées à un sujet particulier (clients, produits, ventes, etc.), excluant les informations non pertinentes pour l'analyse. Cette focalisation thématique permet une visualisation simple et concise des données, optimisée pour répondre aux besoins décisionnels.
- Intégré : un DWH centralise les données provenant de différentes sources au sein de l'organisation, qu'elles soient internes (systèmes CRM, ERP) ou externes. Il établit une convention de nommage et des attributs communs pour garantir la cohérence et la standardisation des données. Ce processus d'intégration facilite la recherche, la récupération et l'analyse des informations, offrant une vue unifiée et fiable de l'ensemble des données de l'entreprise.
- Varie dans le temps : un DWH conserve un historique complet des données, permettant d'analyser les tendances et les changements sur de longues périodes. Les données sont organisées en périodes de temps (jour, mois, année, etc.) pour faciliter l'analyse chronologique. Cette dimension temporelle est essentielle pour comprendre les événements passés, identifier les tendances émergentes et anticiper les évolutions futures.
- Non volatile : les données stockées dans un DWH sont permanentes et immuables. Elles ne peuvent être modifiées ou supprimées, garantissant ainsi l'intégrité et la fiabilité de l'historique de l'entreprise. Seules les opérations de chargement et d'accès en lecture sont autorisées. Cette non-volatilité est cruciale pour préserver la traçabilité des données et assurer la cohérence des analyses dans le temps.

2.2 Les bénéfices d'un Data Warehouse

Un Data Warehouse offre de nombreux avantages qui influencent positivement différents aspects de l'entreprise. Il permet tout d'abord de conserver un historique complet des données, ce qui facilite l'analyse des tendances passées et l'évaluation des performances sur le long terme. Cette capacité aide les décideurs à s'appuyer sur l'expérience accumulée pour orienter leurs choix.

L'organisation structurée et l'indexation des données dans un DWH permettent un traitement rapide des requêtes analytiques. Les utilisateurs peuvent ainsi accéder rapidement aux informations dont ils ont besoin, ce qui améliore l'efficacité globale des processus décisionnels.

Les DWH modernes offrent une flexibilité d'infrastructure, pouvant être déployés sur site ou dans le cloud selon les besoins et les contraintes spécifiques de chaque entreprise. Cette adaptabilité permet aux organisations de choisir la solution la plus appropriée à leur contexte.

Le processus d'intégration et de nettoyage des données inhérent à la mise en place d'un DWH contribue à améliorer la qualité des informations stockées. De plus, la traçabilité de l'origine et des transformations des données (*lineage*) est renforcée, ce qui augmente la fiabilité des analyses effectuées.

La sécurité des données est un aspect important des DWH. Ils intègrent des mécanismes de protection contre les accès non autorisés, les fuites et les altérations, assurant ainsi la confidentialité et l'intégrité des informations sensibles de l'entreprise.

En centralisant les données et en automatisant certains processus d'analyse, un DWH permet aux équipes de se concentrer sur des tâches à plus forte valeur ajoutée. Cette optimisation du temps et des ressources contribue à l'amélioration de l'efficacité opérationnelle.

Les DWH sont conçus pour gérer de grands volumes de données et pour évoluer en fonction des besoins croissants de l'entreprise. Cette scalabilité offre une plateforme adaptée à l'analyse de données à grande échelle, capable de suivre la croissance de l'organisation.

Enfin, l'exploitation d'un DWH permet aux entreprises de développer des solutions de Business Intelligence avancées. Ces outils aident à mieux comprendre les clients, à optimiser les opérations et à prendre des décisions stratégiques éclairées, contribuant ainsi à renforcer la position concurrentielle de l'entreprise sur son marché.

3. Les composants d'une architecture analytique

Les composants d'une architecture analytique moderne forment un écosystème complexe et interconnecté, chacun jouant un rôle crucial dans le traitement et l'exploitation des données. Parmi ces composants, trois éléments clés se distinguent : le data lake, la staging area, et le Data Warehouse, auxquels s'ajoutent des concepts complémentaires comme les Data Marts et les méthodologies de modélisation telles que data vault.

Le data lake représente une évolution significative dans le stockage des données. Contrairement aux approches traditionnelles, il permet de stocker des volumes massifs de données dans leur format brut, qu'elles soient structurées, semi-structurées ou non structurées. Cette flexibilité est particulièrement précieuse à l'ère du Big Data, où la diversité des sources et des formats de données ne cesse de croître. Le data lake offre une extensibilité remarquable, pouvant accueillir des données aussi variées que des transactions, des logs d'applications, des fichiers multimédias ou des données IoT.

L'un des avantages majeurs du data lake réside dans son approche *schema-on-read*, qui permet de stocker les données sans nécessiter de transformation préalable. Cette caractéristique facilite l'ingestion rapide de grandes quantités de données, laissant la possibilité de les traiter et de les analyser à la demande. Cela offre une grande agilité aux data scientists et aux analystes, qui peuvent explorer les données brutes selon leurs besoins spécifiques, sans être contraints par un schéma prédéfini.

Cependant, cette flexibilité du data lake s'accompagne de défis en matière de gouvernance et de sécurité des données. Il est crucial de mettre en place des stratégies robustes pour garantir la qualité, la traçabilité et la protection des informations stockées, tout en respectant les réglementations en vigueur.

Entre le data lake et le Data Warehouse se trouve la staging area, un composant essentiel dans une architecture analytique de type Three Tier. Cette couche joue un rôle de tampon et de préparation des données. Elle reçoit les données brutes du data lake et les prépare pour leur intégration dans le Data Warehouse. Les processus d'ETL (*Extract, Transform, Load*) ou d'ELT (*Extract, Load, Transform*) sont généralement mis en œuvre à ce niveau.

La staging area permet de réaliser des opérations cruciales telles que le nettoyage des données, la détection des changements, et les transformations initiales. Elle offre un espace pour valider et harmoniser les données avant leur chargement dans le Data Warehouse, assurant ainsi la cohérence et la qualité des informations qui seront utilisées pour l'analyse.

Le Data Warehouse, quant à lui, reste un élément central de l'architecture analytique, malgré l'émergence du data lake. Alors que le data lake est conçu pour stocker toutes les données de l'entreprise dans leur forme brute, le Data Warehouse est optimisé pour l'analyse et le reporting. Il stocke les données dans un format structuré, souvent suivant des modèles dimensionnels, facilitant ainsi les requêtes complexes et les analyses rapides.

Il est important de noter que le coût de stockage dans un Data Warehouse est généralement plus élevé que dans un data lake. Cela s'explique par la nature structurée et optimisée des données dans le Data Warehouse, qui nécessite des ressources de stockage et de traitement plus sophistiquées. Cette différence de coût justifie souvent l'utilisation combinée d'un data lake pour le stockage massif de données brutes et d'un Data Warehouse pour les données traitées et prêtes à l'analyse.

Pour répondre à des besoins analytiques spécifiques, les Data Marts entrent en jeu. Ces sous-ensembles du Data Warehouse sont orientés vers des domaines ou des processus métier ciblés. Ils permettent d'organiser les données de manière à répondre efficacement aux besoins d'analyse de départements ou de fonctions spécifiques au sein de l'organisation. Les Data Marts sont généralement connectés directement aux outils de Business Intelligence, offrant ainsi une vue adaptée et performante pour les utilisateurs finaux.

En termes de méthodologie de modélisation, le concept de data vault mérite une mention particulière. Cette approche de modélisation, particulièrement adaptée aux environnements Big Data, offre une grande flexibilité et une évolutivité accrue par rapport aux modèles dimensionnels traditionnels. Le data vault permet de gérer efficacement les changements fréquents dans les sources de données et facilite l'intégration de nouvelles sources, ce qui en fait une option intéressante pour les architectures analytiques modernes.

L'architecture analytique moderne se caractérise par sa complexité et sa flexibilité. L'intégration harmonieuse du data lake, de la staging area, du Data Warehouse et des Data Marts, combinée à des approches de modélisation innovantes comme le data vault, permet aux organisations de tirer pleinement parti de leurs données. Cette architecture multicouche offre un équilibre entre le stockage massif et flexible des données brutes, la préparation et la transformation des données, et l'optimisation pour l'analyse et le reporting. Elle permet ainsi aux entreprises de répondre efficacement à leurs besoins analytiques tout en s'adaptant à l'évolution constante du paysage des données.

4. Les différents types d'architecture d'un projet analytique

4.1 Architecture Single Tier

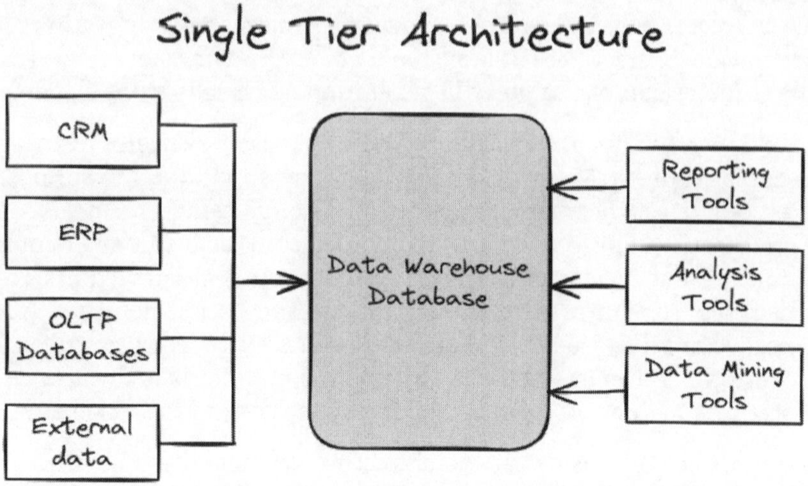

L'architecture Single Tier ou One Tier, également connue sous le nom d'architecture à niveau unique, représente la configuration la plus élémentaire d'un Data Warehouse. Cette approche simpliste regroupe toutes les composantes essentielles – stockage des données, traitement et présentation – au sein d'un seul et même système ou serveur. Bien que cette configuration puisse sembler attrayante par sa simplicité apparente, elle présente des limitations significatives qui en font une option sous-optimale pour la plupart des projets analytiques modernes.

Dans cette configuration, les données sont extraites directement de leurs sources d'origine et copiées telles quelles dans le Data Warehouse, sans passer par des étapes intermédiaires de transformation ou d'optimisation. Cette approche « brute » signifie que les données ne sont pas préparées spécifiquement pour les besoins analytiques, ce qui peut compliquer leur exploitation ultérieure. Les outils de Business Intelligence se connectent directement à ce Data Warehouse centralisé pour générer des rapports et des tableaux de bord. Cette connexion directe, bien que simple à mettre en place, peut engendrer une charge de travail considérable sur le système unique, notamment lors de l'exécution de requêtes complexes ou de la génération de visualisations élaborées.

Malgré ses inconvénients, l'architecture One Tier présente certains avantages qui peuvent la rendre attrayante dans des contextes spécifiques. Sa simplicité de mise en œuvre est indéniable : avec tous les composants sur un seul système, l'installation et la configuration initiales sont relativement simples. Cette approche peut également se traduire par des coûts initiaux réduits, l'utilisation d'un seul serveur permettant de limiter les investissements matériels et logiciels au démarrage du projet. Pour les petites structures ou les projets de taille modeste, la centralisation peut également simplifier la maintenance et l'administration du système, offrant une facilité de gestion appréciable.

Cependant, les limitations de cette architecture deviennent rapidement évidentes à mesure que les besoins analytiques se complexifient. L'absence de séparation des tâches crée un goulot d'étranglement, particulièrement notable lorsque le volume de données ou le nombre d'utilisateurs augmente. Cette architecture peine à s'adapter à la croissance des besoins analytiques de l'entreprise, manquant cruellement de scalabilité. La centralisation des données et des accès sur un seul système peut également accroître les risques en matière de sécurité, rendant l'ensemble de l'infrastructure plus vulnérable aux menaces potentielles.

Un des inconvénients majeurs de l'architecture One Tier réside dans le fait qu'elle constitue un point unique de défaillance. Une panne du serveur unique peut rendre l'intégralité du Data Warehouse inaccessible, impactant toutes les opérations analytiques de l'entreprise. Cette dépendance à un système unique peut s'avérer particulièrement problématique dans des environnements où la continuité de l'accès aux données analytiques est critique.

L'absence de couches intermédiaires dans cette architecture rend également difficile l'optimisation des données pour différents cas d'usage analytiques. Les processus d'extraction, de transformation et d'analyse des données entrent en compétition pour les mêmes ressources système, pouvant entraîner des ralentissements significatifs et une dégradation générale des performances.

Malgré ces limitations, l'architecture One Tier peut trouver sa place dans certains contextes spécifiques. Elle peut s'avérer pertinente pour des projets pilotes ou des preuves de concept, permettant de valider rapidement la faisabilité d'une solution analytique avant d'investir dans une infrastructure plus robuste. Les petites entreprises avec des besoins analytiques limités peuvent également trouver dans cette architecture une solution adaptée à leur échelle, du moins temporairement. Enfin, elle peut être utilisée efficacement dans des environnements de développement et de test, où elle permet de simuler un Data Warehouse à des fins de développement ou de tests, sans les contraintes de performance d'un environnement de production.

À mesure que les besoins analytiques d'une organisation croissent, il devient crucial d'envisager la migration vers des architectures plus sophistiquées. Les architectures Two Tier ou Three Tier offrent une meilleure séparation des responsabilités, permettant une optimisation plus fine des performances, une meilleure scalabilité et une résilience accrue face aux pannes. Ces architectures plus évoluées introduisent des couches intermédiaires dédiées au traitement et à l'optimisation des données, ainsi qu'à la gestion des requêtes analytiques. Elles permettent également une meilleure distribution de la charge de travail, réduisant ainsi les risques de goulots d'étranglement et améliorant les performances globales du système analytique.

Bien que l'architecture One Tier puisse servir de point de départ pour de petits projets ou des initiatives pilotes, elle n'est généralement pas recommandée pour des environnements de production à long terme ou des projets analytiques d'envergure. La transition vers des architectures plus robustes et flexibles devient souvent nécessaire pour soutenir efficacement la croissance et l'évolution des besoins analytiques de l'entreprise. Dans les sections suivantes, nous explorerons en détail les avantages et les caractéristiques des architectures Two Tier et Three Tier, offrant ainsi une perspective complète sur les options disponibles pour concevoir une infrastructure de Data Warehouse adaptée aux défis analytiques modernes.

4.2 Architecture Two Tier

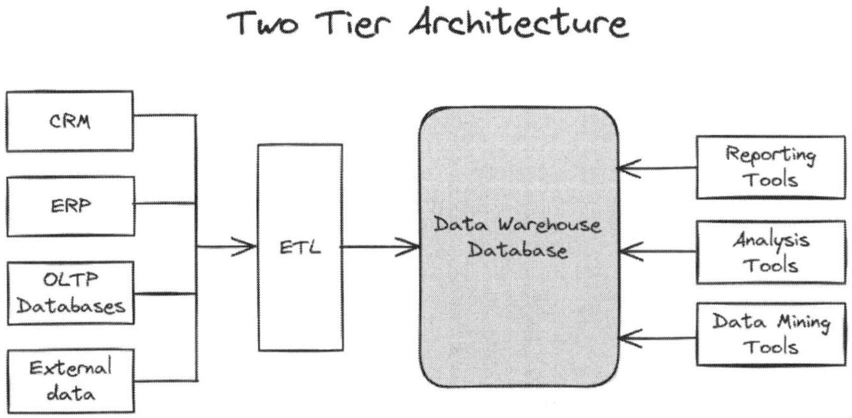

L'architecture Two Tier représente une évolution significative par rapport à l'approche One Tier. Cette configuration plus sophistiquée introduit une séparation claire entre les composants, les répartissant en deux couches distinctes : la couche client et la couche serveur.

La couche client agit comme interface entre l'utilisateur final et le système analytique. Elle prend en charge la gestion de l'interface utilisateur et le traitement des requêtes. C'est à ce niveau que les utilisateurs interagissent avec les données, formulant leurs demandes d'analyse et visualisant les résultats. Cette couche comprend généralement des outils de reporting, des tableaux de bord interactifs et des interfaces de requêtage conviviales, permettant aux utilisateurs d'exploiter efficacement les données du warehouse sans nécessiter une expertise technique approfondie.

De l'autre côté, la couche serveur constitue le cœur opérationnel du Data Warehouse. Elle héberge non seulement le stockage des données structurées, mais aussi l'ensemble des outils et des processus nécessaires au traitement de ces données. Cette centralisation des ressources de stockage et de traitement sur des serveurs dédiés permet une gestion plus efficace des charges de travail intensives, caractéristiques des opérations analytiques complexes.

Un élément crucial de l'architecture Two Tier est l'introduction de la staging area. Cette zone intermédiaire joue un rôle fondamental dans le processus d'intégration des données. Elle sert d'espace tampon où les données sont nettoyées, transformées et validées avant leur chargement dans le Data Warehouse. Ce processus, souvent désigné sous l'acronyme ETL est essentiel pour garantir la qualité et la cohérence des données analytiques. Dans la staging area, diverses opérations critiques sont effectuées sur les données brutes : les doublons sont identifiés et éliminés, les erreurs sont corrigées, et les incohérences entre différentes sources de données sont résolues.

L'architecture Two Tier présente plusieurs avantages significatifs. Elle offre une meilleure séparation des responsabilités, permettant une optimisation plus fine des performances. L'introduction de la staging area améliore considérablement la qualité et la cohérence des données, ce qui se traduit par des analyses plus fiables. Cette architecture permet également une meilleure scalabilité par rapport à l'architecture One Tier, offrant plus de flexibilité pour s'adapter à la croissance des besoins analytiques. De plus, elle facilite l'intégration d'un data lake dans l'infrastructure analytique, offrant ainsi une plus grande flexibilité dans la gestion des données non structurées et semi-structurées.

Néanmoins, l'architecture Two Tier n'est pas exempte d'inconvénients. Le serveur unique de la couche serveur peut toujours constituer un point de défaillance potentiel, posant des risques en matière de disponibilité et de résilience du système. De plus, la communication intensive entre les couches client et serveur peut générer un trafic réseau considérable, ce qui peut impacter les performances globales du système, particulièrement lors de pics d'utilisation ou de requêtes complexes impliquant de grands volumes de données.

Malgré ces considérations, l'architecture Two Tier gagne en popularité, particulièrement dans les environnements où un data lake est intégré à l'infrastructure analytique. Elle offre un équilibre entre la simplicité relative de sa mise en œuvre et les avantages significatifs en matière de performance, de qualité des données et de scalabilité, faisant d'elle un choix judicieux pour de nombreuses organisations cherchant à développer leurs capacités analytiques.

4.3 Architecture Three Tier

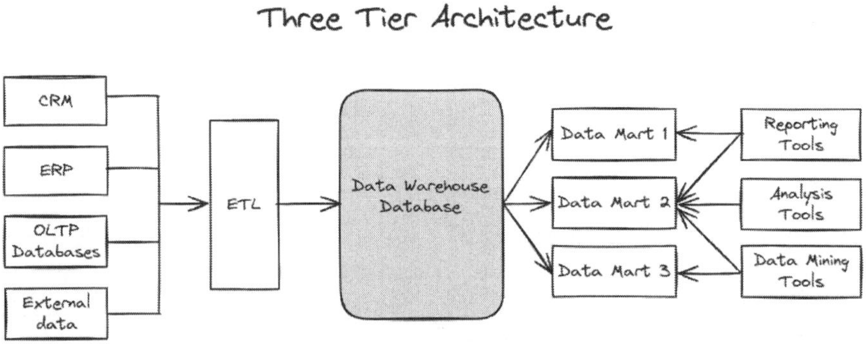

L'architecture Three Tier représente une configuration avancée et sophistiquée pour un Data Warehouse. Cette approche, conçue pour optimiser les performances et la scalabilité, répartit judicieusement les responsabilités sur trois couches distinctes, chacune jouant un rôle crucial dans le processus analytique global.

La couche inférieure, socle de cette architecture, héberge le Data Warehouse lui-même. C'est ici que les données sont stockées et organisées de manière à faciliter leur analyse ultérieure. Cette couche est généralement mise en œuvre à l'aide de systèmes de gestion de bases de données robustes, capables de gérer efficacement de grands volumes de données structurées et semi-structurées. L'optimisation de cette couche inclut souvent des techniques avancées telles que le partitionnement des données, l'indexation intelligente et la compression, visant à maximiser les performances de stockage et de récupération des informations.

La couche intermédiaire, véritable cœur analytique de l'architecture, est dédiée au traitement analytique en ligne (OLAP). Cette couche utilise des outils spécialisés pour analyser les données stockées dans la couche inférieure, générant des agrégations complexes, des cubes multidimensionnels et des résultats d'analyse avancés. C'est à ce niveau que s'effectuent les calculs intensifs, les modélisations statistiques et les transformations de données nécessaires pour répondre aux besoins analytiques de l'entreprise. La puissance de calcul concentrée dans cette couche permet de traiter rapidement des requêtes complexes sans impacter les performances du stockage de données sous-jacent.

La couche supérieure constitue l'interface utilisateur, le point de contact entre les utilisateurs finaux et la puissance analytique du système. Cette couche offre une variété d'outils de reporting, de tableaux de bord interactifs et de solutions de visualisation de données. Elle permet aux utilisateurs d'accéder intuitivement aux résultats des analyses, de personnaliser leurs vues et de naviguer de manière interactive à travers les données. L'accent est mis sur l'ergonomie et la facilité d'utilisation, permettant même aux utilisateurs non techniques d'exploiter efficacement la richesse des données analytiques.

L'architecture Three Tier présente de nombreux avantages qui en font un choix privilégié pour les entreprises ayant des besoins analytiques complexes et évolutifs. Sa scalabilité est l'un de ses atouts majeurs : chaque couche peut être adaptée et dimensionnée indépendamment en fonction des besoins spécifiques. Les performances sont optimisées grâce à la séparation claire des responsabilités, évitant les goulots d'étranglement souvent rencontrés dans les architectures plus monolithiques. Cette architecture offre également une grande flexibilité technologique, permettant à chaque couche d'utiliser les outils et les technologies les plus adaptés à son rôle spécifique. Enfin, la maintenance est facilitée, les modifications apportées à une couche n'impactant pas nécessairement les autres.

Cependant, l'architecture Three Tier présente aussi certains défis. Sa mise en œuvre est plus complexe, nécessitant une expertise technique approfondie dans divers domaines. Les coûts initiaux sont généralement plus élevés en raison de l'infrastructure plus importante requise. De plus, la gestion de cette architecture nécessite des compétences diversifiées, couvrant les aspects de stockage, de traitement analytique et d'interface utilisateur.

Malgré ces considérations, l'architecture Three Tier brille par sa flexibilité et sa capacité à s'adapter aux besoins analytiques complexes et évolutifs. Elle offre une fondation solide pour construire des solutions d'intelligence d'affaires sophistiquées, capables de s'adapter à l'évolution rapide des besoins analytiques et des volumes de données dans un contexte d'affaires de plus en plus axé sur l'information.

4.4 Conclusion

Le choix de l'architecture d'un projet analytique est un processus décisif qui dépend de multiples facteurs : les besoins spécifiques de l'entreprise, la complexité des données, les ressources disponibles et les projections de croissance. L'évolution d'une architecture analytique peut se faire progressivement, en passant d'une structure simple à des modèles plus sophistiqués à mesure que les besoins se complexifient.

L'architecture One Tier, bien que limitée, peut convenir aux projets pilotes ou aux petites structures. L'architecture Two Tier offre un bon compromis entre performance et complexité, adaptée à de nombreuses organisations en croissance. L'architecture Three Tier, quant à elle, répond aux exigences les plus élevées en matière de performance, de scalabilité et de flexibilité.

L'objectif ultime est de créer une infrastructure analytique capable non seulement de répondre aux besoins actuels, mais aussi de s'adapter aux défis futurs de l'analyse de données. Le choix et l'évolution de l'architecture doivent donc s'inscrire dans une vision stratégique à long terme, alignée sur les ambitions analytiques de l'entreprise.

5. Normalisation/dénormalisation

La normalisation et la dénormalisation sont deux approches fondamentales dans la conception des bases de données, chacune offrant des avantages spécifiques selon le contexte d'utilisation. La normalisation est un processus de structuration des données visant à éliminer les redondances et à garantir l'intégrité des données. Elle consiste à décomposer les tables complexes en tables plus petites et plus spécifiques, chacune ne contenant que des informations directement liées à son sujet principal. Ce processus, généralement appliqué jusqu'à la troisième forme normale (3NF), qui garantit que toutes les dépendances entre les données sont directement liées à la clé primaire de la table et qu'il n'existe pas de dépendances transitives, réduit la duplication des données, facilite les mises à jour et minimise les anomalies. Cependant, dans un contexte d'analyse où les performances de lecture sont cruciales, la normalisation peut entraîner une multiplication des jointures, ralentissant potentiellement les requêtes complexes.

À l'inverse, la dénormalisation est une technique qui consiste à combiner des tables ou à ajouter des données redondantes dans le but d'optimiser les performances de lecture. Cette approche est particulièrement pertinente dans les environnements de Data Warehousing et d'analyse où la rapidité d'accès aux données est primordiale. La dénormalisation peut impliquer la création de tables de faits avec des dimensions intégrées, l'ajout de champs calculés, ou la duplication de certaines informations pour éviter des jointures coûteuses. Bien que cette méthode puisse accélérer considérablement les requêtes analytiques, elle introduit des défis en termes de maintenance des données et d'intégrité, nécessitant une gestion plus attentive des mises à jour.

Le choix entre normalisation et dénormalisation dépend donc largement du cas d'usage. Dans les systèmes transactionnels (OLTP) où l'intégrité des données et la flexibilité des mises à jour sont essentielles, la normalisation est généralement préférée. En revanche, dans les systèmes analytiques (OLAP) où la performance des requêtes de lecture est critique, une approche dénormalisée ou partiellement dénormalisée est souvent adoptée. Les architectes de données doivent donc peser soigneusement les avantages et les inconvénients de chaque approche, en tenant compte des besoins spécifiques de l'application, des volumes de données, des patterns d'accès, et des exigences en matière de performance et de maintenance.

6. Différentes méthodes de design de DWH

6.1 Méthodologie de design Inmon

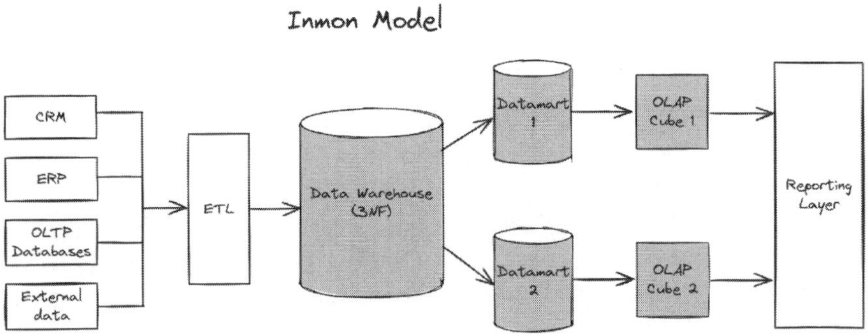

La méthodologie Inmon, également connue sous le nom d'approche *top-down*, est une stratégie de conception de Data Warehouse qui prône une vision holistique et intégrée des données de l'entreprise. Développée par Bill Inmon, considéré comme le « père du data warehousing », cette approche se distingue par sa volonté de créer une source unique de vérité pour l'ensemble de l'organisation.

Au cœur de la méthodologie Inmon se trouve le concept d'Enterprise Data Warehouse (EDWH), un référentiel centralisé qui agrège et normalise les données provenant de l'ensemble des systèmes opérationnels de l'entreprise. L'EDWH est conçu selon un modèle de données d'entreprise normalisé, généralement jusqu'à la troisième forme normale (3NF), ce qui garantit une structure cohérente et minimise la redondance des données.

À partir de cet EDWH, des Data Marts thématiques sont ensuite dérivés pour répondre aux besoins spécifiques des différents départements ou domaines d'activité. Ces Data Marts sont considérés comme des sous-ensembles du Data Warehouse central, assurant ainsi une cohérence globale des données à travers l'organisation.

L'un des principaux avantages de la méthodologie Inmon réside dans sa capacité à fournir une vue unifiée et cohérente des données de l'entreprise. Cette approche facilite grandement la prise de décision stratégique en offrant une compréhension globale et fiable des activités de l'organisation. De plus, la normalisation des données dans l'EDWH permet une gestion efficace des mises à jour et des modifications, tout en optimisant l'espace de stockage.

Cependant, la mise en œuvre de la méthodologie Inmon peut s'avérer complexe et coûteuse, notamment pour les organisations de taille moyenne ou les projets nécessitant une mise en production rapide. Le temps et les ressources nécessaires peuvent être considérables pour définir un modèle de données d'entreprise complet et mettre en place un EDWH de grande envergure. De plus, cette approche requiert une connaissance approfondie des processus métier de l'entreprise dès le début du projet, ce qui peut limiter sa flexibilité face aux changements organisationnels rapides.

La méthodologie Inmon est particulièrement adaptée aux grandes organisations ayant des besoins analytiques complexes et diversifiés, ainsi qu'une volonté forte de centraliser et de normaliser leurs données. Elle est également recommandée lorsque l'entreprise souhaite mettre en place une gouvernance des données rigoureuse et garantir la cohérence des informations à travers l'ensemble de ses activités.

Il est important de noter que le choix entre la méthodologie Inmon et d'autres approches, comme la méthodologie Kimball, dépend largement du contexte spécifique de l'entreprise. Alors qu'Inmon privilégie une approche globale et centralisée, Kimball propose une méthode plus itérative et orientée sur les besoins métier immédiats. Les organisations doivent évaluer soigneusement leurs besoins, leurs ressources et leurs contraintes avant de choisir la méthodologie la plus appropriée pour leur projet de Data Warehouse.

La méthodologie Inmon offre une approche robuste et cohérente pour la conception de Data Warehouses, particulièrement adaptée aux grandes entreprises ayant des besoins analytiques complexes et une vision à long terme de leur infrastructure de données. Bien que sa mise en œuvre puisse être plus exigeante initialement, elle peut offrir des avantages significatifs en termes de cohérence des données et de support à la prise de décision stratégique.

6.2 Méthodologie de design Kimball

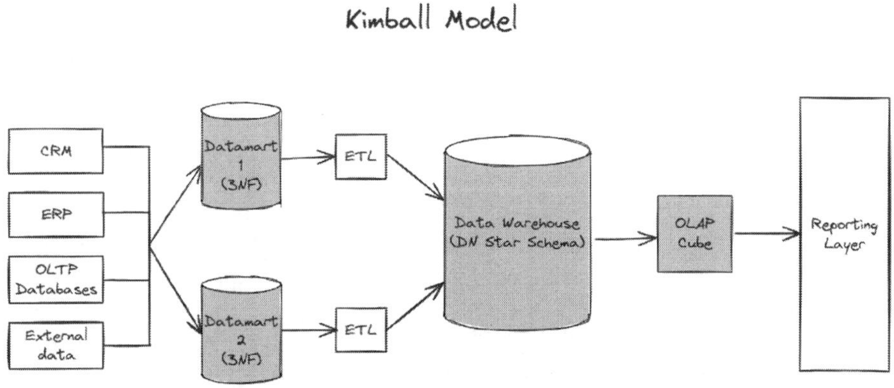

La méthodologie Kimball, également connue sous le nom d'approche *bottom-up*, est une stratégie de conception de Data Warehouse développée par Ralph Kimball, qui se distingue par son approche itérative et centrée sur les besoins métier spécifiques. Contrairement à la méthodologie Inmon, qui adopte une vision globale de l'entreprise, l'approche Kimball se concentre sur la construction de Data Marts indépendants, chacun répondant aux besoins d'un domaine d'activité particulier.

Au cœur de la méthodologie Kimball se trouve le concept de modélisation dimensionnelle. Chaque Data Mart est conçu selon un schéma en étoile ou en flocon de neige, composé de tables de faits entourées de tables de dimensions. Ces schémas sont optimisés pour les requêtes analytiques, permettant des performances élevées pour les opérations de reporting et d'analyse.

L'un des principaux avantages de la méthodologie Kimball réside dans sa rapidité de mise en œuvre. En se concentrant sur des Data Marts plus petits et ciblés, il est possible de livrer rapidement des résultats tangibles aux utilisateurs métier. Cette approche itérative permet une validation précoce des concepts et une adaptation continue aux besoins évolutifs de l'entreprise.

De plus, la méthodologie Kimball est intrinsèquement orientée sujet, ce qui signifie qu'il n'est pas nécessaire de connaître en détail tous les processus métier de l'entreprise avant de commencer la construction du Data Warehouse. Cela confère une grande agilité au projet et permet une meilleure adaptation aux besoins spécifiques de chaque département.

Un autre avantage notable est la facilitation du self-service reporting. Les schémas dimensionnels, conçus pour être intuitifs et faciles à comprendre pour les utilisateurs métier, permettent à ces derniers de créer leurs propres rapports et analyses sans nécessairement passer par des intermédiaires techniques. Cela favorise l'autonomie des utilisateurs et peut accélérer le processus de prise de décision.

Cependant, la méthodologie Kimball n'est pas sans inconvénient. La création de schémas dimensionnels peut s'avérer complexe et nécessiter des compétences techniques spécifiques, notamment en matière d'ETL. La conception de dimensions conformes, essentielles pour assurer la cohérence entre les différents Data Marts, peut également représenter un défi technique et organisationnel.

L'absence d'un modèle de données d'entreprise centralisé peut parfois entraîner des problèmes de couverture des sujets. Certains domaines d'activité peuvent être négligés ou insuffisamment représentés dans les Data Marts initiaux, nécessitant des ajustements ultérieurs. De plus, l'intégration des Data Marts pour former un Data Warehouse distribué, bien que conceptuellement simple, peut s'avérer complexe en pratique, notamment en termes de gestion des métadonnées et de synchronisation des données.

La méthodologie Kimball est particulièrement adaptée aux petites et moyennes entreprises, ou aux projets nécessitant une mise en œuvre rapide et une forte implication des utilisateurs métier. Elle excelle dans les situations où les besoins analytiques sont bien définis et circonscrits à des domaines d'activité spécifiques. Cette approche est également pertinente pour les organisations qui privilégient l'agilité et la flexibilité dans leur infrastructure analytique.

En revanche, pour les grandes organisations ayant des besoins analytiques complexes et variés, ou souhaitant mettre en place une gouvernance des données rigoureuse à l'échelle de l'entreprise, la méthodologie Inmon peut s'avérer plus appropriée. Le choix entre ces deux approches dépend largement du contexte spécifique de l'entreprise, de ses objectifs à long terme en matière de gestion des données, et de ses contraintes en matière de ressources et de temps.

La méthodologie Kimball offre une approche pragmatique et orientée résultats pour la conception de Data Warehouses. Sa flexibilité et sa capacité à livrer rapidement des résultats en font une option attractive pour de nombreuses organisations. Cependant, comme pour toute méthodologie, il est crucial d'évaluer soigneusement les besoins spécifiques de l'entreprise et les compromis nécessaires avant de choisir cette approche.

6.3 Méthodologie de design OBT simple

La méthodologie de design OBT (*Operational Business Tier*), également connue sous le nom d'architecture staging area, représente une approche pragmatique et simplifiée pour la conception de Data Warehouses. Cette méthodologie se distingue par sa flexibilité et son orientation pratique, offrant une solution intermédiaire entre les approches plus traditionnelles d'Inmon et de Kimball.

L'un des principaux atouts de la méthodologie OBT réside dans sa simplicité et sa rapidité de mise en œuvre. En se concentrant sur la création d'une staging area efficace, elle évite la complexité inhérente à la modélisation d'un Data Warehouse complet dès le début du projet. Cette approche permet de répondre rapidement aux besoins analytiques urgents des utilisateurs métier, tout en conservant la flexibilité nécessaire pour affiner et étendre le Data Warehous au fil du temps.

La staging area offre également un environnement contrôlé et sécurisé pour effectuer les transformations de données nécessaires. Cet aspect est particulièrement important pour garantir la qualité et la fiabilité des informations qui seront finalement chargées dans le Data Warehouse. Les processus de nettoyage, de standardisation et d'enrichissement des données peuvent être effectués de manière systématique et traçable dans cette zone intermédiaire.

Cependant, la méthodologie OBT n'est pas exempte de défis. L'absence d'un modèle de données d'entreprise clairement défini dès le départ peut entraîner des difficultés à long terme, notamment en matière de maintenance et d'évolutivité du système. Sans une vision globale de l'architecture des données, il peut devenir complexe de garantir la cohérence et l'intégrité des informations à travers l'ensemble du Data Warehouse au fur et à mesure de son expansion.

De plus, la staging area elle-même peut devenir un goulot d'étranglement si elle n'est pas correctement dimensionnée et optimisée. Les processus d'extraction, de transformation et de chargement peuvent être particulièrement exigeants en termes de ressources, surtout lorsque les volumes de données sont importants ou que les transformations requises sont complexes. Il est donc crucial de concevoir cette zone avec soin, en tenant compte des besoins actuels et futurs en matière de traitement des données.

La mise en œuvre efficace de la méthodologie OBT nécessite également des compétences techniques spécifiques, notamment dans le domaine de l'ETL. Les équipes chargées de concevoir et de mettre en œuvre les processus de transformation de données doivent être capables de gérer des flux de données complexes, d'optimiser les performances des traitements et de garantir la qualité des données tout au long du processus.

Malgré ces défis, la méthodologie de design OBT simple s'avère particulièrement adaptée à certains contextes. Elle convient particulièrement bien aux entreprises ayant des besoins analytiques évolutifs et souhaitant mettre en place un Data Warehouse rapidement, sans avoir à investir dans une modélisation complète dès le départ. Cette approche est également recommandée lorsque les sources de données sont hétérogènes et nécessitent des transformations importantes avant d'être exploitables dans un contexte analytique.

La méthodologie OBT peut également représenter un excellent compromis pour les organisations qui hésitent entre les approches Inmon et Kimball. En combinant des éléments des deux méthodologies, elle offre une flexibilité appréciable, permettant de s'adapter aux spécificités de chaque projet et aux besoins évolutifs de l'entreprise.

En conclusion, la méthodologie de design OBT simple offre une approche pragmatique et flexible pour la conception de Data Warehouses. Elle permet une mise en œuvre rapide tout en conservant la possibilité d'évoluer vers une architecture plus complexe si nécessaire. Cependant, comme pour toute approche, il est crucial d'évaluer soigneusement les besoins spécifiques de l'entreprise, ses ressources disponibles et ses objectifs à long terme avant de choisir cette méthodologie. Une planification minutieuse et une attention particulière à la scalabilité et à la gouvernance des données restent essentielles pour garantir le succès à long terme d'un projet de Data Warehouse basé sur l'approche OBT.

6.4 Méthodologie de design data vault

La méthodologie data vault représente une approche novatrice et robuste pour la modélisation de Data Warehouses, se distinguant nettement des méthodologies traditionnelles telles qu'Inmon et Kimball. Développée par Dan Linstedt au début des années 2000, cette approche met l'accent sur l'auditabilité, la traçabilité et l'adaptabilité des données dans un environnement en constante évolution.

Au cœur de la méthodologie data vault se trouve un modèle de données unique, conçu pour capturer et stocker les données brutes provenant de sources hétérogènes, tout en documentant méticuleusement leur provenance et leur évolution dans le temps. Contrairement aux approches classiques qui se concentrent sur la modélisation des relations métier, cette méthodologie privilégie une structure flexible capable de s'adapter rapidement aux changements des systèmes sources et des besoins analytiques.

La méthodologie data vault s'articule autour de trois composants principaux :

- Les hubs : ils représentent les entités métier clés et stockent leurs identifiants uniques.
- Les links : ils capturent les relations entre les Hubs, permettant une grande flexibilité dans la modélisation des associations.
- Les satellites : ils contiennent les attributs descriptifs des Hubs et des Links, y compris les informations temporelles et les métadonnées.

Cette structure modulaire offre une flexibilité remarquable, permettant d'intégrer facilement de nouvelles sources de données et de modifier les structures existantes sans perturber l'ensemble du modèle. Cette adaptabilité est particulièrement précieuse dans les environnements où les systèmes sources et les besoins métier évoluent fréquemment.

Un des atouts majeurs de cette méthodologie réside dans son approche rigoureuse de l'auditabilité et de la traçabilité des données. Chaque élément de donnée est systématiquement associé à des métadonnées détaillées, incluant sa provenance, sa date d'insertion, et toute transformation appliquée. Cette traçabilité granulaire facilite grandement la compréhension de l'origine des données et renforce leur fiabilité pour les analyses et les prises de décision.

De plus, la méthodologie data vault excelle dans la gestion des données historiques. Elle permet de capturer et de conserver l'historique complet des changements, offrant ainsi une vue détaillée de l'évolution des données dans le temps. Cette capacité est particulièrement précieuse pour les analyses longitudinales et la conformité réglementaire.

Cependant, la mise en œuvre de la méthodologie data vault présente certains défis. Sa complexité intrinsèque nécessite une compréhension approfondie des concepts de modélisation spécifiques à cette approche. Les équipes de développement doivent être formées à ces principes et disposer d'outils adaptés pour gérer efficacement les métadonnées et les historiques de données.

La structure data vault peut également s'avérer moins intuitive pour les utilisateurs métier habitués aux modèles dimensionnels classiques. L'accès aux données pour les analyses ad hoc peut nécessiter des requêtes plus complexes, impliquant souvent de nombreuses jointures entre les Hubs, Links et Satellites. Cette complexité peut impacter les performances des requêtes, en particulier pour les analyses en temps réel ou les tableaux de bord interactifs.

Pour pallier ces inconvénients, il est courant de combiner la méthodologie data vault avec des couches de présentation plus traditionnelles, comme des Data Marts dimensionnels, offrant ainsi une interface plus accessible aux utilisateurs finaux tout en conservant les avantages de flexibilité et de traçabilité du modèle sous-jacent.

La méthodologie data vault trouve sa pertinence maximale dans des environnements caractérisés par :

- une grande diversité de sources de données hétérogènes ;
- des changements fréquents dans les systèmes sources ou les besoins métier ;
- des exigences strictes en matière d'auditabilité et de traçabilité des données ;
- des projets de grande envergure nécessitant une flexibilité et une évolutivité importantes ;
- des secteurs fortement réglementés où la conservation de l'historique complet des données est cruciale.

En revanche, pour des projets plus modestes ou des entreprises ayant des besoins analytiques bien définis et stables, les approches traditionnelles comme Inmon ou Kimball peuvent s'avérer plus appropriées et plus simples à mettre en œuvre.

La méthodologie data vault offre une solution puissante et flexible pour la modélisation de Data Warehouses dans des environnements complexes et dynamiques. Son approche unique de la gestion des données historiques et de la traçabilité en fait un choix de prédilection pour les organisations confrontées à des défis de gestion de données à grande échelle et en constante évolution. Cependant, comme pour toute méthodologie, il est crucial d'évaluer soigneusement les besoins spécifiques de l'entreprise, ses ressources disponibles et ses objectifs à long terme avant d'opter pour cette approche.

6.5 Le cycle de vie d'un projet de Data Warehouse

Le cycle de vie d'un projet de Data Warehouse est un processus complexe et itératif, dont l'une des étapes cruciales est la modélisation dimensionnelle. Cette phase intervient après la collecte et l'intégration des données, mais avant leur chargement effectif dans le Data Warehouse. Son objectif principal est de structurer les données de manière à optimiser leur analyse et leur compréhension par les utilisateurs métier, facilitant ainsi la prise de décision basée sur les données.

La modélisation dimensionnelle se décompose en quatre étapes fondamentales, chacune jouant un rôle essentiel dans la construction d'un modèle de données efficace et pertinent :

- Sélection des processus métier (*business processes*) : cette première étape consiste à identifier les activités clés de l'entreprise qui doivent être analysées et mesurées. Il s'agit de comprendre en profondeur les opérations de l'entreprise et de déterminer les indicateurs de performance clés (KPI) qui permettront d'évaluer et de suivre la performance opérationnelle. Ces processus et KPI formeront la base des tables de faits, éléments centraux de la modélisation dimensionnelle. Cette étape nécessite une collaboration étroite avec les experts métier pour s'assurer que les processus sélectionnés sont véritablement représentatifs des activités critiques de l'entreprise.
- Déclaration de la granularité : une fois les processus métier identifiés, il est crucial de définir la granularité des données, c'est-à-dire le niveau de détail le plus fin que chaque ligne de la table de faits représentera. Cette décision a des implications majeures sur la capacité d'analyse et le volume de données du Data Warehouse. Par exemple, dans un contexte de vente au détail, la granularité pourrait être définie au niveau de chaque transaction individuelle, de chaque produit vendu, ou même de chaque ligne de chaque transaction. Le choix de la granularité doit équilibrer le besoin de détail avec les contraintes de performance et de stockage.
- Identification des dimensions : les dimensions sont les éléments qui fournissent le contexte aux faits, permettant de les analyser selon différents axes. Elles répondent aux questions fondamentales du « qui », « quoi », « quand », « où », « comment » et « pourquoi » associées aux faits. Les dimensions courantes incluent le temps (permettant des analyses temporelles), le lieu (pour des analyses géographiques), le produit (pour des analyses par catégorie ou marque) et le client (pour des analyses démographiques ou comportementales). L'identification des dimensions appropriées est cruciale pour garantir la flexibilité et la profondeur des analyses futures.

– Identification des faits : les faits sont les mesures quantitatives que l'on souhaite analyser. Ils représentent généralement des métriques d'entreprise clés telles que le montant des ventes, la quantité vendue, le coût ou le bénéfice. Ces mesures sont stockées dans la table de faits et sont associées aux dimensions pertinentes. L'identification des faits doit être guidée par les besoins analytiques de l'entreprise et doit inclure toutes les mesures nécessaires pour répondre aux questions métier cruciales.

Un outil particulièrement utile dans ce processus est la *bus matrix* ou matrice de bus. Cette matrice visuelle permet de cartographier les relations entre les processus métier (représentés par les tables de faits) et les dimensions. Elle offre une vue d'ensemble claire de la structure du Data Warehouse, facilitant l'identification des dimensions partagées entre différents processus et assurant une conception cohérente et complète du modèle dimensionnel.

Il est important de noter que la modélisation dimensionnelle, bien que structurée, n'est pas un processus linéaire figé. Elle s'inscrit dans une démarche itérative qui permet d'affiner et d'améliorer le modèle au fil du temps. À mesure que les besoins de l'entreprise évoluent ou que de nouvelles sources de données deviennent disponibles, le modèle peut être ajusté pour intégrer ces changements.

Une fois le modèle dimensionnel défini, les données peuvent être chargées dans le Data Warehouse. Ce processus de chargement, souvent réalisé via des procédures ETL doit respecter la structure définie par le modèle dimensionnel. Une fois les données chargées, elles sont mises à disposition des utilisateurs métier pour l'analyse et la prise de décision.

La réussite d'un projet de Data Warehouse dépend en grande partie de la qualité de sa modélisation dimensionnelle. Un modèle bien conçu facilite non seulement l'analyse des données, mais améliore également les performances des requêtes, la compréhensibilité du modèle par les utilisateurs métier, et la flexibilité face aux évolutions futures des besoins analytiques de l'entreprise.

En conclusion, la modélisation dimensionnelle est une étape critique dans le cycle de vie d'un projet de Data Warehouse. Elle requiert une compréhension approfondie des processus métier, une vision claire des besoins analytiques, et une approche méthodique pour structurer les données de manière optimale. Bien que complexe, cette étape est essentielle pour transformer les données brutes en informations actionnables, permettant ainsi à l'entreprise de prendre des décisions éclairées basées sur des analyses fiables et pertinentes.

7. Les différents types de tables dans un Data Warehouse

7.1 Les tables de faits (fact tables)

Les tables de faits sont au cœur de la modélisation dimensionnelle et contiennent les mesures quantitatives générées par les systèmes opérationnels de l'entreprise. Ces mesures sont essentielles pour l'analyse et la prise de décision, car elles permettent de créer des agrégations et de répondre à des questions clés sur les performances de l'entreprise.

Les tables de faits sont généralement identifiées par une clé primaire composite, formée par la combinaison des clés étrangères des tables de dimensions associées. Cette clé composite assure l'unicité de chaque enregistrement dans la table de faits et permet de lier les mesures aux dimensions correspondantes.

Types de colonnes de faits :

- Additives : ces mesures peuvent être additionnées sur toutes les dimensions. Par exemple, la quantité de produits vendus peut être additionnée sur toutes les dimensions (temps, produit, client, etc.).
- Semi-additives : ces mesures peuvent être additionnées sur certaines dimensions, mais pas sur toutes. Par exemple, le stock de produits peut être additionné sur la dimension produit, mais pas sur la dimension temps (car le stock varie dans le temps).
- Non additives : ces mesures ne peuvent être additionnées sur aucune dimension. Par exemple, le prix unitaire d'un produit ou le taux de remise ne peuvent pas être additionnés.

Types de tables de faits :

- Tables de faits transactionnelles : ces tables capturent les données au niveau de la transaction individuelle, offrant ainsi la granularité la plus fine. Par exemple, une table de faits de transactions de vente enregistrerait chaque vente individuelle avec des détails tels que le produit vendu, la quantité, le prix et la date.
- Tables de faits périodiques : ces tables agrègent les données à un niveau périodique, comme le jour, la semaine ou le mois. Elles permettent d'analyser les tendances et les évolutions sur une période donnée. Par exemple, une table de faits périodique pourrait enregistrer le nombre total de ventes par produit et par mois.
- Tables de faits cumulatives : ces tables suivent le cycle de vie d'un événement ou d'un processus sur plusieurs étapes. Par exemple, une table de faits accumulative pourrait enregistrer les différentes étapes d'une commande client, de sa création à sa livraison, en passant par son expédition.

7.2 Les tables de dimensions (dimension tables)

Les tables de dimensions fournissent le contexte des mesures stockées dans les tables de faits. Elles contiennent des attributs descriptifs qui permettent de catégoriser et d'analyser les faits selon différents critères. Par exemple, une table de dimensions `Produit` pourrait contenir des attributs tels que la catégorie, la marque, le modèle et le prix.

Les tables de dimensions sont généralement identifiées par une clé primaire unique, qui est utilisée comme clé étrangère dans les tables de faits pour établir les relations entre les faits et les dimensions.

Les tables de dimensions peuvent être hiérarchisées pour permettre une analyse à différents niveaux de détail. Par exemple, une table de dimensions `Temps` pourrait avoir une hiérarchie allant de l'année au jour, en passant par le trimestre et le mois.

Les tables de faits et de dimensions sont les deux piliers de la modélisation dimensionnelle. Les tables de faits contiennent les mesures quantitatives, tandis que les tables de dimensions fournissent le contexte de ces mesures. Ensemble, elles permettent de créer un modèle de données flexible et puissant pour l'analyse et la prise de décision.

8. Les schémas

8.1 Star Schema (schéma en étoile)

Le *Star Schema* est le schéma le plus couramment utilisé dans la modélisation dimensionnelle. Sa structure simple et intuitive facilite l'organisation des données dans le Data Warehouse. Il se compose d'une table de faits centrale, entourée de tables de dimensions qui lui sont reliées par des clés étrangères.

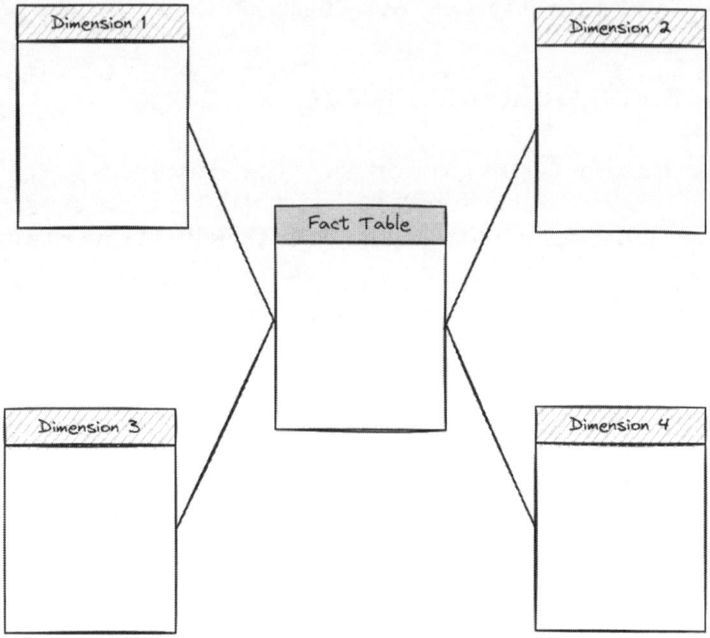

Cette façon de construire sa base possède plusieurs avantages :

- Simplicité : le Star Schema est facile à comprendre et à utiliser, ce qui le rend idéal pour les utilisateurs métier qui ne sont pas nécessairement des experts en bases de données.
- Performance : les requêtes sur un Star Schema sont généralement plus rapides que sur d'autres schémas, car elles impliquent moins de jointures entre les tables.
- Facilité de requêtage : la structure simple du Star Schema facilite l'écriture de requêtes SQL pour extraire et analyser les données.

Par contre, cette structure n'est pas exempte de potentiels problèmes :

- Redondance des données : le Star Schema peut entraîner une certaine redondance des données dans les tables de dimensions, ce qui peut augmenter l'espace de stockage requis.
- Limitations de la modélisation : le Star Schema peut ne pas être adapté pour modéliser des relations complexes entre les dimensions.

8.2 Snowflake Schema (schéma en flocon de neige)

Le *Snowflake Schema* est une extension du Star Schema qui normalise les tables de dimensions en troisième forme normale (3NF). Cela signifie que les attributs des dimensions sont décomposés en plusieurs tables liées entre elles par des clés étrangères.

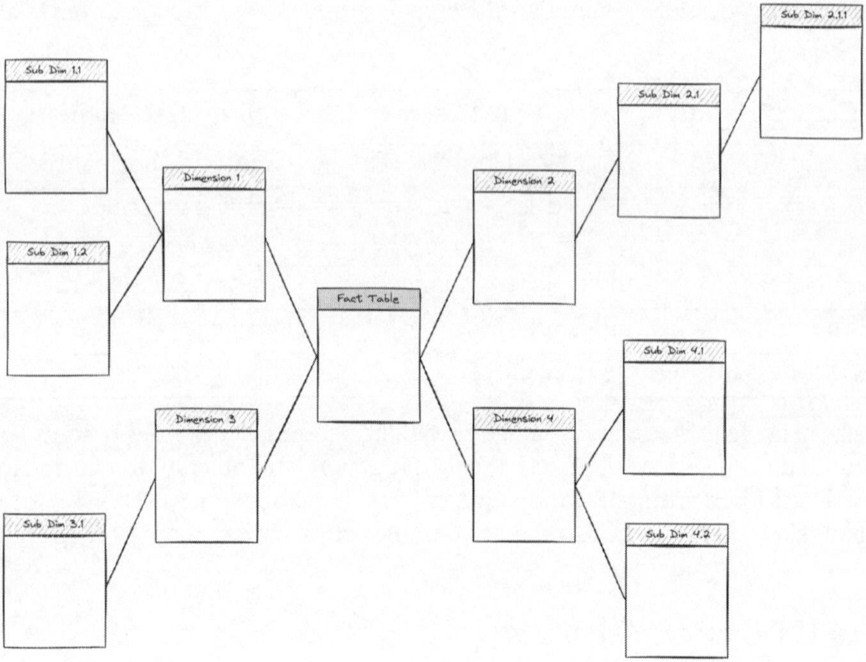

Avantages :

- Réduction de la redondance : la normalisation des tables de dimensions réduit la redondance des données, ce qui permet d'économiser de l'espace de stockage.
- Facilité de maintenance : la structure normalisée facilite la mise à jour et la maintenance des tables de dimensions.

Inconvénients :

- Complexité : le Snowflake Schema est plus complexe que le Star Schema, ce qui peut le rendre plus difficile à comprendre et à utiliser.
- Performance : les requêtes sur un Snowflake Schema peuvent être plus lentes que sur un Star Schema, car elles impliquent davantage de jointures entre les tables.

Le tableau ci-dessous résume les différences entre Star Schema et Snowflake Schema :

Caractéristique	Star Schema	Snowflake Schema
Structure	Simple, dénormalisée	Complexe, normalisée
Stockage	Plus d'espace de stockage	Moins d'espace de stockage
Redondance	Plus de redondance	Moins de redondance
Performance	Plus rapide	Plus lent
Facilité de requêtage	Plus facile	Plus difficile

Le choix entre le Star Schema et le Snowflake Schema dépend des besoins spécifiques de l'entreprise. Le Star Schema est généralement préféré pour sa simplicité et sa performance, tandis que le Snowflake Schema est choisi pour sa capacité à réduire la redondance des données et à faciliter la maintenance.

9. Projet Data Warehouse

Dans ce projet, vous allez créer un datawarehouse de A à Z avec Python et PostgreSQL. Nous allons utiliser un jeu de données Kaggle fourni par une enseigne brésilienne de supermarchés (Olist). Il existe deux versions de ce jeu de données, le modèle relationnel sous forme de fichier SQLite et un ensemble de fichiers CSV.

Votre commanditaire souhaite mettre en place un reporting hebdomadaire sur le suivi des commandes. L'idée est de partir de ce modèle relationnel pour le mettre en forme et créer un DWH de type Kimball focalisé sur les commandes.

9.1 Prérequis

La première chose à faire pour créer ce datawarehouse est d'installer PostgreSQL et de créer une base de données vierge. À l'heure actuelle, la dernière version de PostgresSQL est la version 14, c'est celle que nous utiliserons dans ce projet.

Nous allons réaliser les actions suivantes :

- Installez postgreSQL.
- Créez un utilisateur.
- Créez une base de données.

9.1.1 Ubuntu

Étape 1 : téléchargement et installation de PostgreSQL 14

La première étape consiste à exécuter la commande suivante :

```
sudo apt-get -y install postgresql-14
```

Remarque

Vous pouvez tester le bon fonctionnement de l'installation en lançant la commande suivante : `sudo su - postgres` *puis* `psql`.

Étape 2 : ajout d'un utilisateur

Passons maintenant à la deuxième étape, il nous faut créer un utilisateur.

```
postgres=# CREATE USER user WITH PASSWORD 'mot_de_passe';
```

Étape 3 : ajout d'une base de données

Enfin, nous pouvons créer notre base de données.

```
postgres=# CREATE DATABASE projet OWNER user;
```

Nous pouvons vérifier maintenant que la base est bien créée. La commande `\l` permet d'afficher la liste des bases existantes :

```
postgres=# \l

  Name     |  Owner    | Encoding |    Collate     |     Ctype     |
Access privileges
-----------+----------+----------+-------------+-------------+
-----------------------
postgres   | postgres | UTF8     | fr_FR.UTF-8 | fr_FR.UTF-8 |
projet     | user     | UTF8     | fr_FR.UTF-8 | fr_FR.UTF-8 |
template0 | postgres | UTF8     | fr_FR.UTF-8 | fr_FR.UTF-8 |
=c/postgres            +
           |          |          |             |             |
postgres=CTc/postgres
template1 | postgres | UTF8     | fr_FR.UTF-8 | fr_FR.UTF-8 |
 =c/postgres            +
           |          |          |             |             |
postgres=CTc/postgres
(4 rows)
```

9.1.2 Windows

Étape 1 : téléchargement et installation de PostgreSQL 14

- Rendez-vous sur la page de téléchargement de PostgreSQL : https://www.postgresql.org/download/windows/
- Sélectionnez la version 14 et cliquez sur le bouton **Download the installer** correspondant à votre architecture système (32 ou 64 bits).
- Exécutez le fichier d'installation téléchargé.

Suivez les instructions de l'assistant d'installation :

- Choisissez le répertoire d'installation.
- Sélectionnez les composants à installer (laissez les options par défaut si vous n'êtes pas sûr).
- Définissez un mot de passe pour le superutilisateur `postgres` (vous en aurez besoin plus tard).
- Choisissez le port d'écoute (**5432** par défaut).
- Sélectionnez la locale (**fr_FR.UTF8** par exemple).

Étape 2 : ajout d'un utilisateur

- Ouvrez l'invite de commandes Windows (cmd.exe) en tant qu'administrateur.

- Connectez-vous à PostgreSQL avec le superutilisateur `postgres`.

```
psql -U postgres
```

- Entrez le mot de passe que vous avez défini lors de l'installation. Créez un nouvel utilisateur `user` avec le mot de passe de votre choix.

```
CREATE USER user WITH PASSWORD 'mot_de_passe';
```

Étape 3 : ajout d'une base de données

- Créez une nouvelle base de données `projet` et attribuez-la à l'utilisateur `user`.

```
CREATE DATABASE projet OWNER user;
```

- Quittez psql.

```
\q
```

Maintenant que la base de données est créée, vous allez pouvoir créer les premières tables pour concevoir notre DWH.

9.1.3 Windows

Étape 1 : téléchargement et installation de PostgreSQL 14

Rendez-vous sur la page de téléchargement de PostgreSQL :
https://www.postgresql.org/download/windows/

- Sélectionnez la version 14 et cliquez sur le bouton **Download the installer** correspondant à votre architecture système (32 ou 64 bits).

- Exécutez le fichier d'installation téléchargé.

Suivez les instructions de l'assistant d'installation :

- Choisissez le répertoire d'installation.

- Sélectionnez les composants à installer (laissez les options par défaut si vous n'êtes pas sûr).

- Définissez un mot de passe pour le superutilisateur `postgres` (vous en aurez besoin plus tard).
- Choisissez le port d'écoute (**5432** par défaut).
- Sélectionnez la locale (**fr_FR.UTF8** par exemple).

Étape 2 : ajout d'un utilisateur

- Ouvrez l'invite de commandes Windows (cmd.exe) en tant qu'administrateur.
- Connectez-vous à PostgreSQL avec le superutilisateur `postgres`.

```
psql -U postgres
```

- Entrez le mot de passe que vous avez défini lors de l'installation. Créez un nouvel utilisateur `user` avec le mot de passe de votre choix.

```
CREATE USER user WITH PASSWORD 'mot_de_passe';
```

Étape 3 : ajout d'une base de données

- Créez une nouvelle base de données `projet` et attribuez-la à l'utilisateur `user`.

```
CREATE DATABASE projet OWNER user;
```

- Quittez psql.

```
\q
```

Maintenant que la base de données est créée, vous allez pouvoir créer les premières tables pour concevoir notre DWH.

9.2 Script Python

Avant de plonger dans le code, voici les différentes étapes à suivre pour développer votre premier DWH. Les fichiers CSV utilisés dans ce projet sont placés dans un répertoire `'./data'`. Les fichiers sont disponibles ici :
https://github.com/gpenessot/business_intelligence_with_python/tree/main/Chapter05/data

- Préparez l'environnement.

▶ Commencez par charger les différentes librairies qui nous seront utiles au cours de ce projet :

- pandas (pd) : pour manipuler les données sous forme de tableaux (DataFrames).
- sqlalchemy : pour interagir avec la base de données PostgreSQL. Nous aurions aussi pu utiliser la librairie psycopg2, cependant la librairie SQLAlchemy n'est pas restreinte à Postgres et vous permet de vous connecter aussi simplement à d'autres gestionnaires de base de données comme MySQL, SQLite, etc.

▶ Chargez les données CSV.

  - Un dictionnaire `dataframes` est créé, associant le nom de chaque fichier CSV à son contenu chargé dans un DataFrame pandas.
  - La fonction `pd.read_csv()` est utilisée pour lire chaque fichier CSV et stocker son contenu dans un DataFrame.

▶ Connectez-vous à la base de données.

Création du moteur SQLAlchemy :

- La fonction `create_engine()` établit une connexion à votre base de données PostgreSQL.
- Vous devez remplacer `'utilisateur:mot_de_passe'` par vos informations d'identification (nom d'utilisateur et mot de passe) et `'localhost:5432/projet'` par l'adresse, le port et le nom de votre base de données.

▶ Définissez de la structure de l'entrepôt de données.

Création d'un objet `MetaData` :

- L'objet `MetaData` de SQLAlchemy va agir comme un conteneur pour organiser la structure de votre entrepôt de données.
- Définition des tables : table des faits (order_fact). Cette table centrale stockera les données sur les commandes (ID, statut, dates, etc.). Des clés étrangères sont également définies pour lier cette table aux différentes dimensions.

▶ Créez les tables de dimensions :

- products_dimension (informations sur les produits) ;
- customers_dimension (informations sur les clients) ;
- sellers_dimension (informations sur les vendeurs) ;
- geolocation_dimension (informations géographiques).

Pour chaque table, on précise son nom, les colonnes (avec leur type de données), et les clés étrangères le cas échéant.

▶ Créez les tables dans la base de données :

La méthode metadata.create_all(engine) envoie les définitions des tables à PostgreSQL, qui les crée physiquement dans la base de données. Les relations entre les tables (clés étrangères) sont également établies à cette étape.

▶ Chargez les données dans l'entrepôt de données.

Connexion à la base de données :

- Un bloc with est utilisé pour ouvrir une connexion (conn) à la base de données, garantissant une fermeture automatique une fois les opérations terminées.
- Un dictionnaire dataframe_to_table associe les noms des DataFrames (donc des fichiers CSV) aux tables correspondantes dans l'entrepôt.

▶ Insérez les données.

Une boucle parcourt chaque DataFrame du dictionnaire dataframes.

Pour chaque DataFrame :

- On récupère la table SQLAlchemy correspondante depuis le dictionnaire dataframe_to_table.
- La méthode df.to_sql() insère le contenu du DataFrame dans la table, en spécifiant if_exists='append' pour ajouter les données si la table existe déjà, et index=False pour ne pas inclure l'index du DataFrame en tant que colonne.

Passons au code :

```
# Import necessary libraries
import pandas as pd
from sqlalchemy import create_engine, MetaData, Table, Column,
Integer, String, Float, ForeignKey

# Load data into pandas dataframes
dataframes = {
   'olist_orders_dataset.csv': pd.read_csv('./data/
olist_orders_dataset.csv'),
   'olist_order_items_dataset.csv': pd.read_csv('./data/
olist_order_items_dataset.csv'),
   'olist_order_payments_dataset.csv': pd.read_csv('./data/
olist_order_payments_dataset.csv'),
   'olist_products_dataset.csv': pd.read_csv('./data/
olist_products_dataset.csv'),
   'product_category_name_translation.csv':
pd.read_csv('./data/product_category_name_translation.csv'),
   'olist_customers_dataset.csv': pd.read_csv('./data/
olist_customers_dataset.csv'),
   'olist_sellers_dataset.csv':
pd.read_csv('./data/olist_sellers_dataset.csv'),
   'olist_geolocation_dataset.csv': pd.read_csv('./data/
olist_geolocation_dataset.csv')
}

# Create SQLAlchemy engine
engine = create_engine('postgresql://utilisateur:projet_DWHh@local-
host:5432/projet')

# Create MetaData object
metadata = MetaData()

# Create fact table (order_fact) with foreign keys
order_fact = Table(
   'order_fact', metadata,
   Column('order_id', String, primary_key=True),
   Column('customer_id', String,
ForeignKey('customers_dimension.customer_id')),
   Column('order_status', String),
   Column('order_purchase_timestamp', String),
   Column('order_approved_at', String),
   Column('order_delivered_carrier_date', String),
   Column('order_delivered_customer_date', String),
   Column('order_estimated_delivery_date', String),
```

```
    Column('order_item_id', Integer),
    Column('product_id', String,
ForeignKey('products_dimension.product_id')),
    Column('seller_id', String,
ForeignKey('sellers_dimension.seller_id')),
    Column('shipping_limit_date', String),
    Column('price', Float),
    Column('freight_value', Float),
    Column('payment_sequential', Integer),
    Column('payment_type', String),
    Column('payment_installments', Integer),
    Column('payment_value', Float),
    Column('customer_zip_code_prefix', String,
ForeignKey('geolocation_dimension.geolocation_zip_code_prefix')),
    Column('seller_zip_code_prefix', String,
ForeignKey('geolocation_dimension.geolocation_zip_code_prefix'))
)

# Create dimension table: products_dimension
products_dimension = Table(
    'products_dimension', metadata,
    Column('product_id', String, primary_key=True),
    Column('product_category_name', String),
    Column('product_name_lenght', Integer),
    Column('product_description_lenght', Integer),
    Column('product_photos_qty', Integer),
    Column('product_weight_g', Integer),
    Column('product_length_cm', Integer),
    Column('product_height_cm', Integer),
    Column('product_width_cm', Integer),
    Column('product_category_name_english', String)
)

# Create dimension table: customers_dimension
customers_dimension = Table(
    'customers_dimension', metadata,
    Column('customer_id', String, primary_key=True),
    Column('customer_unique_id', String),
    Column('customer_zip_code_prefix', String),
    Column('customer_city', String),
    Column('customer_state', String)
)

# Create dimension table: sellers_dimension
sellers_dimension = Table(
```

```
    'sellers_dimension', metadata,
    Column('seller_id', String, primary_key=True),
    Column('seller_zip_code_prefix', String),
    Column('seller_city', String),
    Column('seller_state', String)
)

# Create dimension table: geolocation_dimension
geolocation_dimension = Table(
    'geolocation_dimension', metadata,
    Column('geolocation_zip_code_prefix', String, primary_key=True),
    Column('geolocation_lat', Float),
    Column('geolocation_lng', Float),
    Column('geolocation_city', String),
    Column('geolocation_state', String)
)

# Create tables in the database
metadata.create_all(engine)

# Load data into tables
with engine.connect() as conn:
    # Create a dictionary mapping dataframes to table names
    dataframe_to_table = {
        'olist_orders_dataset.csv': order_fact,
        'olist_order_items_dataset.csv': order_fact,
        'olist_order_payments_dataset.csv': order_fact,
        'olist_products_dataset.csv': products_dimension,
       'product_category_name_translation.csv': products_dimension,
        'olist_customers_dataset.csv': customers_dimension,
        'olist_sellers_dataset.csv': sellers_dimension,
        'olist_geolocation_dataset.csv': geolocation_dimension
    }

    for table_name, df in dataframes.items():
        # Get the correct table object from the dictionary
        table_obj = dataframe_to_table[table_name]
        df.to_sql(table_obj.name, conn, if_exists='append',
index=False)
```

9.3 Création du diagramme ERD

Nous pouvons maintenant vérifier la structure de notre base en exportant le graphe ERD. Nous pouvons utiliser la librairie sqlalchemy-schemadisplay et en particulier la fonction `create_schema_graph()`.

```
from sqlalchemy_schemadisplay import create_schema_graph

# Create the schema graph
graph = create_schema_graph(
  engine=engine,
  metadata=metadata,
  show_datatypes=True,  # Show column data types
  show_indexes=True,  # Show indexes
  rankdir='LR',  # Graph orientation (left to right)
  concentrate=False  # Do not merge multiple relationships into one
)

# Generate the image file (e.g., in PNG format)
graph.write_png('schema_datawarehouse.png')
```

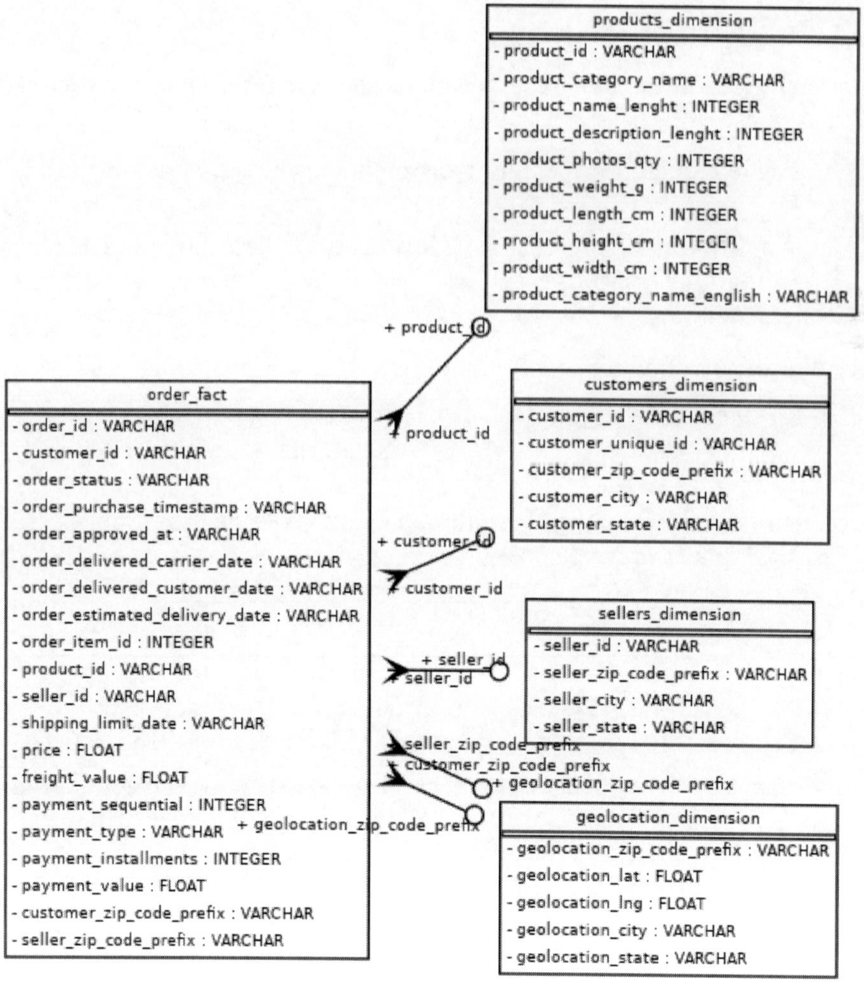
products_dimension
- product_id : VARCHAR
- product_category_name : VARCHAR
- product_name_lenght : INTEGER
- product_description_lenght : INTEGER
- product_photos_qty : INTEGER
- product_weight_g : INTEGER
- product_length_cm : INTEGER
- product_height_cm : INTEGER
- product_width_cm : INTEGER
- product_category_name_english : VARCHAR
+ product_id
+ product_id
order_fact
- order_id : VARCHAR
- customer_id : VARCHAR
- order_status : VARCHAR
- order_purchase_timestamp : VARCHAR
- order_approved_at : VARCHAR
- order_delivered_carrier_date : VARCHAR
- order_delivered_customer_date : VARCHAR
- order_estimated_delivery_date : VARCHAR
- order_item_id : INTEGER
- product_id : VARCHAR
- seller_id : VARCHAR
- shipping_limit_date : VARCHAR
- price : FLOAT
- freight_value : FLOAT
- payment_sequential : INTEGER
- payment_type : VARCHAR
- payment_installments : INTEGER
- payment_value : FLOAT
- customer_zip_code_prefix : VARCHAR
- seller_zip_code_prefix : VARCHAR
customers_dimension
- customer_id : VARCHAR
- customer_unique_id : VARCHAR
- customer_zip_code_prefix : VARCHAR
- customer_city : VARCHAR
- customer_state : VARCHAR
+ customer_id
+ customer_id
sellers_dimension
- seller_id : VARCHAR
- seller_zip_code_prefix : VARCHAR
- seller_city : VARCHAR
- seller_state : VARCHAR
+ seller_id
+ seller_id
+ seller_zip_code_prefix
+ customer_zip_code_prefix
+ geolocation_zip_code_prefix
+ geolocation_zip_code_prefix
geolocation_dimension
- geolocation_zip_code_prefix : VARCHAR
- geolocation_lat : FLOAT
- geolocation_lng : FLOAT
- geolocation_city : VARCHAR
- geolocation_state : VARCHAR

9.4 Requêtes

Maintenant que notre DWH est créé, nous allons le tester avec deux requêtes SQL basiques :

- La première requête récupère les trois premières lignes de la table des faits (order_fact).
- La deuxième requête effectue des jointures entre les tables pour récupérer des informations combinées sur les commandes, les clients, les produits et les paiements.

Commençons par une requête basique :

```
query = """SELECT * FROM order_fact LIMIT 5"""
order_fact_data = pd.read_sql(query, engine)
order_fact_data.head(3).transpose()
```

Cette première requête donne le résultat suivant (pour des questions de lisibilité, le DataFrame a été transposé).

	0	1	2
order_id	e481f51cb-dc54678b7c-c49136f2d6af7	e481f51cb-dc54678b7c-c49136f2d6af7	e481f51cb-dc54678b7c-c49136f2d6af7
customer_id	9ef432eb6251297304e76186b10a928d	9ef432eb6251297304e76186b10a928d	9ef432eb6251297304e76186b10a928d
order_status	delivered	delivered	delivered
order_purchase_timestamp	2017-10-02 10:56:33	2017-10-02 10:56:33	2017-10-02 10:56:33
order_approved_at	2017-10-02 11:07:15	2017-10-02 11:07:15	2017-10-02 11:07:15
order_delivered_carrier_date	2017-10-04 19:55:00	2017-10-04 19:55:00	2017-10-04 19:55:00

order_delivered_customer_date	2017-10-10 21:25:13	2017-10-10 21:25:13	2017-10-10 21:25:13
order_estimated_delivery_date	2017-10-18 00:00:00	2017-10-18 00:00:00	2017-10-18 00:00:00
order_item id	1	1	1
product_id	87285b34884572647811a353c7ac498a	87285b34884572647811a353c7ac498a	87285b34884572647811a353c7ac498a
seller_id	3504c0cb71d7-fa48d967e0e4c94d59d9	3504c0cb71d7-fa48d967e0e4c94d59d9	3504c0cb71d7-fa48d967e0e4c94d59d9
shipping_limit_date	2017-10-06 11:07:15	2017-10-06 11:07:15	2017-10-06 11:07:15
price	29,99	29,99	29,99
freight_value	8,72	8,72	8,72
payment_sequential	1	3	2
payment_type	credit_card	voucher	voucher
payment_installments	1	1	1
payment_value	18,12	2,0	18,59

Affichons le résultat de notre deuxième requête :

```
complex_query = """SELECT
                        o.order_id,
                        c.customer_city,
                        p.product_category_name,
                        op.payment_value
                   FROM order_fact AS o
                   JOIN customers_dimension AS c
                       ON o.customer_id = c.customer_id
                   JOIN products_dimension AS p
```

```
                ON o.product_id = p.product_id
            JOIN order_fact AS op
                ON o.order_id = op.order_id
            LIMIT 3"""

joined_data = pd.read_sql(query, engine)
print(joined_data)
```

	0	1	2
order_id	e481f51cb-dc54678b7c-c49136f2d6af7	e481f51cb-dc54678b7c-c49136f2d6af7	e481f51cb-dc54678b7c-c49136f2d6af7
customer_city	sao paulo	sao paulo	sao paulo
product_category_name	utilidades_domesticas	utilidades_domesticas	utilidades_domesticas
payment_value	18,12	2,0	18,59

Cet exemple vous a permis d'exploiter les tables OLTP de votre modèle relationnel pour bâtir un modèle OLAP.

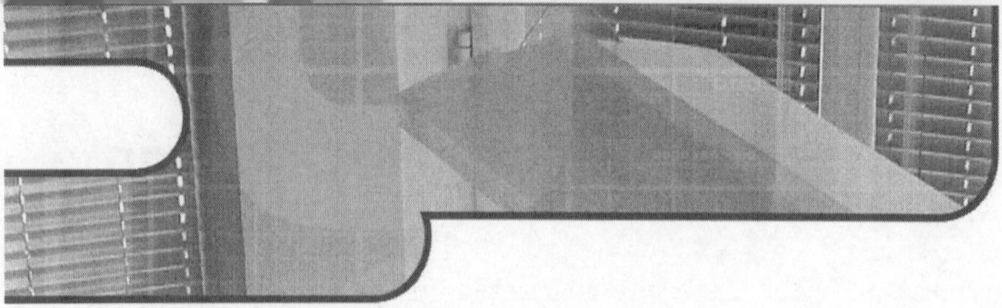

Chapitre 6
Automatiser votre pipeline

1. Introduction aux ETL et à l'automatisation des pipelines de données

1.1 Définition et importance des ETL

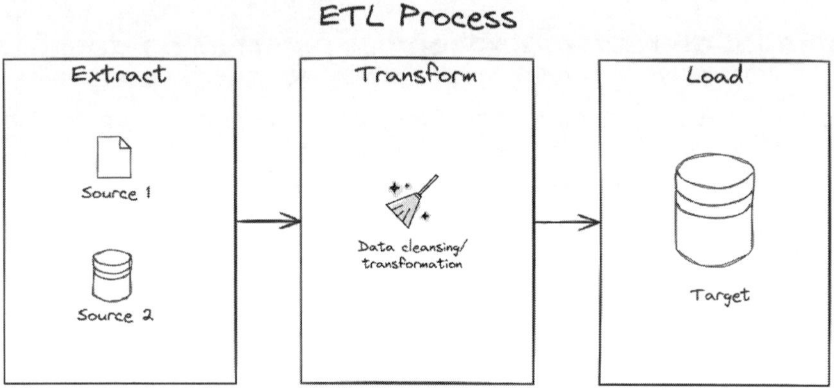

L'ETL, acronyme pour *Extract, Transform, Load* (extraire, transformer, charger), est un processus fondamental dans le domaine de la gestion et de l'analyse des données. Ce processus joue un rôle important dans la préparation et l'intégration des données provenant de sources diverses pour les rendre utilisables et pertinentes pour l'analyse et la prise de décision.

La phase d'extraction implique la collecte de données brutes à partir de multiples sources, qui peuvent inclure des bases de données relationnelles, des fichiers plats, des API web, ou encore votre CRM. Cette étape nécessite souvent de gérer différents formats de données et protocoles de communication.

La transformation est l'étape où les données extraites sont nettoyées, standardisées et enrichies. Cela peut impliquer la correction d'erreurs, la gestion des valeurs manquantes, la conversion de formats, l'agrégation de données, ou encore l'application de règles métier complexes. L'objectif est de préparer les données pour qu'elles soient cohérentes, précises et adaptées aux besoins d'analyse.

Enfin, le chargement consiste à insérer les données transformées dans un système cible, généralement un entrepôt de données (data warehouse) ou un lac de données (data lake). Cette dernière étape doit être réalisée de manière efficace et fiable, en tenant compte des contraintes de performance et d'intégrité des données.

1.2 Avantages de l'automatisation des pipelines de données

Un pipeline de données est une série d'étapes de traitement connectées qui permettent de déplacer les données d'un système à un autre. Il peut être comparé à un système de plomberie qui achemine l'eau : de la même manière, le pipeline de données transporte et transforme les données tout au long de leur parcours, depuis leur source jusqu'à leur destination finale. Le processus ETL décrit précédemment est un exemple type de pipeline de données.

L'automatisation de ces pipelines de données, et en particulier des processus ETL, apporte de nombreux avantages aux organisations.

Un autre avantage majeur est le gain de temps. Les processus ETL automatisés peuvent s'exécuter à des horaires programmés, en dehors des heures de bureau, permettant une utilisation optimale des ressources informatiques. De plus, les data engineers et les analystes peuvent se concentrer sur des tâches à plus forte valeur ajoutée plutôt que sur des opérations manuelles fastidieuses.

La reproductibilité est un autre aspect crucial. Les pipelines de données automatisés peuvent être exécutés de manière identique à chaque fois, ce qui est essentiel pour la cohérence des rapports et des analyses. Cela facilite également le débogage et l'audit des processus.

L'automatisation offre également une meilleure scalabilité. À mesure que le volume de données augmente, les pipelines automatisés peuvent être ajustés pour gérer des charges plus importantes sans nécessiter une augmentation proportionnelle des ressources humaines.

Enfin, l'automatisation améliore la traçabilité et la gouvernance des données. Les pipelines automatisés peuvent générer des logs détaillés, permettant de suivre le parcours des données de leur source à leur destination finale. Cela est particulièrement important pour la conformité réglementaire et l'audit des processus de données.

1.3 Aperçu des outils d'automatisation : Airflow et Luigi

Dans le paysage de l'automatisation des pipelines de données, deux outils se distinguent particulièrement : Apache Airflow et Luigi. Ces deux frameworks open source offrent des approches différentes, mais puissantes pour l'orchestration et l'automatisation des workflows de données.

Apache Airflow, initialement développé par Airbnb, est devenu un projet de la Apache Software Foundation. Il se caractérise par sa flexibilité et sa capacité à gérer des workflows complexes et interdépendants. Airflow utilise des *Directed Acyclic Graphs* (DAG) pour représenter les pipelines de données, ce qui permet une visualisation claire des dépendances entre les tâches. Il offre une interface web intuitive pour le monitoring et la gestion des workflows, ainsi qu'une large gamme d'intégrations avec d'autres outils et services.

Luigi, développé par Spotify, adopte une approche différente. Il se concentre sur la création de pipelines de données en Python, avec un accent particulier sur la simplicité et la facilité d'utilisation. Luigi est particulièrement apprécié pour sa capacité à gérer des dépendances complexes entre les tâches et pour son système de cibles (*targets*) qui permet de vérifier facilement si une tâche a été complétée avec succès. Luigi, contrairement à Airflow, est compatible avec Windows, il peut aussi être une solution de repli si vous n'avez pas la possibilité d'avoir accès à une machine virtuelle Linux.

Chacun de ces outils a ses forces et ses cas d'utilisation spécifiques. Airflow est souvent préféré pour des environnements d'entreprise complexes nécessitant une orchestration sophistiquée, tandis que Luigi est apprécié pour sa simplicité et son intégration transparente avec l'écosystème Python, le rendant idéal pour des projets de taille moyenne ou des équipes de data science.

Dans les sections suivantes de ce chapitre, nous explorerons en détail ces deux outils, leurs fonctionnalités, leurs avantages, et comment les utiliser efficacement pour automatiser vos pipelines de données ETL.

2. Apache Airflow : un outil puissant pour l'orchestration des workflows

2.1 Présentation d'Airflow

Apache Airflow est une plateforme open source de gestion et d'orchestration de workflows, initialement développée par Airbnb en 2014 et devenue un projet de la Apache Software Foundation en 2019. Conçu pour être extensible, facile à utiliser et flexible, Airflow s'est rapidement imposé comme l'un des outils les plus populaires pour l'orchestration de pipelines de données complexes.

Airflow permet aux data engineers et aux data scientists de programmer, de planifier et de surveiller des workflows de données de manière programmatique. Il offre une interface utilisateur web intuitive pour visualiser les pipelines, surveiller leur progression et résoudre les problèmes éventuels. La force d'Airflow réside dans sa capacité à gérer des dépendances complexes entre les tâches, à s'intégrer avec une multitude de systèmes externes, et à s'adapter à des environnements de toutes tailles, du petit projet data science à l'infrastructure d'entreprise à grande échelle.

2.2 Concepts clés : DAG, Tasks, Operators

Pour comprendre Airflow, il est essentiel de maîtriser ses concepts fondamentaux :

- DAG : un DAG est la représentation conceptuelle d'un workflow dans Airflow. C'est un graphe dirigé sans cycle, où chaque nœud est une tâche et les arêtes représentent les dépendances entre ces tâches. Les DAG définissent la structure et l'ordre d'exécution des tâches, ainsi que leur fréquence d'exécution.
- Tasks : les tâches sont les unités individuelles de travail au sein d'un DAG. Chaque tâche représente une opération spécifique, comme l'extraction de données d'une source, une transformation, ou le chargement dans une destination. Les tâches sont organisées et connectées dans le DAG pour former le workflow complet.
- Operators : les opérateurs sont des classes prédéfinies qui encapsulent la logique pour effectuer un type spécifique de tâche. Airflow fournit de nombreux opérateurs prêts à l'emploi, tels que :
  - `PythonOperator` : pour exécuter des fonctions Python arbitraires ;
  - `BashOperator` : pour exécuter des commandes `Bash` ;
  - `SqlOperator` : pour exécuter des requêtes SQL ;
  - `EmailOperator` : pour envoyer des e-mails.

Il est également possible de créer des opérateurs personnalisés pour des besoins spécifiques.

2.3 Installation et configuration de base (Linux)

Airflow a besoin d'un répertoire principal, par défaut il utilise ~/airflow (votre dossier personnel suivi de airflow), mais vous pouvez choisir un autre emplacement. La variable d'environnement `AIRFLOW_HOME` permet d'indiquer à Airflow le répertoire souhaité. Il est recommandé de définir cette variable avant l'installation pour que les fichiers soient stockés au bon endroit.

- Ouvrez un terminal et saisissez la commande suivante en remplaçant ~ par votre dossier personnel si besoin.

```
export AIRFLOW_HOME=~/airflow
```

L'installation d'Airflow peut être effectuée via pip, le gestionnaire de paquets Python. Voici les étapes de base pour installer et configurer Airflow :

- Installez Airflow.

```
pip install apache-airflow
```

- Initialisez la base de données d'Airflow.

```
airflow db init
```

- Créez un utilisateur `admin`.

```
airflow users create --username admin --firstname Admin --lastname
User --role Admin --email admin@example.com
```

- Démarrez le serveur web Airflow.

```
airflow webserver --port 8080
```

- Dans un autre terminal, démarrez le scheduler Airflow.

```
airflow scheduler
```

Une fois ces étapes effectuées, vous pouvez accéder à l'interface web d'Airflow en ouvrant un navigateur et en allant à http://localhost:8080.

Si tout fonctionne, votre navigateur devrait afficher la fenêtre suivante :

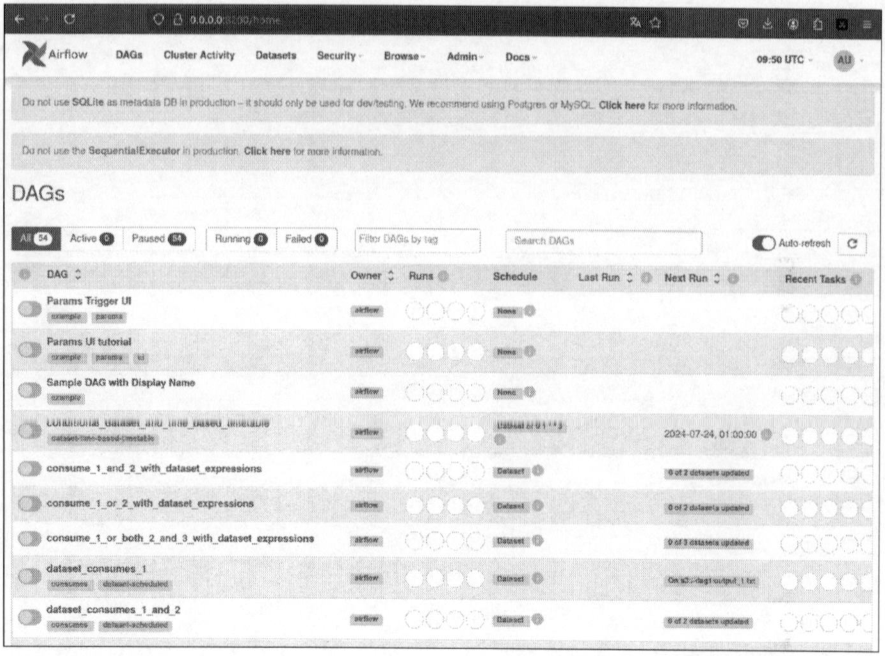

2.4 Création d'un pipeline simple avec Airflow

Voici un exemple de code pour créer un pipeline ETL simple avec Airflow, nous verrons plus loin dans le chapitre (section Cas pratique : création d'un pipeline ETL complet) ce que sont nos fonctions `extract()`, `transform()` et `load()` :

```
from datetime import datetime, timedelta
from airflow import DAG
from airflow.operators.python_operator import PythonOperator

from utils import extract, transform, load

default_args = {
    'owner': 'airflow',
    'depends_on_past': False,
```

```
    'start_date': datetime(2024, 1, 1),
    'email_on_failure': False,
    'email_on_retry': False,
    'retries': 1,
    'retry_delay': timedelta(minutes=5),
}

dag = DAG(
    'olist_etl_dag',
    default_args=default_args,
    description='ETL pipeline for Olist dataset',
    schedule_interval=timedelta(days=1),
)

with dag:
    setup_logger_task = PythonOperator(
        task_id='extract_data',
        python_callable=extract,
        dag=dag,
    )

    extract_task = PythonOperator(
        task_id='transform_data',
        python_callable=transform,
        dag=dag,
    )

    transform_task = PythonOperator(
        task_id='load_data',
        python_callable=load,
        dag=dag,
    )

    extract_task >> transform_task >> load_task
```

Ce code crée un DAG simple avec trois tâches : `extract`, `transform`, et `load`. Les tâches sont exécutées séquentiellement, avec t1 (`extract`) s'exécutant en premier, suivi de t2 (`transform`), et enfin t3 (`load`).

Remarque

On se limite ici à la partie ETL, mais votre orchestration peut bien évidemment couvrir d'autres fonctions comme la phase de préparation des données pour le dashboard et l'actualisation de celui-ci.

2.5 Avantages et cas d'utilisation

Airflow présente plusieurs avantages qui en font un choix privilégié pour l'orchestration de workflows :

- Flexibilité : Airflow permet de créer des workflows aussi simples ou complexes que nécessaire, s'adaptant à une grande variété de cas d'utilisation.
- Extensibilité : grâce à son architecture basée sur les plugins, Airflow peut être étendu pour s'intégrer avec presque n'importe quel système ou service externe.
- Programmabilité : les workflows sont définis en code Python, offrant toute la puissance et la flexibilité de ce langage de programmation.
- Interface utilisateur robuste : l'interface web d'Airflow offre des outils puissants pour la visualisation, le monitoring et le débogage des workflows.
- Large communauté et écosystème : en tant que projet open source populaire, Airflow bénéficie d'une grande communauté active et d'un riche écosystème de plugins et d'intégrations.

Airflow est particulièrement bien adapté pour :

- l'orchestration de pipelines ETL complexes ;
- l'automatisation de tâches de Machine Learning, y compris l'entraînement et le déploiement de modèles ;
- la gestion de workflows de traitement de données à grande échelle ;
- l'intégration de multiples systèmes et services dans un workflow unifié.

Apache Airflow offre une multitude de fonctionnalités que nous ne pouvons pas explorer en détail ici. Si vous souhaitez approfondir vos connaissances, de nombreuses ressources sont disponibles en ligne pour vous accompagner dans votre découverte de cet outil puissant.

3. Luigi : une alternative légère pour l'automatisation des tâches

3.1 Introduction à Luigi

Luigi est un framework Python open source développé par Spotify pour construire des pipelines de données complexes. Conçu pour être simple et léger, Luigi offre une approche intuitive pour créer et gérer des workflows de traitement de données. Contrairement à Airflow qui se concentre sur l'orchestration générale des workflows, Luigi est plus spécifiquement orienté vers la construction de pipelines de données en Python.

L'objectif principal de Luigi est de résoudre deux problèmes courants dans les flux de travail de données :

– la gestion des dépendances entre les tâches ;

– le traitement des échecs de manière élégante.

Luigi permet aux professionnels de la data de définir des chaînes de tâches interdépendantes, où chaque tâche produit un résultat qui peut être utilisé comme entrée pour les tâches suivantes. Cette approche favorise la modularité et la réutilisabilité du code, tout en simplifiant la gestion de pipelines complexes.

3.2 Concepts fondamentaux : Tasks, Targets, Parameters

Pour comprendre Luigi, il est essentiel de maîtriser ses concepts fondamentaux :

– Tasks : les tâches sont les blocs de construction de base dans Luigi. Chaque tâche est une unité de travail qui effectue une opération spécifique, comme le téléchargement de données, leur transformation, ou leur chargement dans une base de données. Les tâches sont définies comme des classes Python qui héritent de `luigi.Task`.

– Targets : les targets représentent la sortie d'une tâche. Ils peuvent être des fichiers sur le système de fichiers local, des tables dans une base de données, ou même des ressources distantes. Les targets sont utilisés pour déterminer si une tâche a déjà été exécutée avec succès, évitant ainsi des calculs redondants.

– Parameters : les paramètres permettent de configurer dynamiquement les tâches. Ils peuvent être utilisés pour spécifier des dates, des chemins de fichiers, ou d'autres valeurs qui influencent le comportement d'une tâche. Les paramètres facilitent la réutilisation du code et la création de workflows flexibles.

Nous pouvons maintenant passer à l'installation.

3.3 Installation et configuration

L'installation de Luigi est simple et directe, utilisant pip :

```
pip install luigi
```

Contrairement à Airflow, Luigi ne nécessite pas de configuration complexe ou de base de données dédiée pour fonctionner. Cependant, pour des projets plus importants, il peut être utile de configurer un fichier luigi.cfg pour centraliser les paramètres communs :

```
[core]
default-scheduler-host=localhost
default-scheduler-port=8082

[scheduler]
record_task_history=True
state_path=/var/luigi/state.pickle

[task_history]
db_connection=sqlite:///luigi-task-hist.db
```

Vous pouvez retrouver l'intégralité des paramètres configurables ici :
https://luigi.readthedocs.io/en/stable/configuration.html

3.4 Création d'un pipeline de base avec Luigi

Pour illustrer la structure d'un DAG Luigi, nous allons créer un pipeline ETL simplifié pour le dataset Olist. Ce DAG sera composé de quatre classes principales, chacune héritant de `luigi.Task` :

- `DownloadOlistData` : cette classe simule le téléchargement des données Olist. Elle ne dépend d'aucune autre tâche et représente le point de départ de notre pipeline.
- `ProcessOlistData` : cette classe simule le traitement des données téléchargées. Elle dépend de `DownloadOlistData`, illustrant comment les tâches Luigi peuvent être liées.
- `LoadOlistData` : cette classe simule le chargement des données traitées dans une base de données. Elle dépend de `ProcessOlistData`, complétant ainsi notre flux ETL.
- `OlistETLPipeline` : cette classe sert de point d'entrée principal pour notre pipeline. Elle dépend de `LoadOlistData`, ce qui permet à Luigi d'exécuter automatiquement toutes les tâches précédentes dans le bon ordre.

Chaque classe définit deux méthodes principales :

- `output()` : spécifie le fichier qui sera créé lorsque la tâche est terminée, servant de marqueur pour Luigi ;
- `run()` : contient le code qui sera exécuté lorsque la tâche est lancée.

Les dépendances entre les tâches sont gérées par la méthode `requires()`, qui indique à Luigi quelle(s) tâche(s) doivent être complétées avant que la tâche actuelle puisse commencer.

```
import luigi
import os

class DownloadOlistData(luigi.Task):
    """
    Task to simulate downloading Olist data.

    Returns:
        str: The path to the simulated downloaded data.
    """
```

```
    def output(self):
        return luigi.LocalTarget('data/raw/olist_data.txt')

    def run(self):
        with self.output().open('w') as f:
            f.write("Simulated Olist raw data")
        print("Olist data downloaded")

class ProcessOlistData(luigi.Task):
    """
    Task to simulate processing Olist data.

    Returns:
        str: The path to the simulated processed data.
    """
    def requires(self):
        return DownloadOlistData()

    def output(self):
        return luigi.LocalTarget('data/processed/
olist_data_processed.txt')

    def run(self):
        with self.input().open('r') as in_file,
self.output().open('w') as out_file:
            data = in_file.read()
            out_file.write(f"Processed: {data}")
        print("Olist data processed")

class LoadOlistData(luigi.Task):
    """
    Task to simulate loading processed Olist data into a database.

    Returns:
        str: The path to a file indicating the data has been loaded.
    """
    def requires(self):
        return ProcessOlistData()

    def output(self):
        return luigi.LocalTarget('data/loaded/
olist_data_loaded.txt')

    def run(self):
        with self.output().open('w') as f:
```

```
            f.write("Data loaded into database")
        print("Olist data loaded into database")

class OlistETLPipeline(luigi.Task):
    """
    Main task to run the entire Olist ETL pipeline.
    """
    def requires(self):
        return LoadOlistData()

    def run(self):
        print("Olist ETL pipeline completed successfully!")

if __name__ == '__main__':
    luigi.build([OlistETLPipeline()], local_scheduler=True)
```

Pour exécuter ce pipeline, on utiliserait la commande :

```
python luigi_olist_etl_illustration.py OlistETLPipeline
--local-scheduler
```

Si le processus se déroule correctement, vous devriez voir dans le terminal le message suivant :

```
===== Luigi Execution Summary =====

Scheduled 4 tasks of which:
* 4 ran successfully:
    - 1 DownloadOlistData()
    - 1 LoadOlistData()
    - 1 OlistETLPipeline()
    - 1 ProcessOlistData()

This progress looks :) because there were no failed tasks or
missing dependencies

===== Luigi Execution Summary =====

INFO: Informed scheduler that task   DownloadOlistData__99914b932b
has status   DONE
INFO: Informed scheduler that task   ProcessOlistData__99914b932b
has status   DONE
INFO: Informed scheduler that task   LoadOlistData__99914b932b
has status   DONE
INFO: Informed scheduler that task   OlistETLPipeline__99914b932b
has status   DONE
```

```
Olist data downloaded
Olist data processed
Olist data loaded into database
Olist ETL pipeline completed successfully!

INFO:
===== Luigi Execution Summary =====

Scheduled 4 tasks of which:
* 4 complete ones were encountered:
    - 1 DownloadOlistData()
    - 1 LoadOlistData()
    - 1 OlistETLPipeline()
    - 1 ProcessOlistData()

This progress looks :) because there were no failed tasks or missing
dependencies

===== Luigi Execution Summary =====
```

Luigi possède aussi son interface web. Il faut l'exécuter avant de lancer votre DAG :

```
luigid
```

▶ Puis, rendez-vous à l'adresse suivante : http://localhost:8082.

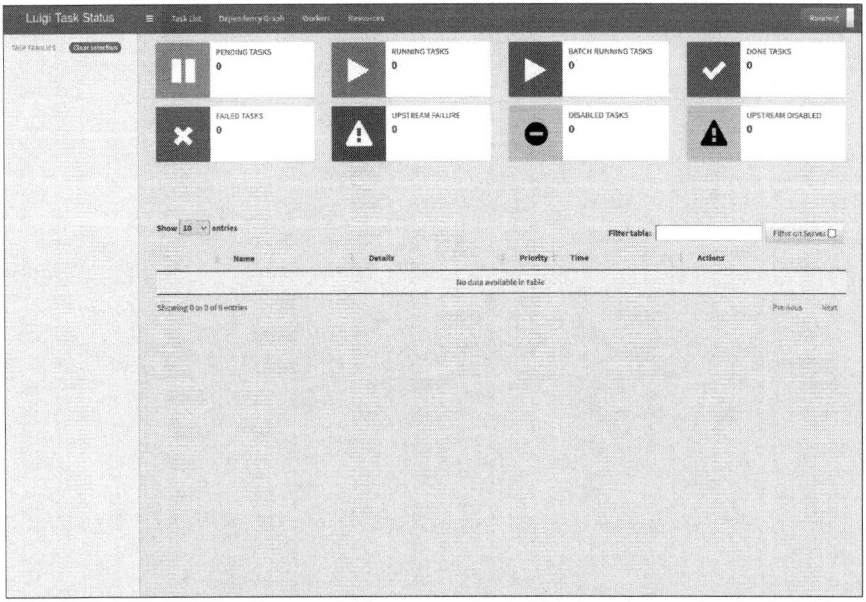

3.5 Principaux avantages et cas d'utilisation

Luigi présente plusieurs avantages qui en font une option attrayante pour l'automatisation des pipelines de données :

- Simplicité : Luigi a une courbe d'apprentissage douce et est facile à comprendre pour les développeurs Python.
- Légèreté : ne nécessitant pas d'infrastructure complexe, Luigi est facile à déployer et à maintenir.
- Flexibilité : Luigi peut s'adapter à une grande variété de tâches de traitement de données et s'intègre bien avec d'autres outils Python.
- Gestion efficace des dépendances : Luigi excelle dans la gestion des dépendances entre les tâches, ce qui est crucial pour les pipelines de données complexes.

– Reprise sur erreur : Luigi gère intelligemment les échecs, permettant de reprendre l'exécution à partir du point d'échec sans avoir à tout recommencer.

Luigi est particulièrement bien adapté pour :

– les pipelines ETL de taille moyenne ;
– les environnements où une solution légère et facile à déployer est préférée ;
– les équipes qui préfèrent une approche programmatique pure pour définir leurs workflows.

Luigi offre une approche simple, mais puissante pour l'automatisation des pipelines de données. Sa facilité d'utilisation, sa flexibilité et sa gestion efficace des dépendances en font un choix populaire, en particulier pour les équipes qui préfèrent une solution légère et fortement intégrée à l'écosystème Python.

4. Comparaison entre Airflow et Luigi

Airflow et Luigi sont deux outils de premier plan pour l'automatisation des pipelines de données, chacun offrant une approche unique pour relever les défis de l'orchestration des flux de travail. Bien qu'ils partagent l'objectif commun de simplifier la gestion des tâches complexes de traitement de données, leurs philosophies de conception et leurs fonctionnalités diffèrent considérablement. Cette comparaison approfondie vise à mettre en lumière ces différences, aidant ainsi les équipes à choisir l'outil le plus adapté à leurs besoins spécifiques.

4.1 Architecture et conception

Airflow adopte une architecture distribuée robuste, conçue pour répondre aux besoins des environnements d'entreprise à grande échelle. Au cœur de son fonctionnement se trouve un planificateur centralisé, qui orchestre l'exécution des tâches à travers un cluster de machines. Cette approche permet à Airflow de gérer efficacement des milliers de tâches simultanées, le rendant particulièrement adapté aux workflows complexes et aux pipelines de données volumineux. Pour soutenir cette architecture, Airflow s'appuie sur une base de données centrale qui stocke les métadonnées des tâches, l'état des workflows, et les informations de planification. Cette base de données joue un rôle crucial dans la coordination des différents composants d'Airflow et permet une reprise rapide en cas de panne.

En revanche, Luigi adopte une approche plus légère et flexible. Conçu initialement comme un outil de traitement de données pour les équipes de data science de Spotify, Luigi privilégie la simplicité et la facilité d'utilisation. Son architecture est moins complexe que celle d'Airflow, ce qui se traduit par une installation et une configuration plus simples. Par défaut, Luigi fonctionne principalement en mode local, ce qui le rend particulièrement adapté aux projets de taille moyenne ou aux équipes qui préfèrent une solution plus directe. Cependant, il est important de noter que Luigi peut également être configuré pour fonctionner dans un environnement distribué, bien que cette configuration nécessite plus d'effort de la part des utilisateurs par rapport à Airflow.

4.2 Définition et gestion des workflows

La manière dont Airflow et Luigi abordent la définition et la gestion des workflows illustre leurs différences fondamentales d'approche. Airflow utilise le concept de DAG pour représenter les workflows. Un DAG dans Airflow est une collection de tâches organisées pour refléter leurs relations et dépendances. Cette représentation visuelle des workflows offre une clarté exceptionnelle, permettant aux utilisateurs de comprendre rapidement la structure et le flux de leurs pipelines de données. Les tâches individuelles dans un DAG Airflow sont définies comme des «opérateurs», qui sont des classes Python encapsulant une unité de travail spécifique. Airflow fournit une large gamme d'opérateurs prédéfinis pour des tâches courantes, tout en permettant aux utilisateurs de créer leurs propres opérateurs personnalisés pour des besoins spécifiques.

Luigi, en revanche, adopte une approche plus programmatique et orientée objet pour la définition des workflows. Dans Luigi, les workflows sont construits en définissant des tâches sous forme de classes Python qui héritent de la classe `luigi.Task`. Chaque tâche définit ses propres dépendances via la méthode `requires()`, créant ainsi un graphe de dépendances implicite. Cette approche offre une grande flexibilité aux développeurs, leur permettant d'exprimer des logiques de workflow complexes directement dans le code Python. Bien que cette méthode puisse nécessiter plus de code pour des workflows complexes par rapport à l'approche visuelle d'Airflow, elle offre un contrôle fin sur le comportement de chaque tâche et s'intègre naturellement dans les projets Python existants.

4.3 Planification et exécution

La planification et l'exécution des workflows sont des aspects cruciaux de tout système d'orchestration de données, et c'est là qu'Airflow et Luigi montrent des différences significatives dans leurs approches. Airflow excelle dans ce domaine avec son système de planification sophistiqué. Il offre un support natif pour les expressions cron, permettant une planification précise et récurrente des workflows. De plus, Airflow permet le déclenchement des DAG basé sur des événements externes, une fonctionnalité particulièrement utile dans les environnements où les pipelines de données doivent réagir à des changements en temps réel. L'interface utilisateur web d'Airflow joue un rôle central dans l'exécution et la surveillance des workflows, offrant des outils puissants pour démarrer, arrêter, et surveiller l'exécution des DAG. Cette interface fournit également des visualisations détaillées de l'état d'exécution, des logs, et des métriques de performance, facilitant grandement le débogage et l'optimisation des workflows.

Luigi, fidèle à sa philosophie de simplicité, adopte une approche plus minimaliste en matière de planification et d'exécution. Par défaut, Luigi ne fournit pas de mécanisme de planification intégré aussi avancé que celui d'Airflow. La planification des tâches Luigi est généralement gérée par des outils externes comme cron ou des orchestrateurs de tâches du système d'exploitation. Cette approche, bien que moins sophistiquée, offre une grande flexibilité et s'intègre bien dans les environnements où des systèmes de planification existants sont déjà en place. L'exécution des tâches dans Luigi est généralement initiée via la ligne de commande ou par programmation, ce qui peut être plus familier pour les développeurs habitués à travailler dans des environnements de script. Luigi fournit une interface web basique pour visualiser l'état des tâches en cours d'exécution, mais elle est moins complète que celle d'Airflow en matière de fonctionnalités de monitoring et de débogage.

4.4 Intégration et extensibilité

L'intégration avec d'autres outils et systèmes est un aspect crucial des plateformes d'orchestration de données, et c'est un domaine où Airflow brille particulièrement. Airflow dispose d'un vaste écosystème de connecteurs et d'opérateurs prédéfinis, couvrant une large gamme de services cloud, de bases de données, et d'outils de traitement de données. Cette richesse d'intégrations prêtes à l'emploi simplifie considérablement la création de pipelines qui interagissent avec divers systèmes externes. De plus, la communauté active d'Airflow contribue régulièrement à l'expansion de cet écosystème, ajoutant constamment de nouvelles intégrations et améliorant les existantes. L'architecture modulaire d'Airflow facilite également la création d'opérateurs personnalisés, permettant aux équipes d'étendre les fonctionnalités d'Airflow pour répondre à des besoins spécifiques.

Luigi, bien qu'il offre moins d'intégrations prédéfinies qu'Airflow, compense cela par sa flexibilité et sa facilité d'intégration avec l'écosystème Python. La nature orientée objet de Luigi permet aux développeurs d'encapsuler facilement les interactions avec des systèmes externes dans des tâches personnalisées. Cette approche, bien qu'elle puisse nécessiter plus de code personnalisé par rapport à l'utilisation d'opérateurs prédéfinis dans Airflow, offre une grande liberté dans la manière dont les intégrations sont implémentées. Luigi s'intègre particulièrement bien avec d'autres bibliothèques Python couramment utilisées dans le domaine de la data science et du Machine Learning, ce qui en fait un choix populaire pour les équipes travaillant principalement dans l'écosystème Python.

4.5 Scalabilité et performance

La scalabilité est un facteur critique dans le choix d'un outil d'orchestration de données, en particulier pour les organisations qui gèrent des volumes de données importants ou des workflows complexes. Airflow a été conçu dès le départ pour la scalabilité horizontale. Son architecture distribuée permet de répartir la charge de travail sur plusieurs machines, ce qui le rend capable de gérer des milliers de tâches et de DAG simultanément. Cette capacité de montée en charge fait d'Airflow un choix privilégié pour les grandes entreprises et les environnements de production à forte charge. De plus, Airflow offre des fonctionnalités avancées de gestion des ressources, permettant une utilisation optimale des capacités de calcul disponibles.

Luigi, bien que moins axé sur la scalabilité massive par défaut, offre néanmoins des options pour s'adapter à des charges de travail croissantes. Dans sa configuration de base, Luigi est particulièrement efficace pour les projets de taille moyenne et les workflows qui s'exécutent principalement sur une seule machine. Cependant, Luigi peut être configuré pour fonctionner dans des environnements distribués, notamment en utilisant des systèmes comme Hadoop ou Spark pour le traitement distribué. Cette flexibilité permet aux équipes de commencer avec une configuration simple et d'évoluer progressivement vers des setups plus complexes à mesure que leurs besoins augmentent. Il est important de noter que la mise en place d'un environnement Luigi hautement distribué peut nécessiter plus d'effort de configuration et de maintenance par rapport à Airflow.

En matière de performance, les deux outils sont capables de gérer efficacement des charges de travail importantes, mais leurs approches diffèrent. Airflow, grâce à son planificateur centralisé et sa gestion fine des ressources, peut optimiser l'exécution des tâches à l'échelle du cluster entier. Luigi, avec son approche plus légère, peut offrir des avantages en matière de performance pour des workflows moins complexes, en particulier dans des environnements où la surcharge d'un système distribué n'est pas nécessaire.

4.6 Communauté et support

L'aspect communautaire et le support disponible jouent un rôle crucial dans l'adoption et le succès à long terme d'un outil d'orchestration de données. Airflow bénéficie d'une communauté vaste et active, en partie grâce à son statut de projet de la Apache Software Foundation. Cette communauté dynamique contribue régulièrement à l'amélioration de l'outil, au développement de nouvelles fonctionnalités, et à la création de ressources éducatives. Le large éventail de contributeurs assure également une diversité d'expériences et de cas d'utilisation, enrichissant l'écosystème Airflow. De plus, étant un projet largement adopté dans l'industrie, Airflow bénéficie d'un support commercial de plusieurs entreprises, offrant des options de support professionnel pour les organisations qui en ont besoin.

Luigi, bien qu'ayant une communauté plus petite qu'Airflow, maintient néanmoins une base d'utilisateurs active et engagée. Développé initialement par Spotify, Luigi a gagné en popularité parmi les data scientists et les ingénieurs qui apprécient sa simplicité et sa flexibilité. La communauté Luigi est particulièrement forte dans les domaines de la data science et du Machine Learning, où l'outil est souvent utilisé pour orchestrer des pipelines de traitement de données et d'entraînement de modèles. Bien que le support commercial pour Luigi soit moins répandu que pour Airflow, la nature open source du projet et sa communauté réactive offrent de nombreuses ressources et forums pour obtenir de l'aide et partager des connaissances.

En conclusion, le choix entre Airflow et Luigi dépendra largement des besoins spécifiques de votre projet, de l'échelle de vos opérations, et des compétences de votre équipe. Airflow se distingue par sa puissance, sa scalabilité, et son écosystème riche, le rendant idéal pour les environnements d'entreprise complexes et les workflows à grande échelle. Luigi, avec sa simplicité et sa flexibilité, excelle dans les projets de taille moyenne et les équipes qui privilégient une approche programmatique directe. Quel que soit votre choix, ces deux outils offrent des solutions robustes pour relever les défis de l'orchestration moderne des pipelines de données.

5. Bonnes pratiques pour concevoir des pipelines de données avec Python

La conception efficace de pipelines de données est un art qui combine principes d'ingénierie logicielle, connaissances en traitement de données et compréhension des besoins métier. Que vous utilisiez Airflow, Luigi, ou tout autre outil d'orchestration, certaines bonnes pratiques sont universelles et essentielles pour créer des pipelines robustes, maintenables et évolutifs. Cette section explore ces pratiques clés dans le contexte de l'utilisation de Python pour l'ETL et l'automatisation des pipelines de données.

5.1 Modularité et réutilisabilité du code

La modularité est un principe fondamental en développement logiciel, et elle est particulièrement pertinente dans la conception de pipelines de données. Un pipeline modulaire divise le processus global en composants plus petits et indépendants, chacun responsable d'une tâche spécifique. Cette approche présente plusieurs avantages. Tout d'abord, elle améliore la lisibilité du code, permettant aux développeurs de comprendre rapidement la fonction de chaque partie du pipeline. De plus, la modularité facilite la maintenance et les mises à jour, car les modifications peuvent être apportées à des composants spécifiques sans affecter l'ensemble du système.

Pour atteindre une bonne modularité, commencez par identifier les étapes distinctes de votre processus ETL. Chaque étape majeure, comme l'extraction de données d'une source spécifique, une transformation particulière, ou le chargement dans une destination, devrait être encapsulée dans sa propre fonction ou classe. Par exemple, vous pourriez avoir des classes séparées pour `DataExtractor`, `DataTransformer`, et `DataLoader`.

La réutilisabilité va de pair avec la modularité. En concevant vos composants de manière générique et paramétrable, vous pouvez les réutiliser dans différents contextes ou pipelines. Par exemple, une fonction de nettoyage de données pourrait être conçue pour accepter différents types de données en entrée, la rendant ainsi réutilisable dans divers scénarios.

Voici un exemple simple illustrant ces principes :

```
class DataExtractor:
    def extract(self, source):
        # Logique d'extraction générique
        pass

class DataTransformer:
    def transform(self, data):
        # Logique de transformation générique
        pass

class DataLoader:
    def load(self, data, destination):
        # Logique de chargement générique
        pass

def run_pipeline(source, destination):
    extractor = DataExtractor()
    transformer = DataTransformer()
    loader = DataLoader()

    raw_data = extractor.extract(source)
    transformed_data = transformer.transform(raw_data)
    loader.load(transformed_data, destination)
```

Cette structure permet une grande flexibilité et facilite la réutilisation des composants dans différents pipelines.

5.2 Gestion des erreurs et reprise sur échec

La gestion efficace des erreurs est cruciale dans les pipelines de données, où les échecs peuvent avoir des conséquences importantes sur les processus d'entreprise. Une bonne stratégie de gestion des erreurs doit non seulement capturer et enregistrer les erreurs, mais aussi permettre une reprise gracieuse du pipeline en cas de problème.

- Commencez par implémenter une gestion d'exceptions robuste à chaque étape de votre pipeline.

- Capturez les exceptions spécifiques lorsque c'est possible, plutôt que d'utiliser des blocs try/except génériques. Cela vous permettra de réagir de manière appropriée à différents types d'erreurs.
- La journalisation détaillée des erreurs est également essentielle. Assurez-vous d'enregistrer non seulement le message d'erreur, mais aussi le contexte dans lequel l'erreur s'est produite, comme l'état du pipeline, les données en cours de traitement, et toute autre information pertinente pour le débogage.
- Pour la reprise sur échec, envisagez d'implémenter des mécanismes de retry automatiques pour les erreurs transitoires, comme les problèmes de réseau. Pour les erreurs plus graves, concevez votre pipeline de manière à ce qu'il puisse reprendre à partir du dernier point de contrôle valide, plutôt que de tout recommencer depuis le début.

Voici un exemple illustrant ces concepts :

```
import logging
from tenacity import retry, stop_after_attempt, wait_exponential

logging.basicConfig(level=logging.INFO)
logger = logging.getLogger(__name__)

class DataPipeline:
   @retry(stop=stop_after_attempt(3),
wait=wait_exponential(multiplier=1, min=4, max=10))
   def extract_data(self, source):
        try:
            # Logique d'extraction
            data = self._extract_from_source(source)
            return data
        except ConnectionError as e:
            logger.error(f"Erreur de connexion lors de l'extraction
depuis {source}: {str(e)}")
            raise
        except Exception as e:
            logger.error(f"Erreur inattendue lors de l'extraction:
{str(e)}")
            raise

   def run(self, source, destination):
        try:
            data = self.extract_data(source)
            transformed_data = self.transform_data(data)
```

```
            self.load_data(transformed_data, destination)
            logger.info("Pipeline exécuté avec succès")
        except Exception as e:
            logger.error(f"Échec du pipeline: {str(e)}")
            # Logique de reprise ou de notification
```

Dans cet exemple, nous utilisons la bibliothèque tenacity pour implémenter des tentatives de réexécution automatiques pour la fonction d'extraction, et nous avons une gestion d'erreurs détaillée avec des logs appropriés.

5.3 Logging et monitoring

Un logging et un monitoring efficaces sont essentiels pour maintenir et pour optimiser des pipelines de données. Ils fournissent une visibilité sur le fonctionnement interne du pipeline, facilitant le débogage, l'optimisation des performances et la détection proactive des problèmes.

- Pour le logging, adoptez une approche structurée et cohérente. Utilisez différents niveaux de log (`DEBUG`, `INFO`, `WARNING`, `ERROR`, `CRITICAL`) de manière appropriée pour différencier l'importance des messages. Assurez-vous que chaque message de log contient des informations contextuelles suffisantes, comme l'horodatage, le nom de la fonction ou de la classe, et des détails pertinents sur l'opération en cours.

Le monitoring va au-delà du simple logging. Il implique la collecte et l'analyse de métriques de performance, comme le temps d'exécution des tâches, le volume de données traitées, les taux d'erreur, etc. Ces métriques peuvent être utilisées pour créer des tableaux de bord et des alertes, permettant une surveillance en temps réel de l'état de vos pipelines.

Voici un exemple illustrant une approche de logging et de monitoring basique :

```
import logging
import time
from datadog import statsd  # Exemple d'utilisation de Datadog pour le
monitoring

logging.basicConfig(
    level=logging.INFO,
    format='%(asctime)s - %(name)s - %(levelname)s - %(message)s'
```

```
)
logger = logging.getLogger(__name__)

class MonitoredPipeline:
    def __init__(self, name):
        self.name = name

    def run_step(self, step_name, func, *args, **kwargs):
        logger.info(f"Début de l'étape {step_name}")
        start_time = time.time()
        try:
            result = func(*args, **kwargs)
            execution_time = time.time() - start_time
            logger.info(f"Étape {step_name} terminée en
{execution_time:.2f} secondes")
            statsd.gauge(f"{self.name}.{step_name}.execution_time",
execution_time)
            statsd.increment(f"{self.name}.{step_name}.success")
            return result
        except Exception as e:
           logger.error(f"Erreur dans l'étape {step_name}: {str(e)}")
            statsd.increment(f"{self.name}.{step_name}.error")
            raise

    def run(self):
        try:
            data = self.run_step("extraction", self.extract_data)
            transformed_data = self.run_step("transformation",
self.transform_data, data)
            self.run_step("chargement", self.load_data,
transformed_data)
            logger.info("Pipeline exécuté avec succès")
        except Exception as e:
            logger.error(f"Échec du pipeline: {str(e)}")

    # Méthodes d'extraction, transformation et chargement à implémenter
```

Cet exemple montre comment intégrer le logging et le monitoring de base dans un pipeline, en utilisant la bibliothèque standard de logging de Python et un service de monitoring externe (ici, Datadog) pour suivre les métriques de performance.

5.4 Versioning des pipelines

Le versioning des pipelines de données est une pratique cruciale qui permet de suivre l'évolution de vos processus ETL au fil du temps. Cette approche est particulièrement importante dans les environnements où les exigences changent fréquemment et où la reproductibilité des résultats est essentielle.

Le versioning des pipelines implique plusieurs aspects. Tout d'abord, il est essentiel d'utiliser un système de contrôle de version comme Git pour gérer le code source de vos pipelines. Cela permet de suivre les modifications, de revenir à des versions antérieures si nécessaire, et de collaborer efficacement avec d'autres membres de l'équipe.

Au-delà du code source, envisagez également de versionner les configurations de vos pipelines. Cela peut inclure les paramètres de connexion aux sources de données, les règles de transformation, et les configurations de destination. Une approche courante consiste à stocker ces configurations dans des fichiers séparés (comme YAML ou JSON) qui sont également versionnés.

Il est également important de considérer le versioning des données elles-mêmes, en particulier pour les ensembles de données critiques ou les résultats intermédiaires importants. Cela peut impliquer la mise en place d'un système de stockage versionné pour vos données, ou l'inclusion de métadonnées de version dans vos sorties de pipeline.

Voici un exemple simple illustrant comment vous pourriez implémenter le versioning dans votre code de pipeline :

```
import yaml
from git import Repo

class VersionedPipeline:
   def __init__(self, config_path):
       self.config = self.load_config(config_path)
       self.version = self.get_current_version()

   def load_config(self, path):
       with open(path, 'r') as file:
           return yaml.safe_load(file)

   def get_current_version(self):
```

```
        repo = Repo(".")
        return repo.head.object.hexsha

    def run(self):
        print(f"Exécution du pipeline version {self.version}")
        print(f"Configuration : {self.config}")
        # Logique du pipeline...

    def save_output(self, data, output_path):
        versioned_path = f"{output_path}_v{self.version}"
        # Logique pour sauvegarder les données avec la version
        print(f"Données sauvegardées dans {versioned_path}")

# Loading YAML configuration file
pipeline = VersionedPipeline("config.yaml")
pipeline.run()
```

Dans cet exemple, nous chargeons une configuration à partir d'un fichier YAML et nous utilisons Git pour obtenir la version actuelle du code. Cette approche permet de lier chaque exécution du pipeline à une version spécifique du code et de la configuration.

5.5 Tests et validation des données

Les tests et la validation des données sont des aspects cruciaux dans la conception de pipelines de données fiables. Ils assurent l'intégrité et la qualité des données tout au long du processus ETL, de l'extraction à la charge finale.

- Commencez par implémenter des tests unitaires pour chaque composant de votre pipeline. Ces tests devraient vérifier que chaque fonction ou méthode produit les résultats attendus pour différentes entrées, y compris les cas limites et les scénarios d'erreur.

Au-delà des tests unitaires, les tests d'intégration sont essentiels pour vérifier que les différentes parties du pipeline fonctionnent correctement ensemble. Ces tests devraient simuler l'exécution complète du pipeline avec des données de test représentatives.

La validation des données est un aspect particulier des tests dans le contexte des pipelines ETL. Elle implique de vérifier que les données à chaque étape du pipeline répondent à certains critères de qualité et d'intégrité. Cela peut inclure :

- la vérification des types de données ;
- la validation des plages de valeurs ;
- la détection des valeurs aberrantes ou manquantes ;
- la vérification de la cohérence entre différentes sources de données ;
- le contrôle des contraintes d'intégrité (par exemple, les clés uniques).

Voici un exemple illustrant comment vous pourriez intégrer des tests et de la validation de données dans votre pipeline :

```
import pandas as pd
from pydantic import BaseModel, validator
from typing import List

class DataValidationError(Exception):
   pass

class SalesRecord(BaseModel):
   id: int
   product: str
   quantity: int
   price: float

   @validator('quantity')
   def quantity_must_be_positive(cls, v):
       if v <= 0:
           raise ValueError('La quantité doit être positive')
       return v

   @validator('price')
   def price_must_be_positive(cls, v):
       if v <= 0:
           raise ValueError('Le prix doit être positif')
       return v

class SalesPipeline:
   def extract(self, source):
```

```
        # Simulons l'extraction de données
        data = pd.read_csv(source)
        return data

    def transform(self, data):
        # Effectuons quelques transformations
        data['total'] = data['quantity'] * data['price']
        return data

    def validate(self, data: pd.DataFrame) -> List[SalesRecord]:
        validated_records = []
        for _, row in data.iterrows():
            try:
                record = SalesRecord(
                    id=row['id'],
                    product=row['product'],
                    quantity=row['quantity'],
                    price=row['price']
                )
                validated_records.append(record)
            except ValueError as e:
                raise DataValidationError(f"Erreur de
validation pour l'enregistrement {row['id']}: {str(e)}")
        return validated_records

    def load(self, data, destination):
        # Simulons le chargement des données
        data.to_csv(destination, index=False)

    def run(self, source, destination):
        try:
            data = self.extract(source)
            transformed_data = self.transform(data)
            validated_data = self.validate(transformed_data)
            self.load(pd.DataFrame([record.dict() for record in
validated_data]), destination)
            print("Pipeline exécuté avec succès")
        except DataValidationError as e:
            print(f"Erreur de validation des données : {str(e)}")
        except Exception as e:
            print(f"Erreur lors de l'exécution du pipeline :
{str(e)}")

# Running pipeline
```

```
pipeline = SalesPipeline()
pipeline.run("sales_data.csv", "processed_sales_data.csv")
```

Dans cet exemple, nous avons intégré la validation des données directement dans notre pipeline ETL. La classe `SalesRecord` utilise la librairie Pydantic pour définir un schéma de données avec des validations intégrées. La méthode `validate()` du pipeline vérifie chaque enregistrement par rapport à ce schéma, assurant ainsi que toutes les données respectent les contraintes définies avant d'être chargées dans la destination finale.

Cette approche de validation offre plusieurs avantages :

- Détection précoce des erreurs : les problèmes de qualité des données sont identifiés avant que les données ne soient chargées dans le système cible, évitant ainsi la propagation d'erreurs.
- Validation basée sur des règles métier : les validateurs Pydantic permettent d'implémenter des règles métier complexes directement dans le schéma de données.
- Flexibilité : il est facile d'ajouter ou de modifier des règles de validation en ajustant simplement la définition du modèle `SalesRecord`.
- Traçabilité : en cas d'erreur de validation, nous obtenons des messages d'erreur précis indiquant quel enregistrement a échoué et pourquoi.

Au-delà de cette validation intégrée au pipeline, il est crucial de mettre en place une stratégie de test plus large pour assurer la fiabilité et la robustesse de votre pipeline de données. Voici quelques pratiques recommandées :

- Tests unitaires : écrivez des tests unitaires pour chaque composant du pipeline (`extract`, `transform`, `validate`, `load`).
- Tests d'intégration : créez des tests qui exécutent l'ensemble du pipeline de bout en bout avec des données de test représentatives. Ces tests devraient vérifier que toutes les étapes du pipeline fonctionnent correctement ensemble.
- Tests de performance : pour les pipelines traitant de grands volumes de données, il est important de tester les performances avec des charges de données réalistes. Cela peut inclure des tests de charge pour s'assurer que le pipeline peut gérer le volume de données attendu dans les délais requis.

- Tests de résilience : testez comment votre pipeline gère les erreurs et les conditions exceptionnelles. Cela peut inclure des tests avec des données mal formées, des simulations de pannes de réseau, ou des interruptions de service des systèmes externes.
- Validation continue des données : envisagez d'implémenter des contrôles de qualité des données en continu, même après que les données ont été chargées dans le système cible. Cela peut impliquer des vérifications périodiques de l'intégrité des données, des analyses de tendances pour détecter des anomalies, ou des tableaux de bord de qualité des données.
- Environnement de test dédié : maintenez un environnement de test séparé qui imite aussi fidèlement que possible l'environnement de production. Cela permet de tester les pipelines dans des conditions proches de la réalité sans risquer d'affecter les données de production.

En mettant en œuvre ces pratiques de test et de validation, vous pouvez significativement améliorer la fiabilité et la robustesse de vos pipelines de données. Cela contribue non seulement à prévenir les erreurs et les problèmes de qualité des données, mais aussi à faciliter la maintenance et l'évolution de vos pipelines au fil du temps.

5.6 Documentation du code et des processus

La documentation est souvent négligée dans le développement de pipelines de données, mais elle est cruciale pour la maintenance à long terme et la collaboration au sein des équipes. Une documentation claire et complète permet aux nouveaux membres de l'équipe de comprendre rapidement le fonctionnement du pipeline, facilite le débogage, et sert de référence pour les futures mises à jour ou modifications.

Voici quelques bonnes pratiques pour documenter efficacement vos pipelines de données :

– Documentation du code : utilisez des docstrings Python pour documenter chaque classe, méthode et fonction. Expliquez clairement le but, les paramètres d'entrée, les valeurs de retour et les comportements attendus. Par exemple :

```
class SalesPipeline:
    """
    Pipeline pour traiter les données de ventes.

    Ce pipeline extrait les données de ventes d'une source CSV,
    effectue des transformations, valide les données, et les
    charge dans un fichier CSV de destination.
    """

    def extract(self, source):
        """
        Extrait les données de ventes de la source spécifiée.

        Args:
            source (str): Chemin vers le fichier CSV source.

        Returns:
            pandas.DataFrame: Les données extraites sous forme
de DataFrame.
        """
        # Implementation...

    # Autres méthodes...
```

– README du projet : créez un fichier README détaillé qui explique :
  – l'objectif général du pipeline ;
  – les prérequis et les dépendances ;
  – les instructions d'installation et de configuration ;
  – comment exécuter le pipeline et les tests ;
  – la structure du projet et l'organisation des fichiers.

- Documentation des flux de données : créez des diagrammes ou des descriptions détaillées des flux de données à travers le pipeline. Cela devrait inclure :
  - les sources de données et leurs formats ;
  - les transformations appliquées à chaque étape ;
  - les règles de validation des données ;
  - les destinations des données et leurs formats.
- Gestion des versions et journal des modifications : maintenez un journal des modifications (CHANGELOG) qui documente les mises à jour importantes, les corrections de bugs, et les nouvelles fonctionnalités ajoutées au pipeline au fil du temps.
- Documentation des configurations : si votre pipeline utilise des fichiers de configuration, documentez clairement chaque option de configuration, son but, et les valeurs possibles.
- Exemples et cas d'utilisation : fournissez des exemples concrets d'utilisation du pipeline, y compris des exemples de données d'entrée et de sortie attendues.
- Guide de dépannage : créez une section dédiée au dépannage qui répertorie les problèmes courants et leurs solutions.
- Documentation des API (si applicable) : si votre pipeline expose des API, documentez-les de manière claire et complète, en utilisant des outils comme Swagger ou ReDoc.
- Commentaires dans le code : en plus des docstrings, utilisez des commentaires dans le code pour expliquer les parties complexes ou non évidentes de la logique du pipeline.
- Documentation des processus opérationnels : documentez les procédures opérationnelles liées au pipeline, comme la planification des exécutions, la surveillance, et la gestion des erreurs.

Voici un exemple de structure de documentation pour un projet de pipeline de données :

```
project_root/
│
├── README.md              # Vue d'ensemble du projet et instructions de base
├── CHANGELOG.md            # Journal des modifications
├── docs/
│   ├── installation.md     # Guide d'installation détaillé
│   ├── configuration.md    # Documentation des options de configuration
│   ├── data_flow.md        # Description du flux de données
│   ├── api.md              # Documentation de l'API (si applicable)
│   └── troubleshooting.md # Guide de dépannage
│
├── src/
│   └── pipeline.py         # Code source du pipeline avec docstrings
│
├── tests/
│   └── test_pipeline.py    # Tests unitaires et d'intégration
│
└── config/
    └── config.yaml        # Fichier de configuration avec commentaires
```

En maintenant une documentation complète et à jour, vous facilitez non seulement la compréhension et la maintenance de votre pipeline, mais vous améliorez également la collaboration au sein de l'équipe et réduisez le temps nécessaire pour intégrer de nouveaux membres ou résoudre des problèmes.

6. Cas pratique : création d'un pipeline ETL complet

Pour illustrer concrètement l'application des concepts et des bonnes pratiques que nous avons abordés jusqu'à présent, nous allons développer un cas pratique de création d'un pipeline ETL complet. Ce cas d'usage nous permettra de comparer les approches utilisant Airflow et Luigi, tout en mettant en œuvre les principes de conception robuste que nous avons discutés.

6.1 Définition des besoins et du flux de données

Dans ce cas pratique, nous allons explorer la conception et l'implémentation d'un pipeline ETL pour le traitement des données Olist, un ensemble de données d'e-commerce brésilien. L'objectif de cet exercice est de démontrer comment utiliser Apache Airflow et Python pour créer un processus automatisé et robuste de traitement de données. Ce pipeline est conçu pour être exécuté quotidiennement, assurant ainsi que les données sont constamment à jour pour l'analyse. À travers cet exemple concret, nous explorerons les meilleures pratiques en matière d'ingénierie de données et d'automatisation des flux de travail.

6.1.1 Structure du code

Le pipeline ETL est implémenté à travers deux fichiers principaux :

- un fichier etl_functions.py contenant les fonctions principales pour l'extraction, la transformation et le chargement des données ;
- un fichier DAG Airflow qui orchestre l'exécution de ces fonctions dans un pipeline automatisé.

6.1.2 Fonctions ETL (etl_functions.py)

Le fichier etl_functions.py définit plusieurs fonctions clés :

- `extract()` : télécharge le dataset Olist depuis Kaggle et l'extrait dans un dossier spécifié ;
- `clean_olist_data()` : effectue un nettoyage de base sur les données Olist, en supprimant les colonnes non pertinentes et en convertissant les colonnes de dates ;
- `transform()` : applique la fonction de nettoyage à chaque fichier CSV du dataset Olist et sauvegarde les versions nettoyées ;
- `load_processed_data()` : charge les fichiers CSV nettoyés dans des DataFrames Pandas ;
- `load_to_database()` : charge les données transformées dans une base de données SQLite.

Ces fonctions utilisent des bibliothèques Python courantes telles que pandas pour la manipulation des données, kaggle pour l'extraction des données, et sqlite3 pour l'interaction avec la base de données.

6.1.3 DAG Airflow

Le DAG Airflow définit et orchestre l'exécution séquentielle des tâches ETL :

- La tâche `extract_data` utilise la fonction `extract()` pour télécharger les données.
- La tâche `transform_data` applique la fonction `transform()` pour nettoyer et préparer les données.
- La tâche `load_data` utilise `load_to_database()` pour charger les données transformées dans la base SQLite.

Le DAG est configuré pour s'exécuter quotidiennement, avec des paramètres de retry en cas d'échec.

6.1.4 Avantages de cette approche

L'approche adoptée dans ce pipeline ETL offre plusieurs avantages significatifs. L'automatisation quotidienne du pipeline garantit que les données sont toujours à jour pour l'analyse, éliminant le besoin d'interventions manuelles répétitives.

La modularité du code, avec la séparation des fonctions ETL et de la définition du DAG, facilite grandement la maintenance et l'évolution du pipeline. Cette structure permet aux développeurs de modifier ou d'étendre les fonctionnalités sans perturber l'ensemble du système.

La gestion intégrée des erreurs d'Airflow, avec ses mécanismes de retry automatiques, renforce la robustesse du pipeline face aux échecs potentiels.

Enfin, la flexibilité inhérente à cette conception permet d'adapter facilement le pipeline pour traiter d'autres datasets ou pour incorporer de nouvelles étapes de transformation, rendant cette solution versatile et évolutive.

6.2 Implémentation avec Airflow

Commençons par implémenter les fonctions qui nous serviront dans le DAG Airflow :

```
import os
import pandas as pd
from kaggle.api.kaggle_api_extended import KaggleApi
from loguru import logger
import sqlite3

def extract(destination_folder="./data/raw/"):
   """Downloads the Olist dataset from Kaggle and extracts it to the
specified folder.

   Args:
       destination_folder (str, optional): The path to the folder where
the data should be stored. Defaults to "./data/raw/".

   Returns:
       str: The path to the folder where the data has been extracted.
   """
   api = KaggleApi()
   api.authenticate()

   os.makedirs(destination_folder, exist_ok=True)

   api.dataset_download_files('olistbr/brazilian-ecommerce',
path=destination_folder, unzip=True)

   logger.info(f"The Olist dataset has been downloaded and extracted
 to {destination_folder}")
   return destination_folder

def clean_olist_data(df):
   """Performs basic cleaning on the Olist dataset for analysis
relevant to France or Europe.

   Args:
       df (pd.DataFrame): The Olist dataset as a Pandas DataFrame.

   Returns:
       pd.DataFrame: The cleaned DataFrame.
   """
   irrelevant_columns = [
       'seller_zip_code_prefix', 'customer_zip_code_prefix',
       'geolocation_zip_code_prefix', 'product_category_name_english'
```

```
    ]
    df = df.drop(columns=irrelevant_columns, errors='ignore')

    date_columns = ['order_purchase_timestamp', 'order_approved_at',
'order_delivered_carrier_date', 'order_delivered_customer_date',
'order_estimated_delivery_date']
    for col in date_columns:
        if col in df.columns:
            df[col] = pd.to_datetime(df[col], errors='coerce')

    return df

def transform(raw_data_dir="./data/raw", processed_data_dir="./data/
processed"):
    """Cleans the specified Olist CSV files and saves the cleaned versions.

    Args:
        raw_data_dir (str, optional): Directory containing the raw Olist
CSV files. Defaults to "./data/raw".
        processed_data_dir (str, optional): Directory to save the cleaned
CSV files. Defaults to "./data/processed".

    Returns:
        str: The path to the directory containing the processed data.
    """
    files_to_clean = [
        'olist_customers_dataset.csv',
        'olist_geolocation_dataset.csv',
        'olist_order_items_dataset.csv',
        'olist_order_payments_dataset.csv',
        'olist_order_reviews_dataset.csv',
        'olist_orders_dataset.csv',
        'olist_products_dataset.csv',
        'olist_sellers_dataset.csv'
    ]

    os.makedirs(processed_data_dir, exist_ok=True)

    for file_name in files_to_clean:
        raw_file_path = os.path.join(raw_data_dir, file_name)

        if os.path.exists(raw_file_path):
            logger.info(f"Cleaning {file_name}...")
            try:
                df = pd.read_csv(raw_file_path)
                df_cleaned = clean_olist_data(df)

                processed_file_path = os.path.join(processed_data_dir,
```

```
file_name)
                df_cleaned.to_csv(processed_file_path, index=False)
                logger.info(f"Cleaned {file_name} saved to
{processed_file_path}")
            except Exception as e:
                logger.error(f"Error cleaning {file_name}: {e}")
        else:
            logger.warning(f"File not found: {raw_file_path}")

    return processed_data_dir

def load_processed_data(processed_data_dir="./data/processed"):
    """Loads the cleaned Olist CSV files into a dictionary of Pandas
DataFrames.

    Args:
        processed_data_dir (str, optional): Directory containing
the cleaned CSV files. Defaults to "./data/processed".

    Returns:
        dict: A dictionary where keys are file names (without extension)
and values are the corresponding Pandas DataFrames.
    """
    data = {}
    for file_name in os.listdir(processed_data_dir):
        if file_name.endswith('.csv'):
            file_path = os.path.join(processed_data_dir, file_name)
            try:
                df = pd.read_csv(file_path)
                data[file_name[:-4]] = df
                logger.info(f"Loaded {file_name} into DataFrame.")
            except Exception as e:
                logger.error(f"Error loading {file_name}: {e}")
    return data

def load_to_database(processed_data_dir, db_name="olist.db"):
    """Loads the cleaned Olist data into a SQLite database.

    Args:
        processed_data_dir (str): Directory containing the cleaned CSV
files.
        db_name (str, optional): Name of the SQLite database file.
Defaults to "olist.db".
    """
    data = load_processed_data(processed_data_dir)
    conn = sqlite3.connect(db_name)

    for table_name, df in data.items():
```

```
        try:
            df.to_sql(table_name, conn, if_exists='replace', index=False)
            logger.info(f"Loaded {table_name} into {db_name}.")
        except Exception as e:
            logger.error(f"Error loading {table_name}: {e}")

    conn.close()
```

Passons maintenant au DAG :

```
from datetime import datetime, timedelta
from airflow import DAG
from airflow.operators.python import PythonOperator
from etl_functions import extract, transform, load_to_database

default_args = {
    'owner': 'airflow',
    'depends_on_past': False,
    'start_date': datetime(2024, 7, 25),
    'email_on_failure': False,
    'email_on_retry': False,
    'retries': 1,
    'retry_delay': timedelta(minutes=5),
}

dag = DAG(
    'olist_etl_pipeline',
    default_args=default_args,
    description='ETL pipeline for Olist dataset',
    schedule=timedelta(days=1),
)

with dag:
    extract_task = PythonOperator(
        task_id='extract_data',
        python_callable=extract,
    )

    transform_task = PythonOperator(
        task_id='transform_data',
        python_callable=transform,
    )

    load_task = PythonOperator(
        task_id='load_data',
```

```
        python_callable=load_to_database,
        op_kwargs={
            'processed_data_dir': '{{ task_ins-
tance.xcom_pull(task_ids="transform_data") }}',
            'db_name': 'olist.db',
        },
    )

    extract_task >> transform_task >> load_task
```

Si tout se déroule comme prévu, vous devriez suivre votre DAG sur l'interface web Airflow et vérifier que les différentes Tasks ont le statut **Success** :

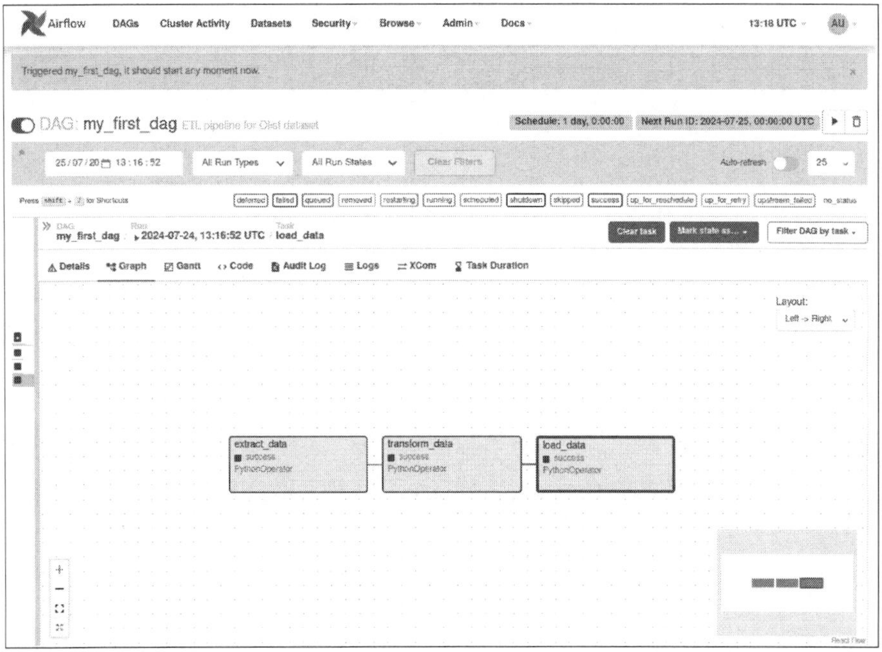

6.3 Implémentation avec Luigi

Maintenant, implémentons le même pipeline en utilisant Luigi. Nous allons réutiliser les fonctions importées dans le DAG Airflow. Le fichier Luigi définit trois tâches principales qui correspondent aux étapes ETL :

- `ExtractTask` : cette tâche utilise la fonction `extract()` pour télécharger les données Olist depuis Kaggle. Elle crée un dossier daté pour stocker les données brutes.
- `TransformTask` : cette tâche dépend de l'`ExtractTask`. Elle utilise la fonction `transform()` pour nettoyer et pour préparer les données. Les données transformées sont stockées dans un dossier daté distinct.
- `LoadTask` : cette tâche dépend de la `TransformTask`. Elle utilise la fonction `load_to_database()` pour charger les données transformées dans une base de données SQLite. Le nom de la base de données inclut la date du traitement.

Chaque tâche implémente les méthodes `requires()`, `output()`, `complete()`, et `run()`, qui sont essentielles pour le fonctionnement de Luigi. La méthode `requires()` établit les dépendances entre les tâches, assurant leur exécution dans le bon ordre. Les méthodes `output()` et `complete()` permettent à Luigi de déterminer si une tâche doit être exécutée ou si elle a déjà été complétée avec succès.

Le pipeline est conçu pour être exécuté quotidiennement, avec chaque exécution traitant et stockant les données dans des dossiers et une base de données spécifiques à la date du jour.

```
import luigi
from etl_functions import extract, transform, load_to_database
import os
import datetime

class ExtractTask(luigi.Task):
    """
    Task to extract data from Kaggle.

    Returns:
        str: The path to the folder where the data has been extracted.
    """
```

```
    date = luigi.DateParameter(default=datetime.date.today())

    def output(self):
        return luigi.LocalTarget(f'./data/raw/{self.date}/')

    def complete(self):
        return self.output().exists()
and len(os.listdir(self.output().path)) > 0

    def run(self):
        print(f"Starting ExtractTask for date: {self.date}")
        os.makedirs(self.output().path, exist_ok=True)
        extract(self.output().path)
        print("ExtractTask completed")

class TransformTask(luigi.Task):
    """
    Task to transform the extracted data.

    Returns:
        str: The path to the directory containing the processed data.
    """
    date = luigi.DateParameter(default=datetime.date.today())

    def requires(self):
        return ExtractTask(date=self.date)

    def output(self):
        return luigi.LocalTarget(f'./data/processed/{self.date}/')

    def complete(self):
        return self.output().exists()
and len(os.listdir(self.output().path)) > 0

    def run(self):
        print(f"Starting TransformTask for date: {self.date}")
        os.makedirs(self.output().path, exist_ok=True)
        transform(self.input().path, self.output().path)
        print("TransformTask completed")

class LoadTask(luigi.Task):
    """
    Task to load the transformed data into a SQLite database.
    """
    date = luigi.DateParameter(default=datetime.date.today())
    db_name = luigi.Parameter(default="olist.db")
```

```
    def requires(self):
        return TransformTask(date=self.date)

    def output(self):
        return luigi.LocalTarget(f'{self.db_name}_{self.date}')

    def complete(self):
        return self.output().exists()

    def run(self):
        print(f"Starting LoadTask for date: {self.date}")
        load_to_database(self.input().path, self.output().path)
        print("LoadTask completed")

if __name__ == '__main__':
    luigi.build([LoadTask()], local_scheduler=False)
```

Une fois l'exécution terminée, vous devriez avoir l'écran suivant avec le statut **DONE**.

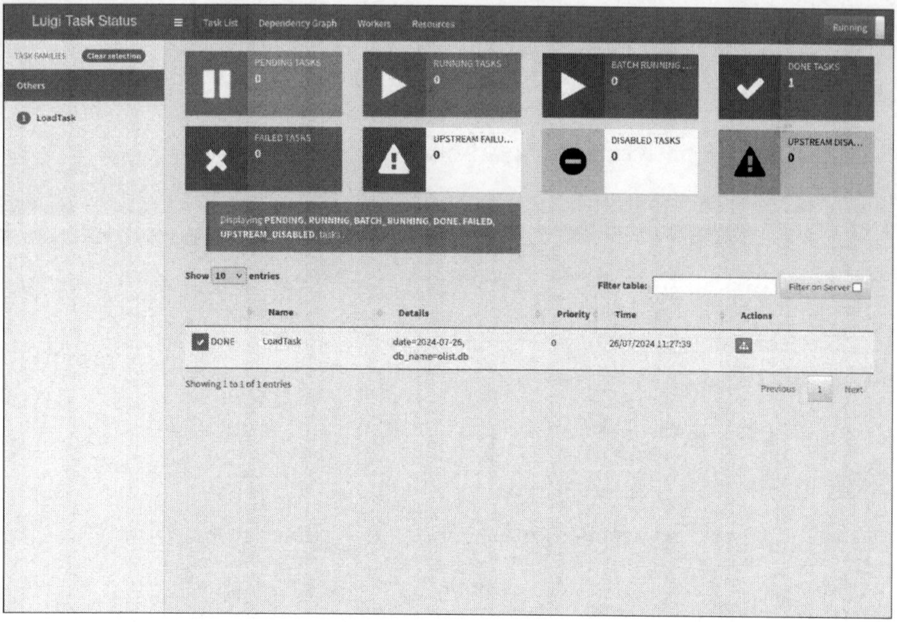

6.4 Comparaison des approches et discussion

Maintenant que nous avons implémenté le même pipeline avec Airflow et Luigi, comparons les deux approches.

Structure du code

Airflow : le pipeline est défini comme un DAG unique avec des tâches interdépendantes.

Luigi : chaque étape est une classe distincte avec des dépendances explicites.

Gestion des dépendances

Airflow : les dépendances sont gérées par le DAG, tandis que les XComs (*cross communications*) permettent l'échange de données entre les tâches. Les XComs fonctionnent comme un mécanisme de communication qui permet à une tâche de transmettre des données à une autre tâche au sein du même DAG.

Luigi : les dépendances sont explicites via la méthode `requires()` et l'utilisation de fichiers intermédiaires.

Planification

Airflow : intègre nativement la planification des tâches.

Luigi : nécessite un planificateur externe (comme cron) pour l'exécution périodique.

Interface utilisateur

Airflow : offre une interface web riche pour le monitoring et la gestion des DAG.

Luigi : propose une interface web plus basique pour le suivi des tâches.

Gestion des configurations

Airflow : utilise des variables et des connexions gérées de manière centralisée.

Luigi : les configurations sont généralement gérées au niveau du code ou via des fichiers de configuration.

Flexibilité

Airflow : plus flexible pour des workflows complexes avec des dépendances dynamiques.

Luigi : excellent pour des pipelines linéaires avec des étapes bien définies.

Courbe d'apprentissage

Airflow : peut être plus complexe à maîtriser en raison de ses nombreuses fonctionnalités.

Luigi : généralement plus simple à prendre en main, surtout pour les développeurs Python.

Scalabilité

Airflow : conçu pour gérer des workflows complexes à grande échelle.

Luigi : peut être utilisé pour des projets de toute taille, mais nécessite plus de configuration pour le scaling.

En conclusion, le choix entre Airflow et Luigi dépendra largement des besoins spécifiques du projet et de l'environnement dans lequel il sera déployé. Airflow est particulièrement adapté pour des environnements d'entreprise avec des workflows complexes et un besoin de monitoring avancé. Luigi, quant à lui, brille par sa simplicité et sa facilité d'intégration dans des projets Python existants, le rendant idéal pour des équipes de data science ou des projets de taille moyenne.

Dans les deux cas, il est crucial de suivre les bonnes pratiques que nous avons discutées précédemment, notamment en matière de modularité, de gestion des erreurs, de logging, de tests, et de documentation, pour assurer la robustesse et la maintenabilité du pipeline à long terme.

7. Conclusion et perspectives

7.1 Récapitulatif des points clés

Au cours de ce chapitre, nous avons exploré en profondeur le domaine de l'ETL et l'automatisation des pipelines de données. Voici un récapitulatif des points clés abordés :

Importance de l'ETL : nous avons vu comment les processus ETL sont cruciaux pour transformer des données brutes en informations exploitables, soulignant leur rôle central dans la prise de décision basée sur les données.

Automatisation des pipelines : nous avons discuté des avantages de l'automatisation, notamment l'amélioration de l'efficacité, la réduction des erreurs, et la capacité à gérer des volumes de données croissants.

Outils d'orchestration : nous avons examiné en détail deux outils majeurs, Apache Airflow et Luigi, en comparant leurs approches, leurs forces et leurs cas d'utilisation respectifs.

Bonnes pratiques : nous avons couvert de nombreuses bonnes pratiques essentielles pour la conception de pipelines robustes, incluant la modularité, la gestion des erreurs, le logging, les tests, et la documentation.

Cas pratique : nous avons mis en application ces concepts à travers un cas pratique concret, implémentant un pipeline ETL complet avec Airflow et Luigi, illustrant ainsi les différences d'approche entre ces deux outils.

Ces éléments fournissent une base solide pour la conception et l'implémentation de pipelines de données efficaces et maintenables.

7.2 Tendances futures dans l'automatisation des pipelines de données

Alors que nous regardons vers l'avenir, plusieurs tendances émergentes sont susceptibles de façonner l'évolution de l'automatisation des pipelines de données :

- Intégration de l'intelligence artificielle et du Machine Learning : l'incorporation de techniques d'IA et de Machine Learning dans les pipelines de données va probablement s'accélérer. Cela pourrait inclure l'utilisation de l'apprentissage automatique pour optimiser les performances des pipelines, prédire les erreurs potentielles, ou même automatiser certains aspects de la conception des pipelines.
- Adoption croissante des architectures basées sur les événements : les pipelines de données évoluent vers des architectures plus réactives, capables de traiter les données en temps réel à mesure qu'elles arrivent. Des outils comme Apache Kafka et Amazon Kinesis gagnent en popularité pour construire des pipelines de données en streaming.
- Serverless et conteneurisation : l'utilisation de technologies serverless et de conteneurs (comme Docker et Kubernetes) pour le déploiement et l'exécution de pipelines de données continuera probablement à se développer, offrant une plus grande flexibilité et scalabilité.
- DataOps et MLOps : l'adoption de pratiques DevOps dans le domaine de la donnée (DataOps) et du Machine Learning (MLOps) va s'accélérer, mettant l'accent sur l'automatisation complète du cycle de vie des données et des modèles ML.
- Gouvernance des données et conformité : avec l'importance croissante de la protection des données et des réglementations comme le RGPD, les pipelines de données devront intégrer de plus en plus de fonctionnalités liées à la gouvernance des données, à la traçabilité et à la conformité.
- Pipelines de données autoadaptatifs : les futurs pipelines pourraient devenir plus intelligents, capables de s'adapter automatiquement aux changements dans les schémas de données, les volumes, ou les exigences de performance.

- Intégration plus poussée avec les lacs de données et les entrepôts de données cloud : les outils d'ETL et d'orchestration évolueront probablement pour s'intégrer plus étroitement avec les solutions modernes de stockage et d'analyse de données dans le cloud.
- Démocratisation de l'ingénierie des données : avec l'émergence d'outils no-code et low-code pour la construction de pipelines de données, nous pourrions voir une démocratisation de l'ingénierie des données, permettant à un plus grand nombre de professionnels de participer à la création et à la gestion de pipelines.
- Focus sur la qualité et la fiabilité des données : les outils et les pratiques pour assurer et pour maintenir la qualité des données tout au long du pipeline deviendront de plus en plus sophistiqués et intégrés.
- Évolution vers des architectures de données maillées (data mesh) : le concept de data mesh, qui propose une approche décentralisée de l'architecture des données, pourrait influencer la façon dont les pipelines de données sont conçus et gérés dans les grandes organisations.

L'automatisation des pipelines de données est un domaine en constante évolution, influencé par les avancées technologiques et les changements dans les besoins des entreprises en matière de données. Les professionnels travaillant dans ce domaine devront rester à jour avec ces tendances émergentes et continuer à adapter leurs compétences et leurs outils pour répondre aux défis futurs de la gestion et de l'analyse des données à grande échelle.

La clé du succès dans ce domaine en rapide évolution sera la capacité à combiner une solide compréhension des principes fondamentaux de l'ETL et de l'ingénierie des données avec une ouverture aux nouvelles technologies et méthodologies. En adoptant une approche d'apprentissage continu et en restant flexibles dans l'utilisation des outils et des techniques, les ingénieurs de données et les analystes seront bien positionnés pour naviguer dans le paysage en constante évolution de l'automatisation des pipelines de données.

Chapitre 7
Visualiser vos données

1. Introduction à la visualisation des données

Histoire de la datavisualisation

L'histoire de la visualisation des données est presque aussi ancienne que l'écriture elle-même, avec des traces de tableaux et de listes remontant aux premières civilisations. Cependant, la création de graphiques complexes a émergé plus tard.

Parmi les tout premiers exemples, on trouve des cartes géographiques et astronomiques datant de plusieurs millénaires avant notre ère. Au fil du temps, des frises chronologiques et d'autres représentations visuelles ont été utilisées pour illustrer des concepts abstraits ou comparer des données.

Carte de Bedolina, transcription d'un pétroglyphe (3000-1000 av. J.-C.)

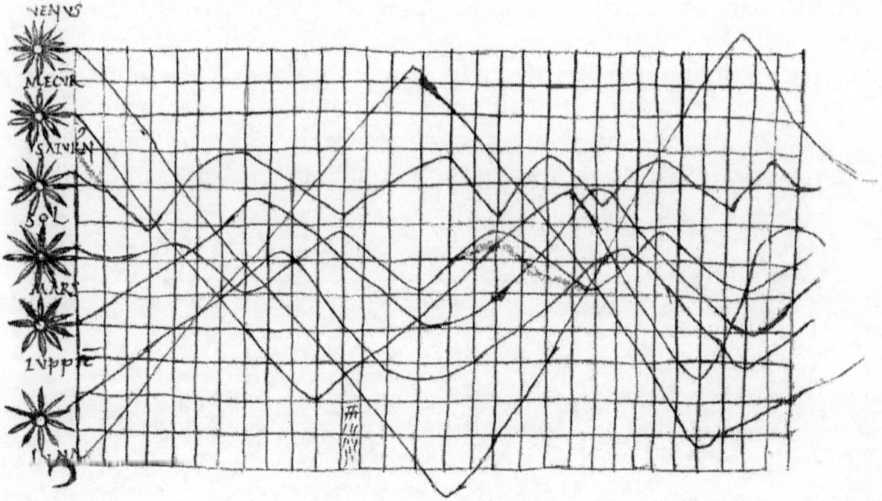

Une des premières séries temporelles de l'histoire qui nous soit parvenue, issue de la description du mouvement des planètes au cours du temps, publiée dans un manuscrit du Xe siècle de Macrobe dans son Commentaire au Songe de Scipion

Le XVIIIe siècle marque un tournant avec l'apparition de graphiques plus sophistiqués. Des auteurs comme William Playfair ont introduit des graphiques de séries temporelles, des diagrammes en bâtons et des graphiques circulaires pour représenter des données économiques. Cette période a vu également les premières tentatives de représenter des données statistiques sur des cartes, notamment avec les cartes choroplèthes de Charles Dupin.

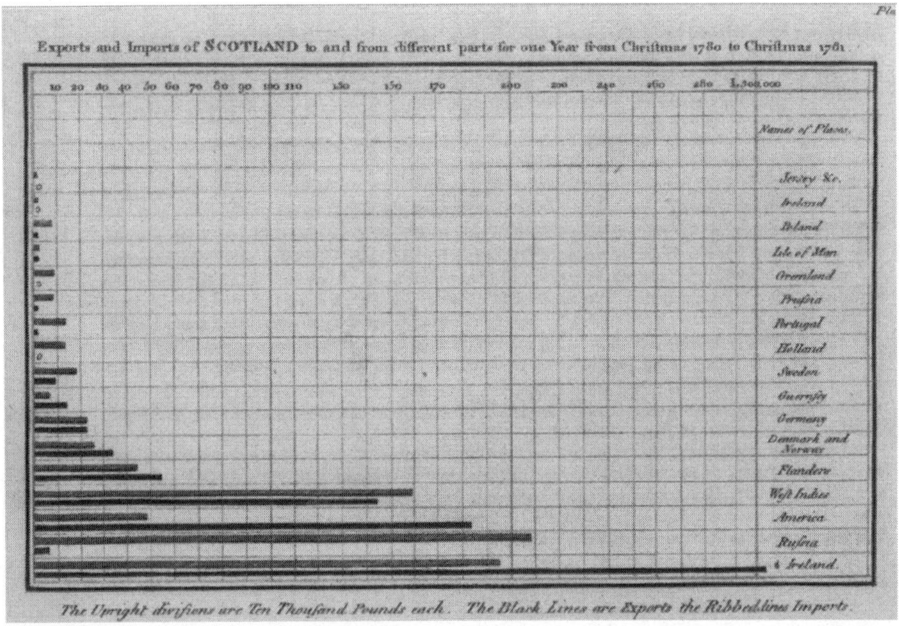

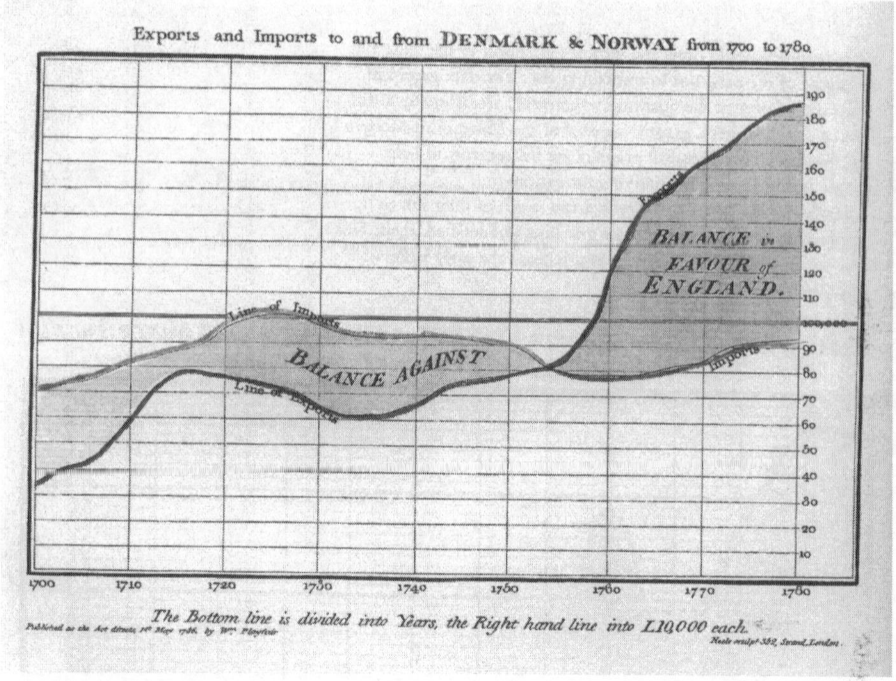

Le XIXe siècle a été témoin d'une explosion de l'utilisation de la visualisation des données dans divers domaines. Florence Nightingale a utilisé un diagramme circulaire innovant pour montrer les causes de mortalité des soldats pendant la guerre de Crimée. John Snow a créé une carte des points pour identifier la source d'une épidémie de choléra à Londres. D'autres innovations ont suivi, comme les premières visualisations en trois dimensions et les cartes représentant la corrélation entre deux variables.

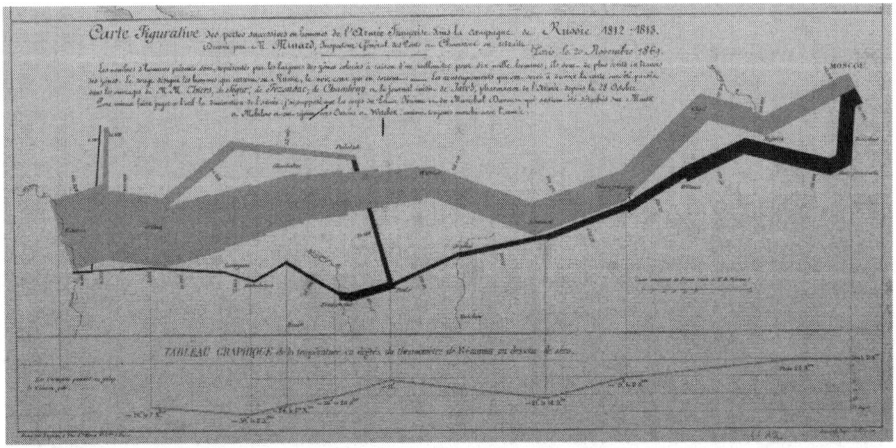

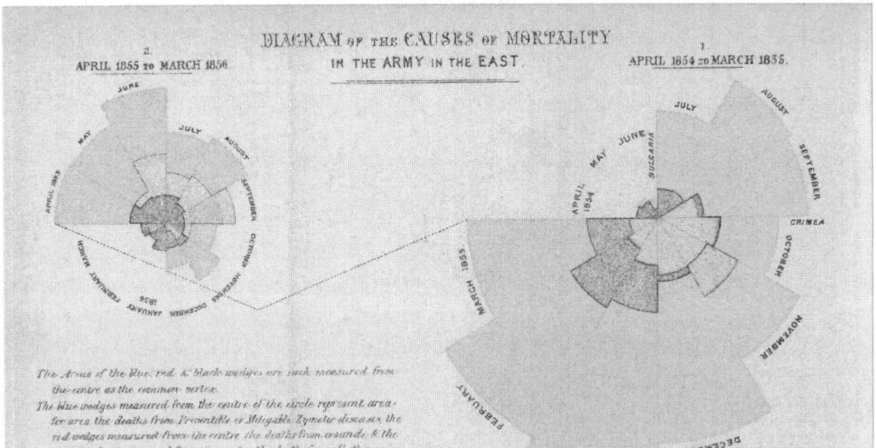

Au XXe siècle, l'intérêt pour la visualisation des données a quelque peu diminué, mais il a été ravivé dans les années 1960 par des statisticiens comme John Tukey. Plus récemment, des ouvrages comme *The Grammar of Graphics* de Leland Wilkinson ont fourni un cadre théorique solide pour la conception de graphiques statistiques.

Aujourd'hui, la visualisation des données est devenue un outil essentiel dans de nombreux domaines, de la science à l'économie en passant par le journalisme et l'éducation. Grâce aux progrès technologiques, il est désormais possible de créer des visualisations interactives et dynamiques qui permettent d'explorer les données de manière plus approfondie.

2. Pourquoi visualiser les données?

Dans l'ère numérique où les données abondent, leur simple accumulation ne suffit plus. Imaginez une bibliothèque remplie de livres, mais sans organisation ni index. Il en va de même pour les données brutes : sans une présentation adéquate, elles restent un amas d'informations inexploitées. C'est là qu'intervient la visualisation de données.

2.1 Au-delà des chiffres : l'importance de la visualisation

La visualisation de données n'est pas qu'une simple représentation graphique. C'est un outil puissant qui transforme les données en informations exploitables, en histoires captivantes, et en leviers de décision. Voici pourquoi elle est essentielle :

- Compréhension instantanée : une image vaut mille mots, et un graphique bien conçu en vaut des milliers de données. En un coup d'œil, un graphique peut révéler des tendances, des relations, et des anomalies qui resteraient cachées dans des tableaux de chiffres.
- Communication efficace : que vous présentiez des résultats à vos collègues, à vos clients, ou au grand public, les visualisations de données sont un langage universel. Elles transcendent les barrières techniques et facilitent la transmission de votre message.
- Prise de décision éclairée : face à un choix crucial, les visualisations de données vous offrent une vue d'ensemble claire et objective. Elles vous aident à identifier les risques, les opportunités, et à prendre des décisions basées sur des faits plutôt que sur des intuitions.

– Découverte de l'inattendu : parfois, les visualisations de données révèlent des surprises. Des motifs inattendus, des corrélations cachées, des anomalies intrigantes... Ces découvertes peuvent ouvrir de nouvelles voies de recherche, d'innovation, et de compréhension.

2.2 Python : un outil sans limites

Python, avec sa richesse en bibliothèques dédiées, est un outil de choix pour créer des visualisations de données percutantes et personnalisées. Que vous soyez débutant ou expert, Python vous offre la flexibilité et la puissance nécessaires pour donner vie à vos données.

Dans les sections suivantes, nous plongerons dans l'univers des bibliothèques de visualisation Python, en explorant leurs fonctionnalités, leurs avantages, et leurs cas d'usage. Mais avant cela, gardez à l'esprit que la visualisation de données est bien plus qu'une technique : c'est un art !

3. Tour d'horizon des différentes librairies graphiques avec Python

3.1 Un écosystème riche et diversifié

Python s'est imposé comme un véritable eldorado pour les passionnés de visualisation de données. Sa popularité repose sur un écosystème riche et diversifié, offrant une pléthore de bibliothèques adaptées à tous les besoins et tous les niveaux d'expertise.

Le graphique suivant en témoigne :

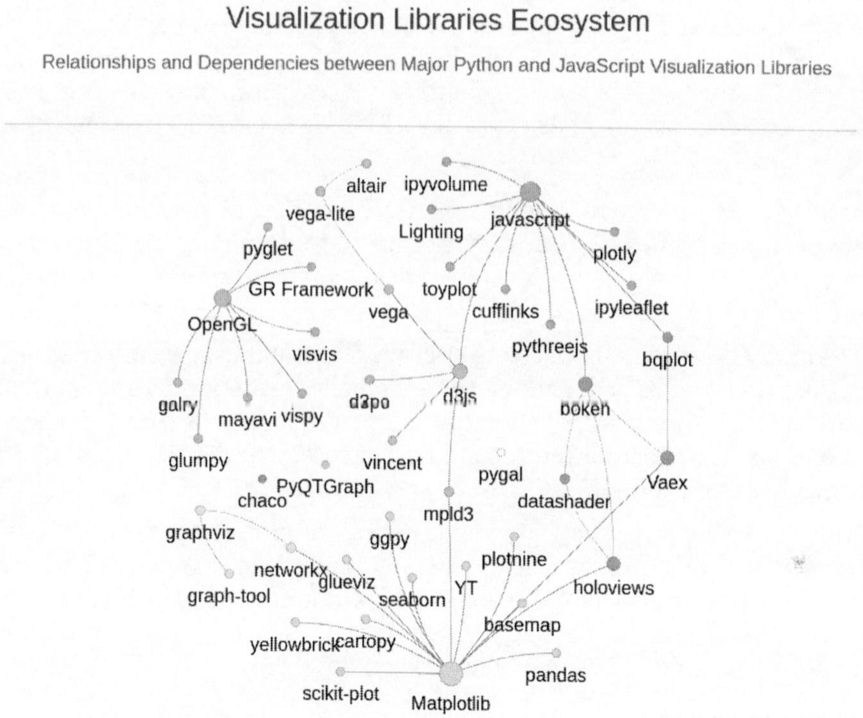

Des bibliothèques fondamentales comme matplotlib, véritable couteau suisse de la visualisation, aux outils spécialisés comme NetworkX pour les réseaux ou Folium pour les cartes, Python a une réponse à chaque besoin. Les bibliothèques interactives telles que Plotly et Bokeh ouvrent la voie à des visualisations dynamiques et immersives, tandis que Seaborn facilite la création de graphiques statistiques plus élégants que matplotlib.

Cette diversité permet à chaque utilisateur de trouver l'outil idéal pour son projet, qu'il s'agisse d'une simple analyse exploratoire ou de la création d'un tableau de bord interactif complexe.

3.2 Le trio gagnant : matplotlib, seaborn et Plotly

Si la richesse de l'écosystème Python est indéniable, il est important de souligner que la maîtrise de trois bibliothèques clés est suffisante : matplotlib, seaborn et Plotly. Elles couvrent la majorité des cas d'usage en visualisation de données, en particulier dans le cadre de la BI et de la création de tableaux de bord.

- matplotlib : c'est la base, le socle sur lequel reposent de nombreuses autres bibliothèques. Sa flexibilité et sa puissance en font un outil incontournable pour créer des graphiques répondant à des besoins sur mesure et de qualité publication.
- seaborn : construit sur matplotlib, seaborn simplifie la création de graphiques statistiques en améliorant grandement l'esthétique. Par défaut, les graphiques sont proches de la librairie R ggplot. Son interface intuitive et ses thèmes prédéfinis permettent de produire rapidement des visualisations informatives et esthétiques.
- Plotly : cette bibliothèque se distingue par sa capacité à créer des graphiques interactifs et dynamiques. Elle est idéale pour les tableaux de bord, où l'interactivité est essentielle pour explorer les données et identifier les tendances. Il sera possible de créer des interactions entre graphiques, comme sur des logiciels de BI tels que QlikView ou Power BI.

Ce trio de librairies offre une combinaison idéale de flexibilité, de simplicité et d'interactivité. matplotlib permet de créer des graphiques sur mesure, seaborn facilite la visualisation de données statistiques et Plotly apporte la dimension interactive nécessaire aux tableaux de bord modernes.

Bien sûr, d'autres bibliothèques peuvent être utiles dans des cas spécifiques. Par exemple, si vous travaillez avec des données géographiques, Folium sera plus complet que Plotly. Si vous devez visualiser des réseaux complexes, NetworkX ou Pyvis seront indispensables. Mais pour la plupart des projets de visualisation de données, ces trois librairies feront l'affaire. Vous disposez maintenant d'une boîte à outils complète et polyvalente pour donner vie à vos données et communiquer vos résultats de manière efficace. Passons à la pratique !

3.3 matplotlib

matplotlib est l'une des bibliothèques de visualisation de données les plus populaires et polyvalentes en Python. Créée par John Hunter en 2003, elle s'est imposée comme un outil incontournable pour la création de graphiques statiques, animés et interactifs dans le domaine scientifique et au-delà.

Dans cette partie du livre, nous verrons comment créer des graphiques en ligne, des diagrammes en barres et des nuages de points avec matplotlib en utilisant le cours du CAC 40 sur la période juin 2017 - juin 2024. Ce sont les graphiques fondamentaux qui vous permettront de commencer à comprendre, visualiser et raconter des histoires à partir des données.

L'un des principaux avantages de matplotlib est que cette librairie est très flexible et personnalisable pour créer des graphiques. Elle nécessite cependant beaucoup de code pour réaliser des graphiques plus basiques avec peu de personnalisations. Dans un contexte où l'analyse exploratoire des données est l'objectif principal, nécessitant de nombreux graphiques rapidement dessinés sans mettre autant l'accent sur l'esthétique, la bibliothèque seaborn que nous verrons dans la prochaine section est une excellente alternative car elle s'appuie sur matplotlib pour créer des visualisations plus rapidement, en particulier pour la partie esthétique.

3.3.1 Installation

▶ Pour installer matplotlib, utilisez la commande suivante :

```
pip install matplotlib
```

3.3.2 Présentation du jeu de données

Pour cette introduction à Matplolib, étudions le cours du CAC 40. Les données proviennent de Yahoo Finance et sont disponibles en libre accès ici : https://finance.yahoo.com/quote/%5EFCHI/history/

La première étape consiste à charger le jeu de données avec pandas et à afficher les premières lignes pour mieux le comprendre.

```
import pandas as pd

cac40_index = pd.read_csv('./data/CAC40.csv')
cac40_index.head()
```

Nous obtenons la sortie suivante :

```
        Date         Open         High          Low        Close    Adj Close  \
0 2017-06-26  5295.040039  5323.729980  5289.560059  5295.750000  5295.750000
1 2017-06-27  5282.870117  5284.959961  5237.669922  5258.580078  5258.580078
2 2017-06-28  5235.830078  5273.90195   5203.899902  5252.899902  5252.899902
3 2017-06-29  5268.229980  5272.939941  5143.819824  5154.350098  5154.350098
4 2017-06-30  5157.589844  5192.390137  5117.229980  5120.680176  5120.680176

        Volume
0   67071900.0
1   90277800.0
2   96381000.0
3  114605600.0
4   97126700.0
```

Nous avons les données suivantes : `Date`, `Open`, `High`, `Low`, `Close`, `Adj Close` et `Volume`. Ces six dernières valeurs sont liées au prix de l'indice pendant la journée de trading. Voici une brève explication de chaque variable :

- `Date` : le jour auquel les informations sur le prix de l'action se rapportent ;
- `Open` : le prix du CAC 40, lorsque le marché boursier ouvre ;
- `High` : le prix le plus élevé que le CAC 40 a atteint au cours de la journée ;
- `Low` : le prix le plus bas que le CAC 40 a atteint au cours de la journée ;
- `Close` : le prix du CAC 40 lorsque le marché cesse de trader à 17 h 30 ;

- `Adj Close` : version modifiée du cours de clôture d'une action qui prend en compte les différents événements financiers susceptibles d'affecter la valeur de l'action ;
- `Volume` : le volume d'échanges du CAC 40.

3.3.3 Graphiques en ligne

Le premier graphique que nous allons créer sera un graphique en ligne. Les graphiques en ligne sont un type de graphique très important car ils sont excellents pour afficher des données chronologiques. Il est souvent important de visualiser comment les KPI évoluent dans le temps pour comprendre les tendances dans les données sur lesquelles on peut agir.

Nous pouvons créer un graphique en ligne dans matplotlib en utilisant la méthode `plt.plot()` où le premier argument est la variable x et le second argument est la variable y de notre graphique en ligne. Il y a deux façons de procéder :

- On utilise des séries directement pour les valeurs de x et y : `cac40_index['Date'], cac40_index['Close']`
- On utilise l'argument `data` pour définir le nom du DataFrame utilisé comme source. Les arguments `x` et `y` sont désormais les noms de colonne.

Chaque fois que nous créons un graphique, nous devons nous assurer d'appeler la méthode `plt.show()` pour afficher le graphique que nous venons de créer. Nous allons visualiser le cours de clôture du CAC 40 sur la période du jeu de données.

```
import matplotlib.pyplot as plt

# Case without data arg
plt.plot(cac40_index['Date'],  #x
         cac40_index['Close'])  #y
plt.show()
```

Le graphique suivant s'affiche :

Comme vous pouvez le constater, le rendu est brut et peut largement être amélioré.

Si nous souhaitons ajouter une autre courbe, il suffit d'ajouter une seconde ligne de code avant `plt.show()`. On peut par exemple calculer une moyenne mobile avec une période de 50 jours et l'afficher pour compléter notre graphique. Pour améliorer la lisibilité de notre graphique, nous pouvons ajouter une légende de façon à distinguer les deux séries. Cela se fait en ajoutant l'argument `label` dans chaque fonction `plt.plot()`. Pour les afficher, il faut faire appel à la fonction `plt.legend()`. On profite aussi de l'ajout de cette seconde série pour changer le style de la ligne avec l'argument `linestyle` qui peut prendre différentes valeurs (`'dashed'`, `'dotted'`, `'dashdotted'`, etc.).

```
cac40_index['MA50'] =
cac40_index['Close'].rolling(window=50).mean()

# Case with arg data
plt.plot('Date',
        'Close',
        data=cac40_index,
        label='Close'
```

```
)

plt.plot('Date',
        'MA50',
        data=cac40_index,
        label='Moving Average 50 days',
        linestyle = 'dashed'
)

plt.legend()
plt.show()
```

Si on trace à nouveau le graphique, nous obtenons ce graphe :

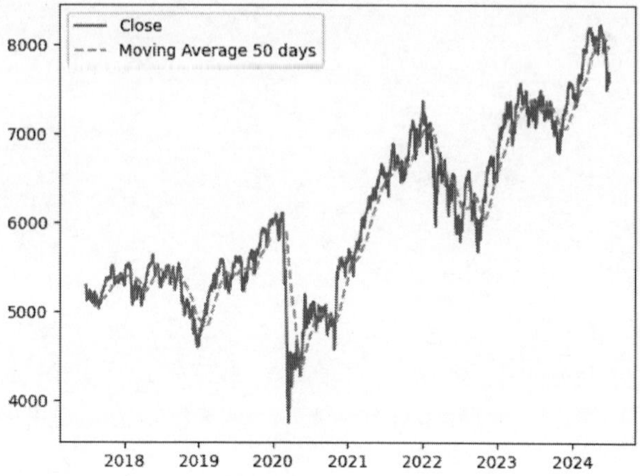

Avant de passer sur d'autres types de graphiques avec matplotlib, continuons à améliorer notre graphique. Nous allons ajouter les éléments suivants :

- un titre en appelant la fonction `plt.title()` ;
- un nom pour l'axe des abscisses en appelant la fonction `plt.xlabel()` ;
- un nom pour l'axe des ordonnées en appelant la fonction `plt.ylabel()`.

Le code devient :

```
# Calculate a 50 days moving average based on Close serie
cac40_index['MA50'] = (
   cac40_index['Close'].rolling(window=50).mean()
)

# Case with arg data
plt.plot('Date',
        'Close',
        data=cac40_index,
        label='Close'
)

plt.plot('Date',
        'MA50',
        data=cac40_index,
        label='Moving Average 50 days',
        linestyle = 'dashed'
)

plt.xlabel('Date')
plt.ylabel('CAC 40 Index')
plt.title('CAC40 Close values')
plt.legend()
plt.show()
```

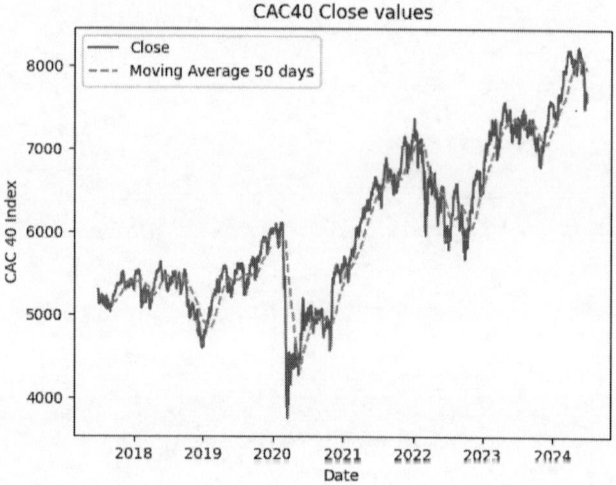

Voilà qui est mieux. Voyons maintenant les autres graphiques couramment utilisés que nous pouvons tracer avec matplotlib.

3.3.4 Diagrammes en barres

Les diagrammes en barres sont très utiles pour comparer des valeurs numériques entre différentes catégories. Ils sont particulièrement pratiques pour identifier les catégories les plus importantes et les plus faibles. Pour cette section, nous allons agréger les données en moyennes mensuelles en utilisant pandas afin de pouvoir comparer les performances mensuelles du CAC40 au cours de l'année 2024.

La première étape consiste à regrouper les données par mois en appliquant une moyenne.

```
# Import the calendar package
from calendar import month_name

# Create an ordered Month list
cac40_index['Month']=(
   pd.Categorical(cac40_index['Date'].dt.month_name(),
                  month_name[1:])
)
```

```
# Group by month
cac40_monthly_mean = cac40_index \
                        .groupby('Month') \
                        .mean() \
                        .round(2) \
                        .reset_index()

# Display Close serie for example
display(cac40_monthly_mean['Close'])
```

Nous obtenons une série en sortie :

```
0 6207.42
1 6282.54
2 6089.67
3 6218.46
4 6244.27
5 6159.70
6 5859.13
7 5917.33
8 5862.56
9 5799.23
10 6061.68
11 6125.46
Name: Close, dtype: float64
```

Nous allons commencer par créer un diagramme en barres avec des barres verticales. Cela peut être fait en utilisant la méthode `plt.bar()`, où le premier argument est la variable de l'axe des x (`Month`) et le paramètre `height` représente l'axe des y (`Volume`). Nous devons ensuite nous assurer d'appeler la méthode `plt.show()` pour afficher notre graphique.

Comme pour notre premier graphique, on ne peut pas dire que la sortie brute soit une réussite :

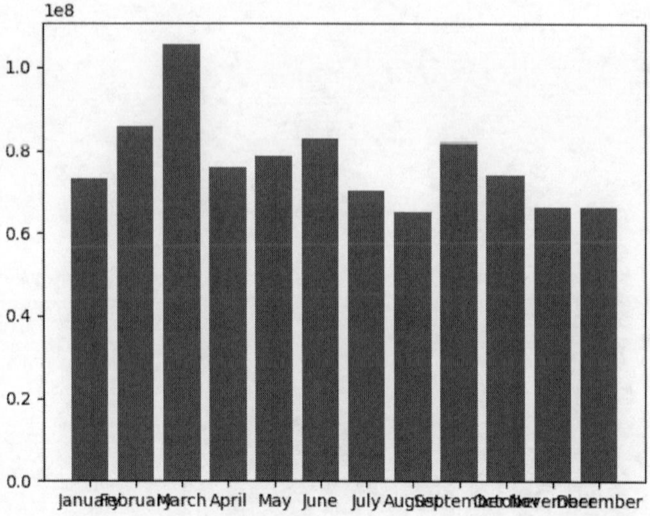

Pour ce genre de graphique, une astuce pour rendre lisible les étiquettes des abscisses est de faire une rotation de 45° en utilisant la fonction `plt.xticks(rotation=45)`. Cependant, il est plus simple et lisible de transformer le graphique en un graphique à barres horizontales.

Voici les deux graphiques pour comparaison :

Solution 1

```
plt.bar(
    cac40_monthly_mean['Month'],
    height = cac40_monthly_mean['Volume']
)
plt.xticks(rotation=45)
plt.show()
```

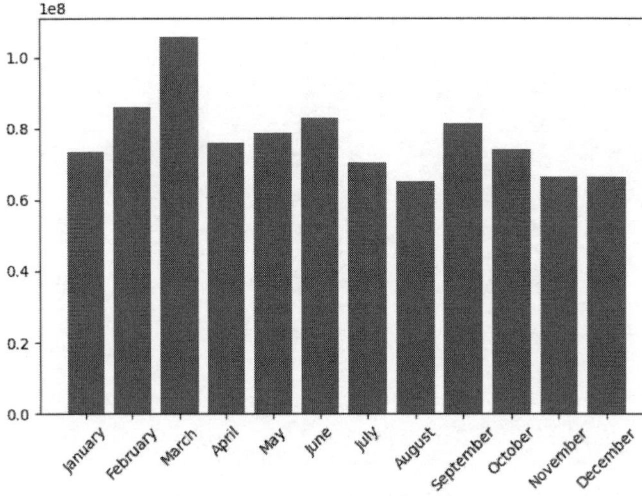

Solution 2

```
plt.barh(
    cac40_monthly_mean['Month'],
    cac40_monthly_mean['Volume']
)
plt.show()
```

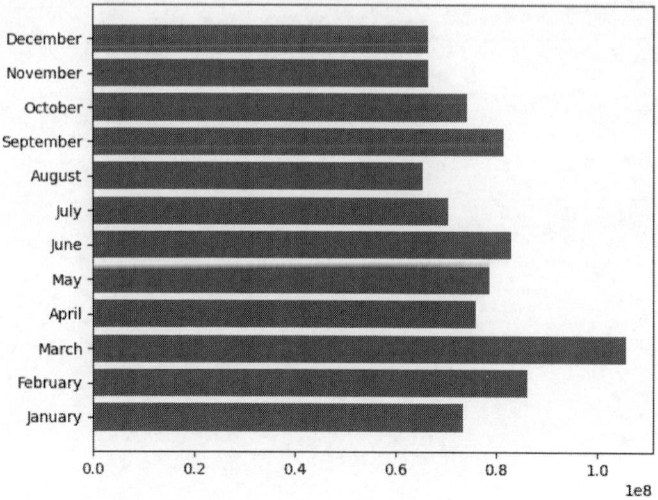

3.3.5 Nuage de points

Les nuages de points (ou diagrammes de dispersion) sont très utiles pour identifier les relations entre deux variables numériques. Ils peuvent vous donner une idée de ce à quoi s'attendre pour une variable lorsque l'autre change, et peuvent également être très informatifs dans votre décision d'utiliser différentes techniques de modélisation telles que la régression linéaire ou non linéaire.

Nuages de points : comme pour les autres types de graphiques, un nuage de points peut être créé en utilisant la méthode `pyplot.scatter()`, où le premier argument est la variable de l'axe des `x` et le second argument est la variable de l'axe des `y`.

Dans cet exemple, nous allons examiner la relation entre le prix d'ouverture et le prix de clôture du CAC 40.

```
plt.scatter('Month',
            'Close',
            data=cac40_monthly_mean,
)

plt.show()
```

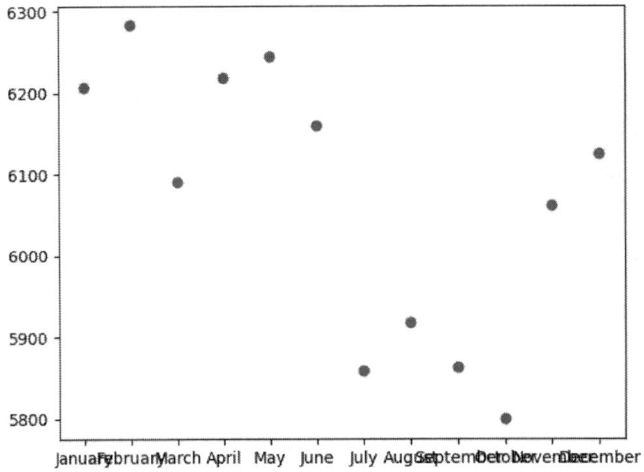

Nous allons procéder à quelques améliorations pour différencier chaque mois en fonction du volume. Nous pouvons utiliser deux façons :

- Appliquer une carte de couleur en fonction de la valeur du `Volume`. Il faut pour cela spécifier dans l'argument `color` ou `c` la colonne de données qui servira de référence pour la coloration.
- Appliquer une taille qui varie en fonction du volume avec l'argument `size` ou `s`.

Dans l'exemple suivant, les deux techniques de visualisation mentionnées ci-dessus sont utilisées. Bien que cela soit possible, il n'est pas toujours recommandé de combiner ces deux méthodes car cela peut surcharger la visualisation. Une seule méthode de mise en forme (soit la couleur, soit la taille) est généralement suffisante pour une lecture claire des données.

```
# Normalize Volume to easily plot
cac40_monthly_mean['Volume_norm'] = (
   cac40_monthly_mean['Volume']/
cac40_monthly_mean['Volume'].max()
)

SCALE_FACTOR = 7.5

plt.scatter('Month',
           'Close',
           data=cac40_monthly_mean,

 s=np.exp(cac40_monthly_mean['Volume_norm']*SCALE_FACTOR),
           c=cac40_monthly_mean['Volume'],
           cmap='inferno',
           zorder=2
)

plt.title('CAC40 Closing Index by Month and Volume')
plt.ylabel('CAC40 Index')
plt.xticks(rotation=45)
plt.grid(alpha=0.2)

ax.spines['right'].set_visible(False)
ax.spines['top'].set_visible(False)
plt.colorbar()  # Display colorbar
plt.show()
```

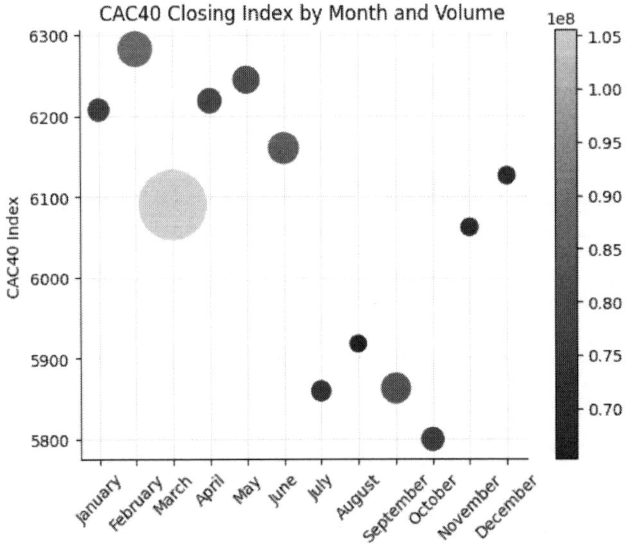

Un livre entier ne suffirait pas à couvrir matplotlib, c'est pour cela que vous êtes invité à parcourir la documentation et la galerie de façon à vous rendre compte de l'étendue des possibilités offertes par cette librairie.

3.4 seaborn

seaborn est une bibliothèque de visualisation basée sur matplotlib. Elle a été développée par Michael Waskom et a été publiée pour la première fois en 2012. Elle a été créée pour répondre aux limitations et aux complexités de matplotlib, qui nécessitait un code important pour générer des graphiques visuellement attrayants. La librairie seaborn vise à simplifier le processus de création de graphiques statistiques et à fournir une interface de plus haut niveau pour la visualisation des données.

Elle offre une variété d'outils pour visualiser les données, notamment des nuages de points, des graphiques linéaires, des graphiques à barres, des cartes de chaleur, et bien d'autres. Elle prend également en charge des analyses statistiques avancées, telles que l'analyse de régression, les graphiques de distribution et les graphiques catégoriels.

Dans cette partie du livre, nous allons couvrir les différents types de graphes statistiques disponibles de seaborn, en détaillant la syntaxe et les principaux arguments à connaître.

3.4.1 Installation

▶Pour installer seaborn, utilisez la commande suivante :

```
pip install seaborn
```

3.4.2 Jeu de données

Pour cette partie du livre, nous allons utiliser un jeu de données qui se prête un peu plus à la visualisation des graphes statistiques. Il s'agit d'un jeu de données présentant différents paramètres de qualité d'un vin et sa note. Il s'agit d'échantillons de vin rouge et de vin blanc provenant du nord du Portugal. Le jeu de données est disponible sur le site de l'UCI Machine Learning Repository à cette adresse : https://archive.ics.uci.edu/dataset/186/wine+quality

Les données d'entrées sont les suivantes (tests physicochimiques) :

– 1 - fixed acidity

– 2 - volatile acidity

– 3 - citric acid

– 4 - residual sugar

– 5 - chlorides

– 6 - free sulfur dioxide

– 7 - total sulfur dioxide

– 8 - density

– 9 - pH

– 10 - sulphates

– 11 - alcohol

La donnée cible est l'appréciation de la qualité du vin basée sur un sondage :

– 12 - quality (score entre 0 et 10)

Nous pouvons le charger avec pandas et explorer les premières lignes :

```
import pandas as pd

wine_quality = pd.read_csv('./data/winequality-red.csv')
print(wine_quality.head().T) # Transposition to easily
access all columns
```

La sortie est :

```
                           0        1        2        3        4
fixed acidity         7.4000   7.8000   7.800   11.200   7.4000
volatile acidity      0.7000   0.8800   0.760    0.280   0.7000
citric acid           0.0000   0.0000   0.040    0.560   0.0000
residual sugar        1.9000   2.6000   2.300    1.900   1.9000
chlorides             0.0760   0.0980   0.092    0.075   0.0760
free sulfur dioxide  11.0000  25.0000  15.000   17.000  11.0000
total sulfur dioxide 34.0000  67.0000  54.000   60.000  34.0000
density               0.9978   0.9968   0.997    0.998   0.9978
pH                    3.5100   3.2000   3.260    3.160   3.5100
sulphates             0.5600   0.6800   0.650    0.580   0.5600
alcohol               9.4000   9.8000   9.800    9.800   9.4000
quality               5.0000   5.0000   5.000    6.000   5.0000
```

3.4.3 Histogrammes

Un histogramme est un graphique utilisé en statistiques pour représenter la distribution d'une variable numérique continue ou discrète. Il se compose d'une série de barres représentant une plage de valeurs spécifique appelée « classe » ou « intervalle ». La hauteur de chaque barre est proportionnelle à la fréquence ou au nombre d'observations tombant dans cette classe.

Cette visualisation permet de saisir rapidement la forme globale de la distribution des données, révélant des caractéristiques telles que la tendance centrale, la dispersion et les éventuelles asymétries. Les histogrammes sont particulièrement utiles pour identifier les modes, détecter les valeurs aberrantes et comparer des ensembles de données.

Nous souhaitons étudier la distribution des notes des vins de façon à voir leur dispersion. Pour ce faire, nous allons procéder de la façon suivante :

- On crée une nouvelle figure matplotlib avec une taille de 10 pouces de large sur 6 pouces de haut. Cela définit la taille globale du graphique. Fixer la taille permet d'avoir un export de votre graphique en image avec une taille prédéfinie.
- La fonction `sns.displot()` est utilisée pour créer un graphique de distribution. Elle est plus avancée que le simple histogramme et offre plus d'options de personnalisation.
  - `data` : cet argument permet de spécifier le DataFrame qui contient les données à visualiser ;
  - `x` : indique le nom de la colonne dont nous voulons visualiser la distribution ;
  - `binwidth` : permet de définir la largeur de chaque barre de l'histogramme à 1 unité.
- On ajoute un titre au graphique : "Distribution of Wine Quality " à l'aide de la fonction `plt.title()`.
- On affiche le graphique avec `plt.show()`.

Le code sera donc :

```
# Importation des bibliothèques nécessaires
import seaborn as sns
import matplotlib.pyplot as plt

plt.figure(figsize=(10, 6))
sns.displot(data=wine_quality,
            x='quality',
            binwidth=1,)
plt.title('Distribution of Wine Quality')
plt.show()
Copier
```

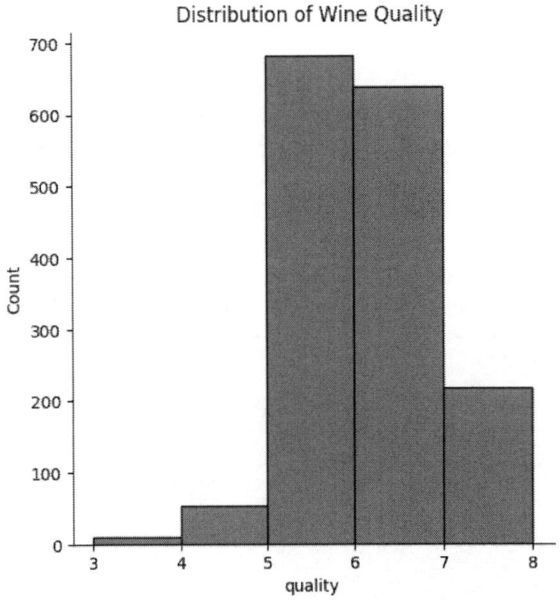

Imaginez que vous souhaitiez tracer plusieurs histogrammes pour comparer la distribution en fonction de chaque variable. Cela est possible en utilisant une fonctionnalité très utile de matplotlib : les subplots.

Les subplots dans matplotlib sont un moyen d'organiser plusieurs graphiques au sein d'une même figure. Le concept repose sur la création d'une grille où chaque cellule peut contenir un graphique distinct. La fonction `plt.subplot(nrows, ncols, index)` est au cœur de ce système. Elle divise la figure en une grille de `nrows` lignes et `ncols` colonnes, puis active la cellule spécifiée par index pour y dessiner le prochain graphique.

L'index suit une numérotation séquentielle, commençant à 1 dans le coin supérieur gauche et augmentant de gauche à droite, puis de haut en bas. Cette approche permet une grande flexibilité dans l'agencement des graphiques, facilitant la comparaison de différents jeux de données ou la présentation de multiples aspects d'une même analyse sur une seule figure.

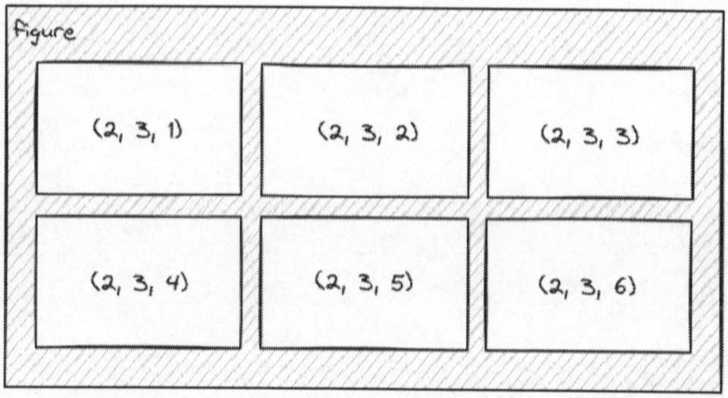

Les subplots peuvent être de tailles égales ou personnalisées et matplotlib offre des outils pour ajuster automatiquement leur espacement et leur alignement, assurant une présentation claire et professionnelle des données visualisées.

Pour créer un ensemble de quatre histogrammes et visualiser la distribution de certaines caractéristiques du vin, vous pouvez procéder de la façon suivante :

- On définit une liste des caractéristiques à visualiser, le traitement d'un grand nombre de graphiques pouvant être consommateur de ressources : `features = ['alcohol', 'sulphates', 'pH', 'residual sugar']`.
- On crée une nouvelle figure suffisamment grande de 12x10 pouces avec `plt.figure(figsize=(12, 10))`.
- Il faut ensuite utiliser une boucle sur la liste des caractéristiques, avec `i`commençant à 1.
- On crée une grille de 2x2 sous-graphiques et sélectionne le i-ème avec la fonction `plt.subplot(2, 2, i)`.
- Comme précédemment, on crée un histogramme avec `sns.histplot(...)`.
- On ajoute un titre à chaque sous-graphique : `plt.title(f'Distribution of {feature}')`.
- `plt.tight_layout()` : cette méthode ajoute automatiquement les espaces entre les sous-graphiques.
- `plt.show()` : cette méthode affiche la figure complète.

Voici le code mis à jour :

```
features = ['alcohol', 'sulphates', 'pH', 'residual sugar']

plt.figure(figsize=(12, 10))

for i, feature in enumerate(features, 1):
   plt.subplot(2, 2, i)
   sns.histplot(data=wine_quality,
                x=feature,
                kde=True)
   plt.title(f'Distribution of {feature}')

plt.tight_layout()

plt.show()
```

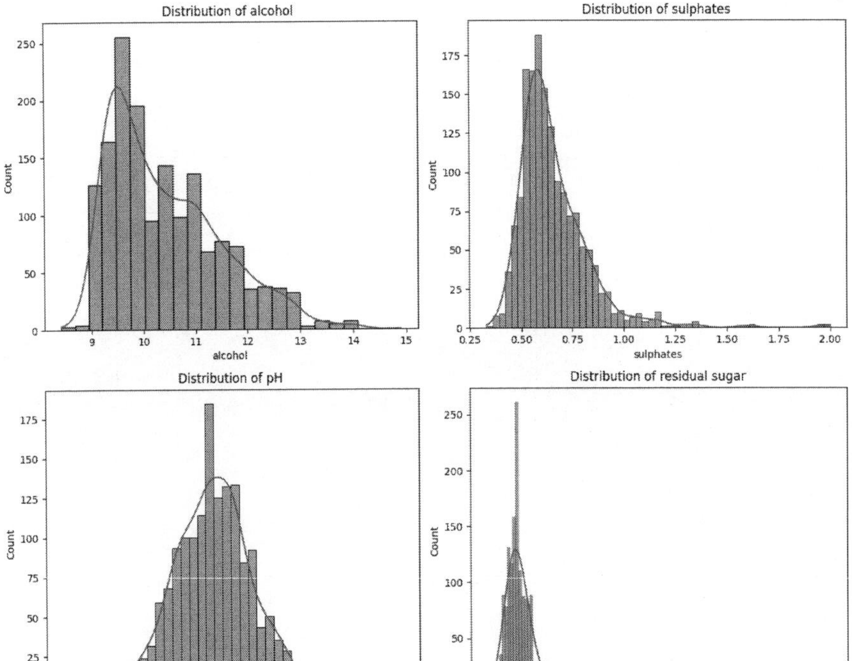

Remarque

Pour les agencements plus complexes, avec des subplots de différentes largeurs et hauteurs, il existe une possibilité :
https://matplotlib.org/3.1.1/gallery/userdemo/demo_gridspec01.html#sphx-glr-gallery-userdemo-demo-gridspec01-py

3.4.4 Boîtes à moustaches

Un box plot, également connu sous le nom de boîte à moustaches, est un outil graphique puissant utilisé en statistique pour représenter la distribution d'un ensemble de données numériques. Il offre une vue synthétique de cinq mesures clés : le minimum, le premier quartile, la médiane, le troisième quartile et le maximum. La « boîte » centrale du graphique englobe le deuxième et le troisième quartile, avec une ligne horizontale marquant la médiane. Les « moustaches » s'étendent de chaque côté de la boîte jusqu'aux valeurs mini males et maximales, à l'exception des valeurs aberrantes qui sont représentées par des points individuels.

Cette visualisation permet de saisir rapidement la dispersion, la symétrie et la présence éventuelle de valeurs extrêmes dans un jeu de données. Les box plots sont particulièrement utiles pour comparer plusieurs distributions côte à côte, facilitant ainsi l'identification de différences ou de similitudes entre groupes. Leur simplicité et leur richesse en information en font un outil précieux dans de nombreux domaines, de l'analyse financière à la recherche scientifique, en passant par le contrôle de qualité.

Pour créer un box plot qui permette de visualiser la relation entre la teneur en alcool et la qualité du vin, nous allons suivre les étapes suivantes :

- On initialise une nouvelle figure avec une taille de 10x6 pouces avec la fonction `plt.figure(figsize=(10, 6))`.
- On crée le box plot avec la fonction `sns.boxplot()`. Les principaux arguments sont :
  - `x` : l'axe des x représente la qualité du vin ;
  - `y` : l'axe des y représente la teneur en alcool ;
  - `data` : DataFrame à partir duquel on utilise les données.
- On ajoute un titre à la figure avec la méthode `plt.title()`.

– On affiche la figure avec la méthode `plt.show()`.

Nous obtenons le code suivant :

```
# Import librairies
plt.figure(figsize=(10, 6))

sns.boxplot(x='quality',
           y='alcohol',
           data=wine_quality)

plt.title('Alcohol Content vs. Wine Quality')

plt.show()
```

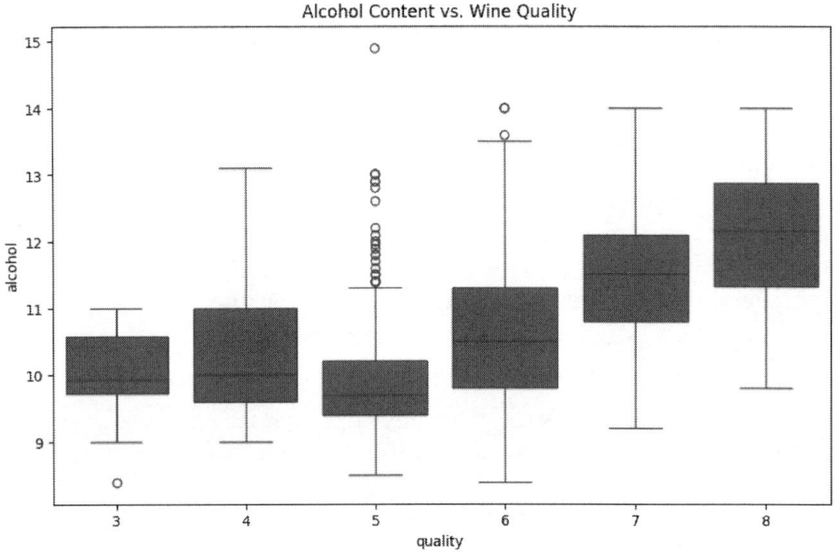

3.4.5 Nuage de points

Un box plot est utilisé pour résumer la distribution d'une variable continue par groupe. La fonction `scatterplot()` de seaborn est utilisée pour créer ce type de graphique.

```
plt.figure(figsize=(10, 6))
```

```
sns.scatterplot(x='free sulfur dioxide',
                y='total sulfur dioxide',
                hue='quality',
                size='alcohol',
                data=wine_quality)

plt.title('Free vs. Total Sulfur Dioxide (Size: Alcohol Content)')

plt.show()
```

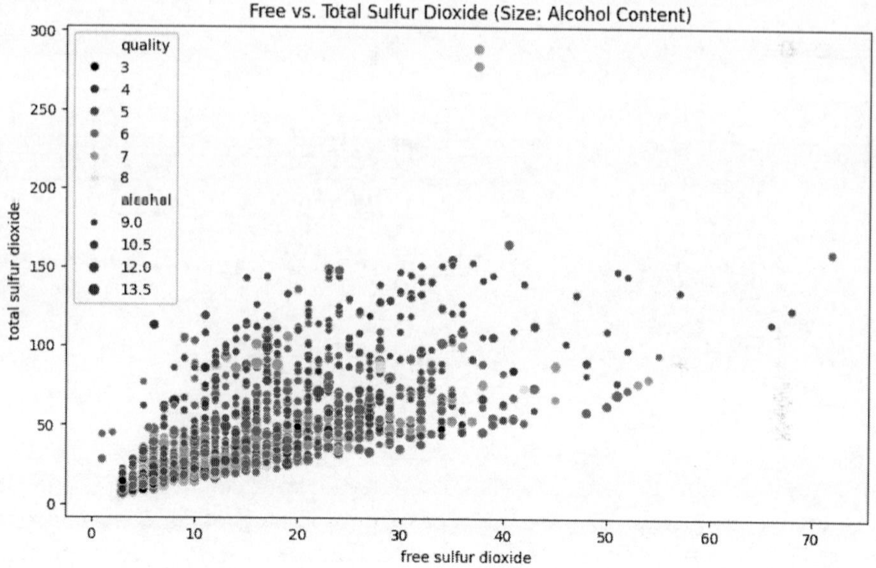

On peut juxtaposer nos deux nuages de points en utilisant la méthode `plt.subplot()` :

```
plt.figure(figsize=(12, 6))

plt.subplot(1, 2, 1)
sns.scatterplot(x='fixed acidity',
                y='volatile acidity',
                hue='quality',
                data=wine_quality)
plt.title('Fixed Acidity vs. Volatile Acidity')

plt.subplot(1, 2, 2)
```

```
sns.scatterplot(x='citric acid',
                y='pH',
                hue='quality',
                data=wine_quality)
plt.title('Citric Acid vs. pH')
plt.tight_layout()

plt.show()
```

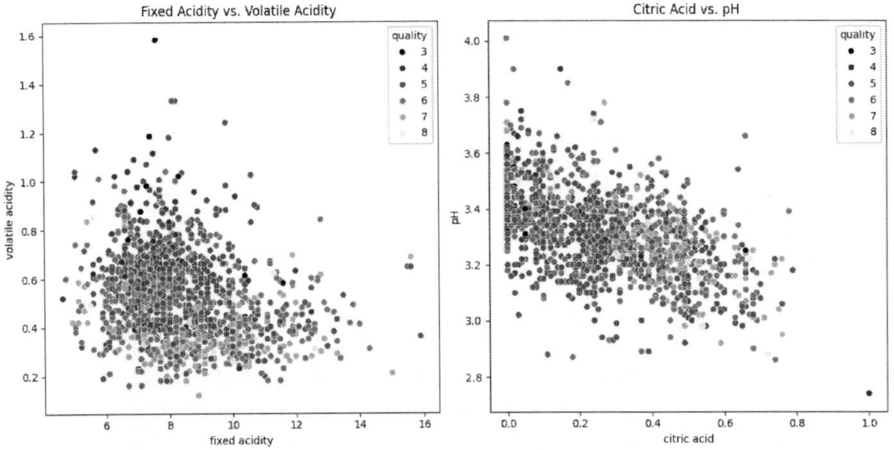

Il est aussi possible de faire une visualisation 3D. Pour ce faire, nous utilisons l'argument `projection='3d'`. On passe dans la méthode `ax.scatter()` une troisième série pour représenter l'axe z. Pour paramétrer le nom de notre axe z, nous utilisons la méthode `ax.set_zlabel()`.

```
fig = plt.figure(figsize=(10, 8))
ax = plt.axes(projection='3d')
scatter = ax.scatter(wine_quality['alcohol'],
                     wine_quality['sulphates'],
                     wine_quality['volatile acidity'],
                     c=wine_quality['quality'],
                     cmap='magma')
ax.set_xlabel('Alcohol')
ax.set_ylabel('Sulphates')
ax.set_zlabel('Volatile Acidity')
plt.colorbar(scatter,
             label='Quality')
```

```
plt.title('3D Scatter Plot: Alcohol, Sulphates, Volatile Acidity
vs Quality')
plt.show()
```

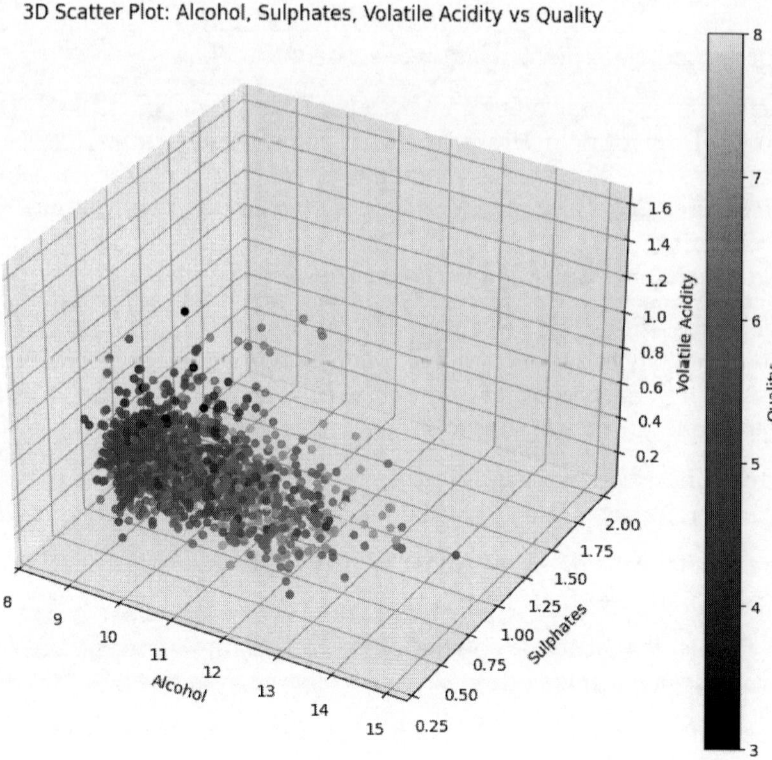

3.4.6 Matrice de corrélation

Une matrice de corrélation est un outil statistique essentiel qui permet de visualiser et de quantifier les relations entre plusieurs variables dans un jeu de données. Elle se présente sous la forme d'un tableau carré où chaque cellule contient le coefficient de corrélation entre deux variables.

Ces coefficients, généralement compris entre -1 et 1, indiquent la force et la direction de la relation linéaire entre les variables. Une valeur proche de 1 suggère une forte corrélation positive, tandis qu'une valeur proche de -1 indique une forte corrélation négative. Une valeur proche de 0 signale l'absence de corrélation linéaire. La diagonale de la matrice affiche toujours des valeurs de 1, car chaque variable est parfaitement corrélée avec elle-même.

Cette représentation condensée facilite l'identification rapide des patterns et des interdépendances au sein d'un ensemble de données, ce qui en fait un outil précieux pour l'analyse exploratoire et la prise de décision dans divers domaines tels que la finance, la psychologie ou les sciences sociales.

Pour créer une carte de chaleur (*heatmap*) de corrélation à partir de notre DataFrame `wine_quality`, vous pouvez procéder de la façon suivante :

- Créez une nouvelle figure avec une taille de 12x10 pouces à l'aide de la fonction `plt.figure(figsize=(12, 10))`.
- Pour calculer la matrice de corrélation du DataFrame `wine_quality`, servez-vous de la méthode `corr()`.

Certaines informations ne sont pas pertinentes : la matrice est symétrique, 50 % de l'information est redondante, de plus les valeurs de la diagonale valent toujours 1. Nous pouvons créer une matrice de booléens de la même dimension que `corr` initialisée avec des `False` en utilisant la librairie NumPy. La fonction `np.zeros_like()` va créer une matrice initialisée à 0. En utilisant l'argument `dtype='bool'`, on convertit les `0` en `False`.

Ensuite, on met à `True` la partie triangulaire supérieure de la matrice mask, y compris la diagonale avec filtrant les valeurs avec la fonction `np.triu_indices_from()`.

- Affichez la carte de chaleur avec la fonction `sns.heatmap()`. Les paramètres sont :
  - `data` : la matrice de corrélation à visualiser ;
  - `mask` : applique le masque pour cacher la partie supérieure ;
  - `annot=True` : affiche les valeurs numériques dans chaque cellule ;
  - `cmap='plasma'` : utilise la palette de couleurs 'plasma' ;
  - `linewidths` : définit la largeur des lignes séparant les cellules.
- Ajoutez un titre à la figure avec la méthode `plt.title()`.
- Affichez la figure avec la méthode `plt.show()`.

Nous obtenons le code suivant :

```
plt.figure(figsize=(12, 10))

# Calculate correlation matrix
corr=wine_quality.corr()

# Mask to hide upper matrix
mask = np.zeros_like(corr, dtype=bool)
mask[np.triu_indices_from(mask)] = True

# Heatmap
sns.heatmap(corr,
            mask=mask,
            annot=True,
            cmap='plasma',
            linewidths=0.5)

plt.title('Correlation Heatmap of Wine Features')
plt.show()
```

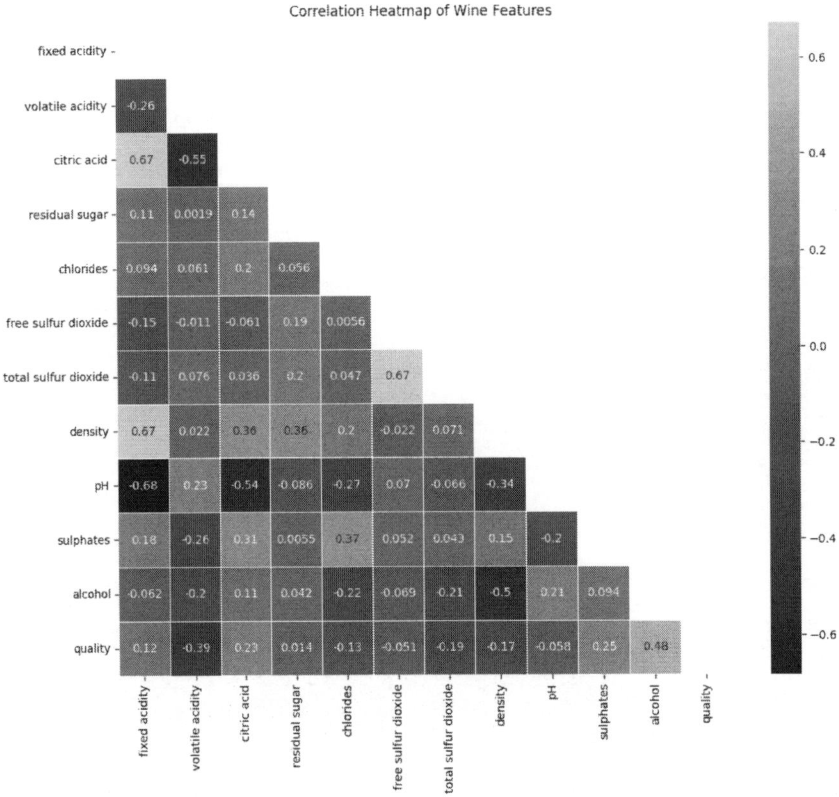

3.4.7 Pairplot

Un pairplot dans seaborn est un outil de visualisation puissant qui offre un aperçu global des relations entre plusieurs variables d'un ensemble de données. Il génère une grille de graphiques où chaque variable est représentée à la fois sur l'axe des abscisses et des ordonnées, créant ainsi une matrice de sous-graphiques. Sur la diagonale de cette matrice, des histogrammes ou des estimations de densité de kernel illustrent la distribution de chaque variable individuelle. Les autres cellules de la grille affichent des nuages de points, montrant les relations bivariées entre chaque paire de variables. Cette représentation permet d'identifier rapidement les corrélations, les tendances et les outliers au sein du jeu de données.

Le pairplot peut également intégrer une dimension supplémentaire en colorant les points selon une variable catégorielle, facilitant ainsi la détection de patterns spécifiques à certaines catégories. Cet outil s'avère particulièrement utile dans les phases exploratoires de l'analyse de données, offrant une vue d'ensemble concise, mais informative des interactions entre variables, ce qui en fait un atout précieux pour les data scientists et les analystes dans divers domaines d'application.

```
# Pairplot des 3 premières variables
sns.pairplot(wine_quality.iloc[:,:3])
plt.show()
```

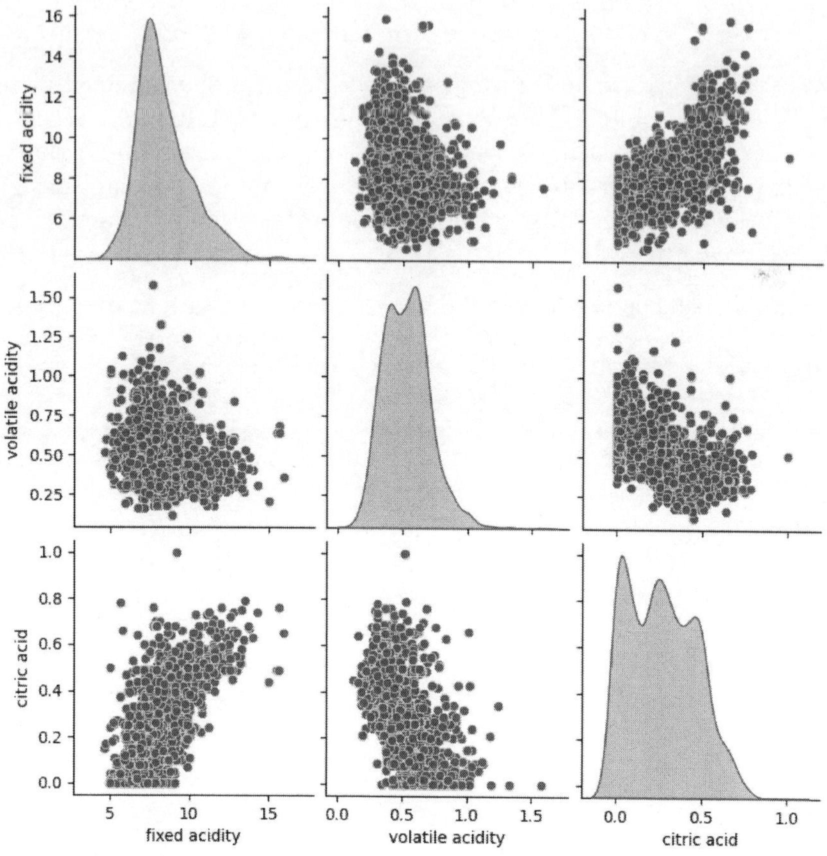

3.5 Plotly

3.5.1 Introduction

Plotly a été fondé par Alex Johnson, Jack Parmer, Chris Parmer et Matthew Sundquist.

Les fondateurs ont des antécédents en science, énergie, et analyse et visualisation des données. Parmi les premiers employés, on trouve Christophe Viau, un ingénieur logiciel canadien, et Ben Postlethwaite, un géophysicien canadien. Plotly a été nommé parmi les vingt entreprises les plus innovantes au Canada par le *Canadian Innovation Exchange*. Plotly a été présenté dans la « startup row » à PyCon 2013 et a sponsorisé la conférence SciPy 2018.

Plotly est une bibliothèque de visualisation de données open source qui permet de créer des graphiques interactifs et riches en fonctionnalités avec facilité. Compatible avec plusieurs langages de programmation tels que Python, R et JavaScript, Plotly offre une large gamme de visualisations, allant des graphiques linéaires et des histogrammes aux cartes géographiques et aux graphiques en 3D.

Sa popularité réside dans sa capacité à générer des visualisations dynamiques qui peuvent être intégrées dans des applications web, des notebooks Jupyter et des rapports interactifs.

En outre, Plotly se distingue par son interface intuitive, ses options de personnalisation avancées et son support de Dash, un cadre qui facilite le développement d'applications analytiques web interactives. Que ce soit pour des projets académiques, des analyses de données professionnelles ou des présentations visuelles percutantes, Plotly s'impose comme un outil incontournable pour les data scientists et les développeurs.

3.5.2 Installation

Pour installer Plotly, utilisez la commande suivante :

```
pip install plotly
```

Plotly propose deux interfaces principales pour créer des graphiques :

- `plotly.graph_objects (go)` : offre un contrôle précis sur chaque aspect du graphique, idéal pour les graphiques complexes et personnalisés ;
- `plotly.express (px)` : interface plus simple et concise, parfaite pour les graphiques rapides et courants.

3.5.3 Graphique en cascade

Les graphiques en cascade visualisent comment une valeur initiale est modifiée par une série de valeurs intermédiaires, positives ou négatives, pour aboutir à une valeur finale. Ils sont particulièrement utiles pour analyser les contributions individuelles à un total, comme dans l'analyse financière.

Pour créer un graphique en cascade, nous utilisons l'objet `go.Waterfall` de Plotly. L'argument `x` définit les étiquettes des catégories, et l'argument `y` les valeurs associées.

Dans cet exemple, chaque barre représente une catégorie et sa hauteur correspond à la valeur associée.

```
import plotly.graph_objects as go

fig = go.Figure(
   go.Waterfall(
       name="20",
       orientation="v",
       measure=["relative",
                "relative",
                "total",
                "relative",
                "relative",
                "total"],
       x=["Sales",
       "Consulting",
       "Net Revenue",
       "Purchases",
```

```
        "Other expenses",
        "Result"],
        textposition="outside",
        text=["+60", "+80", "", "-30", "-20", ""],
        y=[60, 80, 0, -30, -20, 0],
        connector={"line":{"color":"rgb(63, 63, 63)"}},
))
fig.update_layout(
   title = "Breakdown of Revenue and Result",
   showlegend = False
)

fig.show()
```

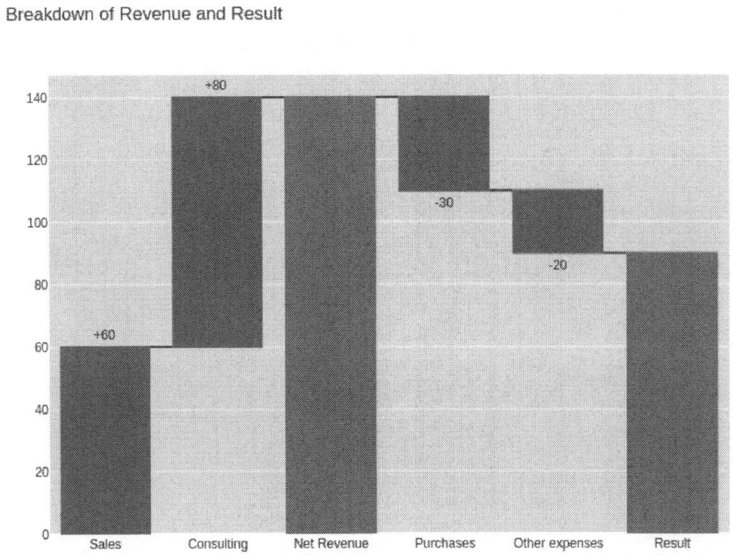

3.5.4 Indicateurs

Les indicateurs sont des composants visuels qui affichent des valeurs numériques de manière claire et concise. Ils sont souvent utilisés pour mettre en évidence des indicateurs de performance clés (KPI) ou d'autres métriques importantes.

Plotly propose l'objet `go.Indicator` pour créer des indicateurs. L'argument `mode` spécifie le type d'indicateur (nombre, delta, jauge, etc.), et l'argument `value` la valeur à afficher.

Dans cet exemple, l'indicateur affiche la valeur `450`, avec une flèche verte indiquant une augmentation par rapport à la valeur de référence `400`.

```
import plotly.graph_objects as go

fig = go.Figure(go.Indicator(
    mode="number+delta",
    value=450,
    domain={'x': [0, 1], 'y': [0, 1]},
    title={'text': "Ventes totales"},
    delta={'reference': 400, 'relative': True, 'increasing':
{'color': "green"}}
))
fig.show()
```

3.5.5 Jauges

Les jauges sont un type spécifique d'indicateur qui ressemble à des cadrans de voiture. Elles sont utilisées pour représenter une valeur dans une plage donnée.

Pour créer une jauge, nous utilisons également l'objet `go.Indicator`, mais avec le mode `gauge+delta+number`. L'argument gauge permet de personnaliser l'apparence de la jauge, notamment la plage de valeurs et la couleur de la barre.

Dans cet exemple, la jauge affiche la valeur 270 sur une plage allant de 0 à 500, avec une barre bleue indiquant la position de la valeur.

```
import plotly.graph_objects as go

fig = go.Figure(
       go.Indicator(
           domain = {'x': [0, 1], 'y': [0, 1]},
           value = 446,
           mode = "gauge+number+delta",
           title = {'text': "Total Revenue"},
           delta = {'reference': 472},
           gauge = {'axis': {'range': [None, 500]},
                   'steps' : [
                       {'range': [0, 250],
                       'color': "lightgray"},
                       {'range': [250, 400],
                       'color': "gray"}],
                   'threshold' :
                       {'line':
                           {'color': "red", 'width': 4},
                           'thickness': 0.75, 'value': 490}}))
fig.show()
```

3.5.6 Funnel

Les graphiques en entonnoir visualisent la progression d'un processus en plusieurs étapes, où chaque étape entraîne une diminution des valeurs. Ils sont couramment utilisés dans le marketing et les ventes pour analyser le parcours client.

L'objet `go.Funnel` de Plotly permet de créer des graphiques en entonnoir. L'argument y définit les étiquettes des étapes et l'argument x les valeurs associées.

Dans cet exemple, chaque section de l'entonnoir représente une étape du processus et sa largeur correspond au nombre de personnes ayant atteint cette étape.

```
from plotly import graph_objects as go

colors = ["gold", "gold", "lightgreen", "lavender"]

fig = go.Figure(
       go.Funnelarea(
           labels=["Interview 1",
                   "Interview 2",
                   "Test",
                   "Final Stage"],
           values=[100, 70, 40, 20],
           textfont_size=20,
           marker=dict(colors=colors,
                       pattern=dict(shape=["", "/", "", ""])),
)
)

fig.show()
```

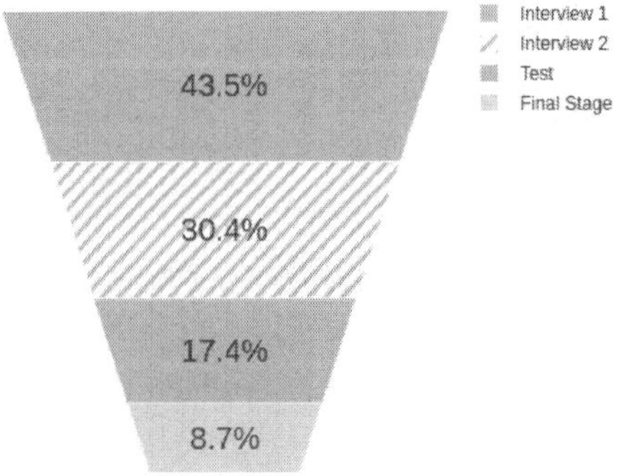

3.5.7 Cartes

Les cartes permettent de visualiser des données géographiques, en superposant des informations sur une carte du monde ou d'une région spécifique. Elles sont utiles pour analyser la distribution géographique de données, comme la population, les ventes, etc.

Plotly Express, une interface de haut niveau de Plotly, facilite la création de cartes. La fonction `px.scatter_geo()` permet de créer un nuage de points sur une carte, où chaque point représente un emplacement géographique.

Dans cet exemple, la carte affiche la population de chaque pays en 2007, avec des points de différentes tailles et couleurs selon la population et le continent.

```
import plotly.express as px

df = px.data.gapminder().query("year == 2007")
fig = px.scatter_geo(df, locations="iso_alpha",
color="continent",
                     hover_name="country", size="pop",
                     projection="natural earth",
title="Population mondiale en 2007")

fig.show()
```

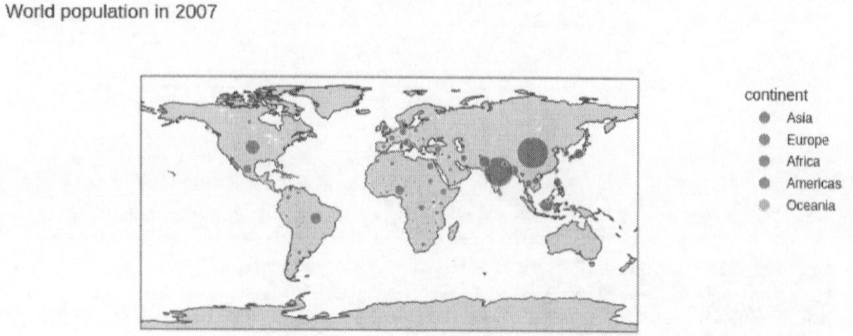

3.5.8 Treemaps

Les treemaps (cartes arborescentes) représentent des données hiérarchiques sous forme de rectangles imbriqués, où la taille et la couleur de chaque rectangle sont utilisées pour illustrer des variables supplémentaires sur les points de données.

Les treemaps montrent les proportions des éléments au sein de différentes catégories et sous-catégories. Chaque rectangle représente une catégorie et la taille du rectangle est proportionnelle à la valeur qu'il représente. Dans un cas simple (un seul niveau), les rectangles ne contiennent pas de sous-catégories, mais représentent les valeurs d'une seule hiérarchie.

```
import plotly.express as px
import pandas as pd

# Random data
data = {
    'categories': ['Product A', 'Product B', 'Product C',
                   'Product D', 'Product E'],
    'values': [132, 43, 12, 656, 332]
}

# Create dataframe
df = pd.DataFrame(data)

# Create treemap
fig = px.treemap(df,
```

```
                        path=['categories'],
                        values='values',
                        title='Simple Treemap Example')

fig.show()
```

3.6 Les graphiques « sur mesure »

Dans le monde de la Business Intelligence, la visualisation des données joue un rôle crucial pour communiquer efficacement des informations complexes. Bien que les logiciels de BI traditionnels comme QlikSense, Power BI ou Tableau offrent une gamme étendue de graphiques prêts à l'emploi, Python se distingue par sa flexibilité permettant de créer des visualisations personnalisées. Cette section explore comment réaliser des graphiques « sur mesure » qui, bien que non disponibles nativement dans les bibliothèques Python, peuvent être conçus rapidement pour répondre à des besoins spécifiques de visualisation en BI.

3.6.1 Graphiques combinés

Les graphiques combinés sont particulièrement utiles en BI pour comparer différentes métriques sur un même axe temporel ou catégoriel. Par exemple, on pourrait vouloir afficher le nombre de nuitées d'un hôtel sous forme de barres et les températures relevées sous forme de ligne sur le même graphique.

Ce code Python utilise matplotlib pour créer un graphique combiné affichant les nuitées et la température sur une période de 35 jours. Contrairement à la version précédente, ce code utilise un seul axe principal avec un axe secondaire superposé. Le graphique à barres grises pour les nuitées est créé avec `ax1.bar()` sur l'axe principal, tandis que la courbe rouge pour la température est tracée avec `ax2.plot()` sur un axe secondaire créé par `ax1.twinx()`. Cette approche permet de superposer directement les deux séries de données. Les étiquettes des axes sont définies séparément pour chaque axe avec `set_xlabel()` et `set_ylabel()`. La légende est construite en combinant les éléments des deux axes, ce qui permet d'avoir une légende unifiée. L'utilisation de `plt.tight_layout()` assure un ajustement automatique de la mise en page. Cette méthode crée un graphique plus compact où les deux séries de données partagent le même espace, facilitant la comparaison directe entre les nuitées et la température.

```
import matplotlib.pyplot as plt
import numpy as np

# Data
nights = [515, 420, 370, 250, 135, 120, 60, 20]
temp = [29, 23, 27, 25, 20, 23, 23, 17]
days = np.arange(0, 40, 5)  # 0, 5, 10, ..., 35

# Create the figure and axes
fig, ax1 = plt.subplots(figsize=(12, 6))

# Bar chart for nights
ax1.bar(days, nights, align='center', alpha=0.8, color='grey',
label='Nights', width=4)
ax1.set_xlabel('Days')
ax1.set_ylabel('Number of nights')

# Create a second y-axis for temperature
ax2 = ax1.twinx()
```

```
# Line plot for temperature
ax2.plot(days, temp, color='red', marker='o', linewidth=2,
label='Temperature')
ax2.set_ylabel('Temperature (°C)')

# Title of the chart
plt.title('Nights and Temperature over a 35-Day Period')

# Legend
lines1, labels1 = ax1.get_legend_handles_labels()
lines2, labels2 = ax2.get_legend_handles_labels()
ax1.legend(lines1 + lines2, labels1 + labels2, loc='upper right')

# Adjust layout
plt.tight_layout()

# Display the chart
plt.show()
```

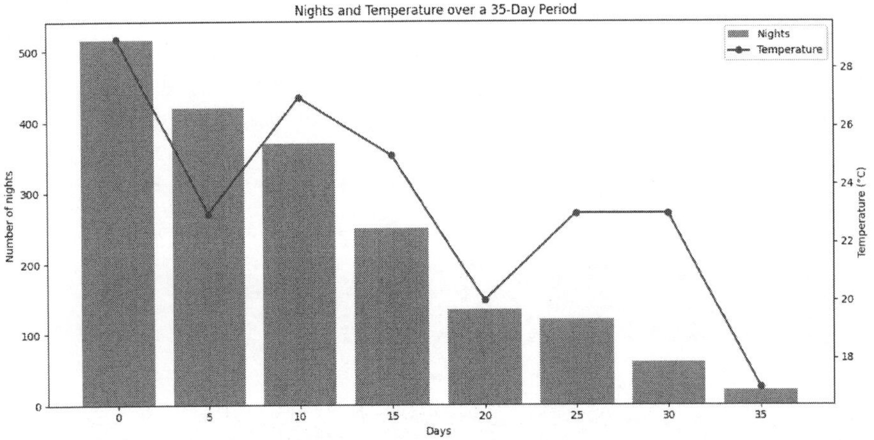

Ce code Python utilise la bibliothèque matplotlib pour créer un graphique combiné présentant l'évolution des nuitées et de la température sur une période de 35 jours. Le graphique est divisé en deux parties superposées : une courbe rouge en haut pour la température et un diagramme à barres grises en bas pour les nuitées.

La figure est créée avec la méthode `plt.subplots()`, qui génère deux sous-graphiques verticalement alignés avec un ratio de hauteur de 2:3. La courbe de température est tracée avec `ax1.plot()`, tandis que les barres des nuitées sont créées avec `ax2.bar()`. Les axes superflus sont supprimés pour un rendu épuré, et les valeurs sont directement annotées sur le graphique avec `ax1.annotate()` pour les températures et `ax2.text()` pour les nuitées.

Le partage de l'axe x `(sharex=True)` et l'ajustement de l'espacement `(fig.subplots_adjust(hspace=0))` assurent un alignement parfait entre les deux graphiques. Enfin, les titres et étiquettes sont ajoutés pour une meilleure compréhension du graphique.

```
# Create the figure with two subplots
fig, (ax1, ax2) = plt.subplots(2, 1, figsize=(12, 8),
height_ratios=[1, 3], sharex=True)
fig.subplots_adjust(hspace=0)  # Remove space between subplots

# Temperature plot (top)
ax1.plot(days, temp, color='red', marker='o', linewidth=2,
label='Temperature')
ax1.set_ylim(min(temp) - 5, max(temp) + 5)  # Adjust y-axis limits
ax1.spines['top'].set_visible(False)
ax1.spines['right'].set_visible(False)
ax1.spines['left'].set_visible(False)
ax1.spines['bottom'].set_visible(False)  # Remove x-axis
ax1.yaxis.set_visible(False)
ax1.xaxis.set_visible(False)  # Remove x-axis ticks

# Add values on the temperature curve points
for i, txt in enumerate(temp):
   ax1.annotate(f'{txt}°C', (days[i], temp[i]), xytext=(0, 5),
                textcoords='offset points', ha='center',
va='bottom',
                color='red', fontweight='bold')

# Bar chart for nights (bottom)
bar_width = 3.5
bars = ax2.bar(days, nights, align='center', alpha=0.8,
color='grey', label='Nights', width=bar_width)

# Remove y-axis for the bar chart
ax2.yaxis.set_visible(False)
ax2.spines['left'].set_visible(False)
```

```
ax2.spines['right'].set_visible(False)
ax2.spines['top'].set_visible(False)

# Add values on the bars
for block in bars:
   height = block.get_height()
   ax2.text(block.get_x() + block.get_width()/2., height,
            f'{height}',
            ha='center', va='bottom')

# x-axis label (only for the bottom chart)
ax2.set_xlabel('Days')

# Title of the chart
fig.suptitle('Nights and Temperature over a 35-Day Period', y=0.95)

# Adjust layout
plt.tight_layout()

# Display the chart
plt.show()
```

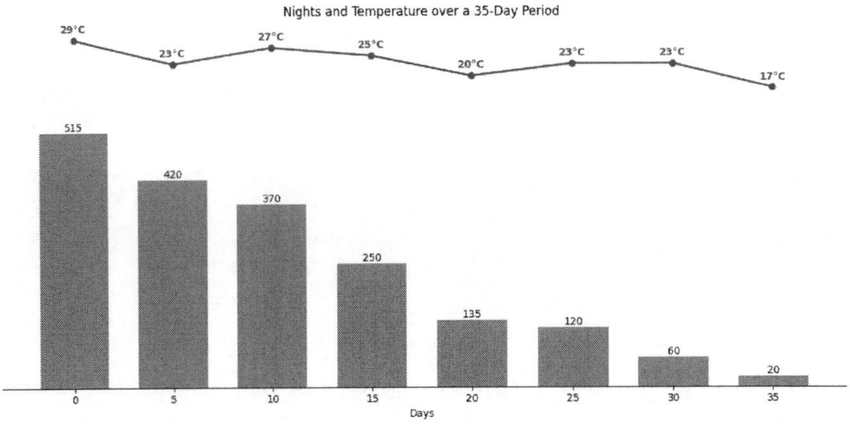

3.6.2 Graphique de ruban

Le graphique de ruban, également connu sous le nom de *ribbon chart*, est excellent pour visualiser la part relative de différentes catégories au fil du temps, tout en montrant l'évolution de leur classement. Bien que non-natif dans matplotlib, on peut le créer en utilisant des graphiques d'aires empilés avec une manipulation astucieuse des données.

Ce code génère un graphique à rubans (*stack plot*) illustrant la part de marché de différents produits au fil des années. Il commence par créer des données de vente aléatoires pour quatre produits sur une période de cinq ans, en ajoutant du bruit pour simuler des fluctuations naturelles.

Les données sont organisées dans un DataFrame de pandas, triées par produit pour chaque année afin de garantir que le graphique affiche correctement les parts de marché empilées. Ensuite, le code configure la palette de couleurs pour trois produits en nuances de gris et un produit en rouge.

La fonction `stackplot()` de matplotlib est utilisée pour créer le graphique, avec les couleurs attribuées à chaque produit via un dictionnaire. Le graphique est formaté pour afficher uniquement des années entières sur l'axe des x en configurant les positions des *ticks*, et les unités entières sur l'axe des y grâce à la classe `MaxNLocator`.

Les bordures supérieures et droites du graphique sont supprimées pour un rendu plus propre, et la légende est déplacée en bas du graphique pour une meilleure lisibilité.

Le graphique final est ajusté avec la méthode `tight_layout()` pour éviter le chevauchement des éléments et est ensuite affiché.

```
import matplotlib.pyplot as plt
import pandas as pd
import numpy as np
from matplotlib.ticker import MaxNLocator, FixedLocator

# Generate varied data
np.random.seed(0) # For reproducibility
years = [2018, 2019, 2020, 2021, 2022]
num_years = len(years)
num_products = 4
```

```
# Generate data with noise
data = {
   'Year': years,
   'Product A': np.random.randint(20, 50, size=num_years) +
np.random.normal(0, 5, size=num_years).astype(int),
   'Product B': np.random.randint(15, 45, size=num_years) +
np.random.normal(0, 5, size=num_years).astype(int),
   'Product C': np.random.randint(10, 40, size=num_years) +
np.random.normal(0, 5, size=num_years).astype(int),
   'Product D': np.random.randint(5, 30, size=num_years) +
np.random.normal(0, 5, size=num_years).astype(int)
}

# Ensure values are positive
for key in data:
   if key != 'Year':
       data[key] = np.maximum(data[key], 0)

df = pd.DataFrame(data)
df = df.set_index('Year')

# Sort columns by decreasing value for each year
for year in df.index:
   df.loc[year] = df.loc[year].sort_values(ascending=False)

# Define color palettecolors = {
   'Product A': '#D3D3D3',  # Light Gray
   'Product B': '#A9A9A9',  # Darker Gray
   'Product C': '#808080',  # Even Darker Gray
   'Product D': '#FF0000'   # Red
}

# Create ribbon chart
fig, ax = plt.subplots(figsize=(12, 6))
ax.stackplot(df.index, df.T.values, labels=df.columns,
colors=[colors[col] for col in df.columns])

# Format the chart
plt.title('Market Share of Products Over Time')
plt.xlabel('Year')
plt.ylabel('Market Share (%)')

# Configure y-axis to display only integers
ax.xaxis.set_major_locator(FixedLocator(df.index))
```

```
 ax.set_xticks(df.index)
ax.set_xticklabels(df.index)

# Configure y-axis to display only integers
ax.yaxis.set_major_locator(MaxNLocator(integer=True))

# Remove top and right borders
ax.spines['top'].set_visible(False)
ax.spines['right'].set_visible(False)

# Move legend to bottom
plt.legend(loc='lower center', bbox_to_anchor=(0.5, -0.15),
ncol=4)

plt.tight_layout()
plt.show()
```

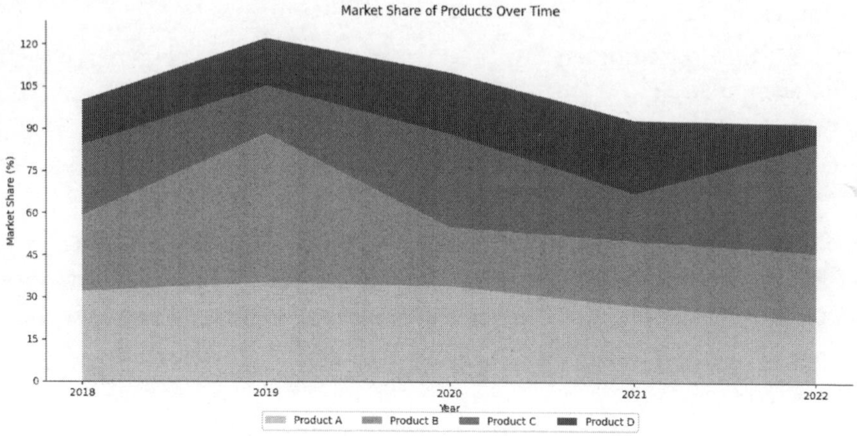

3.6.3 Area chart

Les graphiques en aires, ou *area charts*, sont particulièrement utiles pour visualiser des données cumulatives ou des parts relatives dans un ensemble. Ils sont souvent utilisés en BI pour montrer l'évolution de différentes composantes d'un total au fil du temps.

On peut en quelques lignes de code réaliser un rendu professionnel. Pour ce faire, il faudra suivre les étapes suivantes :

- importation des bibliothèques : matplotlib.pyplot pour la création de graphiques ;
- configuration du graphique :
  - `plt.subplots()` : la méthode crée une nouvelle figure et un axe ;
  - `figsize=(6, 6)` : cet argument définit la taille du graphique à 6x6 pouces.
- création du graphique en anneau : `ax.pie()` permet de générer le graphique circulaire :
  - utilise `data = [87, 13]` pour les proportions ;
  - `wedgeprops` définit l'apparence de l'anneau (largeur, couleur de bordure, épaisseur) ;
  - `startangle=90` : cet argument positionne le début à 90 degrés ;
  - `colors=['#5DADE2', 'white']` définit les couleurs des sections.
- personnalisation de l'apparence :
  - `donut_segments[1].set_zorder(0)` : place la section blanche en arrière-plan ;
  - `donut_segments[1].set_edgecolor('white')` : masque la bordure de la section blanche.
- ajout des éléments textuels :
  - `plt.title()` : cette méthode ajoute le titre du graphique ;
  - `plt.text()` : cette méthode ajoute le pourcentage 87% au centre ainsi que la source en bas à gauche.
- affichage du graphique avec la méthode `plt.show()`.

Passons au code :

```
import matplotlib.pyplot as plt

import numpy as np

# Create figure
figure, axes = plt.subplots(figsize=(6, 6))

# Donut chart data
electricity_access = [87, 13]  # Percentage with and without access
access_percentage = electricity_access[0]

# Donut chart properties
donut_properties = {
  'width': 0.3,
  'edgecolor': 'black',
  'lw': 3
}

# Create donut chart
donut_segments, * = axes.pie(
  electricity_access,
  wedgeprops=donut_properties,
  startangle=90,
  colors=['#5DADE2', 'white']
)

# Adjust white segment (without access)
donut_segments[1].set_zorder(0)
donut_segments[1].set_edgecolor('white')

# Add title
plt.title(
  'Worldwide Access to Electricity',
  fontsize=24,
  loc='left'
)

# Add center percentage
plt.text(
  0, 0,
  f"{access_percentage}%",
  ha='center',
  va='center',
```

```
    fontsize=42
)

# Add data source
plt.text(
    -1.2, -1.3,
    "Source: ourworldindata.org/energy-access",
    ha='left',
    va='top',
    fontsize=12
)

plt.show()
```

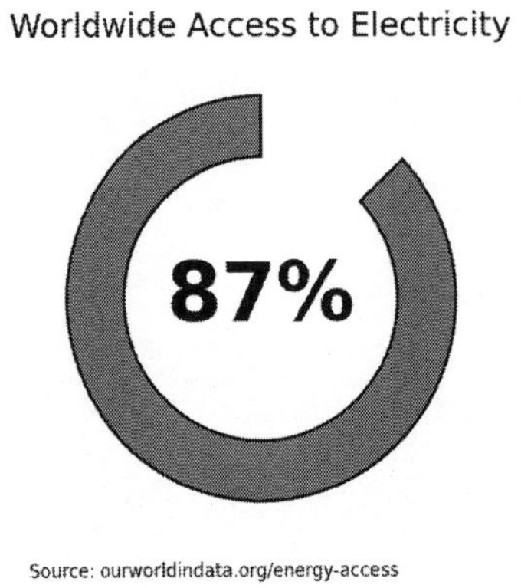

4. Bonnes pratiques de conception

La création d'un graphique efficace, percutant et moderne repose sur plusieurs principes fondamentaux. La simplicité et la clarté sont primordiales : un graphique doit être facilement compréhensible au premier coup d'œil. Il convient donc d'éviter les éléments superflus qui pourraient distraire l'utilisateur et de limiter le nombre de variables et de données affichées pour ne pas surcharger la visualisation.

Le design et l'esthétique jouent également un rôle crucial. Une palette de couleurs harmonieuse et cohérente, évitant les teintes trop vives ou contrastées, contribue à une expérience visuelle agréable. Le choix de polices lisibles pour les titres, les légendes et les annotations est tout aussi important pour garantir une compréhension aisée des informations présentées.

Le contraste et la hiérarchie visuelle sont des outils puissants pour guider l'attention de l'utilisateur. Un contraste bien pensé met en évidence les éléments essentiels et améliore la lisibilité globale du graphique. L'organisation hiérarchique des éléments permet de diriger naturellement le regard vers les informations les plus importantes en premier lieu.

Pour donner du sens aux données, il est essentiel de fournir un contexte approprié. L'ajout d'annotations explicatives pour les points clés et l'utilisation de légendes claires et compréhensibles permettent une interprétation précise des informations présentées.

La cohérence visuelle à travers l'ensemble des graphiques d'un document ou d'une présentation crée une identité visuelle harmonieuse et professionnelle. Cela implique l'utilisation cohérente des styles, des couleurs et des polices.

Sur le plan fonctionnel, le choix du type de graphique approprié est crucial. Il doit correspondre à la nature des données à présenter, qu'il s'agisse de diagrammes en barres, de courbes, de secteurs ou d'autres formes de visualisation. L'utilisation de la 3D doit être réfléchie et justifiée, car elle peut parfois compliquer la lecture des données. Enfin, l'intégration de fonctionnalités interactives, telles que le zoom, les filtres et les infobulles, peut grandement enrichir l'expérience utilisateur en permettant une exploration approfondie des données.

En suivant ces principes, il est possible de créer des graphiques qui non seulement transmettent efficacement l'information, mais captent également l'attention et s'inscrivent dans une esthétique moderne et professionnelle.

Passons maintenant à la pratique pour illustrer cette partie, nous allons retravailler le graphique ci-dessous et appliquer nos bonnes pratiques. Pour ce faire, nous utiliserons le jeu de données issu d'un sondage du think tank Pew Research Center qui analyse les sources d'information des Américains :
https://www.pewresearch.org/short-reads/2013/10/16/
12-trends-shaping-digital-news/

```
data = {'Year':
      [2001, 2002, 2003, 2004, 2005, 2006, 2007, 2008, 2009, 2010,
2011, 2012],
       'Television':np.array([74, 82, 80, 74, 73, 72, 74, 70, 70,
66, 66, 69]),
       'Newspaper':np.array([45, 42, 50, 46, 36, 36, 34, 35, 32,
31, 31, 28]),
      'Internet':np.array([13, 14, 20, 24, 20, 24, 24, 40, 35, 41,
43, 50]),
       'Radio':np.array([18, 21, 18, 21, 16, 14, 13, 18, 17, 16,
19, 23])}

df=pd.DataFrame(data)
Copier

fig = go.Figure()

for column in df.columns:
   if column != 'Year': # Skip the x-axis column
       fig.add_trace(
           go.Scatter(
               x=df['Year'],
               y=df[column],
               mode='lines+markers',
               name=column
               )
           )

fig.show()
```

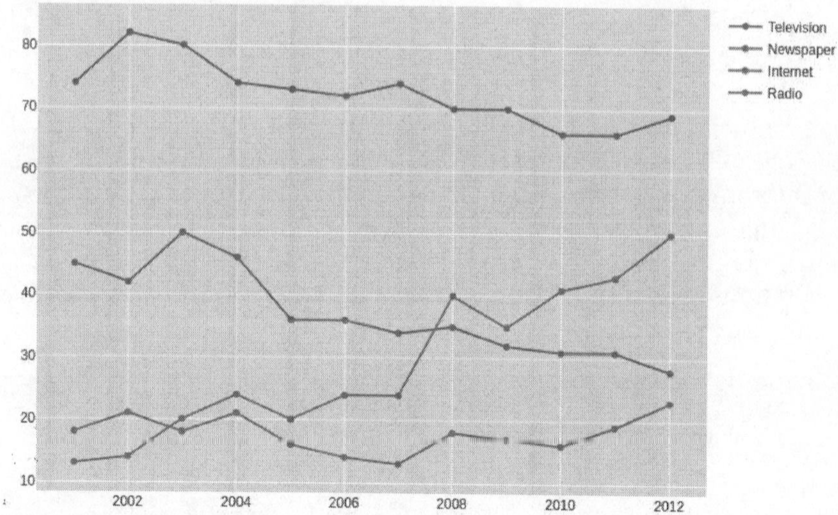

Afin d'améliorer l'esthétique et la qualité de l'information transmise par ce graphique, nous allons effectuer les opérations suivantes :

– Alléger le graphique : suppression de la grille, suppression du fond.
– Jouer sur le contraste : la courbe internet est particulièrement intéressante, car elle est la seule à avoir une tendance haussière durable, nous utiliserons donc une couleur et une largeur de ligne plus importante.
– Être plus concis : nous donnerons les valeurs de début et de fin de chaque série, de façon à percevoir l'évolution des tendances sur le long terme.
– Ajout des éléments de contexte : titre, source des données.

D'un point de vue technique, l'amélioration du graphique brut va demander beaucoup plus de code. La philosophie reste cependant identique :

– On crée une figure vierge à l'aide de la méthode `go.Figure()`.
– On ajoute chaque série avec la méthode `add_trace()`.

- Pour les valeurs de début et de fin des séries, il faut les extraire de notre DataFrame puis utiliser un nuage de point pour les tracer en superposition aux courbes précédentes. Pour cela, nous utiliserons la méthode go.Scatter().
- De nombreux paramètres du graphique peuvent être personnalisés via la méthode update_layout(). Dans notre visualisation, nous nous concentrons principalement sur les paramètres des axes et des marges, mais la documentation complète de Plotly détaille l'ensemble des options disponibles. Enfin, nous créerons différents dictionnaires contenant les annotations : valeurs des points extrêmes, nom des séries à la place de la légende, titre, source, etc.

Améliorons le code précédent :

```
# Title and subtitle configuration
chart_title = '<b>The Rise of Internet News Against Traditional
Media</b>'
subtitle = (
'Source: PewResearch Center & Storytelling with data'

'<br>https://www.pewresearch.org/short-reads/2013/10/16/
12-trends-shaping-digital-news/'
)

# New color scheme optimized to highlight Internet
color_palette =
    'rgb(180,180,180)',    # Television - Light gray
    'rgb(160,160,160)',    # Newspaper - Medium gray
    'rgb(0,0,0)',          # Internet - Black
    'rgb(140,140,140)'     # Radio - Dark gray
]

# Differentiated line styles
line_styles = ['dot', 'dash', 'solid', 'dashdot']
point_sizes = [8, 8, 12, 8]  # Larger point for Internet
line_widths = [2, 2, 4, 2]  # Thicker line for Internet

figure = go.Figure()

# Creating lines
for i in range(0, 4):
    figure.add_trace(
        go.Scatter(
```

```
            x=df['Year'],
            y=df.iloc[:,i+1],
            mode='lines',
            name=df.columns[i+1],
            line=dict(
                color=color_palette[i],
                width=line_widths[i],
                dash=line_styles[i]
            ),
            connectgaps=True,
        )
    )

    # End points
    figure.add_trace(
        go.Scatter(
            x=[df['Year'].min(), df['Year'].max()+1],
            y=[df.iloc[:,i+1].values[0], df.iloc[:,i+1].values[-1]],
            mode='markers',
            marker=dict(
                color=color_palette[i],
                size=point_sizes[i]
            ),
            showlegend=False
        )
    )

# Layout configuration
figure.update_layout(
    xaxis=dict(
        showline=True,
        showgrid=False,
        showticklabels=True,
        linecolor='rgb(0, 0, 0)',
        linewidth=1,
        ticks='outside',
        tickfont=dict(
            family='Roboto, Arial',  # Modern font with fallback
            size=11,
            color='rgb(0, 0, 0)',
        ),
    ),
    yaxis=dict(
        showgrid=False,
        zeroline=False,
```

```
        showline=False,
        showticklabels=False,
        range=[0, 100]
    ),
    autosize=False,
    width=800,
    height=500,
    margin=dict(
        autoexpand=False,
        l=100,
        r=100,
        t=110,
        b=100
    ),
    showlegend=True,
    legend=dict(
        orientation="h",
        yanchor="bottom",
        y=-0.3,
        xanchor="center",
        x=0.5,
        font=dict(
            family='Roboto, Arial',
            size=11
        )
    ),

    plot_bgcolor='white'
)

# Annotations
chart_annotations = []

# Line annotations
for i in range(0, 4):
    # Special style for Internet
    font_size = 13 if df.columns[i+1] == 'Internet' else 11

    # Left side
    chart_annotations.append(dict(
        xref='paper',
        x=.05,
        y=df.iloc[:,i+1].values[0],
        xanchor='right',
        yanchor='middle',
```

```
        text=f"{df.columns[i+1]}: {df.iloc[:,i+1].values[0]}%",
        font=dict(
            family='Roboto, Arial',
            size=font_size,
            color=color_palette[i]
        ),
        showarrow=False
    ))

    # Right side
    chart_annotations.append(dict(
        xref='paper',
        x=0.95,
        y=df.iloc[:,i+1].values[11],
        xanchor='left',
        yanchor='middle',
        text=f"{df.iloc[:,i+1].values[11]}%",
        font=dict(
            family='Roboto, Arial',
            size=font_size,
            color=color_palette[i]
        ),
        showarrow=False
    ))

# Title
chart_annotations.append(dict(
    xref='paper',
    yref='paper',
    x=0.5,
    y=1.15,
    xanchor='center',
    yanchor='bottom',
    text=chart_title,
    font=dict(
        family='Inter, Roboto, Arial',
        size=28,
        color='rgb(0,0,0)'
    ),
    showarrow=False
))

# Subtitle and source
chart_annotations.append(dict(
    xref='paper',
```

```
        yref='paper',
        x=0.5,
        y=1.0,
        xanchor='center',
        yanchor='bottom',
        text=subtitle,
        font=dict(
            family='Roboto, Arial',
            size=10,
            color='rgb(70,70,70)'
        ),
        showarrow=False
))

figure.update_layout(annotations=chart_annotations)
figure.show()
```

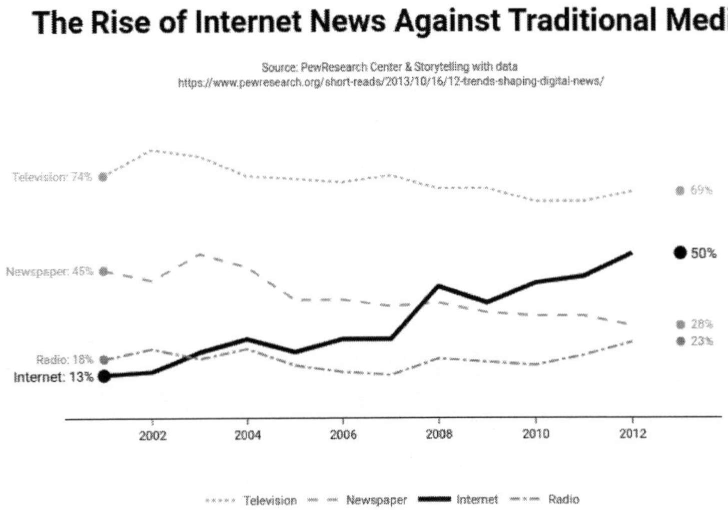

Ce nouveau graphique a demandé de nombreux efforts, mais il permet de communiquer beaucoup plus efficacement sur les résultats de l'étude.

5. Cas pratique

Dans ce cas pratique, il vous est proposé de reproduire l'un des graphes de William Playfair (Exports and Imports to and from DENMARK & NORWAY from 1700 to 1780). Pour ce faire, nous vous invitons à utiliser matplotlib. Plotly ne permet pas de faire simplement ce genre de graphique.

Énoncé :

- Utilisez la fonction `plt.plot()` pour tracer les courbes des Imports et des Exports.
- Calculez la balance commerciale, différence entre Exports et Import pour colorer l'aire de la courbe en fonction de son signe. L'aire sous la courbe peut être colorée avec la fonction `plt.fill_between()`.
- Ajoutez le titre avec la méthode `plt.title()`.
- Il n'y a pas de libellé pour les ordonnées, le détail est donné dans la ligne sous le graphique. Utilisez le libellé des abscisses pour ajouter ces informations.
- Ajoutez le nom des courbes plutôt que l'affichage des légendes avec la méthode `plt.legend()`. Pour ce faire, utilisez la méthode `plt.annotate()` pour ajouter du texte sur le graphique.
- Ajoutez les textes Balance Against et Balance in Favour of England sur la courbe avec la fonction `plt.text()`.
- Fixez les limites de votre graphique avec les fonctions `plt.xlim()` et `plt.ylim()`.
- Ajouter une grille avec la méthode `plt.grid()`, vous devrez jouer avec les arguments pour avoir le bon espacement entre chaque ligne.

Voici un exemple de ce que cela peut donner si on souhaite coller au plus près à l'original. La solution est disponible sur le répertoire GitHub du livre : https://github.com/gpenessot/business_intelligence_with_python/blob/main/Chapter07/ch7_exercice.ipynb

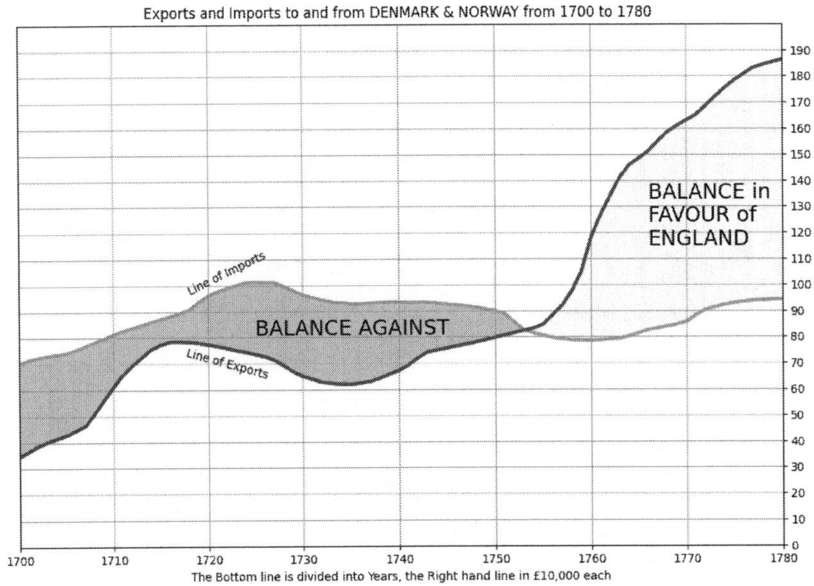

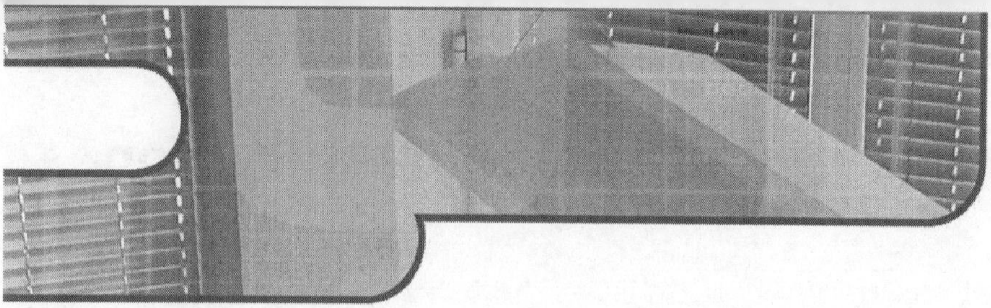

Chapitre 8
Tableaux de bord et rapports

1. Des données aux décisions : exploiter au mieux le tableau de bord

Les fondamentaux d'un tableau de bord efficace

Dans l'univers complexe de la Business Intelligence, les tableaux de bord jouent un rôle crucial en transformant des données brutes en insights actionnables. Ils servent de pont entre la masse d'informations générées par les entreprises et les décideurs qui doivent naviguer dans cet océan de données. Cependant, la création d'un tableau de bord véritablement efficace est un art qui requiert une compréhension approfondie des besoins des utilisateurs, une maîtrise des techniques de visualisation de données, et une approche méthodique de la conception.

Un tableau de bord bien conçu doit être plus qu'une simple collection de graphiques et de chiffres. Il doit raconter une histoire, guider l'utilisateur à travers les informations les plus pertinentes, et faciliter la prise de décision rapide et éclairée. Pour atteindre cet objectif, plusieurs éléments clés doivent être pris en compte.

Tout d'abord, la clarté de l'objectif et la connaissance du public cible sont primordiales. Avant même de commencer la conception, il est essentiel de définir précisément le but du tableau de bord et d'identifier les besoins spécifiques des utilisateurs finaux. Cette étape initiale guide toutes les décisions ultérieures, de la sélection des indicateurs clés de performance (KPI) à la structure globale de l'interface.

La synthèse et la structuration de l'information sont au cœur d'un tableau de bord efficace. L'art réside dans la capacité à présenter l'essentiel sans submerger l'utilisateur. Une organisation logique et intuitive des données, couplée à une hiérarchisation claire des informations, permet une compréhension rapide et une navigation aisée. L'utilisation judicieuse de l'espace, en accordant une attention particulière aux zones naturellement privilégiées par l'œil humain, renforce l'impact et l'efficacité du tableau de bord.

Le choix des visualisations est un autre aspect crucial. Chaque type de données appelle une représentation visuelle spécifique qui maximise la compréhension et minimise l'effort cognitif. Des graphiques en courbes pour les tendances temporelles aux diagrammes circulaires pour les proportions, chaque élément visuel doit être soigneusement sélectionné pour communiquer clairement et rapidement l'information qu'il représente.

La clarté visuelle va de pair avec une identité graphique cohérente. Une palette de couleurs harmonieuse, des polices lisibles, et un design épuré contribuent non seulement à l'esthétique du tableau de bord, mais aussi à sa lisibilité et à son efficacité. L'équilibre entre l'attractivité visuelle et la fonctionnalité est essentiel pour créer un outil qui engage l'utilisateur tout en restant professionnel et informatif.

Dans notre ère numérique, l'adaptabilité aux différents supports est incontournable. Un tableau de bord moderne doit être conçu avec une approche « responsive », capable de s'ajuster gracieusement aux différentes tailles d'écran, des smartphones aux grands moniteurs de bureau. Cette flexibilité assure que les informations cruciales restent accessibles et lisibles, quel que soit le dispositif utilisé.

L'interactivité ajoute une dimension supplémentaire à l'efficacité d'un tableau de bord. En permettant aux utilisateurs d'explorer les données, de filtrer les résultats ou de zoomer sur des périodes spécifiques, on transforme un outil de reporting statique en une plateforme dynamique d'analyse et de découverte. Cette capacité d'interaction approfondit l'engagement de l'utilisateur et enrichit sa compréhension des données présentées.

Enfin, un tableau de bord n'est pas un produit fini, mais un outil en constante évolution. La maintenance régulière, l'actualisation des données, et l'ajustement continu basé sur les retours des utilisateurs sont essentiels pour garantir sa pertinence et son utilité à long terme. Cette approche itérative permet au tableau de bord de rester aligné avec les objectifs changeants de l'entreprise et les besoins évolutifs de ses utilisateurs.

En conclusion, la création d'un tableau de bord efficace est un processus complexe qui va bien au-delà de la simple agrégation de données. C'est un équilibre délicat entre art et science, alliant une compréhension profonde des besoins métier, une maîtrise des principes de design visuel, et une approche centrée sur l'utilisateur. Lorsqu'il est bien conçu, un tableau de bord devient un outil puissant de prise de décision, capable de transformer des données brutes en insights stratégiques, guidant ainsi les entreprises vers le succès dans un environnement économique de plus en plus data-driven.

2. Storytelling : l'art de faire parler vos données

Le storytelling appliqué aux tableaux de bord Business Intelligence

Introduction

Les tableaux de bord BI sont devenus des outils indispensables pour analyser et pour présenter des données complexes dans le monde professionnel. Cependant, leur efficacité repose en grande partie sur la manière dont ces données sont communiquées aux utilisateurs finaux. C'est dans ce contexte que le storytelling appliqué aux tableaux de bord BI prend tout son sens. Ce chapitre explore comment le storytelling peut transformer la présentation des données en une narration engageante, tout en examinant ses avantages, ses limites et les bonnes pratiques à adopter pour une utilisation optimale.

Qu'est-ce que le storytelling dans les tableaux de bord ?

Le storytelling dans les tableaux de bord va bien au-delà de la simple visualisation de données. Il s'agit d'une approche qui vise à organiser et à présenter les informations de manière à raconter une histoire cohérente et captivante. Cette méthode ajoute une dimension narrative aux données brutes, en les contextualisant et en créant une progression logique qui guide l'utilisateur à travers les informations présentées. L'objectif est de transformer des chiffres et des graphiques en un récit qui non seulement informe, mais aussi engage et inspire l'action.

Application concrète du storytelling aux tableaux de bord BI

La mise en œuvre du storytelling dans la conception d'un tableau de bord BI nécessite une approche méthodique. La première étape consiste à identifier clairement le public cible et ses besoins spécifiques. Comprendre qui utilisera le tableau de bord et quelles décisions ils devront prendre est crucial pour adapter le récit de manière pertinente.

Une fois le public ciblé, il est essentiel de définir un fil conducteur clair. Ce fil conducteur peut être un message clé ou une question centrale autour de laquelle s'articulera l'ensemble du tableau de bord. Cette ligne directrice permettra de structurer les données de manière cohérente, en commençant généralement par une vue d'ensemble avant de zoomer sur des détails plus spécifiques et pertinents.

Le choix des visualisations joue un rôle crucial dans le storytelling. Il ne s'agit pas simplement de sélectionner des graphiques esthétiquement plaisants, mais plutôt de choisir des représentations visuelles qui soutiennent et renforcent la narration. Chaque graphique, diagramme ou indicateur doit contribuer à faire avancer l'histoire et à éclairer un aspect particulier du message global.

L'ajout de contexte est un élément clé du storytelling dans les tableaux de bord BI. Cela peut se faire par l'intégration d'explications concises, d'annotations pertinentes ou de comparaisons éclairantes qui donnent du sens aux chiffres présentés. Ces éléments contextuels aident les utilisateurs à comprendre non seulement ce que les données montrent, mais aussi pourquoi ces informations sont importantes.

La création d'une progression narrative claire est essentielle pour guider l'utilisateur à travers les données. Cette progression peut suivre une structure classique avec une introduction qui pose le contexte, un développement qui explore les différents aspects du sujet, et une conclusion qui synthétise les principales découvertes et implications. Cette approche permet de maintenir l'engagement de l'utilisateur tout au long de son parcours dans le tableau de bord.

L'intégration d'éléments interactifs peut grandement enrichir l'expérience utilisateur. En permettant aux utilisateurs d'explorer les données plus en profondeur, de filtrer les informations selon leurs besoins spécifiques ou de modifier certains paramètres, on leur offre la possibilité de personnaliser leur expérience et d'approfondir leur compréhension des données présentées.

Enfin, l'utilisation d'un design cohérent est cruciale pour renforcer le message sans distraire l'attention. Une charte graphique uniforme, des couleurs choisies avec soin et une mise en page réfléchie contribuent à créer une expérience visuelle harmonieuse qui soutient la narration plutôt que de la perturber.

Exemple concret

Pour illustrer concrètement l'application du storytelling dans un tableau de bord BI, prenons l'exemple d'une entreprise de vente en ligne. Plutôt que de simplement afficher des chiffres de vente bruts, le tableau de bord pourrait raconter l'histoire de la « croissance de l'entreprise sur les cinq dernières années ».

Le récit commencerait par un graphique d'ouverture montrant l'évolution globale des ventes, offrant ainsi une vue d'ensemble immédiate. Ensuite, le tableau de bord guiderait l'utilisateur à travers les facteurs clés qui ont contribué à cette croissance. Une carte interactive pourrait illustrer l'expansion géographique de l'entreprise, montrant comment la pénétration de nouveaux marchés a impacté les ventes. Une timeline interactive présenterait les moments clés de l'introduction de nouveaux produits, permettant de visualiser comment ces lancements ont influencé la trajectoire de croissance.

Un autre volet pourrait se concentrer sur l'amélioration de la satisfaction client, avec un graphique montrant l'évolution des avis clients en parallèle avec les initiatives d'amélioration du service client. Chaque section serait accompagnée d'explications concises mettant en lumière les décisions stratégiques prises et leurs impacts. Le tableau de bord se conclurait par une section Perspectives futures, présentant des points d'action basés sur les insights tirés des données pour maintenir cette dynamique de croissance.

Avantages et limites du storytelling dans les tableaux de bord BI

Le storytelling dans les tableaux de bord BI présente de nombreux avantages. Il améliore significativement la compréhension des données en les présentant sous forme d'histoires, plus faciles à assimiler et à mémoriser que des chiffres bruts. Cette approche favorise également un engagement accru des utilisateurs, captant leur attention et maintenant leur intérêt tout au long de l'analyse. La contextualisation des données, intrinsèque au storytelling, aide à donner du sens aux chiffres en les plaçant dans une perspective plus large, facilitant ainsi la prise de décisions éclairées. De plus, les tableaux de bord narratifs améliorent la communication en rendant les insights plus facilement partageables et explicables à diverses parties prenantes.

Cependant, le storytelling dans les tableaux de bord BI n'est pas sans risques ni limites. La subjectivité inhérente à toute narration peut introduire des biais dans l'interprétation des données. Il existe également un risque de simplification excessive, où le désir de raconter une histoire cohérente peut conduire à négliger des nuances importantes présentes dans les données. La conception de tableaux de bord narratifs peut s'avérer chronophage, nécessitant un investissement important en temps et en ressources. Enfin, il faut être conscient du risque potentiel de manipulation, où le storytelling pourrait être utilisé, intentionnellement ou non, pour orienter les conclusions de manière trompeuse.

Bonnes pratiques

Pour maximiser les avantages du storytelling tout en minimisant ses risques, il est crucial d'adopter certaines bonnes pratiques. La fidélité aux données doit rester primordiale : la narration doit toujours être ancrée dans des données précises et vérifiables. La transparence est également essentielle; il est important d'expliquer clairement les sources de données et les méthodologies utilisées.

Un équilibre judicieux entre narration guidée et exploration libre des données est recommandé. Tout en offrant une histoire structurée, il est bénéfique de donner aux utilisateurs la possibilité d'explorer les données brutes s'ils le souhaitent, favorisant ainsi une compréhension plus approfondie et personnalisée.

L'amélioration continue des tableaux de bord narratifs est cruciale. Cela implique de recueillir régulièrement les retours des utilisateurs et d'ajuster l'approche narrative en conséquence. Enfin, la formation des utilisateurs ne doit pas être négligée. Il est important de s'assurer que les utilisateurs comprennent comment interpréter correctement les tableaux de bord narratifs, en étant conscients à la fois de leur potentiel et de leurs limites.

Conclusion

Le storytelling appliqué aux tableaux de bord BI représente une évolution significative dans la manière dont les organisations peuvent interpréter et agir sur leurs données. En combinant la rigueur analytique de la BI avec l'art de la narration, cette approche permet de créer des tableaux de bord qui ne se contentent pas de présenter des chiffres, mais qui racontent une histoire convaincante et actionnable. La clé du succès réside dans un équilibre délicat entre engagement narratif et objectivité des données. Lorsqu'il est utilisé judicieusement, le storytelling dans les tableaux de bord BI peut transformer radicalement la prise de décision, la rendant plus éclairée, plus efficace et plus alignée sur les objectifs stratégiques de l'organisation.

3. Maîtriser les tableaux de bord BI avec Python

3.1 Streamlit

Streamlit est une bibliothèque Python puissante et intuitive, particulièrement adaptée aux projets de Business Intelligence. Elle permet aux analystes et aux data scientists de créer rapidement des applications web interactives pour visualiser et pour explorer des données, sans nécessiter de compétences approfondies en développement web.

Avec Streamlit, vous pouvez facilement intégrer des graphiques à vos tableaux de bord pour créer des outils d'analyse avancés tout en offrant une interface utilisateur conviviale. Sa simplicité d'utilisation et sa flexibilité en font un choix privilégié pour prototyper et pour déployer des solutions de BI, permettant aux équipes de se concentrer sur l'analyse des données plutôt que sur les aspects techniques du développement d'applications.

3.1.1 Installation

Pour commencer à concevoir des applications avec Streamlit, vous devez d'abord l'installer. Comme toutes les autres bibliothèques Python, vous pouvez le faire en utilisant pip. Une fois que vous avez exécuté le code ci-dessous, vous installerez Streamlit localement.

```
pip install streamlit
```

N'oubliez pas, si vous installez Streamlit via un Jupyter Notebook, vous devrez ajouter un ! au début.

```
!pip install streamlit
```

L'ensemble de l'application Streamlit utilisée dans ce livre se trouve dans le répertoire GitHub :
https://github.com/gpenessot/business_intelligence_with_python

Pour voir l'application en lisant le livre, vous pouvez exécuter la commande suivante :

```
streamlit run app_streamlit.py
```

Si vous avez correctement installé Streamlit, vous devriez voir une application Streamlit dans votre navigateur.

3.1.2 Les composants

Dans cette sous-section, nous allons détailler les principaux composants d'un tableau de bord Streamlit et leur utilisation. Nous réaliserons ensuite notre premier tableau de bord Streamlit en ajoutant la partie data visualisation que nous avons couverte dans le chapitre précédent.

Titre et texte

L'affichage de texte est la base de toute interface utilisateur. Streamlit propose plusieurs fonctions pour présenter du texte de manière structurée et attrayante. La fonction `st.title()` est utilisée pour afficher un titre principal, généralement en haut de votre application. Par exemple, la méthode `st.title("Mon Application Streamlit")` créera un titre en gros caractères. Pour structurer votre contenu, vous pouvez utiliser les méthodes `st.header()` et `st.subheader()` qui créent respectivement des en-têtes et des sous-en-têtes.

Pour du texte plus basique, la méthode `st.text()` affiche du texte simple sans formatage, tandis que la méthode `st.write()` offre plus de flexibilité. Cette dernière fonction est particulièrement polyvalente, capable d'afficher non seulement du texte formaté en markdown, mais aussi divers types de données comme des nombres ou des DataFrames.

```
import streamlit as st

st.title("Mon Application Streamlit")
st.header("Section principale")
st.subheader("Sous-section importante")
st.text("Ceci est du texte simple sans formatage.")
st.write("Ceci est du texte avec **formatage markdown** et peut
inclure d'autres types de données.")
```

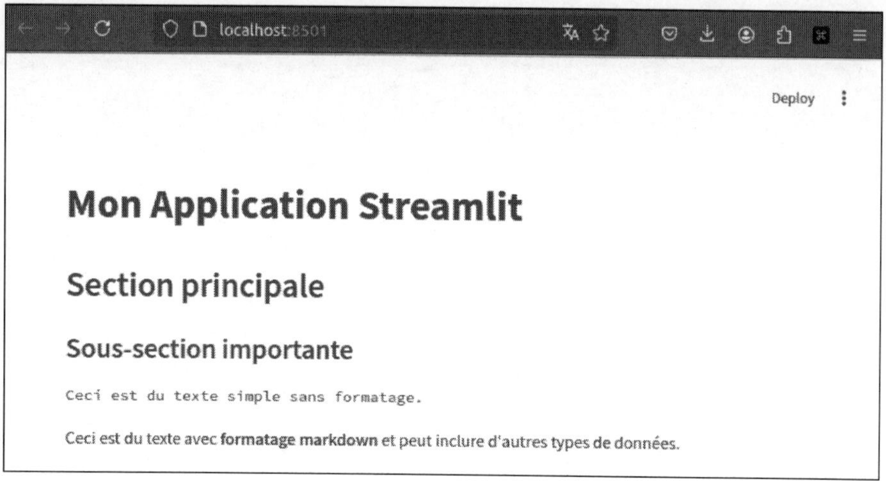

Widgets d'entrée

Les widgets d'entrée permettent aux utilisateurs d'interagir avec votre application. La fonction la plus simple est `st.button()`, qui crée un bouton cliquable. Vous pouvez vérifier si le bouton a été cliqué et exécuter du code en conséquence.

Pour des choix binaires, la fonction `st.checkbox()` crée une case à cocher. C'est utile pour activer ou désactiver des fonctionnalités de votre application. Les boutons radio, créés avec la fonction `st.radio()`, permettent à l'utilisateur de choisir une option parmi plusieurs. Pour des listes d'options plus longues, la fonction `st.selectbox()` crée une liste déroulante, tandis que la fonction `st.multiselect()` permet la sélection de plusieurs options.

Les curseurs, créés avec la fonction `st.slider()`, sont excellents pour sélectionner des valeurs numériques dans une plage donnée. Vous pouvez spécifier les valeurs minimale et maximale, ainsi que le pas entre chaque valeur.

- Pour la saisie de texte ou de nombres spécifiques, utilisez respectivement les fonctions `st.text_input()` et `st.number_input()`.

```
if st.button("Cliquez-moi"):
   st.write("Bouton cliqué!")

show_data = st.checkbox("Afficher les données")
if show_data:
   st.write("Voici les données...")

option = st.radio("Choisissez une option", ["A", "B", "C"])
st.write(f"Vous avez choisi : {option}")

fruit = st.selectbox("Choisissez un fruit", ["Pomme", "Banane", "Orange"])
st.write(f"Vous avez choisi : {fruit}")

age = st.slider("Quel âge avez-vous?", 0, 100, 25)
st.write(f"Vous avez {age} ans")

name = st.text_input("Entrez votre nom")
number = st.number_input("Entrez un nombre", min_value=0,
max_value=100, value=50)
```

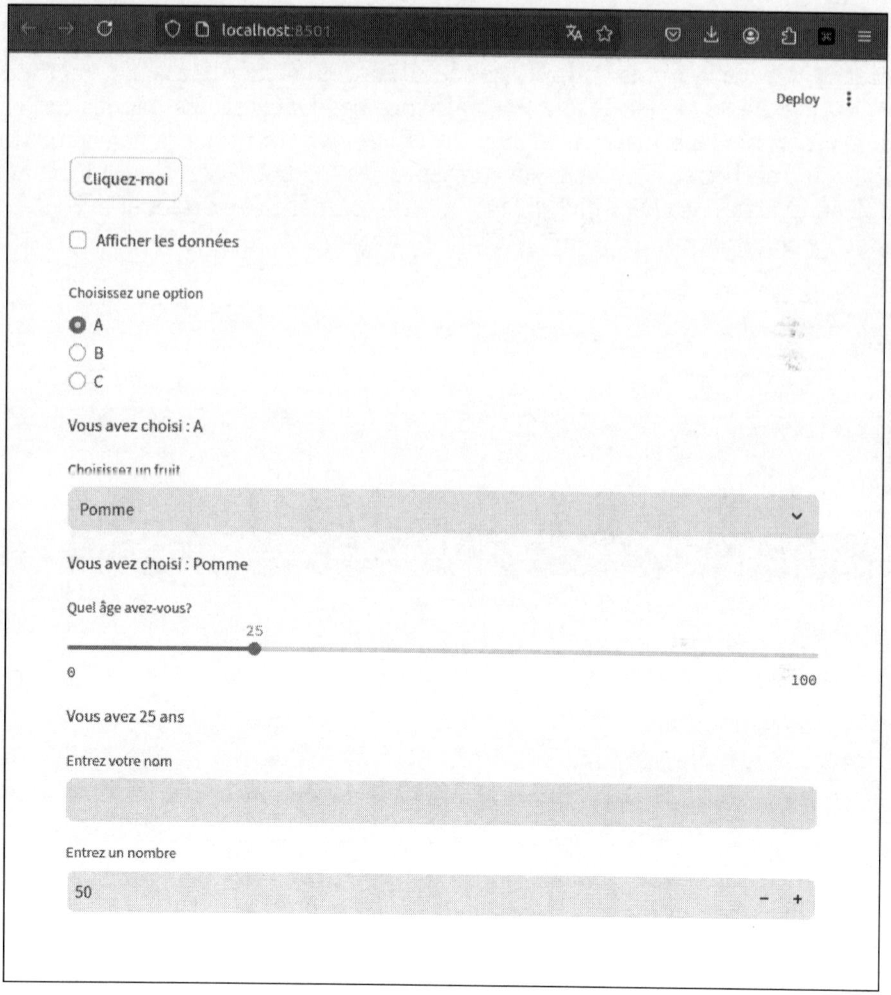
localhost:8501
Deploy
Cliquez-moi
Afficher les données
Choisissez une option
A
B
C
Vous avez choisi : A
Choisissez un fruit
Pomme
Vous avez choisi : Pomme
Quel âge avez-vous?
25
0
100
Vous avez 25 ans
Entrez votre nom
Entrez un nombre
50

Affichage des données

Streamlit excelle dans l'affichage de données structurées. La méthode `st.dataframe()` est idéale pour afficher des DataFrames pandas de manière interactive, permettant le tri et le défilement. Pour un affichage plus statique, la méthode `st.table()` présente les données dans un format de tableau fixe. Les données JSON peuvent être joliment formatées et affichées à l'aide de la méthode `st.json()`.

```
import pandas as pd

df = pd.DataFrame({'A': [1, 2, 3], 'B': [4, 5, 6]})
st.dataframe(df)

st.table(df)

st.json({"name": "John", "age": 30})
```

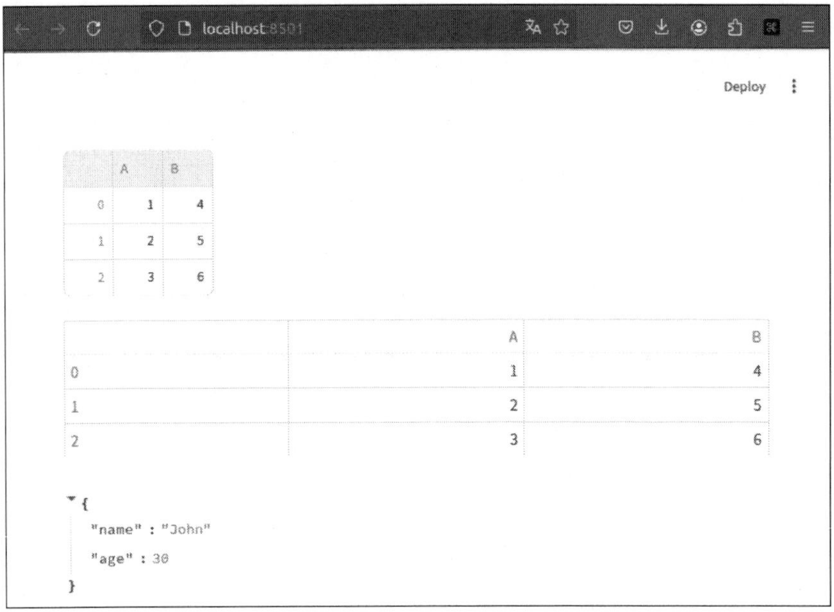

Visualisations

Les visualisations sont essentielles pour communiquer des informations complexes. Streamlit offre des fonctions intégrées pour créer rapidement des graphiques simples. Les méthodes `st.line_chart()`, `st.bar_chart()`, et `st.area_chart()` peuvent générer des visualisations à partir de DataFrames ou de listes avec un minimum de code. Pour des visualisations plus complexes, la méthode `st.pyplot()` permet d'intégrer des graphiques matplotlib dans votre application.

```
import pandas as pd
import matplotlib.pyplot as plt

chart_data = pd.DataFrame({'x': [1, 2, 3, 4],
                           'y': [10, 20, 30, 40]})
st.line_chart(chart_data, x='x', y='y')

fig, ax = plt.subplots()
ax.plot([1, 2, 3, 4], [10, 20, 30, 40])
st.pyplot(fig)
```

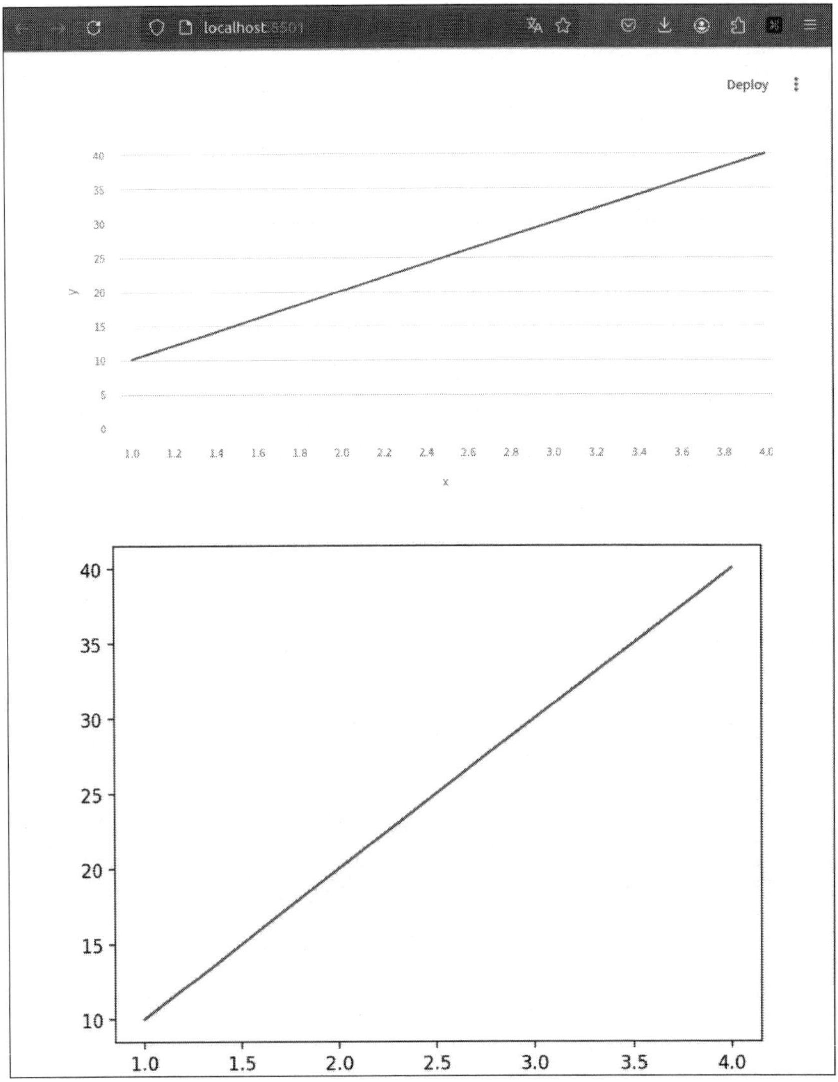
localhost:8501
Deploy
40
35
30
25
20
15
10
5
0
y
1.0
1.2
1.4
1.6
1.8
2.0
2.2
2.4
2.6
2.8
3.0
3.2
3.4
3.6
3.8
4.0
x
40
35
30
25
20
15
10
1.0
1.5
2.0
2.5
3.0
3.5
4.0

Mise en page

La mise en page est cruciale pour créer une interface utilisateur intuitive. Streamlit fournit plusieurs outils pour organiser votre contenu. La barre latérale, accessible via la méthode `st.sidebar`, est parfaite pour les contrôles et pour les options qui doivent rester visibles. Les colonnes, créées avec la méthode `st.columns()`, permettent d'organiser le contenu horizontalement. Pour un contenu qui peut être masqué ou affiché à la demande, la méthode `st.expander()` crée des sections extensibles.

```
with st.sidebar:
   st.title("Options")
   option = st.selectbox("Chose an option", ["A", "B", "C"])

col1, col2 = st.columns(2)
with col1:
   st.markdown('## Column 1')
   st.write("Lorem ipsum dolor sit amet, consectetur adipiscing elit.")

   with st.expander("Click here for more details"):
       st.write("Hidden ccontent")

with col2:
   st.markdown('## Column 2')
   st.write("Curabitur lacus lacus, bibendum in mi ac,
varius convallis purus.")
```

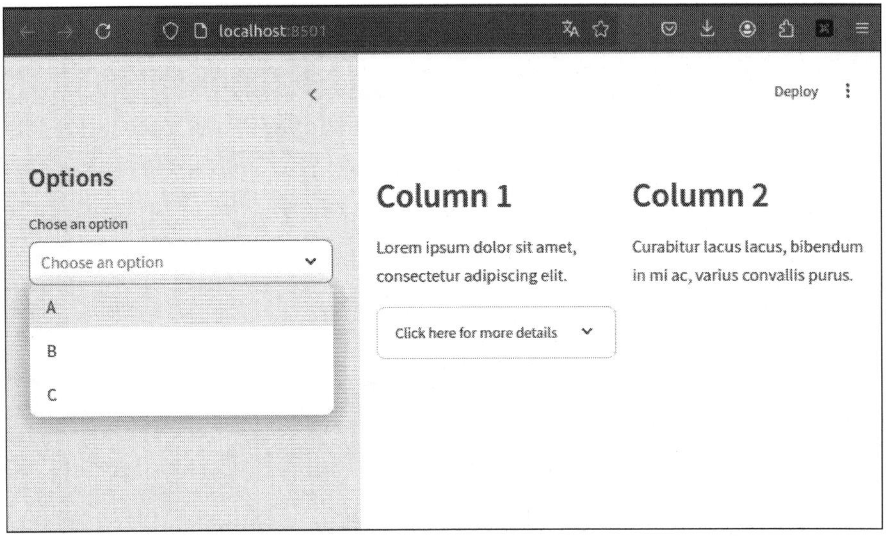

Gestion de l'état

La gestion de l'état est un aspect important des applications interactives. Streamlit propose l'objet `st.session_state`, qui est un dictionnaire permettant de stocker et manipuler l'état de la session. Cela permet de conserver des valeurs entre les rechargements de l'application, ce qui est essentiel pour créer des expériences utilisateur cohérentes et réactives.

```
if 'count' not in st.session_state:
    st.session_state.count = 0

if st.button("Incrémenter"):
    st.session_state.count += 1

st.write(f"Compteur : {st.session_state.count}")
```

Changer l'apparence

▶ Créez un fichier .streamlit/config.toml pour personnaliser le comportement de votre application.

```
[theme]
primaryColor = "#F63366"
backgroundColor = "#FFFFFF"
```

```
secondaryBackgroundColor = "#F0F2F6"
textColor = "#262730"
font = "sans serif"
```

3.1.3 Optimisations

Bien que Streamlit soit un outil intéressant, il présente certains inconvénients. Parmi ceux-ci, on peut citer :

- Performances réduites sur les grands volumes de données : Streamlit peut ralentir significativement lors du traitement de jeux de données volumineux.
- Rechargement de la page à chaque interaction : par défaut, Streamlit recharge l'intégralité de la page à chaque interaction, ce qui peut affecter l'expérience utilisateur dans les applications complexes.
- Consommation de ressources : les applications Streamlit peuvent consommer plus de ressources serveur que des applications web traditionnelles, surtout pour des déploiements à grande échelle.

Dans cette sous-section, nous aborderons les bonnes pratiques et les optimisations à mettre en place pour améliorer la rapidité des applications tout en limitant la consommation de ressources.

Chargement intelligent des données (st.cache_data et st.cache_resource)

L'une des clés pour accélérer vos applications Streamlit réside dans la mise en cache intelligente des données et des ressources à l'aide de deux décorateurs :

- `st.cache_data` : mettez en cache les résultats des fonctions qui chargent ou qui transforment vos données. Streamlit ne réexécutera ces fonctions que si leurs entrées changent, ce qui peut réduire considérablement les temps de chargement.
- `st.cache_resource` : utilisez-le pour mettre en cache des ressources externes (fichiers, modèles, etc.) qui sont coûteuses à charger.

```
import streamlit as st
import pandas as pd

@st.cache_data
```

```
def load_data():
   return pd.read_csv("raw_data.csv")

df = load_data()
```

Il est possible de définir la durée de vie du cache (TTL), c'est pratique si les données changent périodiquement. Cela permet de rafraîchir les données automatiquement après un certain temps :

```
import streamlit as st
import pandas as pd

@st.cache_data(ttl=24*60*60)
def load_data():
   return pd.read_csv("raw_data.csv")

df = load_data()
```

Prétraitement des données

- Pré-traitement en dehors de l'application : si votre application nécessite des calculs lourds, essayez de les effectuer en dehors de l'application et de stocker les résultats dans des fichiers que l'application peut charger rapidement.

```
# Precompute data and save it
preprocessed_data = preprocess_data(raw_data)
preprocessed_data.to_parquet('preprocessed_data.parquet')
# Load preprocessed data in the application
@st.cache_data
def load_preprocessed_data():
    return pd.read_parquet('preprocessed_data.parquet')
```

- Formats de stockage optimisés : utilisez des formats de stockage binaires comme Parquet ou Arrow pour des temps de chargement plus rapides par rapport aux formats texte comme CSV ou JSON.

Optimisation du rendu (st.experimental_memo et st.experimental_singleton)

Nous pouvons utiliser les décorateurs suivants :

- `st.experimental_memo` : mettez en cache les widgets Streamlit coûteux à calculer. Cela évite de les recalculer inutilement à chaque interaction de l'utilisateur.

- st.experimental_singleton : mettez en cache des objets complexes partagés entre les sessions utilisateur, comme des connexions à des bases de données.

```
@st.experimental_memo
def complex_calculation(x):
    # ... (complex calculationss)
    return result
```

Gestion efficace de l'état (st.session_state)

- Utilisez l'objet st.session_state pour stocker des variables qui doivent persister entre les interactions de l'utilisateur. Cela peut aider à éviter de recalculer des valeurs ou de recharger des données inutilement.

Profilage des performances

- Streamlit propose un profileur intégré pour vous aider à identifier les goulots d'étranglement dans votre application. Utilisez st.set_-page_config(page_icon=":chart_with_upwards_trend:", layout="wide") pour l'activer et analyser les temps d'exécution de chaque composant.

Optimisation des widgets et de l'interface utilisateur

- Réduire le nombre d'options : évitez d'utiliser des widgets avec un grand nombre d'options, comme des sliders ou des selectboxes avec des milliers de valeurs. Utilisez des alternatives comme les méthodes st.number_input ou st.text_input avec des étapes raisonnables (paramètre step).

```
price = st.slider("House Price", 100000, 10000000, step=100000)
```

- Suppression des données inutilisées : éliminez les colonnes et les lignes de données qui ne sont pas nécessaires pour l'analyse afin de réduire la mémoire utilisée et d'accélérer le chargement des données.

3.1.4 Notre premier tableau de bord Streamlit

Nous allons nous servir du jeu de données Kaggle pour réaliser notre premier tableau de bord BI avec Streamlit. Décomposons son fonctionnement étape par étape.

Préparation de l'environnement

Le script débute en important les bibliothèques essentielles : streamlit pour l'interface utilisateur, pandas pour la manipulation des données, geopandas pour les données géographiques, plotly.express pour les visualisations, et d'autres modules auxiliaires.

La configuration de la page est définie pour occuper toute la largeur disponible (`st.set_page_config(layout="wide")`).

Fonctions utilitaires

- `get_base64_encoded_image(image_path)` : cette fonction lit une image spécifiée par `image_path` et la convertit en une chaîne de caractères encodée en Base64, permettant ainsi son intégration directe dans le contenu HTML de l'application.
- `create_centered_logo_html(logo_base64)` : en utilisant la chaîne Base64 de l'image du logo, cette fonction génère le code HTML nécessaire pour afficher le logo centré sur la page.
- `load_data()` : cette fonction, décorée par `@st.cache_data` pour la mise en cache, charge et prétraite les données depuis des fichiers CSV. Les données sont fusionnées, les colonnes de dates sont converties au format `datetime`, et de nouvelles colonnes sont créées pour l'année, le mois et la date de la commande.
- `load_geo_data(df)` : similaire à `load_data`, cette fonction met en cache le chargement et le traitement des données géographiques. Elle agrège les données par année et par état, puis les prépare pour la visualisation sur la carte choroplèthe.
  - `create_choropleth(gdf, geojson_data)` : crée une carte choroplèthe interactive à partir des données géographiques et des valeurs agrégées ;
  - `create_line_chart(daily_sales)` : génère un graphique en ligne pour visualiser l'évolution des ventes quotidiennes, avec une moyenne mobile pour mettre en évidence les tendances ;
  - `create_bar_chart(data, x, y)` : crée un diagramme à barres horizontales pour comparer des valeurs, en prenant en compte les cinq plus grandes valeurs ;

- `create_pie_chart(data)` : crée un diagramme circulaire (camembert) pour représenter la répartition des ventes par ville.

Fonction principale (main)

- Chargement des données : les données sont chargées à partir des fichiers CSV et des données géographiques.
- Préparation des dates et de la version : les dates de mise à jour et la version de l'application sont récupérées pour être affichées dans la barre latérale.
- Préparation du logo : l'image du logo est encodée en Base64 et le code HTML pour son affichage est généré.
- Barre latérale *(sidebar)* : la barre latérale contient le logo, des filtres interactifs pour sélectionner l'année et l'état, ainsi que des informations sur l'application.
- Traitement des données et création des graphiques : les données sont filtrées selon les sélections de l'utilisateur, les métriques sont calculées (prix total et nombre de clients uniques), et les graphiques sont créés.
- Affichage du tableau de bord : une grille est créée pour organiser les éléments du tableau de bord. Les métriques sont affichées dans des cartes, et les graphiques sont intégrés dans la grille.

Exécution du script

La dernière ligne (`if __name__ == "__main__":`) garantit que le script est exécuté comme programme principal, lançant ainsi l'application Streamlit.

```
import streamlit as st
import pandas as pd
import geopandas as gpd
import plotly.express as px
import json
import base64
from datetime import datetime
from typing import Tuple

from streamlit_extras.metric_cards import style_metric_cards
from streamlit_extras.grid import grid
from streamlit_extras.add_vertical_space import add_vertical_space

# Constants
LOGO_PATH = "./img/logo.png"
APP_VERSION = "v1.0.0"
```

```
DATA_PATHS = {
    "orders": "./data/olist_orders_dataset.csv",
    "customers": "./data/olist_customers_dataset.csv",
    "order_items": "./data/olist_order_items_dataset.csv",
    "products": "./data/olist_products_dataset.csv",
    "geojson": "./data/brazil-states.geojson",
}

# Set page configuration
st.set_page_config(layout="wide")


def get_base64_encoded_image(image_path: str) -> str:
    """Read an image file and return its Base64 encoded string."""
    with open(image_path, "rb") as file:
        return base64.b64encode(file.read()).decode()


def create_centered_logo_html(logo_base64: str) -> str:
    """Create HTML for a centered logo using a Base64 encoded image."""
    return f"""
    <div style="display: flex; justify-content: center;
align-items: center; height: 100%;">
        <img src="data:image/png;base64,{logo_base64}"
style="max-width: 100%;">
    </div>
    <br><br>
    """


@st.cache_data
def load_data() -> pd.DataFrame:
    """Load and preprocess data from CSV files."""
    orders = pd.read_csv(DATA_PATHS["orders"],
usecols=[0, 1, 2, 3, 4, 6, 7])
    customers = pd.read_csv(DATA_PATHS["customers"])
    order_items = pd.read_csv(DATA_PATHS["order_items"],
usecols=[0, 1, 2, 3, 5, 6])
    products = pd.read_csv(DATA_PATHS["products"], usecols=[0, 1])

    df = (
        orders.merge(customers, on="customer_id")
        .merge(order_items, on="order_id")
        .merge(products, on="product_id")
    )
```

```
    date_columns = [
        "order_purchase_timestamp",
        "order_approved_at",
        "order_delivered_customer_date",
        "order_estimated_delivery_date",
    ]
    df[date_columns] = df[date_columns].apply(pd.to_datetime)

    df["order_year"] = df["order_purchase_timestamp"].dt.year
    df["order_month"] =
df["order_purchase_timestamp"].dt.month_name()
    df["order_date"] = df["order_purchase_timestamp"].dt.date

    return df


@st.cache_data
def load_geo_data(df: pd.DataFrame) -> Tuple[gpd.GeoDataFrame, dict]:
    """Load and process geographical data."""
    gdf = gpd.read_file(DATA_PATHS["geojson"])[["name", "sigla",
"geometry"]]
    gdf_by_year = (
        df.groupby(["order_year", "customer_state"])
        .agg({"price": "sum", "customer_id": lambda x: x.nunique()})
        .reset_index()
    )
    gdf_by_year = gdf.merge(gdf_by_year, left_on="sigla",
right_on="customer_state")

    return gdf_by_year


def create_choropleth(gdf: gpd.GeoDataFrame,
geojson_data: dict) -> px.choropleth:
    """Create a choropleth map using Plotly Express."""
    fig = px.choropleth(
        gdf,
        geojson=geojson_data,
        locations="name",
        featureidkey="properties.name",
        color="price",
        title="Total revenue by State",
        hover_name="name",
        hover_data=[
            "sigla",
            "price",
```

```
            "order_year",
            "customer_state",
            "customer_id",
        ],
        center={"lat": -14.2350, "lon": -51.9253},
        color_continuous_scale="plasma",
    )
    fig.update_geos(fitbounds="locations", visible=False)
    # fig.update_layout(margin={"r": 0, "t": 0, "l": 0, "b": 0})
    return fig


def create_line_chart(daily_sales: pd.DataFrame) -> px.line:
    """Create a line chart for daily sales."""
    fig = px.line(
        daily_sales,
        x="order_date",
        y="price",
        color_discrete_sequence=px.colors.sequential.Plasma,
        title="Daily revenue",
        labels={"order_date": "Date", "price": "Revenue"},
    )
    average_sales = daily_sales["price"].mean()
    fig.add_hline(
        y=average_sales,
        line_dash="dash",
        line_color="orange",
        annotation_text="average daily revenue",
        annotation_position="top left",
    )
    return fig


def create_bar_chart(data: pd.DataFrame, x: str, y: str) -> px.bar:
    """Create a horizontal bar chart."""
    return px.bar(
        data.nlargest(5, "price").sort_values(by="price",
ascending=False),
        x="price",
        text="price",
        y=y,
        orientation="h",
        title=f"Total revenue by {y}",
        color=y,
        color_discrete_sequence=px.colors.sequential.Plasma,
    ).update_layout(showlegend=False)
```

```
def create_pie_chart(data: pd.DataFrame) -> px.pie:
    """Create a pie chart."""
    return (
        px.pie(
            data.nlargest(5, "price").sort_values(by="price",
ascending=False),
            values="price",
            names="customer_city",
            color="customer_city",
            title="Top 5 cities for selected State",
            hole=0.4,
            color_discrete_sequence=px.colors.sequential.Plasma,
        )
        .update_layout(showlegend=False)
        .update_traces(textposition="inside",
textinfo="percent+label")
    )


def main():
    # Load data
    df = load_data()
    gdf = load_geo_data(df)

    # Prepare dates and version info
    last_update_date = datetime.now().strftime("%Y-%m-%d")
    data_freshness_date = df["order_date"].max().strftime("%Y-%m-%d")

    # Prepare logo
    logo_base64 = get_base64_encoded_image(LOGO_PATH)
    centered_logo_html = create_centered_logo_html(logo_base64)

    # Set up page layout
    st.markdown(
        "<h1 align='center'>My very first dashboard with
Streamlit</h1><br>",
        unsafe_allow_html=True,
    )

    # Sidebar
    with st.sidebar:
        st.markdown(centered_logo_html, unsafe_allow_html=True)
        st.title("Filters")
```

```
        years = sorted(gdf["order_year"].unique())
        selected_year = st.selectbox("Select Order Year", years,
index=2)

        states = sorted(gdf["customer_state"].unique())
        selected_state = st.selectbox("Select a State", states)

        add_vertical_space(30)
        st.markdown(
            f"""
            <div style='width: 100%; text-align: center;
font-size: 12px; color: grey;'>
                <hr style='margin: 5px 0;'>
                <p>Last dashboard update: {last_update_date}<br>
                   Data freshness date: {data_freshness_date}<br>
                   Application version: {APP_VERSION}<br>
                   Contact: <a href="mailto:email@com-
pany.com">email@company.com</a></p>
            </div>
            """,
            unsafe_allow_html=True,
        )

    # Filter data
    filtered_gdf = gdf[gdf["order_year"] == selected_year]
    daily_sales = (
        df[df["order_year"] == selected_year]
        .groupby("order_date")["price"]
        .sum()
        .reset_index()
    )

    sales_by_city = (
        df[
            (df["order_year"] == selected_year)
            & (df["customer_state"] == selected_state)
        ]
        .groupby("customer_city")["price"]
        .sum()
        .reset_index()
    )

    best_products = (
        df[df["order_year"] == selected_year]
        .groupby("product_category_name")["price"]
        .sum()
```

```
        .reset_index()
    )

    # Calculate metrics
    total_price = filtered_gdf["price"].sum()
    average_price = filtered_gdf["price"].mean().round(2)
    unique_customers = filtered_gdf["customer_id"].nunique()

    # Create charts
    fig1 = create_choropleth(filtered_gdf,
json.loads(filtered_gdf.to_json()))
    fig2 = create_line_chart(daily_sales)
    fig3 = create_bar_chart(
        gdf[gdf["order_year"] == selected_year], "price",
"customer_state"
    )
    fig4 = create_bar_chart(best_products, "price",
"product_category_name")
    fig5 = create_pie_chart(sales_by_city)

    # Display dashboard
    my_grid = grid(3, [1, 2], 3, vertical_align="bottom")

    # Row 1: Metrics
    my_grid.metric(label="Total Revenue",
value=f"${total_price:,.2f}")
    my_grid.metric(label="Average order value (AOV)",
value=f"${average_price:,.2f}")
    my_grid.metric(label="Number of Customers",
value=unique_customers)
    style_metric_cards(
        background_color="#FFFFFF",
        border_left_color="#686664",
        border_color="#000000",
        box_shadow="#F71938",
    )

    # Row 2: Maps and charts
    my_grid.plotly_chart(fig1)
    my_grid.plotly_chart(fig2)

    # Row 3: Additional charts
    my_grid.plotly_chart(fig3)
    my_grid.plotly_chart(fig4)
    my_grid.plotly_chart(fig5)
```

```
if __name__ == "__main__":
    main()
```

Voilà un aperçu de notre premier tableau de bord avec Streamlit :

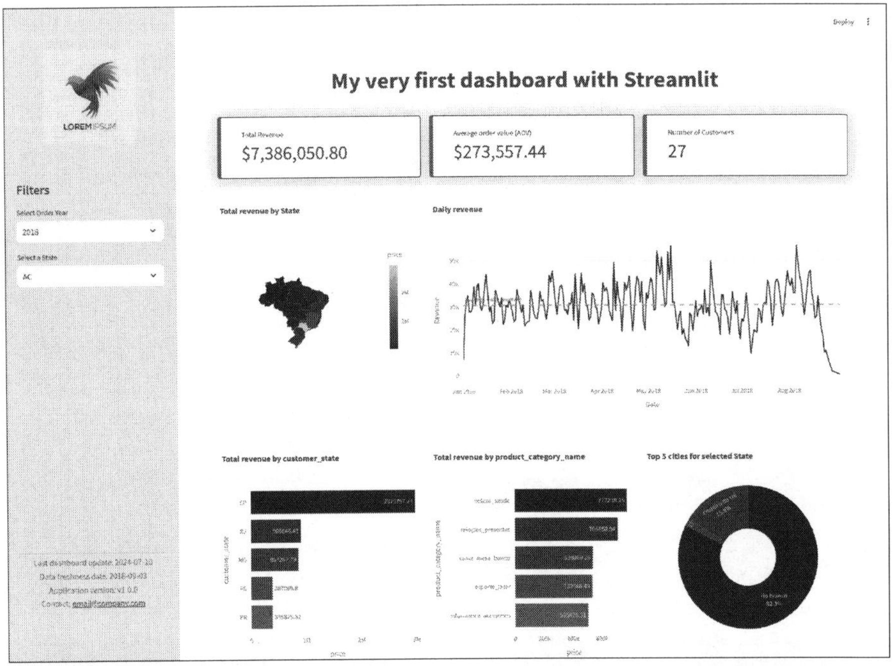

3.2 Taipy

Taipy est une bibliothèque Python open source conçue pour simplifier le développement d'applications web interactives et de tableaux de bord. Elle permet aux développeurs et aux data scientists de créer rapidement des interfaces utilisateur réactives sans avoir besoin de compétences approfondies en développement web.

Taipy combine la gestion des données, la logique métier et la création d'interfaces utilisateur dans un framework unique et intuitif. Elle offre des fonctionnalités telles que la création de graphiques interactifs, la gestion d'état, et l'intégration facile avec des modèles de Machine Learning. Grâce à sa syntaxe simple et sa flexibilité, Taipy est particulièrement adaptée pour prototyper et déployer des applications data-driven, que ce soit pour l'analyse de données, la visualisation ou la prise de décision assistée.

3.2.1 Installation

- Ouvrez votre terminal ou invite de commandes et tapez la commande suivante :

```
pip install taipy
```

Pour ce projet, vous aurez également besoin d'autres bibliothèques :

```
pip install geopandas plotly
```

3.2.2 Les composants de base

Taipy offre un ensemble riche de composants qui permettent aux développeurs de créer des interfaces utilisateur interactives et dynamiques avec une facilité remarquable. Dans cette section, nous allons explorer en profondeur ces composants fondamentaux qui constituent la base de toute application Taipy.

La classe Gui

Au cœur de chaque application Taipy se trouve la classe `Gui`. Cette classe sert de point d'entrée principal pour la création de votre interface utilisateur. Elle prend en charge une chaîne de caractères qui définit la structure et le contenu de votre page, utilisant une combinaison astucieuse de markdown et de HTML.

Pour créer une instance de `Gui`, vous n'avez besoin que de quelques lignes de code :

```
from taipy import Gui

page = """
# Mon premier tableau de bord Taipy
```

```
Bienvenue dans mon application !
"""

Gui(page).run()
```

Dans cet exemple, nous définissons une page simple avec un titre et un message de bienvenue. La méthode `run()` lance l'application, rendant la page accessible via un navigateur web.

La puissance de la classe `Gui` réside dans sa capacité à interpréter le contenu de la chaîne page. Elle transforme ce contenu en une interface utilisateur interactive, gérant automatiquement la mise à jour de l'état de l'application et le rendu des éléments visuels.

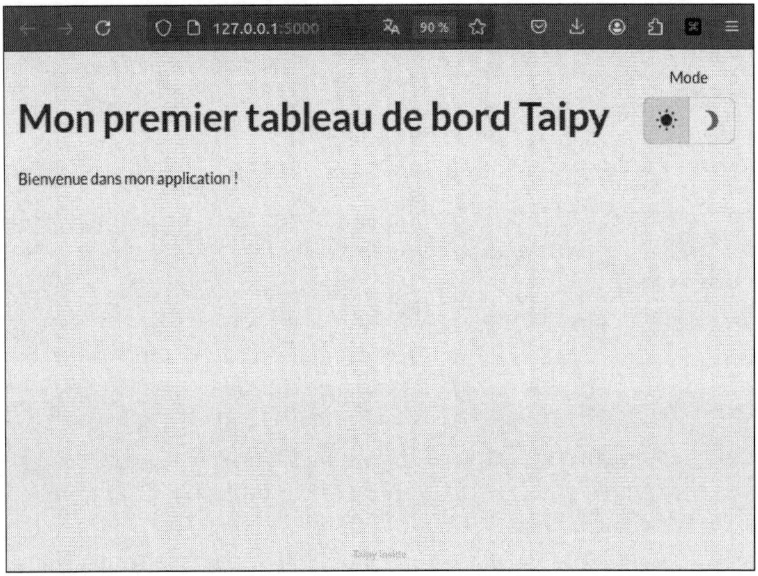

Les contrôles visuels

Taipy propose une variété de contrôles visuels qui permettent d'afficher et de manipuler les données de manière interactive. Ces contrôles sont intégrés directement dans la définition de votre page, utilisant une syntaxe spéciale qui les distingue du texte ordinaire.

Le contrôle le plus simple est l'affichage de texte dynamique. Pour afficher la valeur d'une variable, vous pouvez utiliser la syntaxe suivante :

```
<|{ma_variable}|>
```

Taipy remplacera automatiquement cette expression par la valeur actuelle de `ma_variable`.

Les boutons sont un autre élément essentiel de toute interface utilisateur interactive. Avec Taipy, vous pouvez créer un bouton ainsi :

```
<|{option_choisie}|selector|lov={liste_options}|>
```

Ce code crée un sélecteur qui permet à l'utilisateur de choisir une valeur parmi celles présentes dans `liste_options`. La valeur sélectionnée est stockée dans la variable `option_choisie`.

Enfin, pour les visualisations de données plus complexes, Taipy s'intègre parfaitement avec des bibliothèques de graphiques comme Plotly. Vous pouvez inclure un graphique Plotly dans votre page comme ceci :

```
<|plotly|figure={mon_graphique}|>
```

Où `mon_graphique` est un objet figure Plotly que vous avez créé dans votre code Python.

La mise en page : structurer votre interface

La mise en page est un aspect crucial de toute interface utilisateur. Taipy offre des outils puissants pour structurer votre contenu de manière intuitive et responsive.

Le composant de mise en page le plus couramment utilisé est la balise `layout`. Elle vous permet de diviser votre page en colonnes :

```
<|layout|columns=1 1|
Contenu de la première colonne
---
Contenu de la deuxième colonne
|>
```

Ce code crée une mise en page à deux colonnes de largeur égale. Vous pouvez ajuster les proportions en modifiant les nombres après `columns=`. Par exemple, `columns=2 1` créerait une colonne deux fois plus large que l'autre.

Pour une organisation plus fine de votre contenu, vous pouvez utiliser des cartes :

```
<|card|
### Titre de la carte
Contenu de la carte
|>
```

Les cartes sont particulièrement utiles pour regrouper visuellement des informations connexes et créer une hiérarchie visuelle dans votre interface.

La gestion de l'état

L'un des aspects les plus puissants de Taipy est sa gestion automatique de l'état de l'application. Chaque variable que vous utilisez dans votre interface est automatiquement suivie et mise à jour par Taipy.

Pour accéder et modifier l'état de votre application, vous utilisez généralement des fonctions de rappel. Ces fonctions sont appelées en réponse à des actions de l'utilisateur, comme cliquer sur un bouton ou changer une sélection.

Voici un exemple de fonction de rappel qui met à jour une variable d'état :

```
def mettre_a_jour_compteur(state):
    state.compteur += 1
```

Dans cette fonction, `state` est un objet spécial fourni par Taipy qui contient toutes les variables d'état de votre application. En modifiant `state.compteur`, nous mettons à jour la valeur du compteur, et Taipy se charge automatiquement de refléter ce changement dans l'interface utilisateur.

La gestion de l'état de Taipy simplifie considérablement le développement d'applications interactives, vous permettant de vous concentrer sur la logique de votre application plutôt que sur les détails de la synchronisation des données entre l'interface utilisateur et le back-end.

En maîtrisant ces composants de base - la classe `Gui`, les contrôles visuels, la mise en page et la gestion de l'état - vous serez en mesure de créer des applications Taipy puissantes et flexibles. Dans les chapitres suivants, nous explorerons comment combiner ces éléments pour créer des tableaux de bord complexes et interactifs.

3.2.3 Premier tableau de bord Taipy

Le code utilise Taipy pour créer un tableau de bord interactif sophistiqué. Il commence par importer la classe `Gui` de Taipy, qui est le composant central pour construire l'interface utilisateur.

La structure du tableau de bord est définie dans une chaîne de caractères multilignes nommée `page_md`, utilisant une syntaxe spécifique à Taipy pour créer une mise en page responsive et inclure des éléments interactifs. Cette page comprend plusieurs sections organisées en colonnes (`<|layout|columns=...|>`) et cartes (`<|card|>`), affichant des statistiques clés et des graphiques Plotly.

Les graphiques sont intégrés à l'aide de la balise `<|plotly|figure={fig}|>`, permettant une visualisation interactive des données. Le tableau de bord inclut également des filtres interactifs sous forme de sélecteurs, créés avec la syntaxe `<|{variable}|selector|lov={...}|on_change=update_charts|>`, permettant aux utilisateurs de choisir une année et un état spécifiques.

Ces sélecteurs sont liés à une fonction de rappel `on_change(state)` qui met à jour dynamiquement tous les graphiques et toutes les statistiques en fonction des sélections de l'utilisateur. Cette fonction manipule l'état de l'application Taipy, accessible via le paramètre `state`, pour mettre à jour les variables `(state.total_price, state.unique_customers)` et les figures (`state.fig1`, `state.fig2`, etc.) affichées dans l'interface.

Enfin, le code initialise l'état de l'application en appelant `update_charts(Gui.state)` avec l'état initial de `Gui`, puis lance l'application Taipy avec `Gui(page_md).run()`. Cette structure permet de créer une application web interactive et réactive sans avoir besoin de coder explicitement le frontend, Taipy s'occupant de la gestion de l'état et du rendu de l'interface utilisateur.

```
import pandas as pd
from taipy.gui import Markdown, Gui
import taipy as tp
import geopandas as gpd
import plotly.express as px
from datetime import datetime
from typing import Tuple
import json

"""
Taipy Dashboard Application

This script creates a dashboard using Taipy, Plotly,
and Pandas to visualize sales data.
It includes various charts and maps to represent sales information
across different states and cities in Brazil.
"""

# Constants
LOGO_PATH = "../img/logo.png"
APP_VERSION = "v1.0.0"
DATA_PATHS = {
   "orders": "../data/olist_orders_dataset.csv",
   "customers": "../data/olist_customers_dataset.csv",
   "order_items": "../data/olist_order_items_dataset.csv",
   "products": "../data/olist_products_dataset.csv",
   "geojson": "../data/brazil-states.geojson",
}

# Initialization
selected_year = 2018
selected_state = 'AC'
total_price = '$0.0'
average_price = '$0.0'
unique_customers = '0'
fig1 = None
fig2 = None
fig3 = None
fig4 = None
fig5 = None

# Page parameters
layout = {'barmode':'stack', "hovermode":"x"}
options = {"unselected":{"marker":{"opacity":0.5}}}

def load_data() -> pd.DataFrame:
   """
```

```
    Load and preprocess data from CSV files.

    Returns:
        pd.DataFrame: A DataFrame containing merged and preprocessed
data from various CSV files.
    """
    orders = pd.read_csv(DATA_PATHS["orders"],
usecols=[0, 1, 2, 3, 4, 6, 7])
    customers = pd.read_csv(DATA_PATHS["customers"])
    order_items = pd.read_csv(DATA_PATHS["order_items"],
usecols=[0, 1, 2, 3, 5, 6])
    products = pd.read_csv(DATA_PATHS["products"], usecols=[0, 1])

    df = (
        orders.merge(customers, on="customer_id")
        .merge(order_items, on="order_id")
        .merge(products, on="product_id")
    )

    date_columns = [
        "order_purchase_timestamp",
        "order_approved_at",
        "order_delivered_customer_date",
        "order_estimated_delivery_date",
    ]
    df[date_columns] = df[date_columns].apply(pd.to_datetime)

    df["order_year"] = df["order_purchase_timestamp"].dt.year
    df["order_month"] = df["order_purchase_timestamp"].dt.month_name()
    df["order_date"] = df["order_purchase_timestamp"].dt.date

    return df

def load_geo_data(df: pd.DataFrame) -> Tuple[gpd.GeoDataFrame, dict]:
    """
    Load and process geographical data.

    Args:
        df (pd.DataFrame): The preprocessed DataFrame containing
order data.

    Returns:
        Tuple[gpd.GeoDataFrame, dict]: A tuple containing a
GeoDataFrame with merged geographical
        and order data, and a dictionary with GeoJSON data.
    """
    gdf = gpd.read_file(DATA_PATHS["geojson"])[["name", "sigla",
```

```
"geometry"]]
    gdf_by_year = (
        df.groupby(["order_year", "customer_state"])
        .agg({"price": "sum", "customer_id": lambda x: x.nunique()})
        .reset_index()
    )
    gdf_by_year = gdf.merge(gdf_by_year, left_on="sigla",
right_on="customer_state")

    return gdf_by_year


def create_choropleth(gdf: gpd.GeoDataFrame,
geojson_data: dict) -> px.choropleth:
    """
    Create a choropleth map using Plotly Express.

    Args:
        gdf (gpd.GeoDataFrame): GeoDataFrame containing
geographical and order data.
        geojson_data (dict): Dictionary containing GeoJSON data for
the map.

    Returns:
        px.choropleth: A Plotly Express choropleth figure.
    """
    fig = px.choropleth(
        gdf,
        geojson=geojson_data,
        locations="name",
        featureidkey="properties.name",
        color="price",
        title="Total revenue by State",
        hover_name="name",
        hover_data=[
            "sigla",
            "price",
            "order_year",
            "customer_state",
            "customer_id",
        ],
        center={"lat": -14.2350, "lon": -51.9253},
        color_continuous_scale="plasma",
    )
    fig.update_geos(fitbounds="locations", visible=False)
    # fig.update_layout(margin={"r": 0, "t": 0, "l": 0, "b": 0})
    return fig
```

```
def create_line_chart(daily_sales: pd.DataFrame) -> px.line:
    """
    Create a line chart for daily sales.

    Args:
        daily_sales (pd.DataFrame): DataFrame containing daily sales
data.

    Returns:
        px.line: A Plotly Express line chart figure.
    """
    fig = px.line(
        daily_sales,
        x="order_date",
        y="price",
        color_discrete_sequence=px.colors.sequential.Plasma,
        title="Daily revenue",
        labels={"order_date": "Date", "price": "Revenue"},
        template='plotly_white'
    )
    average_sales = daily_sales["price"].mean()
    fig.add_hline(
        y=average_sales,
        line_dash="dash",
        line_color="orange",
        annotation_text="average daily revenue",
        annotation_position="top left",
    )
    return fig


def create_bar_chart(data: pd.DataFrame, x: str, y: str) -> px.bar:
    """
    Create a horizontal bar chart.

    Args:
        data (pd.DataFrame): DataFrame containing the data to be plotted.
        x (str): Column name for the x-axis values.
        y (str): Column name for the y-axis values.

    Returns:
        px.bar: A Plotly Express horizontal bar chart figure.
    """
    return px.bar(
        data.nlargest(5, "price").sort_values(by="price",
```

```
ascending=False),
        x="price",
        text="price",
        y=y,
        orientation="h",
        title=f"Total revenue by {y}",
        color=y,
        color_discrete_sequence=px.colors.sequential.Plasma,
        template='plotly_white'
    ).update_layout(showlegend=False)


def create_pie_chart(data: pd.DataFrame) -> px.pie:
    """
    Create a pie chart.

    Args:
        data (pd.DataFrame): DataFrame containing the data to be plotted.

    Returns:
        px.pie: A Plotly Express pie chart figure.
    """
    return (
        px.pie(
            data.nlargest(5, "price").sort_values(by="price",
ascending=False),
            values="price",
            names="customer_city",
            color="customer_city",
            title="Top 5 cities for selected State",
            hole=0.4,
            color_discrete_sequence=px.colors.sequential.Plasma,
            template='plotly_white'
        )
        .update_layout(showlegend=False)
        .update_traces(textposition="inside", textinfo="percent+label")
    )

# Load data
df = load_data()
gdf= load_geo_data(df)

years = sorted(gdf["order_year"].astype('str').unique())
states = sorted(gdf["customer_state"].unique())

# Prepare dates and version info
last_update_date = datetime.now().strftime("%Y-%m-%d")
```

```
data_freshness_date = df['order_date'].max().strftime("%Y-%m-%d")


def initialize(data, geodata, selected_year='2018',
selected_state='AC'):
    """
    Initialize the dashboard data based on selected year and state.

    Args:
        data (pd.DataFrame): The main DataFrame containing all order data.
        geodata (gpd.GeoDataFrame): GeoDataFrame containing
geographical data.
        selected_year (str, optional): The year to filter data by.
Defaults to '2018'.
        selected_state (str, optional): The state to filter data by.
Defaults to 'AC'.

    Returns:
        tuple: A tuple containing filtered DataFrames and processed
data for various charts.
    """
    filtered_gdf = geodata[geodata['order_year'] == int(selected_year)]
    filtered_df = data[data['order_year'] == int(selected_year)]
    daily_sales =
filtered_df.groupby('order_date')['price'].sum().reset_index()
    sales_by_city = filtered_df[filtered_df['customer_state'] ==
selected_state].groupby('customer_city')['price'].sum().reset_index()
    best_products =
filtered_df.groupby('product_category_name')['price'].sum()
.reset_index()

    return filtered_df, filtered_gdf, daily_sales, sales_by_city,
best_products

filtered_df, filtered_gdf, daily_sales, sales_by_city,
best_products = initialize(df, gdf)

def on_change(state):
    """
    Update the dashboard state when user selections change.

    Args:
        state: The current state of the Taipy application.
    """
    (
        state.filtered_df,
        state.filtered_gdf,
```

```
        state.daily_sales,
        state.sales_by_city,
        state.best_products
    ) = initialize(df, gdf, state.selected_year, state.selected_state)

    state.total_price = f'${state.filtered_gdf["price"].sum():,.2f}'
    state.average_price = f'${state.filtered_gdf["price"].mean():,.2f}'
    state.unique_customers =
f'{state.filtered_gdf["customer_id"].nunique()}'
    state.fig1 = create_choropleth(state.filtered_gdf,
json.loads(state.filtered_gdf.to_json()))
    state.fig2 = create_line_chart(state.daily_sales)
    state.fig3 = create_bar_chart(state.filtered_gdf, "price",
"customer_state")
    state.fig4 = create_bar_chart(state.best_products, "price",
"product_category_name")
    state.fig5 = create_pie_chart(state.sales_by_city)


page_md = Markdown('layout.md')

if __name__ == '__main__':
    page = Gui(page_md)
    page.run(title="New Taipy Dashboard", dark_mode=False)
Copier
```

Le markdown :

```
<|toggle|theme|>
# My first dashboard with Taipy {: .text-center}

<br/>

<|layout|columns=1 1 8|
<|{selected_year}|selector|lov={years}|on_change=on_change|dropdown|
label=Year|>

<|{selected_state}|selector|lov={states}|on_change=on_change|dropdown|
label=State|>
|>

<br/>

<|layout|columns=4 4 4|gap=25px|columns[mobile]=1|
<|card|
**Total Revenue**
<|{total_price}|text|class_name=h3|>
|>
```

```
<|card|
**Average order value (AOV)**
<|{average_price}|text|class_name=h3|>
|>

<|card|
**Number of Customers**
<|{unique_customers}|text|class_name=h3|>
|>
|>
<br/>

<|layout|columns=1 2|gap=25px|columns[mobile]=1|
<|chart|figure={fig1}|title=Total revenue by State|>

<|chart|figure={fig2}|title=Daily revenue|>
|>

<br/>

<|layout|columns=1 1 1|gap=25px|columns[mobile]=1|
<|chart|figure={fig3}|title=Total revenue by customer_state|>

<|chart|figure={fig4}|title=Total revenue by product_category_name|>

<|chart|figure={fig5}|title=Top 5 cities for selected State|>
|>

<br/>

<|Last dashboard update: {last_update_date} - |>
<|Data freshness date: {data_freshness_date} - |>
<|Application version: {APP_VERSION} - |>
Contact: email@company.com"
```

Malgré son apparence complexe, le fait de pouvoir créer le layout au format Markdown permet d'organiser les différents éléments du tableau de bord de façon simple sans faire appel à des modules externes comme sur Streamlit.

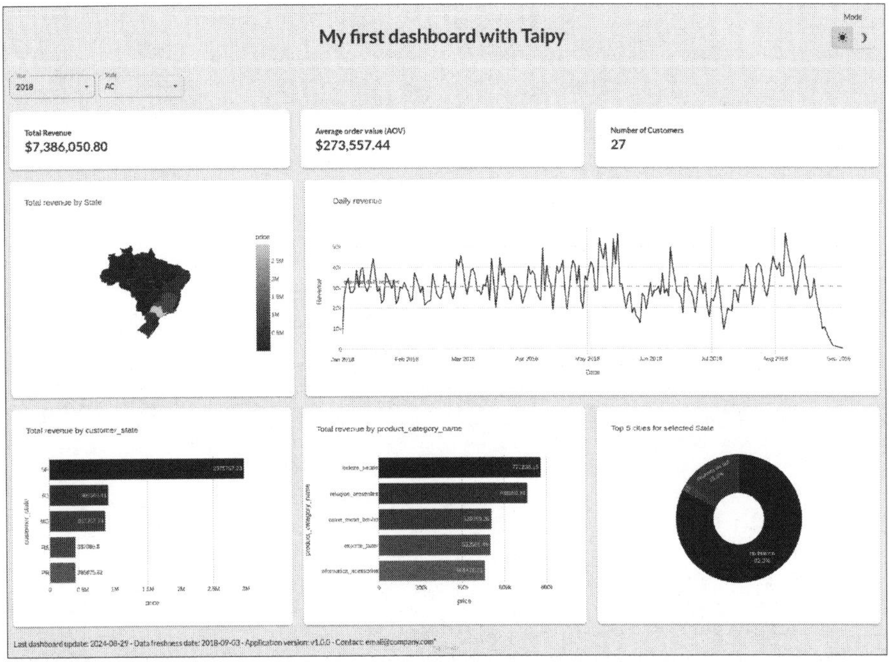

3.2.4 Création d'interfaces avec taipy.gui.builder

Taipy a récemment introduit un nouveau module, taipy.gui.builder, qui permet de créer des interfaces utilisateur entièrement en Python, offrant une alternative à la syntaxe Markdown traditionnelle. Cette approche "Python-first" peut être particulièrement attrayante pour les développeurs qui préfèrent garder toute leur logique dans le code Python.

Pour utiliser le builder, il suffit d'importer le module :

```
from taipy.gui import Gui
import taipy.gui.builder as tgb
```

La création d'une page se fait via un gestionnaire de contexte Python, ce qui rend le code plus lisible et plus structuré :

```
with tgb.Page() as page:
    tgb.html("h1", "My Taipy Dashboard")
```

```
    with tgb.layout("1 1 1"):  # Create a 3-column layout with equal
widths
        with tgb.part():  # First column
            tgb.text("Total Revenue: ")
            tgb.number("{total_revenue}", format="$.2f")

        with tgb.part():  # Second column
            tgb.text("Number of Customers: ")
            tgb.number("{nb_clients}")

        with tgb.part():  # Third column
            tgb.text("Average Basket: ")
            tgb.number("{avg_basket}", format="$.2f")

    # Add a chart
    tgb.chart(figure="{sales_chart}", height="400px")

Gui(page).run()
```

Cette approche offre plusieurs avantages par rapport à la définition en Markdown :

- Validation en temps de développement : les erreurs de syntaxe sont détectées directement par l'IDE, contrairement au Markdown où les erreurs n'apparaissent qu'à l'exécution.
- Meilleure intégration : le code est plus facile à versionner et à maintenir car il utilise les conventions Python standards.
- Réutilisation facilitée : il est possible de créer des fonctions qui génèrent des parties spécifiques de l'interface, permettant une meilleure modularité

Ci-joint un exemple :

```
def create_metrics_section(total, clients, average):
    with tgb.layout("1 1 1"):
        with tgb.part():
            tgb.number(total, format="$.2f")
        with tgb.part():
            tgb.number(clients)
        with tgb.part():
            tgb.number(average, format="$.2f")
```

Pour lier des variables aux éléments de l'interface, il suffit d'utiliser la syntaxe de chaîne Python avec des accolades, comme dans l'exemple précédent avec `"{total_revenue}"`. Les callbacks peuvent être définis soit en utilisant des fonctions nommées, soit directement avec des fonctions lambda :

```
def on_button_click(state):
    state.counter += 1
with tgb.Page() as page:
    tgb.button("Increment", on_action=on_button_click)
    # Or with a lambda
    tgb.button("Reset",
              on_action=lambda state: setattr(state,
                                              'counter', 0))
```

Cette nouvelle approche de construction d'interfaces avec Taipy s'inscrit parfaitement dans l'écosystème Python tout en conservant la simplicité et la flexibilité qui ont fait le succès de la bibliothèque. Elle est particulièrement adaptée aux projets où la logique métier et l'interface utilisateur sont étroitement liées, permettant aux développeurs de maintenir une base de code cohérente et maintenable.

Avec cette nouvelle façon de développer notre tableau bord, le code du layout devient (on garde les autres fonctions inchangées) :

```
with tgb.Page() as page:
    tgb.toggle(theme=True)

    with tgb.layout("1 4", gap="25px"):
        with tgb.part("sidebar"):
            tgb.text("#### Filters", mode="md")
            tgb.text("Select year:")
            tgb.selector(
                "{selected_year}",

lov=sorted(gdf["order_year"].astype("str").unique()),
                dropdown=True,
                on_change=change_selection,
                label="Year", µ
            )

            tgb.text("Select state:")
            tgb.selector(
                "{selected_state}",
```

```
                lov=sorted(gdf["customer_state"].unique()),
                  dropdown=True,
                  on_change=change_selection,
                  label="State",
              )

        with tgb.part("text-center"):
            tgb.text("# My first dashboard with Taipy", mode="md")
            with tgb.layout("1 1 1", gap="25px"):
               with tgb.part("card"):
                    tgb.text("**Total Revenue:**", mode="md")
                    tgb.text(
                        lambda filtered_gdf:
f'${filtered_gdf["price"].sum():,.2f}',
                        class_name="h3 color-primary",
                    )

                with tgb.part("card"):
                    tgb.text("**Average order value (AOV):**",
mode="md")
                    tgb.text(
                        lambda
filtered_gdf: f'${filtered_gdf["price"].mean():,.2f}',
                        class_name="h3 color-primary",
                    )

                with tgb.part("card"):
                    tgb.text(
                        "**Unique customers:**",
                        mode="md",
                    )
                    tgb.text(
                        lambda
filtered_gdf: f'{filtered_gdf["customer_id"].nunique()}',
                        class_name="h3 color-primary",
                    )

            tgb.html("br")

            with tgb.layout("1 2", gap="25px"):
                tgb.chart(
                    figure=lambda filtered_gdf:
create_choropleth(filtered_gdf),
                )
```

```
                tgb.chart(
                    figure=lambda
daily_sales: create_line_chart(daily_sales),
                )

            tgb.html("br")

            with tgb.layout("1 1 1", gap="25px"):
                tgb.chart(
                    figure=lambda filtered_gdf: create_bar_chart(
                        filtered_gdf, "customer_state"
                    ),
                )
                tgb.chart(
                    figure=lambda
best_products: create_bar_chart(
                        best_products, "product_category_name"
                    ),
                )
                tgb.chart(
                    figure=lambda
sales_by_city: create_pie_chart(sales_by_city),
                )

            tgb.html("br")

            tgb.text(
                lambda df, APP_VERSION: f"Last dashboard update:
{datetime.now().strftime('%Y-%m-%d')} - "
                f"Data freshness:
{df['order_date'].max().strftime('%Y-%m-%d')} - "
                f"App version: {APP_VERSION}"
            )


if __name__ == "__main__":
    page = Gui(page)
    # tp.Core().run() # You do not use Taipy Core here to manage
data, pipelines, caching, user management, etc
    page.run(title="New Taipy Dashboard", dark_mode=False,
margin="0px")
```

Nous vous invitons à visiter le répertoire GitHub de ce chapitre pour découvrir le code complet :
https://github.com/gpenessot/business_intelligence_with_python/blob/main/Chapter08/taipy_app/taipy_app_python.py

3.3 Dash

Dash est un framework Python puissant et flexible conçu pour la création d'applications web analytiques. En combinant les fonctionnalités de Flask, Plotly.js et React.js, Dash offre aux développeurs Python la possibilité de construire des interfaces utilisateur sophistiquées pour leurs données, sans nécessiter de connaissances approfondies en développement web traditionnel. Cette approche permet de créer rapidement des tableaux de bord interactifs, des outils de visualisation de données et des applications web complexes, tout en restant dans l'écosystème Python familier.

3.3.1 Installation

- Ouvrez votre terminal ou invite de commandes et tapez la commande suivante :

```
pip install dash
```

3.3.2 Les composants de base

Dash fournit une riche bibliothèque de composants prêts à l'emploi qui forment les briques de base de toute application. Ces composants sont conçus pour être facilement assemblés et personnalisés, offrant ainsi une grande flexibilité dans la conception de l'interface utilisateur.

Layout

Le layout est le cœur de toute application Dash. Il définit la structure et l'apparence de l'application en organisant les différents composants dans une hiérarchie logique. Le layout peut être considéré comme un arbre de composants, où chaque nœud représente un élément de l'interface utilisateur.

Pour créer un layout, on utilise généralement une combinaison de composants HTML et Core de Dash. Voici un exemple simple qui illustre la création d'un layout de base :

```
import dash
import dash_html_components as html

app = dash.Dash(__name__)

app.layout = html.Div([
   html.H1('Mon application Dash'),
   html.Div('Bienvenue dans ce tutoriel sur Dash')
])

if __name__ == '__main__':
   app.run_server(debug=True)
```

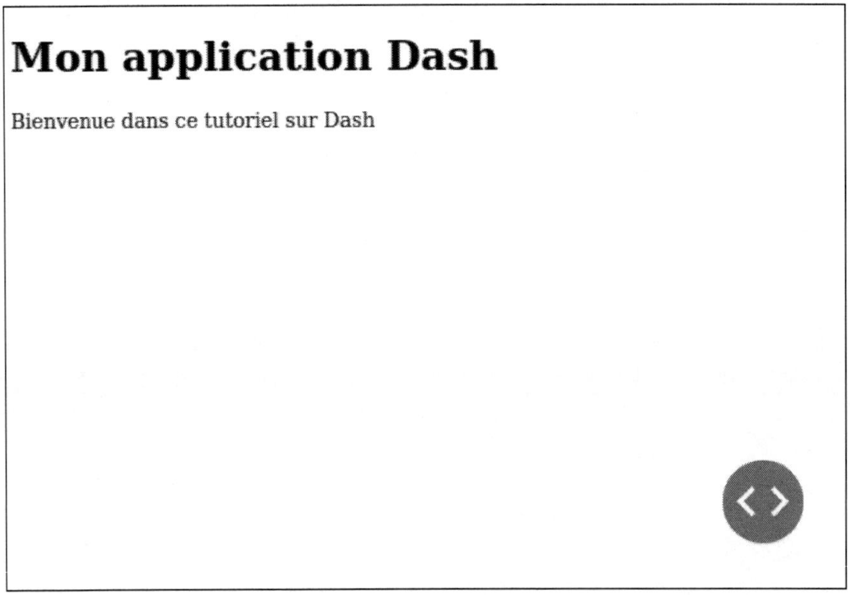

Dans cet exemple, nous créons une application Dash avec un titre (`H1`) et un paragraphe de texte (`Div`). L'utilisation de la fonction `html.Div()` permet de regrouper ces éléments dans un conteneur unique, ce qui est une pratique courante pour structurer le layout.

Composants HTML

Dash fournit des équivalents Python pour tous les éléments HTML et SVG standard, permettant ainsi de créer une structure de page web complète directement en Python. Ces composants sont accessibles via le module `dash_html_components`.

Le composant `html.Div()` est l'un des plus utilisés. Il correspond à la balise `<div>` en HTML et sert de conteneur générique pour regrouper d'autres éléments. Les titres peuvent être créés avec les composants `html.H1()` à `html.H6()`, correspondant aux balises HTML `<h1>` à `<h6>`. Pour le texte courant, le composant `html.P()` crée des paragraphes, tandis que le composant `html.A()` permet d'insérer des liens hypertextes.

Voici un exemple plus élaboré utilisant divers composants HTML :

```
import dash
from dash import html

app = dash.Dash(__name__)

app.layout = html.Div([
    html.H1('Découverte de Dash'),
    html.H2('Une introduction aux composants HTML'),
    html.P('Dash permet de créer facilement des structures HTML
complexes.'),
    html.A('Lien vers la documentation',
href='https://dash.plotly.com/'),
    html.Div([
        html.P('Ce paragraphe est imbriqué dans un Div.')
    ])
])

if __name__ == '__main__':
    app.run_server(debug=True)
```

Cette structure crée une page avec un titre principal, un sous-titre, du texte, un lien et un paragraphe imbriqué, démontrant ainsi la flexibilité des composants HTML de Dash.

Composants Core

Les composants Core de Dash, accessibles via le module `dash_core_components`, offrent des éléments d'interface utilisateur plus avancés et interactifs. Ces composants sont essentiels pour créer des applications dynamiques et réactives.

Le composant `dcc.Graph()` est particulièrement puissant, permettant d'intégrer des graphiques interactifs basés sur Plotly.js directement dans l'application. Pour les interactions utilisateur, le composant `dcc.Dropdown()` crée des menus déroulants personnalisables, le composant `dcc.Slider()` permet de sélectionner des valeurs sur une échelle continue, et le composant `dcc.Input()` offre des champs de saisie pour divers types de données.

Voici un exemple qui combine plusieurs composants Core pour créer une interface interactive :

```
import dash
from dash import html, dcc
import plotly.graph_objs as go

app = dash.Dash(__name__)

app.layout = html.Div([
    html.H1('Analyse des ventes par ville'),
    dcc.Dropdown(
        id='city-dropdown',
        options=[
            {'label': 'New York City', 'value': 'NYC'},
            {'label': 'Montréal', 'value': 'MTL'},
            {'label': 'San Francisco', 'value': 'SF'}
        ],
        value='MTL'
    ),
    dcc.Graph(
        id='sales-graph',
        figure={
            'data': [
                go.Bar(x=['Jan', 'Fév', 'Mar'], y=[1000, 1200, 1100],
name='SF'),
                go.Bar(x=['Jan', 'Fév', 'Mar'], y=[1200, 1000, 1300],
name='MTL')
            ],
            'layout': go.Layout(title='Ventes trimestrielles')
        }
    ),
    dcc.Slider(
        id='year-slider',
        min=2020,
        max=2023,
        value=2023,
        marks={str(year): str(year) for year in range(2020, 2024)},
        step=None
    )
])

if __name__ == '__main__':
    app.run_server(debug=True)
```

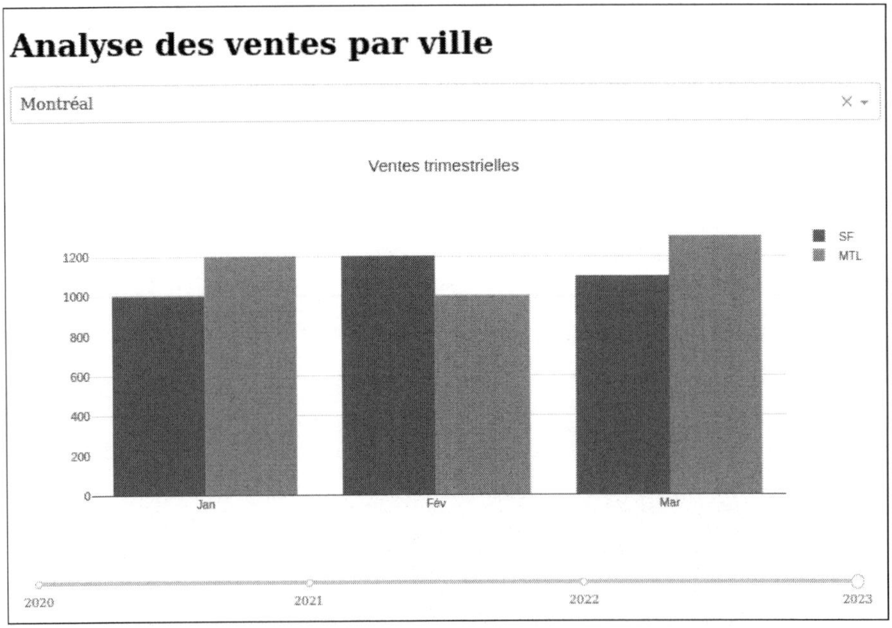

Cet exemple crée une interface avec un menu déroulant pour sélectionner une ville, un graphique à barres montrant les ventes, et un curseur pour choisir l'année. Bien que l'interactivité entre ces composants ne soit pas encore implémentée (cela nécessite des callbacks, voir sous-section Contrôle et interactivité), cet exemple illustre comment les composants Core peuvent être combinés pour créer une interface riche et intuitive.

3.3.3 Éléments de structure de page

La structuration efficace d'une page web est cruciale pour créer des applications Dash lisibles et conviviales. Dash offre la flexibilité nécessaire pour implémenter des éléments de structure courants tels que les barres de navigation, les barres latérales, et permet l'intégration de frameworks CSS comme Bootstrap pour une mise en page responsive.

Navbar

Une barre de navigation (*navbar*) est un élément d'interface utilisateur essentiel qui fournit des liens vers les principales sections d'une application. Bien que Dash ne propose pas de composant navbar prêt à l'emploi, il est possible d'en créer une en utilisant les composants HTML de base.

Voici un exemple de création d'une barre de navigation simple :

```
import dash
from dash import html

navbar = html.Nav([
   html.Ul([
       html.Li(html.A('Accueil', href='#accueil')),
       html.Li(html.A('Produits', href='#produits')),
       html.Li(html.A('Services', href='#services')),
       html.Li(html.A('Contact', href='#contact'))
   ], style={'listStyleType': 'none', 'display': 'flex',
'justifyContent': 'space-around'})
], style={'backgroundColor': '#333', 'padding': '10px'})

app = dash.Dash(__name__)

app.layout = html.Div([
   navbar,
   html.Div([
       html.H1('Bienvenue sur notre site'),
       html.P('Explorez nos différentes sections via la barre
de navigation.')
   ])
])

if __name__ == '__main__':
   app.run_server(debug=True)
```

Dans cet exemple, nous créons une barre de navigation (*navbar*) en utilisant les composants `html.Nav`, `html.Ul`, et `html.Li`. Les styles sont appliqués directement aux composants pour obtenir un rendu horizontal des liens. Cette approche offre un contrôle total sur l'apparence et le comportement de la navbar, mais nécessite une gestion manuelle des styles CSS.

Sidebar

Une barre latérale (*sidebar*) est un autre élément de structure couramment utilisé dans les applications web pour afficher des menus secondaires, des filtres, ou des informations complémentaires. Comme pour la navbar, Dash permet de créer une sidebar personnalisée à l'aide de composants HTML de base.

Voici un exemple de mise en œuvre d'une sidebar basique :

```
import dash
from dash import html

sidebar = html.Div([
   html.H2('Menu latéral'),
   html.Hr(),
```

```
    html.Ul([
        html.Li(html.A('Tableau de bord', href='#dashboard')),
        html.Li(html.A('Rapports', href='#reports')),
        html.Li(html.A('Paramètres', href='#settings'))
    ], style={'listStyleType': 'none', 'padding': 0})
], style={'width': '20%', 'float': 'left', 'height': '100vh',
'backgroundColor': '#f1f1f1', 'padding': '20px'})

main_content = html.Div([
    html.H1('Contenu principal'),
    html.P('Ceci est le contenu principal de la page.')
], style={'marginLeft': '22%', 'padding': '20px'})

app = dash.Dash(__name__)

app.layout = html.Div([
    sidebar,
    main_content
])

if __name__ == '__main__':
    app.run_server(debug=True)
```

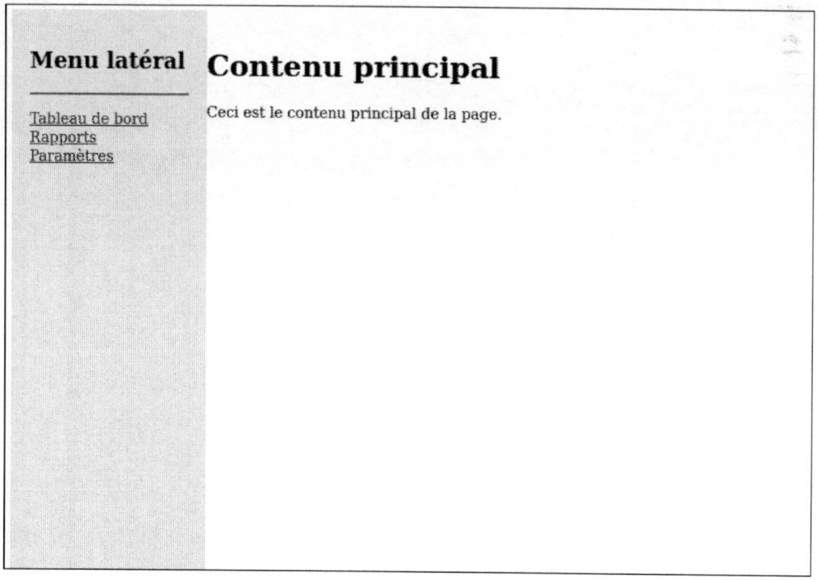

Dans cet exemple, nous créons une sidebar qui occupe 20 % de la largeur de la page sur le côté gauche, avec un contenu principal qui s'ajuste en conséquence. Les styles sont appliqués directement aux composants pour définir la mise en page. Cette approche permet une grande flexibilité dans la conception, mais peut devenir complexe pour des layouts plus élaborés.

Utilisation de Bootstrap

Pour simplifier la création de layouts responsives et esthétiques, Dash peut être intégré avec Bootstrap via la bibliothèque dash-bootstrap-components. Cette intégration permet d'utiliser le système de grille de Bootstrap et ses composants prédéfinis, offrant ainsi une solution robuste pour la structuration de pages web complexes.

Voici un exemple d'utilisation de dash-bootstrap-components pour créer un layout responsive :

```
import dash
import dash_bootstrap_components as dbc
from dash import html

app = dash.Dash(__name__,
external_stylesheets=[dbc.themes.BOOTSTRAP])

navbar = dbc.NavbarSimple(
   children=[
       dbc.NavItem(dbc.NavLink("Accueil", href="#")),
       dbc.NavItem(dbc.NavLink("À propos", href="#")),
       dbc.NavItem(dbc.NavLink("Contact", href="#")),
   ],
   brand="Mon Application Dash",
   brand_href="#",
   color="primary",
   dark=True,
)

sidebar = dbc.Col([
   html.H2("Menu"),
   html.Hr(),
   dbc.Nav([
       dbc.NavLink("Page 1", href="#", active="exact"),
       dbc.NavLink("Page 2", href="#", active="exact"),
       dbc.NavLink("Page 3", href="#", active="exact"),
```

```
    ], vertical=True, pills=True),
], width=3, className="bg-light")

content = dbc.Col([
    html.H1("Contenu principal"),
    html.P("Utilisez cette zone pour afficher le contenu principal
de votre application."),
], width=9)

app.layout = html.Div([
    navbar,
    dbc.Container([
        dbc.Row([
            sidebar,
            content
        ], className="mt-4")
    ], fluid=True)
])

if __name__ == '__main__':
    app.run_server(debug=True)
```

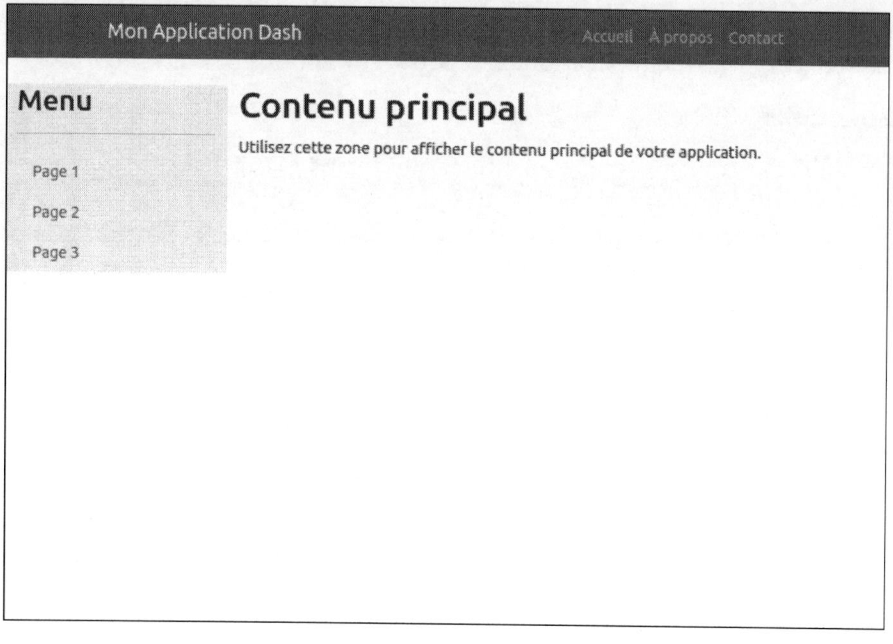

Cet exemple illustre comment utiliser les composants de dash-bootstrap-components pour créer une mise en page responsive avec une navbar en haut, une sidebar à gauche, et une zone de contenu principal. L'utilisation du système de grille de Bootstrap (via `dbc.Row` et `dbc.Col`) permet un contrôle précis sur la disposition des éléments, tandis que les classes CSS prédéfinies de Bootstrap (comme `mt-4` pour ajouter une marge supérieure) simplifient la gestion des espacements et des alignements.

L'intégration de Bootstrap avec Dash offre plusieurs avantages :

- une mise en page responsive sans effort grâce au système de grille ;
- des composants d'interface utilisateur prêts à l'emploi et esthétiques ;
- une cohérence visuelle à travers l'application ;
- une réduction du code CSS personnalisé nécessaire.

3.3.4 Contrôle et interactivité

L'une des forces majeures de Dash réside dans sa capacité à créer des applications web interactives et réactives. Cette interactivité est principalement gérée à travers le mécanisme de callbacks, qui permet de mettre à jour dynamiquement le contenu de l'application en réponse aux actions de l'utilisateur.

Callbacks

Les callbacks sont au cœur de l'interactivité dans Dash. Ils définissent comment l'application doit réagir aux interactions de l'utilisateur, permettant de mettre à jour des composants en fonction des changements d'autres composants. Un callback est essentiellement une fonction Python qui est automatiquement appelée par Dash lorsque les entrées spécifiées changent.

Voici un exemple simple de callback qui met à jour un texte en fonction de la valeur sélectionnée dans un menu déroulant :

```
import dash
from dash import html, dcc
from dash.dependencies import Input, Output

app = dash.Dash(__name__)

app.layout = html.Div([
```

```
    dcc.Dropdown(
        id='demo-dropdown',
        options=[
            {'label': 'New York City', 'value': 'NYC'},
            {'label': 'Montréal', 'value': 'MTL'},
            {'label': 'San Francisco', 'value': 'SF'}
        ],
        value='MTL'
    ),
    html.Div(id='dd-output-container')
])

@app.callback(
    Output('dd-output-container', 'children'),
    Input('demo-dropdown', 'value')
)
def update_output(value):
    return f'Vous avez sélectionné : {value}'

if __name__ == '__main__':
    app.run_server(debug=True)
```

Dans cet exemple, le décorateur `@app.callback` définit la relation entre l'entrée (la valeur du dropdown) et la sortie (le contenu du div). La fonction `update_output()` est appelée chaque fois que la valeur du dropdown change, mettant à jour le texte affiché.

Les callbacks peuvent avoir plusieurs entrées et sorties, permettant des interactions complexes entre différents éléments de l'interface. Voici un exemple plus élaboré avec plusieurs entrées et sorties :

```
import dash
from dash import html, dcc
from dash.dependencies import Input, Output, State

app = dash.Dash(__name__)

app.layout = html.Div([
    dcc.Input(id='input-1', type='text', placeholder='Entrez
votre nom'),
    dcc.Input(id='input-2', type='number', placeholder='Entrez
votre âge'),
    html.Button('Soumettre', id='submit-button', n_clicks=0),
    html.Div(id='output-text'),
```

```
    html.Div(id='click-counter')
])

@app.callback(
    [Output('output-text', 'children'),
     Output('click-counter', 'children')],
    Input('submit-button', 'n_clicks'),
    [State('input-1', 'value'),
     State('input-2', 'value')]
)
def update_output(n_clicks, name, age):
    if n_clicks > 0:
        return (
            f"Bonjour {name}, vous avez {age} ans.",
            f"Le bouton a été cliqué {n_clicks} fois."
        )
    return "Entrez vos informations et cliquez sur Soumettre.", ""

if __name__ == '__main__':
    app.run_server(debug=True)
```

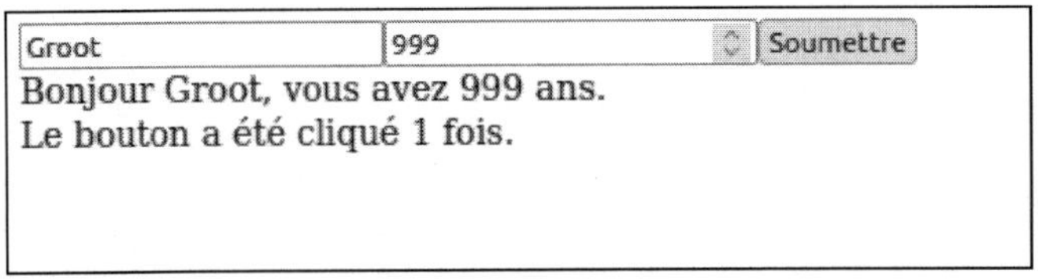

Dans cet exemple plus complexe, nous utilisons à la fois les fonctions `Input` et `State`. La différence principale est que les changements dans les composants définis comme `State` ne déclenchent pas le callback, contrairement aux `Input`. Cela permet de contrôler précisément quand le callback est exécuté, dans ce cas, uniquement lorsque le bouton est cliqué.

Interactivité entre graphiques

L'un des aspects les plus puissants de Dash est sa capacité à créer des interactions complexes entre différents éléments graphiques. Cela permet de créer des tableaux de bord dynamiques où les actions sur un graphique peuvent influencer l'affichage d'autres graphiques.

Voici un exemple qui illustre l'interaction entre deux graphiques :

```
import dash
from dash import html, dcc
import plotly.express as px
from dash.dependencies import Input, Output
import pandas as pd

# Générer des données d'exemple
df = pd.DataFrame({
   'Pays': ['USA', 'Canada', 'Mexique'] * 4,
   'Année': [2019, 2019, 2019, 2020, 2020, 2020, 2021, 2021, 2021,
2022, 2022, 2022],
   'Ventes': [100, 90, 80, 110, 95, 85, 120, 100, 90, 130, 105, 95]
})

app = dash.Dash(__name__)

app.layout = html.Div([
   html.H1("Analyse des ventes par pays et par année"),
   dcc.Graph(id='sales-by-country', figure=px.bar(df, x='Pays',
y='Ventes', color='Année', barmode='group')),
   dcc.Graph(id='sales-trend')
])

@app.callback(
   Output('sales-trend', 'figure'),
   Input('sales-by-country', 'clickData')
)
def update_trend(clickData):
   if clickData is None:
       # Afficher toutes les données si aucun pays n'est sélectionné
       dff = df
       title = "Tendance des ventes pour tous les pays"
   else:
       selected_country = clickData['points'][0]['x']
       dff = df[df['Pays'] == selected_country]
       title = f"Tendance des ventes pour {selected_country}"

   fig = px.line(dff, x='Année', y='Ventes', color='Pays',
title=title)
   return fig

if __name__ == '__main__':
   app.run_server(debug=True)
```

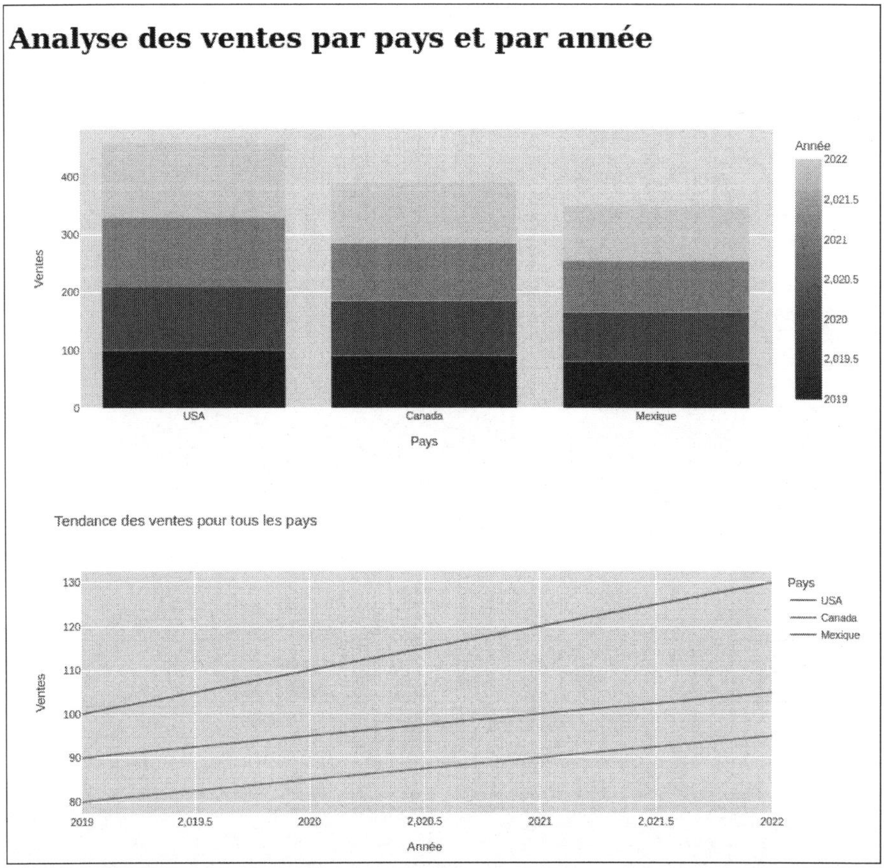

Dans cet exemple, nous avons deux graphiques : un graphique à barres montrant les ventes par pays et par année, et un graphique linéaire montrant la tendance des ventes. Le callback est configuré de telle sorte que lorsqu'un utilisateur clique sur une barre dans le premier graphique, le deuxième graphique est mis à jour pour montrer la tendance des ventes spécifique au pays sélectionné.

État des composants

L'utilisation de la fonction `State` dans les callbacks offre un contrôle plus fin sur le moment où les mises à jour se produisent. Contrairement aux `Input`, les changements dans les composants définis comme `State` ne déclenchent pas le callback. Cela est particulièrement utile lorsque vous voulez collecter plusieurs entrées avant de déclencher une mise à jour, ou lorsque vous voulez limiter la fréquence des mises à jour pour des raisons de performance.

Voici un exemple illustrant l'utilisation de la fonction `State` dans un formulaire simple :

```
import dash
from dash import html, dcc
from dash.dependencies import Input, Output, State

app = dash.Dash(__name__)

app.layout = html.Div([
   dcc.Input(id='input-1', type='text', placeholder='Prénom'),
   dcc.Input(id='input-2', type='text', placeholder='Nom'),
   html.Button('Saluer', id='submit-val', n_clicks=0),
   html.Div(id='output-state')
])

@app.callback(Output('output-state', 'children'),
             Input('submit-val', 'n_clicks'),
             State('input-1', 'value'),
             State('input-2', 'value'))
def update_output(n_clicks, input1, input2):
   if n_clicks > 0:
       return f'Bonjour {input1} {input2}, ravi de vous rencontrer!'
   return 'Entrez votre nom et cliquez sur "Saluer"'

if __name__ == '__main__':
   app.run_server(debug=True)
```

Dans cet exemple, les champs de saisie pour le prénom et le nom sont définis comme la fonction `State`. Cela signifie que taper dans ces champs ne déclenche pas le callback. Au lieu de cela, le callback n'est exécuté que lorsque l'utilisateur clique sur le bouton **Saluer**. Cela permet de recueillir toutes les informations nécessaires avant de générer une réponse, offrant ainsi une meilleure expérience utilisateur et potentiellement de meilleures performances pour l'application.

L'utilisation judicieuse des fonctions `State` et `Input` permet de créer des interactions complexes et bien contrôlées dans vos applications Dash, offrant à la fois réactivité et efficacité.

En conclusion, les callbacks, l'interactivité entre graphiques et l'utilisation appropriée de l'état des composants sont des éléments clés pour créer des applications Dash dynamiques et interactives. Ces fonctionnalités permettent de transformer des visualisations statiques en tableaux de bord interactifs puissants, capables de répondre en temps réel aux actions des utilisateurs et de présenter des données complexes de manière intuitive et engageante.

3.3.5 Création du tableau de bord avec Dash

Nous allons maintenant mettre en application les éléments détaillés plus haut. Pour créer notre nouveau tableau de bord avec Dash, nous allons suivre les étapes suivantes :

- Importation des bibliothèques : le script commence par importer les modules nécessaires. Dash est utilisé pour créer l'application web, tandis que ses sous-modules (dcc et html) fournissent des composants pour l'interface utilisateur. Pandas est crucial pour la manipulation des données tabulaires. Plotly Express offre des outils de visualisation avancés.
- Chargement et préparation des données : trois fichiers CSV sont chargés : 'olist_orders_dataset.csv', 'olist_order_items_dataset.csv', et 'olist_products_dataset.csv'. Ces DataFrames sont fusionnés sur des clés communes (`order_id` et `product_id`) pour créer un ensemble de données complet. Une nouvelle colonne 'revenue' est calculée, représentant le chiffre d'affaires total par commande.
  - une barre latérale à gauche (25 % de la largeur) contenant les filtres : un sélecteur de plage de dates et un menu déroulant pour les catégories de produits ;

  - une section principale à droite (75 % de la largeur) affichant le titre du tableau de bord et deux graphiques interactifs.
- Création des callbacks : un callback Dash est défini pour mettre à jour les graphiques en fonction des filtres. Cette fonction prend en entrée les valeurs des filtres (dates et catégories) et retourne deux figures Plotly :
  - Un graphique linéaire montrant la tendance des ventes dans le temps.
  - Un diagramme à barres illustrant les ventes par catégorie de produit. Le callback filtre les données en fonction des sélections de l'utilisateur avant de créer ces visualisations.
- Logique de filtrage et de visualisation : dans la fonction de callback, les données sont d'abord filtrées selon la plage de dates sélectionnée. Si des catégories sont choisies, un filtrage supplémentaire est appliqué. Les données agrégées sont ensuite utilisées pour créer les graphiques avec Plotly Express.
- Graphiques interactifs :
  - le graphique de tendance des ventes utilise `px.line` pour créer une visualisation temporelle ;
  - le graphique des ventes par catégorie utilise `px.bar` pour un diagramme à barres, trié par chiffre d'affaires décroissant.
- Gestion de l'interactivité : la structure de callback de Dash permet une mise à jour en temps réel des graphiques lorsque l'utilisateur modifie les filtres, sans nécessiter de rechargement de page.
- Lancement de l'application : le script se termine par une condition vérifiant s'il est exécuté comme programme principal. Si c'est le cas, il lance le serveur Dash avec `app.run_server(debug=True)`, permettant un accès via navigateur web et activant le mode de débogage pour le développement.

Cette structure crée un tableau de bord e-commerce complet et interactif, offrant aux utilisateurs la possibilité d'explorer en profondeur les tendances de ventes et les performances des catégories de produits dans le contexte du commerce électronique brésilien.

```
import dash
from dash import dcc, html, Input, Output
import dash_bootstrap_components as dbc
import pandas as pd
import geopandas as gpd
import plotly.express as px
```

```
import json
from datetime import datetime
from typing import Tuple
import base64

# Constants
LOGO_PATH = "../img/logo.png"
APP_VERSION = "v1.0.0"
DATA_PATHS = {
   "orders": "../data/olist_orders_dataset.csv",
   "customers": "../data/olist_customers_dataset.csv",
   "order_items": "../data/olist_order_items_dataset.csv",
   "products": "../data/olist_products_dataset.csv",
   "geojson": "../data/brazil-states.geojson",
}

# Initialize the Dash app
app = dash.Dash(__name__,
external_stylesheets=[dbc.themes.BOOTSTRAP])


def get_base64_encoded_image(image_path: str) -> str:
   """Read an image file and return its Base64 encoded string."""
   with open(image_path, "rb") as file:
       return base64.b64encode(file.read()).decode()


def load_data() -> pd.DataFrame:
   """Load and preprocess data from CSV files."""
   orders = pd.read_csv(DATA_PATHS["orders"],
usecols=[0, 1, 2, 3, 4, 6, 7])
   customers = pd.read_csv(DATA_PATHS["customers"])
   order_items = pd.read_csv(DATA_PATHS["order_items"],
usecols=[0, 1, 2, 3, 5, 6])
   products = pd.read_csv(DATA_PATHS["products"], usecols=[0, 1])

   df = (
       orders.merge(customers, on="customer_id")
       .merge(order_items, on="order_id")
       .merge(products, on="product_id")
   )

   date_columns = [
       "order_purchase_timestamp",
       "order_approved_at",
       "order_delivered_customer_date",
```

```
        "order_estimated_delivery_date",
    ]
    df[date_columns] = df[date_columns].apply(pd.to_datetime)

    df["order_year"] = df["order_purchase_timestamp"].dt.year
    df["order_month"] =
df["order_purchase_timestamp"].dt.month_name()
    df["order_date"] = df["order_purchase_timestamp"].dt.date

    return df


def load_geo_data(df: pd.DataFrame) -> Tuple[gpd.GeoDataFrame,
dict]:
    """Load and process geographical data."""
    gdf = gpd.read_file(DATA_PATHS["geojson"])[["name", "sigla",
"geometry"]]
    gdf_by_year = (
        df.groupby(["order_year", "customer_state"])
        .agg({"price": "sum", "customer_unique_id": lambda x:
x.nunique()})
        .reset_index()
    )
    gdf_by_year = gdf.merge(gdf_by_year, left_on="sigla",
right_on="customer_state")
    geojson_data = json.loads(gdf_by_year.to_json())

    return gdf_by_year, geojson_data


# Load data
df = load_data()
gdf, geo_data = load_geo_data(df)

# Prepare dates and version info
last_update_date = datetime.now().strftime("%Y-%m-%d")
data_freshness_date = df["order_date"].max().strftime("%Y-%m-%d")

# Encode logo
logo_base64 = get_base64_encoded_image(LOGO_PATH)

# Layout
app.layout = dbc.Container(
    [
        dbc.Row(
            [
```

```
                # Sidebar
                dbc.Col(
                    [
                        html.Br(),
                        html.Div(
                            html.Img(
                                src=f"data:image/
png;base64,{logo_base64}",
                                style={"width": "70 %"},
                            ),
                            style={"text-align": "center"},
                        ),
                        html.Br(),
                        html.H5("Filters"),
                        html.Br(),
                        html.P("Select Order Year"),
                        dcc.Dropdown(
                            id="year-dropdown",
                            options=[
                                {"label": str(year), "value": year}
                                for year in
sorted(gdf["order_year"].unique())
                            ],
                            value=gdf["order_year"].min(),
                        ),
                        html.Br(),
                        html.P("Select a State"),
                        dcc.Dropdown(
                            id="state-dropdown",
                            options=[
                                {"label": state, "value": state}
                                for state in
sorted(gdf["customer_state"].unique())
                            ],
                            value=gdf["customer_state"].iloc[0],
                        ),
                    ],
                    width=2,
                    className="vh-100",
                    style={"backgroundColor": "#F0F2F6"},
                ),
                # Main content
                dbc.Col(
                    [
                        dbc.Row(
                            [
```

```
                        dbc.Col(
                            html.B(
                                html.H1(
                                    "My very first dashboard
with Dash",
                                    className="text-center mb-4",
                                )
                            ),
                            width=12,
                        )
                    ]
                ),
                dbc.Row(
                    [
                        dbc.Col(
                            dbc.Card(id="total-revenue-card",
body=True),
                            width=4,
                        ),
                        dbc.Col(
                            dbc.Card(id="average-order-value-
card", body=True),
                            width=4,
                        ),
                        dbc.Col(
                            dbc.Card(id="number-of-customers-
card", body=True),
                            width=4,
                        ),
                    ],
                    className="mb-4",
                ),
                dbc.Row(
                    [
                     dbc.Col(dcc.Graph(id="choropleth-map"),
width=6),
                        dbc.Col(dcc.Graph(id="line-chart"),
width=6),
                    ],
                    className="mb-4",
                ),
                dbc.Row(
                    [
                        dbc.Col(dcc.Graph(id="bar-chart-
states"), width=4),
                        dbc.Col(dcc.Graph(id="bar-chart-
```

```
products"), width=4),
                                dbc.Col(dcc.Graph(id="pie-chart-
cities"), width=4),
                            ]
                        ),
                        dbc.Row(
                            [
                                dbc.Col(
                                    html.Footer(
                                        f"Last dashboard update:
{last_update_date} | Data freshness date: {data_freshness_date} |
Application version: {APP_VERSION} | Contact: email@company.com"
                                    ),
                                    style={"text-align": "center"},
                                    width=12,
                                )
                            ]
                        ),
                    ],
                    width=10,
                ),
            ]
        ),
    ],
    fluid=True,
    className="vh-100",
)


# Update the callback
@app.callback(
    [
        Output("total-revenue-card", "children"),
        Output("average-order-value-card", "children"),
        Output("number-of-customers-card", "children"),
        Output("choropleth-map", "figure"),
        Output("line-chart", "figure"),
        Output("bar-chart-states", "figure"),
        Output("bar-chart-products", "figure"),
        Output("pie-chart-cities", "figure"),
    ],
    [Input("year-dropdown", "value"), Input("state-dropdown",
"value")],
)
def update_charts(selected_year, selected_state):
    filtered_gdf = gdf[gdf["order_year"] == selected_year]
```

```
    filtered_df = df[df["order_year"] == selected_year]
    daily_sales =
filtered_df.groupby("order_date")["price"].sum().reset_index()
    sales_by_city = (
        filtered_df[filtered_df["customer_state"] == selected_state]
        .groupby("customer_city")["price"]
        .sum()
        .reset_index()
    )
    best_products = (
        filtered_df.groupby("product_category_name")["price"].sum()
.reset_index()
    )

    total_price = filtered_gdf["price"].sum()
    average_price = filtered_gdf["price"].mean()
    unique_customers = filtered_gdf["customer_unique_id"].nunique()

    # KPI Cards
    total_revenue_card = [html.H4("Total Revenue"),
html.H2(f"${total_price:,.2f}")]
    average_order_value_card = [
        html.H4("Average Order Value (AOV)"),
        html.H2(f"${average_price:,.2f}"),
    ]
    number_of_customers_card = [
        html.H4("Number of Customers"),
        html.H2(f"{unique_customers:,}"),
    ]

    # Choropleth map
    fig1 = px.choropleth(
        filtered_gdf,
        geojson=json.loads(filtered_gdf.to_json()),
        locations="name",
        featureidkey="properties.name",
        color="price",
        hover_name="name",
        hover_data=[
            "sigla",
            "price",
            "order_year",
            "customer_state",
            "customer_unique_id",
        ],
        center={"lat": -14.2350, "lon": -51.9253},
```

```
        color_continuous_scale="plasma",
    )
    fig1.update_geos(fitbounds="locations", visible=False)
    fig1.update_layout(margin={"r": 0, "t": 0, "l": 0, "b": 0})

    # Line chart
    fig2 = px.line(
        daily_sales,
        x="order_date",
        y="price",
        color_discrete_sequence=px.colors.sequential.Plasma,
        title="Sum of prices by day",
        labels={"order_date": "Date", "price": "Sum of prices"},
        template="plotly_white",
    )
    average_sales = daily_sales["price"].mean()
    fig2.add_hline(
        y=average_sales,
        line_dash="dash",
        line_color="orange",
        annotation_text="average sales",
        annotation_position="top left",
    )

    # Bar charts
    fig3 = px.bar(
        filtered_gdf.nlargest(5, "price").sort_values(by="price",
ascending=False),
        x="price",
        y="customer_state",
        orientation="h",
        color="customer_state",
        color_discrete_sequence=px.colors.sequential.Plasma,
        title="Top 5 States by Sales",
        template="plotly_white",
    )

    fig4 = px.bar(
        best_products.nlargest(5, "price").sort_values(by="price",
ascending=False),
        x="price",
        y="product_category_name",
        orientation="h",
        color="product_category_name",
        color_discrete_sequence=px.colors.sequential.Plasma,
        title="Top 5 Product Categories",
```

```
        template="plotly_white",
    )

    # Pie chart
    fig5 = px.pie(
        sales_by_city.nlargest(5, "price").sort_values(by="price",
ascending=False),
        values="price",
        names="customer_city",
        color="customer_city",
        hole=0.4,
        color_discrete_sequence=px.colors.sequential.Plasma,
        title=f"Top 5 Cities in {selected_state}",
    )

    return (
        total_revenue_card,
        average_order_value_card,
        number_of_customers_card,
        fig1,
        fig2,
        fig3,
        fig4,
        fig5,
    )


if __name__ == "__main__":
    app.run_server(debug=True)
```

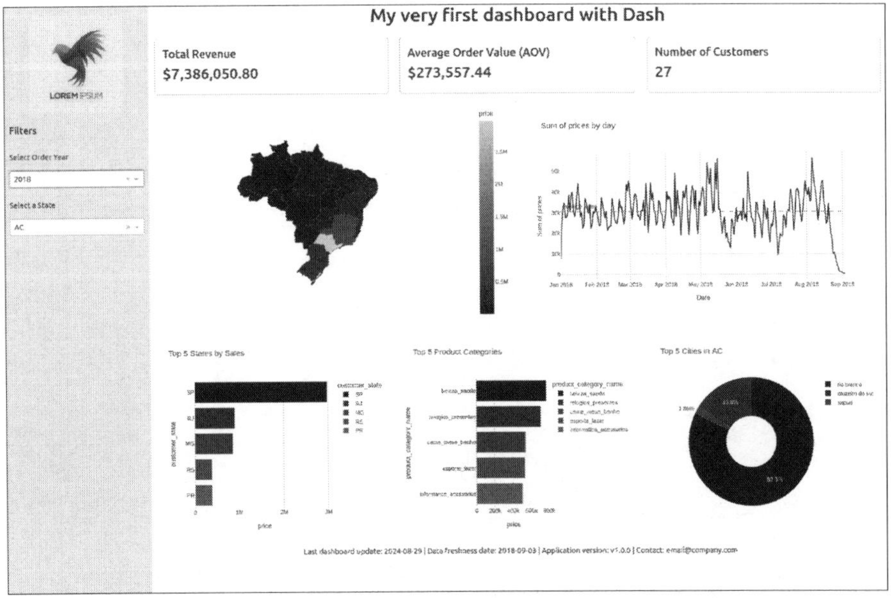

4. Créer des rapports BI percutants (et rapidement)

La création de rapports percutants est un élément crucial de la Business Intelligence, permettant de transformer des données brutes en insights actionnables. Python, avec sa richesse d'outils et de bibliothèques, offre des solutions puissantes pour élaborer des rapports BI à la fois sophistiqués et efficaces.

Parmi les nombreuses options disponibles, deux se distinguent particulièrement pour leur capacité à combiner harmonieusement analyse de données, visualisations interactives et narration : les notebooks Jupyter et Quarto. Ces outils excellent dans la création de rapports qui allient code Python, datavisualisation dynamique et contenu textuel explicatif, le tout pouvant être facilement exporté en format PDF pour une diffusion professionnelle.

Dans cette section, nous plongerons en profondeur dans l'utilisation de Jupyter et Quarto pour la création de rapports BI. Nous explorerons leurs caractéristiques uniques, leurs avantages respectifs, et fournirons un guide étape par étape pour vous permettre de créer des rapports qui non seulement présentent vos données de manière claire et attrayante, mais racontent également une histoire convaincante autour de vos analyses.

Que vous soyez un analyste cherchant à optimiser vos flux de travail ou un décideur souhaitant améliorer la présentation de vos insights, cette section vous donnera les clés pour élever vos rapports BI au niveau supérieur, en alliant la puissance de Python à l'élégance de la présentation.

Choix des outils et des bibliothèques Python pour les rapports BI

Dans cette section, nous allons nous concentrer sur l'utilisation de Jupyter Notebooks et Quarto pour créer des rapports BI percutants et facilement exportables en PDF. Ces outils offrent une combinaison puissante de flexibilité, d'interactivité et de présentation professionnelle.

4.1 Jupyter Notebooks

Jupyter Notebooks est un environnement de développement interactif idéal pour la création de rapports BI.

▶ Si vous n'avez pas encore Jupyter, installez-le via pip.

```
pip install jupyter
```

Les Jupyter Notebooks offrent de nombreux avantages pour la création de rapports de Business Intelligence Voici les principaux atouts de cet outil :

- Combinaison de code, texte explicatif et visualisations
  - Intégration fluide : les notebooks permettent d'alterner de manière transparente entre le code Python, les explications textuelles et les visualisations de données.
  - Contexte immédiat : chaque graphique ou résultat peut être immédiatement accompagné d'une interprétation, facilitant la compréhension pour les lecteurs.
  - Narration des données : cette structure favorise le data storytelling, permettant de construire un récit cohérent autour des données analysées.
- Exécution interactive des cellules de code :
  - Développement itératif : les analystes peuvent exécuter et modifier le code par petites parties, facilitant le débogage et l'expérimentation.
  - Réactivité : les résultats sont affichés immédiatement sous chaque cellule de code, permettant une analyse en temps réel.
  - Reproductibilité : l'exécution séquentielle des cellules assure que les résultats peuvent être reproduits de manière fiable.
- Support de nombreuses bibliothèques de visualisation :
  - Flexibilité graphique : Jupyter supporte une vaste gamme de bibliothèques comme Matplotlib, Seaborn, Plotly, et Bokeh.
  - Visualisations interactives : possibilité d'intégrer des graphiques interactifs pour une exploration plus approfondie des données.
  - Personnalisation avancée : les utilisateurs peuvent ajuster finement l'apparence des visualisations pour répondre aux besoins spécifiques du rapport.
- Possibilité d'exporter en divers formats :
  - export PDF : idéal pour les rapports formels et la distribution à large échelle ;
  - HTML interactif : permet de partager des rapports interactifs via le Web ;
  - Notebooks (.ipynb) : facilite la collaboration et la modification par d'autres analystes ;

  - Scripts Python (.py) : utile pour l'intégration dans des pipelines de données automatisés.
- Collaboration et partage facilités :
  - Versionnage : les notebooks peuvent être gérés avec des systèmes de contrôle de version comme Git.
  - Plateforme de partage : des services comme Jupyter Hub ou Google Colab permettent de partager et de collaborer sur des notebooks en temps réel.
  - Documentation vivante : les notebooks servent à la fois de rapport final et de documentation du processus d'analyse.
- Intégration avec l'écosystème data science :
  - Compatibilité étendue : fonctionne bien avec des outils comme pandas pour la manipulation de données et scikit-learn pour le Machine Learning.
  - Extensions : une vaste bibliothèque d'extensions Jupyter permet d'ajouter des fonctionnalités supplémentaires selon les besoins.

4.2 Quarto

Quarto est un système de publication scientifique et technique qui étend les capacités de Jupyter Notebooks.

Installation :

▶ Téléchargez et installez Quarto depuis https://quarto.org/.

▶ Installez l'extension Jupyter.

```
pip install jupyter-quarto
```

Quarto, en tant qu'évolution du concept de notebook, apporte plusieurs avantages spécifiques pour la création de rapports BI :

- Publication polyvalente : Quarto permet de créer des documents dans une variété de formats de sortie (PDF, HTML, Word, PowerPoint) à partir d'une seule source. Cette flexibilité facilite l'adaptation du contenu à différents publics et contextes de présentation.

- Contrôle avancé de la mise en page : contrairement aux notebooks Jupyter standard, Quarto offre un contrôle plus fin sur la mise en page et le style du document final. Cela permet de créer des rapports avec une apparence plus professionnelle et cohérente.
- Gestion des références : Quarto intègre des fonctionnalités avancées de gestion des citations et des bibliographies, particulièrement utiles pour les rapports BI nécessitant des références à des sources externes.
- Contenu dynamique : les documents Quarto peuvent inclure du contenu dynamique, comme des paramètres ajustables ou des calculs mis à jour automatiquement, ce qui est idéal pour des rapports BI interactifs ou régulièrement mis à jour.
- Reproductibilité améliorée : Quarto renforce la reproductibilité en permettant de spécifier précisément l'environnement d'exécution, garantissant ainsi que le rapport peut être régénéré de manière identique sur différentes machines.
- Support multilingue : bien que basé sur R Markdown, Quarto supporte plusieurs langages de programmation, dont Python, R, et Julia, offrant une flexibilité accrue pour les équipes utilisant différents outils d'analyse.
- Extensibilité : Quarto permet l'utilisation d'extensions et de shortcodes personnalisés, offrant la possibilité d'ajouter des fonctionnalités spécifiques aux besoins de rapports BI complexes.
- Collaboration et version control : les documents Quarto étant basés sur du texte, ils s'intègrent parfaitement avec les systèmes de contrôle de version comme Git, facilitant la collaboration et le suivi des modifications dans le temps.

Utilisation basique de Quarto

Créez un nouveau document Quarto (.qmd) ou convertissez un notebook Jupyter existant.

▶ Ajoutez des métadonnées YAML en haut du document :

```
---
title: "Rapport de ventes trimestriel"
format:
 pdf:
   toc: true
```

```
    number-sections: true
---
```

- Rédigez votre contenu en utilisant le Markdown et les cellules de code Python.
- Pour générer le PDF, utilisez la commande suivante :

```
quarto render rapport.qmd --to pdf

---
title: "Analyse des ventes Q3 2023"
author: "Votre Nom"
date: "2023-10-15"
format:
 pdf:
   toc: true
   number-sections: true
---

# Introduction

Ce rapport présente une analyse détaillée des ventes pour le
troisième trimestre 2023.

# Analyse des données

```{python}
#| label: fig-ventes
#| fig-cap: "Ventes mensuelles Q3 2023"

import pandas as pd
import matplotlib.pyplot as plt

data = pd.read_csv('ventes_q3_2023.csv')
plt.figure(figsize=(10, 6))
data.plot(kind='bar', x='mois', y='ventes')
plt.title('Ventes mensuelles Q3 2023')
plt.xlabel('Mois')
plt.ylabel('Ventes (€)')
plt.show()
)
```
```

L'utilisation combinée de Jupyter Notebooks et Quarto offre une solution puissante et flexible pour la création de rapports BI en Python. Jupyter permet une analyse interactive et exploratoire, tandis que Quarto facilite la production de rapports professionnels en PDF, idéaux pour la présentation aux parties prenantes.

5. Diffuser et partager vos analyses

Dans le monde de la data science et de la Business Intelligence, la capacité à partager rapidement et efficacement des analyses interactives est devenue cruciale. Plusieurs frameworks open source ont émergé pour répondre à ce besoin, notamment Streamlit, Dash, Gradio, et Taipy. Chacun de ces outils offre ses propres avantages, mais ils partagent un objectif commun : permettre aux data scientists de créer et de déployer facilement des applications web interactives. Voyons comment diffuser ces applications de manière simple et efficace.

5.1 Développement local

Le processus commence toujours par le développement local de votre application. Que vous utilisiez Streamlit, Dash, Gradio, ou Taipy, vous commencez par créer votre application dans un environnement Python local. Par exemple, avec Streamlit, vous créez un fichier app.py contenant votre code. Avec Dash, vous définissez le layout et les callbacks de votre application. Gradio se concentre sur la création rapide d'interfaces pour les modèles de Machine learning, tandis que Taipy offre une approche plus visuelle de la création d'applications.

- Pendant cette phase, il est crucial de tester abondamment votre application en local. Utilisez les commandes spécifiques à chaque framework pour lancer votre application (par exemple, `streamlit run app.py` pour Streamlit, ou `python app.py` pour une application Dash). Assurez-vous que toutes les fonctionnalités fonctionnent comme prévu et que l'interface utilisateur est intuitive et réactive.

5.2 Préparation au déploiement

Une fois que votre application fonctionne parfaitement en local, l'étape suivante consiste à la préparer pour le déploiement. Cette phase est cruciale et relativement similaire, quel que soit le framework utilisé.

Commencez par créer un fichier requirements.txt. Ce fichier liste toutes les dépendances Python nécessaires au fonctionnement de votre application. Il est essentiel d'inclure non seulement le framework que vous utilisez (Streamlit, Dash, etc.), mais aussi toutes les autres bibliothèques utilisées dans votre code (pandas, numpy, scikit-learn, etc.). Un fichier requirements.txt bien conçu garantit que votre application pourra être recréée fidèlement sur le serveur de déploiement.

Ensuite, considérez la création d'un fichier setup.sh ou Dockerfile. Ces fichiers définissent l'environnement dans lequel votre application s'exécutera. Un fichier setup.sh est particulièrement utile pour les déploiements sur des plateformes comme Heroku, tandis qu'un Dockerfile est idéal pour les déploiements utilisant Docker, offrant une plus grande portabilité et reproductibilité.

5.3 Options de déploiement

Le choix de la plateforme de déploiement dépendra de vos besoins spécifiques, de vos compétences techniques, et des ressources à votre disposition. Voici quelques options populaires.

5.3.1 Plateformes de déploiement spécifiques aux frameworks

Certains frameworks offrent leurs propres plateformes de déploiement. Par exemple, Streamlit propose Streamlit Cloud (anciennement Streamlit Sharing), qui permet un déploiement rapide et gratuit directement depuis un dépôt GitHub. De même, Gradio offre Hugging Face Spaces pour un déploiement facile des applications Gradio.

Ces solutions sont souvent les plus simples à utiliser, car elles sont spécifiquement conçues pour le framework en question. Elles gèrent automatiquement de nombreux aspects du déploiement, comme l'installation des dépendances et la configuration de l'environnement.

5.3.2 Plateformes cloud polyvalentes

Des plateformes comme Heroku, *Google Cloud Platform* (GCP), ou *Amazon Web Services* (AWS) offrent plus de flexibilité et peuvent accueillir des applications créées avec n'importe quel framework. Heroku, en particulier, est apprécié pour sa facilité d'utilisation relative.

Pour déployer sur Heroku, par exemple, vous devrez créer un fichier Procfile qui spécifie la commande pour lancer votre application. Le déploiement peut ensuite être effectué via l'interface web de Heroku ou en utilisant le Heroku CLI, offrant des options pour les développeurs de tous niveaux.

5.3.3 Hébergement statique avec génération côté client

Pour certaines applications, particulièrement celles créées avec Dash ou Streamlit, il est possible de générer une version statique de l'application qui peut être hébergée sur des plateformes comme GitHub Pages. Cette approche fonctionne bien pour les applications qui ne nécessitent pas de calculs côté serveur intensif.

5.3.4 Serveurs privés virtuels (VPS)

Pour ceux qui recherchent un contrôle maximal, l'utilisation d'un VPS est une excellente option. Bien que cela nécessite plus de configuration manuelle, cela offre une flexibilité totale. Vous pouvez installer le framework de votre choix sur le serveur, configurer un serveur web comme Nginx comme proxy inverse, et gérer vous-même tous les aspects de l'hébergement.

5.4 Sécurité et accès

La sécurité est un aspect crucial lors de la diffusion d'applications contenant des données ou des analyses sensibles. La plupart des frameworks mentionnés offrent des options pour implémenter l'authentification des utilisateurs. Par exemple, Streamlit dispose d'une bibliothèque streamlit-authenticator qui permet d'ajouter facilement une authentification à votre application.

Au-delà de l'authentification au niveau de l'application, assurez-vous de comprendre et de configurer correctement les paramètres de sécurité de votre plateforme de déploiement. Cela peut inclure la configuration de HTTPS, la gestion des clés API, et la mise en place de pare-feu appropriés.

5.5 Maintenance et mise à jour

Une fois votre application déployée, le travail n'est pas terminé. La maintenance régulière est essentielle pour garantir la sécurité, la performance et la pertinence continue de votre application.

Mettez régulièrement à jour votre application et ses dépendances. Cela peut impliquer de mettre à jour le code de l'application pour intégrer de nouvelles fonctionnalités ou corriger des bugs, ainsi que de mettre à jour les bibliothèques utilisées pour bénéficier des dernières améliorations et correctifs de sécurité.

Surveillez également les logs de votre application. La plupart des plateformes de déploiement offrent des outils de logging qui peuvent vous aider à identifier et résoudre rapidement les problèmes. Une surveillance proactive peut vous permettre de détecter et de résoudre les problèmes avant qu'ils n'affectent les utilisateurs.

En conclusion, la diffusion d'applications web de data science est devenue plus accessible que jamais grâce à des frameworks comme Streamlit, Dash, Gradio et Taipy. En comprenant les étapes de développement, de préparation au déploiement, de choix de la plateforme d'hébergement, et en prenant en compte la sécurité et la maintenance, vous pouvez partager efficacement vos analyses avec votre public cible. Le choix du framework et de la méthode de déploiement dépendra de vos besoins spécifiques, mais avec ces connaissances en main, vous êtes bien équipé pour prendre la meilleure décision pour votre projet.

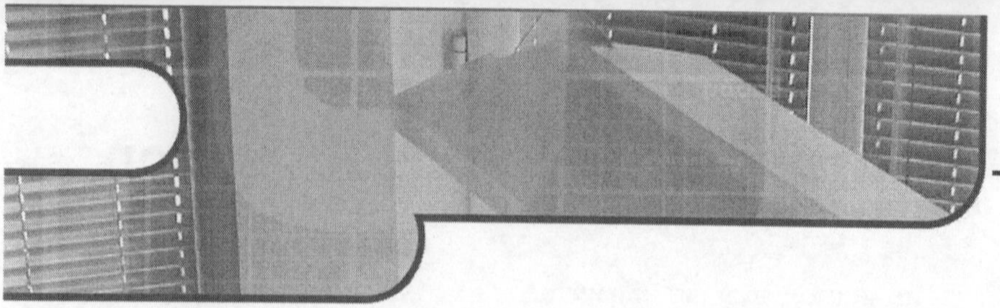

Chapitre 9
Éthique, sécurité et RGPD

1. Introduction

Dans le monde actuel de la Business Intelligence, où les données sont devenues le moteur de la prise de décision et de l'innovation, les questions d'éthique, de sécurité et de conformité réglementaire sont plus cruciales que jamais. Ce chapitre explore l'intersection de ces trois domaines vitaux et leur impact sur les pratiques de BI modernes.

1.1 Importance de l'éthique, de la sécurité et du RGPD en Business Intelligence

L'éthique, la sécurité et le respect du règlement général sur la protection des données (RGPD) sont devenus des piliers essentiels de toute stratégie de Business Intelligence efficace et responsable. Ces aspects sont cruciaux pour plusieurs raisons.

Une approche éthique et sécurisée renforce la confiance des clients, des employés et des partenaires. Cette confiance est un atout précieux dans un environnement commercial de plus en plus compétitif et transparent. Le respect du RGPD et d'autres réglementations similaires est non seulement une obligation légale, mais aussi un avantage concurrentiel.

Les entreprises qui démontrent un engagement fort envers la protection des données se distinguent positivement sur le marché.

Une attention particulière à ces aspects permet de réduire les risques de violations de données, de poursuites judiciaires et d'atteinte à la réputation. Dans un monde où les incidents de sécurité peuvent avoir des conséquences dévastatrices, cette gestion proactive des risques est essentielle. L'intégration de ces considérations dès le début des projets de BI favorise une innovation durable et socialement responsable. Cela permet aux entreprises de développer des solutions qui non seulement répondent aux besoins commerciaux, mais aussi respectent les valeurs éthiques et les droits des individus.

1.2 Enjeux actuels dans le traitement des données d'entreprise

Le traitement des données d'entreprise fait face à de nombreux défis dans le contexte actuel. Le volume et la variété croissants des données rendent leur gestion et leur protection plus complexes. Les entreprises doivent constamment adapter leurs systèmes et leurs processus pour traiter efficacement cette masse d'informations tout en maintenant des standards élevés de sécurité et de confidentialité.

La sophistication des cybermenaces représente un défi majeur. Les attaques deviennent de plus en plus élaborées, nécessitant des mesures de sécurité avancées. Les entreprises doivent investir continuellement dans des technologies de pointe et former leur personnel pour contrer ces menaces en constante évolution.

L'évolution rapide des technologies, notamment l'adoption de l'IA et du cloud computing, soulève de nouvelles questions éthiques et de sécurité. Ces innovations offrent des opportunités sans précédent pour l'analyse des données, mais elles introduisent également de nouveaux risques qui doivent être soigneusement gérés.

La pression réglementaire s'intensifie, avec des réglementations sur la protection des données qui se multiplient et se renforcent à l'échelle mondiale. Les entreprises doivent naviguer dans un paysage réglementaire complexe et en constante évolution, nécessitant une vigilance et une adaptabilité continues.

Enfin, les attentes accrues des consommateurs en matière de protection de la vie privée ne peuvent être ignorées. Les individus sont de plus en plus sensibles à l'utilisation qui est faite de leurs données personnelles, exigeant transparence et contrôle de la part des entreprises qui les collectent et qui les traitent.

L'éthique, la sécurité et la conformité au RGPD ne sont pas simplement des contraintes pour les professionnels de la BI, mais des opportunités de créer une confiance durable avec les clients et les parties prenantes. En abordant ces aspects de manière proactive, les entreprises peuvent non seulement se protéger contre les risques, mais aussi gagner un avantage concurrentiel significatif. Ce chapitre fournira les connaissances et les outils nécessaires pour naviguer dans ce paysage complexe et en faire un pilier de votre stratégie de BI.

2. Éthique dans la Business Intelligence

L'éthique est un pilier fondamental de la Business Intelligence moderne. Elle guide les pratiques de collecte, d'analyse et d'utilisation des données, assurant que les décisions prises sont non seulement efficaces, mais aussi responsables et respectueuses. Cette section explore les principes éthiques essentiels, les défis liés aux biais dans les données, et l'importance d'une gouvernance éthique des données.

2.1 Principes éthiques fondamentaux en BI

2.1.1 Transparence

La transparence est cruciale en BI. Elle implique une communication claire sur les méthodes de collecte et d'utilisation des données. Cela inclut également la divulgation des sources de données et des techniques d'analyse utilisées. De plus, la transparence nécessite une ouverture sur les limites et les incertitudes des analyses, permettant ainsi une compréhension complète des résultats obtenus.

2.1.2 Équité

L'équité en BI signifie traiter toutes les données et tous les individus de manière impartiale. Cela implique d'éviter la discrimination basée sur des caractéristiques protégées, assurant ainsi que les analyses et les décisions qui en découlent sont justes pour tous. L'équité exige également que les avantages et les risques des analyses de données soient équitablement répartis entre toutes les parties prenantes.

2.1.3 Responsabilité

La responsabilité en BI implique d'assumer les conséquences des décisions basées sur les données. Cela nécessite la mise en place de mécanismes de contrôle et d'audit pour garantir la qualité et l'intégrité des analyses. La responsabilité signifie également être prêt à rectifier les erreurs et à apprendre des expériences passées, dans un processus d'amélioration continue.

2.2 Biais dans les données et les analyses

2.2.1 Types de biais courants

Les biais courants en BI sont variés et potentiellement dommageables. Le biais de sélection survient lorsque l'échantillonnage n'est pas représentatif, faussant ainsi les résultats. Le biais de confirmation est la tendance à favoriser les informations confirmant les hypothèses préexistantes, ce qui peut conduire à des conclusions erronées. Le biais d'ancrage se produit lorsqu'on s'appuie trop fortement sur une information initiale, influençant indûment les analyses ultérieures. Enfin, le biais algorithmique représente les préjugés potentiellement intégrés dans les modèles d'analyse eux-mêmes.

2.2.2 Conséquences des biais sur les décisions d'entreprise

Les biais peuvent avoir des impacts significatifs sur les opérations et la réputation d'une entreprise. Ils peuvent mener à des décisions commerciales erronées, entraînant des pertes financières ou des opportunités manquées. Les biais peuvent également conduire à une discrimination involontaire envers certains groupes, ce qui peut avoir des conséquences légales et éthiques graves. La perte de confiance des clients et des parties prenantes est un autre risque majeur, pouvant affecter la réputation de l'entreprise à long terme. Enfin, ces biais exposent l'entreprise à des risques légaux et réputationnels significatifs.

2.3 Prise de décision éthique basée sur les données

La prise de décision éthique en BI nécessite d'intégrer les considérations éthiques à chaque étape du processus décisionnel. Cela implique d'évaluer soigneusement les conséquences potentielles des décisions sur toutes les parties prenantes, pas seulement sur les résultats financiers immédiats. L'utilisation de frameworks éthiques peut guider les choix difficiles, fournissant une structure pour peser les différents aspects éthiques d'une décision. Il est également crucial d'encourager la diversité des perspectives dans l'interprétation des données, afin d'obtenir une vision plus complète et équilibrée.

2.4 Gouvernance des données éthique

Une gouvernance des données éthique comprend l'établissement de politiques et de directives claires sur l'utilisation éthique des données. Cela peut impliquer la création de comités d'éthique pour superviser les projets de BI sensibles, assurant ainsi un examen rigoureux des implications éthiques. La formation continue des employés sur les enjeux éthiques en BI est essentielle pour cultiver une culture de responsabilité éthique. Enfin, la mise en place de processus d'audit et de révision régulière des pratiques de BI permet de s'assurer que les standards éthiques sont maintenus et améliorés au fil du temps.

L'éthique en Business Intelligence n'est pas un frein à l'innovation, mais plutôt un catalyseur pour des pratiques commerciales plus robustes et durables. En intégrant ces principes éthiques, en reconnaissant et en atténuant les biais, et en mettant en place une gouvernance solide, les entreprises peuvent non seulement éviter les pièges potentiels, mais aussi gagner la confiance de leurs parties prenantes et créer une valeur à long terme. L'éthique en BI est un investissement dans la pérennité et la responsabilité de l'entreprise.

3. Sécurité des données en Business Intelligence

La sécurité des données est un aspect crucial de la Business Intelligence moderne. À mesure que les entreprises s'appuient davantage sur les données pour prendre des décisions stratégiques, la protection de ces actifs informationnels devient primordiale. Cette section explore l'importance de la sécurité des données, les menaces courantes, les meilleures pratiques, et l'importance de la formation des employés.

3.1 Importance de la sécurité des données en entreprise

La sécurité des données en entreprise est essentielle pour plusieurs raisons. Elle assure la protection des informations sensibles et confidentielles, cruciales pour maintenir un avantage concurrentiel. Elle garantit également l'intégrité et la fiabilité des données utilisées pour la prise de décision, assurant ainsi la qualité des analyses et des stratégies qui en découlent. La sécurité des données est également primordiale pour la conformité aux réglementations et aux normes de l'industrie, évitant ainsi les sanctions légales et financières. Elle joue un rôle clé dans la préservation de la réputation de l'entreprise et de la confiance des clients, des éléments essentiels dans un monde de plus en plus numérique. Enfin, une bonne sécurité des données contribue à réduire les risques financiers liés aux violations de données, qui peuvent entraîner des coûts considérables en termes de pertes directes, de frais juridiques et de perte de business.

3.2 Menaces courantes pour la sécurité des données

3.2.1 Cyberattaques

Les cyberattaques représentent une menace majeure pour la sécurité des données en entreprise. Elles peuvent prendre diverses formes, chacune présentant des risques spécifiques. Les attaques par déni de service (DDoS) visent à submerger les systèmes pour les rendre inaccessibles. L'hameçonnage et l'ingénierie sociale exploitent la vulnérabilité humaine pour obtenir des informations sensibles. Les malwares et les ransomwares peuvent infecter les systèmes, voler des données ou les rendre inaccessibles. Les attaques par injection SQL ciblent les bases de données pour extraire ou manipuler des informations. Enfin, l'exploitation des vulnérabilités des systèmes permet aux attaquants de s'infiltrer dans les réseaux d'entreprise.

3.2.2 Fuites de données internes

Les fuites internes, qu'elles soient intentionnelles ou accidentelles, constituent une menace significative. Le vol de données par des employés mécontents peut causer des dommages considérables. L'accès non autorisé aux données sensibles, souvent dû à une mauvaise gestion des droits d'accès, peut compromettre la confidentialité des informations. Le partage involontaire d'informations confidentielles, par exemple via des e-mails mal adressés ou des documents partagés par erreur, représente également un risque important.

3.2.3 Erreurs humaines

Les erreurs humaines sont une source fréquente de problèmes de sécurité, souvent sous-estimée. La configuration incorrecte des systèmes de sécurité peut créer des vulnérabilités exploitables. Une mauvaise gestion des mots de passe, comme l'utilisation de mots de passe faibles ou leur partage, peut compromettre la sécurité des comptes. La perte ou le vol d'appareils contenant des données sensibles peut exposer des informations critiques. Enfin, l'ouverture de pièces jointes malveillantes peut introduire des menaces dans le réseau de l'entreprise.

3.3 Meilleures pratiques de sécurité des données

3.3.1 Contrôle d'accès et authentification

La mise en place de mesures de contrôle d'accès robustes est essentielle pour la sécurité des données. L'authentification multifacteurs ajoute une couche de sécurité supplémentaire en exigeant plusieurs formes de vérification. Le principe du moindre privilège limite l'accès des utilisateurs aux seules données nécessaires à leur travail. La gestion des identités et des accès (IAM) permet une administration centralisée des droits d'accès. Enfin, la journalisation et la surveillance des accès facilitent la détection d'activités suspectes et les audits de sécurité.

3.3.2 Chiffrement des données

La protection des données par chiffrement est une pratique fondamentale de sécurité. Le chiffrement des données au repos et en transit assure leur confidentialité en cas d'interception. Une gestion sécurisée des clés de chiffrement est cruciale pour maintenir l'efficacité du chiffrement. L'utilisation de protocoles de communication sécurisés comme HTTPS et SSL/TLS protège les données pendant leur transmission sur les réseaux.

3.3.3 Sauvegardes et plans de reprise après sinistre

La préparation aux incidents et la capacité de récupération des données sont essentielles. Des sauvegardes régulières et testées assurent la disponibilité des données en cas de perte. Le stockage hors site des sauvegardes protège contre les catastrophes locales. Des plans de continuité d'activité bien élaborés permettent une reprise rapide des opérations après un incident. Des procédures de récupération des données en cas de sinistre doivent être établies et régulièrement testées pour garantir leur efficacité.

3.4 Formation et sensibilisation des employés à la sécurité

L'éducation des employés est cruciale pour la sécurité globale de l'entreprise. Des programmes de formation réguliers sur la sécurité des données sensibilisent le personnel aux bonnes pratiques et aux risques. La sensibilisation aux techniques d'ingénierie sociale aide les employés à reconnaître et à éviter les tentatives de manipulation. Des exercices de simulation d'attaques, comme le phishing simulé, préparent le personnel à réagir face à de vraies menaces. La création d'une culture de la sécurité au sein de l'entreprise encourage chaque employé à jouer un rôle actif dans la protection des données. Enfin, la mise à jour continue des connaissances sur les nouvelles menaces permet de rester vigilant face à l'évolution constante du paysage des cybermenaces.

La sécurité des données est un élément fondamental de toute stratégie de Business Intelligence efficace. Face à l'évolution constante des menaces, les entreprises doivent adopter une approche proactive et globale de la sécurité. Cela implique non seulement la mise en place de mesures techniques robustes, mais aussi la création d'une culture de la sécurité à tous les niveaux de l'organisation. En investissant dans la sécurité des données, les entreprises protègent non seulement leurs actifs informationnels précieux, mais renforcent également la confiance de leurs clients et partenaires, créant ainsi un avantage concurrentiel durable dans l'économie numérique.

4. RGPD et conformité en Business Intelligence

Le règlement général sur la protection des données (RGPD) a profondément impacté la manière dont les entreprises gèrent les données personnelles, y compris dans le domaine de la Business Intelligence. Cette section explore les implications du RGPD pour les pratiques de BI, en couvrant ses principes clés, les droits des individus, et les mesures de mise en conformité nécessaires.

4.1 Vue d'ensemble du RGPD

Le RGPD, entré en vigueur le 25 mai 2018, est un règlement de l'Union européenne qui harmonise les lois sur la protection des données à travers l'Europe. Il s'applique à toute organisation traitant les données personnelles de résidents de l'UE, imposant des amendes importantes en cas de non-conformité, pouvant aller jusqu'à 4 % du chiffre d'affaires mondial annuel. L'objectif principal du RGPD est de donner aux individus un meilleur contrôle sur leurs données personnelles, renforçant ainsi la protection de la vie privée dans l'ère numérique.

4.2 Principes clés du RGPD applicables à la BI

4.2.1 Consentement et base légale du traitement

Le consentement sous le RGPD doit être libre, spécifique, éclairé et univoque. Cependant, d'autres bases légales peuvent justifier le traitement des données, telles que l'intérêt légitime ou une obligation légale. Ces exigences ont un impact significatif sur la collecte et l'utilisation des données en BI, nécessitant une réévaluation des pratiques existantes et la mise en place de nouveaux processus pour garantir la légalité du traitement des données.

4.2.2 Minimisation des données

Le principe de minimisation des données exige que les entreprises collectent uniquement les données nécessaires à la finalité spécifiée. Cela a des implications importantes pour la conception des entrepôts de données et des processus ETL en BI. Les entreprises doivent désormais mettre en place des mécanismes pour évaluer la pertinence de chaque donnée collectée et stockée. L'importance de l'audit régulier des données stockées devient cruciale pour maintenir la conformité avec ce principe.

4.2.3 Limitation de la finalité

Le RGPD stipule que les données doivent être utilisées uniquement pour les finalités spécifiées lors de la collecte. Cela nécessite de documenter clairement les objectifs de chaque projet de BI et impose des restrictions sur la réutilisation des données pour de nouvelles analyses non prévues initialement. Cette exigence oblige les entreprises à repenser leurs processus de planification et de documentation des projets de BI pour assurer une transparence totale sur l'utilisation des données.

4.3 Droits des individus sous le RGPD

4.3.1 Droit d'accès

Le RGPD accorde aux individus le droit de demander l'accès à leurs données personnelles. Cela nécessite la mise en place de systèmes capables de localiser et d'extraire rapidement toutes les données relatives à un individu spécifique. Cette exigence a un impact significatif sur la conception des systèmes de BI, qui doivent désormais intégrer des fonctionnalités permettant de répondre efficacement à ces requêtes d'accès.

4.3.2 Droit à l'effacement

Le droit à l'effacement, aussi connu sous le nom de «droit à l'oubli», pose des défis particuliers pour les systèmes de BI. La suppression des données dans les entrepôts de données et les backups peut s'avérer techniquement complexe. Les entreprises doivent développer des procédures et des outils permettant l'effacement sélectif des données tout en maintenant l'intégrité des systèmes et la cohérence des analyses.

4.3.3 Droit à la portabilité des données

Le RGPD donne aux individus le droit de demander leurs données dans un format structuré et couramment utilisé. Cela nécessite la mise en place de mécanismes d'export de données dans les systèmes de BI. Les entreprises doivent réfléchir aux formats de données appropriés et aux métadonnées associées pour garantir que les données exportées sont compréhensibles et utilisables par d'autres systèmes.

4.4 Mise en conformité RGPD dans les projets de BI

4.4.1 Analyse d'impact relative à la protection des données (AIPD)

L'AIPD est obligatoire pour les traitements susceptibles d'engendrer un risque élevé pour les droits et les libertés des personnes. Dans le contexte de la BI, cela implique une évaluation systématique des risques et la mise en place de mesures d'atténuation pour chaque projet. L'intégration du processus d'AIPD dans le cycle de vie des projets de BI devient ainsi une étape cruciale pour assurer la conformité dès la conception.

4.4.2 Privacy by Design et Privacy by Default

Les principes de Privacy by Design et Privacy by Default exigent l'intégration de la protection des données dès la conception des systèmes et la mise en place de paramètres par défaut les plus protecteurs de la vie privée. Ces principes ont des implications profondes pour l'architecture et la conception des systèmes de BI, nécessitant une révision des pratiques de développement et de configuration des outils d'analyse.

4.5 Gestion des violations de données et notification

Le RGPD impose une obligation de notifier les autorités dans les 72 heures suivant la découverte d'une violation de données. Cela nécessite la mise en place de procédures robustes de détection et de réponse aux incidents de sécurité. La communication avec les personnes concernées est également requise en cas de risque élevé. Dans ce contexte, l'importance de la documentation et de la traçabilité dans les systèmes de BI devient primordiale pour pouvoir réagir rapidement et efficacement en cas d'incident.

La conformité au RGPD représente un défi majeur pour les professionnels de la Business Intelligence, mais offre également des opportunités d'améliorer la gestion et la gouvernance des données. En intégrant les principes du RGPD dans les pratiques de BI, les entreprises peuvent non seulement éviter les risques légaux, mais aussi renforcer la confiance de leurs clients et partenaires. La conformité au RGPD doit être vue comme un processus continu d'amélioration, nécessitant une collaboration étroite entre les équipes BI, juridiques et de sécurité de l'information. En fin de compte, une approche proactive de la conformité au RGPD peut devenir un avantage concurrentiel, démontrant l'engagement de l'entreprise envers la protection des données et la confidentialité.

5. Intégration de l'éthique, de la sécurité et du RGPD dans les processus de BI

L'intégration effective de l'éthique, de la sécurité et du RGPD dans les processus de Business Intelligence est essentielle pour garantir des pratiques responsables et conformes. Cette section explore comment créer une culture d'entreprise axée sur ces valeurs, intégrer ces considérations dans le cycle de vie des projets BI, mettre en place des audits réguliers, et favoriser la collaboration entre les différentes équipes concernées.

5.1 Création d'une culture d'entreprise axée sur l'éthique et la protection des données

La création d'une culture d'entreprise axée sur l'éthique et la protection des données commence par la définition et la communication claires des valeurs éthiques de l'entreprise en matière de BI. L'implication active de la direction dans la promotion de ces valeurs est cruciale pour établir leur importance au sein de l'organisation. Des programmes de formation continue pour tous les employés doivent être mis en place pour assurer une compréhension approfondie et une application cohérente de ces principes. L'entreprise doit également établir des mécanismes de signalement éthique (*whistleblowing*) pour permettre aux employés de soulever des préoccupations en toute sécurité. La reconnaissance et la récompense des comportements éthiques exemplaires peuvent renforcer l'importance de ces valeurs dans la culture d'entreprise.

Enfin, l'intégration de l'éthique et de la protection des données dans les évaluations de performance des employés souligne leur importance dans tous les aspects du travail.

5.2 Intégration des considérations éthiques et de confidentialité dans le cycle de vie des projets BI

L'intégration des considérations éthiques et de confidentialité doit commencer dès la phase de conception des projets BI, suivant le principe de Privacy by Design. Des listes de contrôle éthiques et de confidentialité doivent être créées et utilisées à chaque étape du projet pour s'assurer qu'aucun aspect n'est négligé. Des évaluations d'impact sur la protection des données (EIPD) doivent être systématiquement réalisées pour identifier et atténuer les risques potentiels. Un processus de validation éthique doit être mis en place avant le lancement de tout nouveau projet BI. Les méthodologies agiles utilisées dans les projets BI doivent être adaptées pour intégrer explicitement les considérations éthiques et de confidentialité à chaque itération. Enfin, une documentation continue des décisions éthiques et de confidentialité tout au long du projet assure la transparence et la traçabilité.

5.3 Audits et évaluations régulières

Un calendrier d'audits internes et externes doit être établi pour évaluer régulièrement la conformité et l'efficacité des pratiques éthiques, de sécurité et de RGPD. Des KPI (*Key Performance Indicators*) spécifiques à l'éthique, la sécurité et la conformité RGPD doivent être définis et suivis. Les équipes BI doivent être encouragées à effectuer des auto-évaluations régulières de leurs pratiques. L'utilisation d'outils d'analyse automatisée peut aider à détecter les anomalies et les risques potentiels dans les processus BI. Les politiques et les procédures doivent être périodiquement révisées en fonction des résultats d'audit pour assurer leur pertinence continue. Un benchmarking régulier avec les meilleures pratiques de l'industrie peut aider à identifier les domaines d'amélioration. Enfin, un suivi et un reporting régulier des progrès aux parties prenantes assurent la transparence et l'engagement continu envers ces principes.

5.4 Collaboration entre équipes (BI, juridique, sécurité, conformité)

La collaboration effective entre les équipes BI, juridique, sécurité et conformité est essentielle pour une approche holistique. La création de groupes de travail interfonctionnels pour les projets BI peut favoriser cette collaboration. Une définition claire des rôles et des responsabilités de chaque équipe est nécessaire pour éviter les confusions et les chevauchements. Des processus de communication régulière entre les équipes doivent être établis pour assurer un partage d'information fluide. Le développement d'un langage commun autour de l'éthique, de la sécurité et du RGPD facilite la compréhension mutuelle. L'organisation de sessions collaboratives de brainstorming et de résolution de problèmes peut conduire à des solutions innovantes. Le partage de connaissances et de meilleures pratiques entre les équipes renforce l'expertise collective. Enfin, la mise en place d'un comité d'éthique et de gouvernance des données incluant des représentants de chaque équipe assure une supervision et une direction stratégique cohérentes.

L'intégration de l'éthique, de la sécurité et du RGPD dans les processus de BI n'est pas une tâche ponctuelle, mais un effort continu qui nécessite l'engagement de toute l'organisation. En créant une culture d'entreprise qui valorise ces aspects, en les intégrant systématiquement dans le cycle de vie des projets, en effectuant des audits réguliers, et en favorisant une collaboration étroite entre les différentes équipes, les entreprises peuvent non seulement se conformer aux exigences légales et éthiques, mais aussi bâtir un avantage concurrentiel durable. Cette approche holistique permet de gagner la confiance des clients, d'améliorer la qualité des insights générés par la BI, et de minimiser les risques liés à l'utilisation des données. En fin de compte, une BI éthique, sécurisée et conforme au RGPD est une BI plus efficace et plus valorisée au sein de l'organisation.

6. Défis et opportunités futurs

Le paysage de la Business Intelligence est en constante évolution, influencé par les changements réglementaires, les avancées technologiques et les attentes croissantes en matière de protection des données. Cette section explore les défis et les opportunités futurs auxquels les professionnels de la BI seront confrontés, en mettant l'accent sur l'évolution des réglementations, les innovations technologiques et la recherche d'un équilibre entre innovation et protection des données.

6.1 Évolution des réglementations sur la protection des données

On observe une tendance mondiale vers des réglementations plus strictes inspirées du RGPD. Des exemples notables incluent le *California Consumer Privacy Act* (CCPA) et d'autres législations étatiques aux États-Unis, la *Lei Geral de Proteção de Dados* (LGPD) au Brésil et la *Personal Information Protection Law* (PIPL) en Chine. Il y a une possibilité d'harmonisation des réglementations à l'échelle internationale, ainsi qu'un renforcement probable des mécanismes de sanction et d'application. On peut s'attendre à l'émergence de nouvelles réglementations sectorielles spécifiques. Ces évolutions présentent des défis de conformité dans un environnement réglementaire complexe et en mutation, mais offrent également des opportunités pour les entreprises de se différencier par une conformité proactive.

6.2 Innovations technologiques et leurs implications éthiques

L'intelligence artificielle et l'apprentissage automatique en BI soulèvent des questions importantes concernant les biais algorithmiques et l'équité des décisions automatisées. La transparence et l'explicabilité des modèles d'IA, ainsi que l'utilisation éthique de l'IA pour l'analyse prédictive et prescriptive, sont des enjeux cruciaux. L'Internet des objets (IoT) et la collecte de données omniprésente posent des défis en termes de confidentialité, de consentement et de sécurisation des dispositifs et des flux de données. L'edge computing et la décentralisation du traitement des données ont des implications pour la gouvernance et la sécurité des données. La blockchain et les technologies de registre distribué offrent un potentiel pour améliorer la traçabilité et la transparence, mais soulèvent des défis liés au « droit à l'oubli » du RGPD. L'informatique quantique présente des menaces potentielles pour les méthodes de cryptage actuelles, tout en offrant des opportunités pour des analyses de données plus puissantes.

6.3 Équilibre entre innovation et protection des données

Le développement de méthodologies d'innovation responsable en BI implique l'intégration de l'éthique et de la protection de la vie privée dès la conception, ainsi que l'adoption de principes d'innovation ouverte et transparente. L'utilisation de techniques préservant la confidentialité, telles que la confidentialité différentielle dans les analyses de données et l'apprentissage fédéré pour la collaboration sans partage direct de données, devient cruciale. La création de sandboxes réglementaires pour tester de nouvelles approches et le développement de normes et de certifications pour l'innovation éthique en BI sont des pistes prometteuses. Une collaboration accrue entre entreprises, régulateurs et société civile est nécessaire, notamment à travers des groupes de travail multiparties prenantes sur l'éthique de la donnée et des consultations publiques sur les nouvelles technologies et pratiques. Deux aspects sont essentiels : d'une part, l'éducation et la sensibilisation continues des professionnels de la BI et du public via des programmes de formation sur l'éthique des données et la protection de la vie privée ; d'autre part, une communication transparente sur l'utilisation des données et les bénéfices de la BI.

L'avenir de la Business Intelligence sera façonné par la capacité des organisations à naviguer dans un environnement réglementaire en évolution, à adopter de manière responsable les innovations technologiques, et à trouver un équilibre judicieux entre l'innovation et la protection des données. Les défis sont nombreux, mais ils s'accompagnent également d'opportunités significatives pour les entreprises qui sauront anticiper ces changements et adopter une approche proactive.

Les organisations qui réussiront seront celles qui intégreront l'éthique, la sécurité et la conformité comme des piliers fondamentaux de leur stratégie de BI, plutôt que comme des contraintes. Elles seront en mesure de gagner et de maintenir la confiance de leurs clients, d'exploiter pleinement le potentiel des nouvelles technologies tout en minimisant les risques, et de se positionner comme des leaders responsables dans l'économie numérique.

L'avenir de la BI ne se résume pas seulement à l'exploitation des données pour obtenir des insights, mais aussi à la création de valeur de manière éthique et durable. En relevant ces défis et en saisissant ces opportunités, les professionnels de la BI joueront un rôle crucial dans la construction d'un avenir numérique plus sûr, plus éthique et plus innovant.

7. Conclusion

Dans ce chapitre, nous avons exploré les aspects cruciaux de l'éthique, de la sécurité et de la conformité au RGPD dans le contexte de la Business Intelligence. Voici un rappel des points clés abordés.

En ce qui concerne l'éthique en BI, nous avons souligné l'importance des principes éthiques fondamentaux tels que la transparence, l'équité et la responsabilité. Nous avons également mis en lumière la nécessité de gérer les biais dans les données et les analyses, ainsi que l'importance de mettre en place une gouvernance éthiques des données.

Pour la sécurité des données, nous avons identifié les menaces courantes comme les cyberattaques, les fuites internes et les erreurs humaines. Nous avons discuté de l'implémentation des meilleures pratiques, notamment le contrôle d'accès, le chiffrement et les sauvegardes. L'importance de la formation et de la sensibilisation des employés a été soulignée comme un élément clé de la stratégie de sécurité.

Concernant la conformité au RGPD, nous avons exploré la compréhension des principes clés du RGPD applicables à la BI, le respect des droits des individus tels que l'accès, l'effacement et la portabilité des données, ainsi que la mise en œuvre de la protection des données dès la conception (Privacy by Design).

L'intégration de ces aspects dans les processus de BI a été abordée à travers la création d'une culture d'entreprise axée sur l'éthique et la protection des données, l'intégration des considérations éthiques et de confidentialité dans le cycle de vie des projets, ainsi que l'importance des audits réguliers et de la collaboration interéquipes.

Enfin, nous avons examiné les défis et les opportunités futurs, notamment l'évolution continue des réglementations sur la protection des données, les implications éthiques des innovations technologiques en BI, et la recherche d'un équilibre entre innovation et protection des données.

8. Ressources complémentaires

Cette section fournit une liste de ressources supplémentaires pour approfondir vos connaissances sur l'éthique, la sécurité et la conformité au RGPD dans le contexte de la Business Intelligence.

8.1 Guides et cadres éthiques

- *Data Ethics Framework* du gouvernement britannique
  - https://www.gov.uk/government/publications/data-ethics-framework
  - Un guide pratique pour l'utilisation éthique des données dans le secteur public et privé

- *Ethical Guidelines for Statistical Practice* de l'American Statistical Association
  - https://www.amstat.org/your-career/ethical-guidelines-for-statistical-practice
  - Principes éthiques pour l'analyse et l'interprétation des données
- *Ethics Guidelines for Trustworthy AI* de la Commission européenne
  - https://digital-strategy.ec.europa.eu/en/library/ethics-guidelines-trustworthy-ai
  - Lignes directrices pour le développement et l'utilisation éthique de l'IA, applicable à la BI
- *Data Science Ethics* - Cours en ligne de l'université du Michigan sur Coursera
  - https://www.coursera.org/learn/data-science-ethics
  - Formation approfondie sur les enjeux éthiques en science des données et BI
- *Ethics of Data and Analytics: Concepts and Case* par Kirsten Martin : livre explorant les considérations éthiques dans l'analyse de données

8.2 Outils et ressources pour la sécurité des données

- OWASP (*Open Web Application Security Project*)
  - https://owasp.org/
  - Ressources sur la sécurité des applications, y compris les meilleures pratiques pour la BI
- *National Institute of Standards and Technology* (NIST) Cybersecurity Framework
  - https://www.nist.gov/cyberframework
  - Cadre complet pour améliorer la cybersécurité des infrastructures critiques
- ISO/IEC 27001 - Management de la sécurité de l'information
  - https://www.iso.org/isoiec-27001-information-security.html
  - Norme internationale pour la gestion de la sécurité de l'information
- Cloud Security Alliance
  - https://cloudsecurityalliance.org/

- Ressources sur la sécurité du cloud, pertinentes pour les plateformes BI basées sur le cloud

Documentation officielle sur le RGPD

- Site officiel du RGPD de l'Union européenne
  - https://gdpr.eu/
  - Texte intégral du RGPD et ressources explicatives
- Comité européen de la protection des données (EDPB)
  - https://edpb.europa.eu/
  - Lignes directrices, recommandations et meilleures pratiques sur le RGPD
- Commission nationale de l'informatique et des libertés (CNIL) - France
  - https://www.cnil.fr/fr/rgpd-par-ou-commencer
  - Guide pratique pour la mise en conformité RGPD
- *Information Commissioner's Office* (ICO) - Royaume-Uni
  - https://ico.org.uk/for-organisations/guide-to-data-protection/guide-to-the-general-data-protection-regulation-gdpr/
  - Guide détaillé sur l'application du RGPD
- *RGPD - Le comprendre et le mettre en œuvre (3e édition)* par Loïc Panhaleux, Dominique Renaud, Pierre Begasse et Jacques Foucault : livre offrant une analyse approfondie du RGPD et de ses implications pratiques

Ces ressources fournissent des informations approfondies et des outils pratiques pour mettre en œuvre les principes d'éthique, de sécurité et de conformité au RGPD dans vos projets de Business Intelligence. Elles vous aideront à rester à jour avec les meilleures pratiques et les évolutions dans ces domaines cruciaux.

A

D

E

F

G

H

I

J

L

M

N

O

P

R

S

T

U

V

W